ଅମର ଶହୀଦ୍ ଭଗତ ସିଂହଙ୍କ ନାମ କୌଣସି ଭାରତୀୟଙ୍କ ପାଇଁ ଅପରିଚିତ ନୁହେଁ । ଏତେ ଅଳ୍ପ ବୟସରେ ସେ ଦେଶଭକ୍ତି, ଆତ୍ମ ବଳିଦାନ, ସାହସ ଆଦି ସଦ୍‌ଗୁଣର ଯେଉଁ ଉଦାହରଣ ସୃଷ୍ଟି କଲେ ଜଣେ ସାଧାରଣ ମଣିଷ ନିଜ ଜୀବନରେ ତାହାର କଳ୍ପନା ବି କରିପାରିବ ନାହିଁ । ଭାରତ ରାଷ୍ଟ୍ର ନିର୍ମାଣରେ ଭଗତ ସିଂହଙ୍କ ଯୋଗଦାନ ଅତୁଳନୀୟ । ଏଥିପାଇଁ ଭାରତ ଯୁଗ ଯୁଗ ଧରି ଭଗତ ସିଂହଙ୍କ ପାଖରେ ଋଣୀ ହୋଇ ରହିବ ।

ଅମର ଶହୀଦ୍ ଭଗତ ସିଂହଙ୍କ ଜୀବନ ଚରିତ ଏହି ପୁସ୍ତକରେ ବହୁତ ସୁନ୍ଦର ଢଙ୍ଗରେ ଲେଖା ଯାଇଅଛି ଯାହା ଖୁବ ହୃଦୟସ୍ପର୍ଶୀ ତଥା ପ୍ରେରଣାଦାୟୀ ।

# ORIYA BOOKS

ମ୍ୟାନେଜମେଣ୍ଟ ଗୁରୁ
ଭଗବାନ ଶ୍ରୀରାମ
'ନା' କହିବା ଶିଖନ୍ତୁ
ପଜିଟିଭ ଥିଙ୍କିଙ୍ଗ
ହସି-ହସି କେମିତି ବଞ୍ଚିବା
ଚିନ୍ତା ଛାଡ଼ ଆନନ୍ଦରେ ବଞ୍ଚ
ସୁଯୋଗ ଚାଲିଯାଏ
ସଫଳତାର ଚାବି
କ'ଣ ଖାଇବେ ଯେବେ ମାଆ ହେବେ?
ଏ.ଜି. କୃଷ୍ଣମୂର୍ତ୍ତି
ସଫଳତାର ଦଶସୂତ୍ର
ମା' ହେଲେ କ'ଣ କରିବେ?
ଅସମ୍ଭବ... ...ସମ୍ଭବ...
ଡା. ଭୀମରାଓ ଆମ୍ବେଦକର
କଟୁ ବଚନ
ମ୍ୟାନେଜମେଣ୍ଟ ଗୁରୁ
ନରେନ୍ଦ୍ର ମୋଦି
ଚାଣକ୍ୟ ନୀତି

ଭାରତର ଅମର କ୍ରାନ୍ତିକାରୀ

# ଶହୀଦ୍ ଭଗତ ସିଂହ

ଡଃ. ଭଗ୍ୱାନ ସିଂହ ରାଣା

ଡାଇମଣ୍ଡ ବୁକ୍ସ

**ପ୍ରକାଶକ : ଡାଇମଣ୍ଡ ପକେଟ୍ ବୁକ୍ସ୍ (ପ୍ରା.) ଲି.**
X-30, ଓଖଲା ଇଣ୍ଡଷ୍ଟ୍ରିଆଲ ଏରିଆ, ଫେଜ୍-୨
ନୂଆଦିଲ୍ଲୀ-୧୧୦୦୨୦
ଫୋନ : ୦୧୧-୪୧୬୧୧୮୬୧
ଫ୍ୟାକ୍ସ : ୦୧୧-୪୧୬୧୧୮୬୬
ଇ-ମେଲ : sales@dpb.in
ୱେବ୍‌ସାଇଟ : www.dpb.in
ସଂସ୍କରଣ : ୨୦୧୫
ମୁଦ୍ରକ : ଜି.ଏସ୍. ଇଣ୍ଟରପ୍ରାଇଜିଜ୍

---

**Shaheed Bhagat Singh (Odia)**
*by: Dr. Bhawan Singh Rana*

---

# ଦୁଇପଦ

ଅମର ଶହୀଦ୍ ଭଗତ ସିଂହଙ୍କ ନାମ କୌଣସି ଭାରତୀୟଙ୍କ ପାଇଁ ଅପରିଚିତ ନୁହେଁ। ଏତେ ଅଳ୍ପ ବୟସରେ ସେ ଦେଶଭକ୍ତି, ଆତ୍ମ ବଳିଦାନ, ସାହସ ଆଦି ସଦ୍‌ଗୁଣର ଯେଉଁ ଉଦାହରଣ ସୃଷ୍ଟି କଲେ, ଜଣେ ସାଧାରଣ ମଣିଷ ନିଜ ଜୀବନରେ ତାର କଳ୍ପନା ବି କରି ପାରିବ ନାହିଁ। ଭାରତ ଦେଶ ନିର୍ମାଣରେ ଭଗତସିଂହଙ୍କ ମହାନ ଯୋଗଦାନ ଅତୁଳନୀୟ। ଏଥିପାଇଁ ଭାରତ ଯୁଗଯୁଗ ପାଇଁ ଭଗତ ସିଂହଙ୍କ ପାଖରେ ଋଣୀ ରହିବ।

ଏମିତି କ'ଣ କଥା ଥିଲା ଯେ, ଏତେ କମ୍ ବୟସରେ ଏହି ବୀର ଇଂରେଜ ସରକାରଙ୍କ ସୁଖ-ଶାନ୍ତି ହଜେଇ ଦେଇଥିଲା। ଏହାର କାରଣ କ'ଣ ଥିଲା ଯାହା ସେ ସମୟର ପ୍ରସିଦ୍ଧ ନେତାଗଣଙ୍କୁ ଓ ରାଜନୀତିର ମହାରଥୀମାନଙ୍କୁ ମଧ୍ୟ ଏହି ଯୁବକ ବିଷୟରେ କିଛି ଭାବିବାକୁ ବାଧ କରିଥିଲା ଏବଂ ସେ ସମୟରେ ଭାରତୀୟ ରାଜନୀତିରେ ଅଗ୍ରଣୀ ଭୂମିକା ଗ୍ରହଣ କରିଥିବା ମହାତ୍ମାଗାନ୍ଧୀଙ୍କୁ ମଧ୍ୟ ଏହି ତେଜସ୍ୱୀ ବ୍ୟକ୍ତିତ୍ୱଙ୍କ ବଳିଦାନ ଉପରେ ଆଲୋଚନାର ଶିକାର ହେବାକୁ ପଡ଼ିଥିଲା ? ନିଶ୍ଚୟ ଏହି ମହାନ୍ ବିଭୂତିଙ୍କ ସ୍ୱାର୍ଥରହିତ ଦେଶ ଭକ୍ତି, ତ୍ୟାଗ-ଭାବନା ତଥା ଅଦ୍ୱିତୀୟ ସାହସ ହିଁ ଏହାର କାରଣ ହୋଇପାରେ।

ପଞ୍ଜାବରେ ଜନ୍ମ ହୋଇ ମଧ୍ୟ ତାଙ୍କର ଦୃଷ୍ଟିକୋଣ କେବଳ ପଞ୍ଜାବ ମଧ୍ୟରେ ସୀମିତ ନଥିଲା। ସମଗ୍ର ଭାରତ ଭୂମି ତାଙ୍କର ଆପଣାର ଜନ୍ମ ଭୂମି ଥିଲା। ସେ ସମସ୍ତ ଭାରତୀୟଙ୍କର ଆପଣାର ଥିଲେ। ଏକ ଶିଖ୍ ପରିବାରରେ ଜନ୍ମ ହୋଇ ମଧ୍ୟ ସେ କେବଳ ଶିଖ୍ ନଥିଲେ, ସେ ଥିଲେ ଜଣେ ସଚ୍ଚା ଭାରତୀୟ ଓ ଜଣେ ସଚ୍ଚା ମଣିଷ। ଜଣେ ସଚ୍ଚା ମନୁଷ୍ୟର ଦୃଷ୍ଟିକୋଣ କୌଣସି ଧର୍ମ ଜାତି ଅଥବା ରାଜ୍ୟ ପର୍ଯ୍ୟନ୍ତ ସୀମିତ ହୋଇ ନ ଥାଏ। ସେ ସମଗ୍ର ଭାରତର ହିତ ପାଇଁ ନିଜ ଜୀବନକୁ ବଳୀ ଦେଇଥିଲେ। ଇତିହାସରେ ଭଗତ ସିଂହଙ୍କ ସ୍ଥାନ ସ୍ୱତଃ ଅପୂର୍ବ ଥିଲା।

ଏହି ପୁସ୍ତକ ବିଷୟରେ ମୌଳିକତା ଦାବି କରିବା କେବଳ ଆତ୍ମପ୍ରଶଂସା ହିଁ ହେବ। ଏହାର ଲେଖାରେ ପ୍ରସିଦ୍ଧ ଇତିହାସକାର ଡ଼ଃ. ପଟ୍ଟାଭି ସୀତା ରମୈୟା, ପ୍ରସିଦ୍ଧ କ୍ରାନ୍ତିକାରୀ ଏବଂ ଲେଖକ ମନ୍ମଥ ନାଥ ଗୁପ୍ତ, ଶ୍ରୀ କେ.କେ. ଖୁଲ୍ଲର, ମେଜର ଗୁରୁଦେବ ସିଂହ ଦୟାଲ ତଥା ଶ୍ରୀ ସୁରେନ୍ଦ୍ର ଚନ୍ଦ୍ର ଶ୍ରୀବାସ୍ତବ ଆଦି ବିଦ୍ୱାନ ତଥା ଲେଖକଗଣଙ୍କ ପୁସ୍ତକରୁ ନିଆଯାଇଛି। ଅତଃ ଏମାନଙ୍କୁ କୃତଜ୍ଞତା ଜଣାଇବା ମୋର ପରମ କର୍ତ୍ତବ୍ୟ ଅଟେ। ପୁସ୍ତକରେ ନିଜ ତରଫରୁ ପ୍ରାମାଣିକତାର ପୂର୍ଣ୍ଣ ଧ୍ୟାନ ରଖାଯାଇଛି। ତଥାପି ଯଦି ଏଥିରେ କୌଣସି ଦୋଷତ୍ରୁଟି ରହି ଯାଇଥିବ, ତେବେ ତାହା ମୋର ଦୋଷ ବୋଲି ମୁଁ ସ୍ୱୀକାର କରୁଛି। ଏଥିପାଇଁ ସୁଧୀ ପାଠକମାନଙ୍କ ଠାରୁ କ୍ଷମା ଯାଚନା କରୁଛି।

**-ଲେଖକ**

# ସୂଚୀପତ୍ର

# 1

# ପ୍ରାରମ୍ଭିକ ଜୀବନ

ସଂସାରରେ ପ୍ରତ୍ୟେକ ପ୍ରାଣୀ ଜନ୍ମ ନିଏ ଏବଂ ମୃତ୍ୟୁ ପ୍ରାପ୍ତ ହୁଏ । ଏହି ଚକ୍ର ସଦାସର୍ବଦା ଚାଲି ଆସୁଛି ଏବଂ ଚାଲୁ ରହିବ । ଅନେକ ଲୋକ ଏ ଦୁନିଆଁକୁ ଆସି ବିଦାୟ ନେଲେଣି । ଆଜି ସେମାନଙ୍କର ନାମ କେହି ମନେରଖି ନାହାଁନ୍ତି । ମାତ୍ର ଅନେକ ଲୋକ ଏପରି ଅଛନ୍ତି, ଯେଉଁମାନେ ଏ ଦୁନିଆରୁ ଚାଲିଗଲେ ମଧ୍ୟ ସେମାନେ ନିଜ ଦେଶ ଏବଂ ସମାଜର ହୃଦୟରୁ ଯାଆନ୍ତି ନାହିଁ, ନିଜର ଶ୍ରେଷ୍ଠ କାର୍ଯ୍ୟ ଦ୍ୱାରା ସେମାନଙ୍କ ନାମ ସବୁଦିନ ପାଇଁ ଅମର ହୋଇଯାଏ । ଏପରି ଏକ ନାମ ଶହୀଦ ଭଗତ ସିଂହ, ଯାହାଙ୍କୁ ଭାରତୀବାସୀ ଯୁଗ ଯୁଗ ପାଇଁ ଭୁଲି ପାରିବେ ନାହିଁ ।

## ଜନ୍ମ ତଥା ବାଲ୍ୟାବସ୍ଥା:

ଭଗତ ସିଂହଙ୍କ ଜନ୍ମ ୨୭ ସେପ୍ଟେମ୍ବର, ୧୯୦୭ ମସିହାରେ ଲାୟଲପୁର ଜିଲ୍ଲାରେ ବଙ୍ଗା ଗ୍ରାମରେ ହୋଇଥିଲା । (ଏବେ ସେହି ସ୍ଥାନ ପାକିସ୍ତାନକୁ ଚାଲି ଯାଇଛି ।) ତାଙ୍କ ଜନ୍ମ ସମୟରେ ତାଙ୍କ ପିତା ସର୍ଦ୍ଦାର କିଶନ ସିଂହ ସ୍ୱତନ୍ତ୍ରତା ଲଢ଼େଇରେ ଭାଗ ନେଇଥିବା କାରଣରୁ ଲାହୋର ସେଣ୍ଟ୍ରାଲ ଜେଲରେ ବନ୍ଦୀ ଥିଲେ । ସର୍ଦ୍ଦାର କିଶାନ ସିଂହଙ୍କ ଦୁଇ ସାନ ଭାଇ ଥିଲେ । ସର୍ଦ୍ଦାର ଅଜିତ୍ ସିଂହ ତଥା ସର୍ଦ୍ଦାର ସ୍ୱର୍ଣ୍ଣ ସିଂହ । ସେ ସମୟରେ ସର୍ଦ୍ଦାର ଅଜିତ୍ ସିଂହ ମାଣ୍ଡଲେ ଜେଲରେ ତଥା ସର୍ଦ୍ଦାର ସ୍ୱର୍ଣ୍ଣ ସିଂହ ନିଜ ବଡ଼ ଭାଇ ସର୍ଦ୍ଦାର କିଶନ ସିଂହଙ୍କ ସହିତ ସଜା ଭୋଗ କରୁଥିଲେ ।ଏହି ପ୍ରକାର ଭଗତ ସିଂହଙ୍କ ଜନ୍ମ ସମୟରେ ତାଙ୍କର ପିତା ତଥା ଦାଦା (କକା) ଦେଶର ସ୍ୱାଧୀନତା ପାଇଁ ଜେଲରେ ବନ୍ଦୀ ଥିଲେ । ଘରେ ତାଙ୍କର ମାତା ଶ୍ରୀମତୀ ବିଦ୍ୟାବତୀ, ଜେଜେବାପା ଅର୍ଜୁନ ସିଂହ ତଥା ଜେଜେମାଆ ଜୟକୌର ଥିଲେ । କିନ୍ତୁ ବାଳକ ଭଗତ ସିଂହଙ୍କ ଜନ୍ମ ହିଁ ଏକ ଶୁଭ ମୂହୁର୍ତ୍ତ ଥିଲା । ତାଙ୍କ ଜନ୍ମର ତୃତୀୟ ଦିନରେ ତାଙ୍କର ପିତା ସର୍ଦ୍ଦାର କିଶନ ସିଂହ ତଥା ଦାଦା ସର୍ଦ୍ଦାର ସ୍ୱର୍ଣ୍ଣ ସିଂହଙ୍କୁ ଜାମିନରେ ମୁକ୍ତ କରି ଦିଆଗଲା । ପ୍ରାୟ ସେହି ସମୟରେ ଅନ୍ୟ ଦାଦା ସର୍ଦ୍ଦାର ଅଜିତ ସିଂହଙ୍କୁ ମଧ୍ୟ ମୁକ୍ତ କରି ଦିଆଗଲା । ଏହିପରି

ତାଙ୍କର ଜନ୍ମ ପରେ ହିଁ ଘରେ ଖୁସିର ଲହର ଖେଳିଗଲା । ଅତଃ ତାଙ୍କର ଜନ୍ମକୁ ଶୁଭ ବୋଲି ଧରାଗଲା । ଏହି ଭାଗ୍ୟଶାଳୀ ବାଳକର ନାମ ତାଙ୍କର ଜେଜେମାଆ ଭାଙ୍ଗାବାଲା ଅର୍ଥାତ 'ଯାହାର ଭାଗ୍ୟ ଶୁଭ' ରଖାଗଲା । ଏହି ନାମର ଆଧାରରେ ତାଙ୍କୁ ଭଗତ ସିଂହ କୁହାଗଲା ।

ଭଗତ ସିଂହ ନିଜ ପିତା-ମାତାଙ୍କର ଦ୍ୱିତୀୟ ସନ୍ତାନ ଥିଲେ । ସର୍ଦ୍ଦାର କିଶନ ସିଂହଙ୍କ ବଡ଼ ପୁତ୍ରର ନାମ ଜଗତ ସିଂହ, ଯାହାର ମୃତ୍ୟୁ କେବଳ ଏଗାର ବର୍ଷ ବୟସରେ ଛୋଟ ଅବସ୍ଥାରେ ହୋଇଥିଲା, ଯେତେବେଳେ ସେ ପଞ୍ଚମ ଶ୍ରେଣୀରେ ପଢୁଥିଲା । ଏହି ପ୍ରକାର ପ୍ରଥମ ପୁତ୍ରର ଏତେ କମ୍ ବୟସରେ ମୃତ୍ୟୁ ହେବା କାରଣରୁ ଭଗତ ସିଂହଙ୍କୁ ପିତାମାତା ବଡ଼ ପୁଅ ବୋଲି ମାନୁଥିଲେ । ଭଗତ ସିଂହଙ୍କ ବ୍ୟତୀତ ସର୍ଦ୍ଦାର କିଶନ ସିଂହଙ୍କର ଆହୁରି ଚାରିପୁତ୍ର ଓ ତିନି କନ୍ୟା ଥିଲେ ।

ମୋଟରେ ତାଙ୍କର ଛଅ ପୁତ୍ର, ତିନି କନ୍ୟା, ଯାହାଙ୍କ ନାମ କ୍ରମଶଃ ଏହି ପ୍ରକାର - ଜଗତ ସିଂହ, ଭଗତ ସିଂହ, କୁଲବୀର ସିଂହ, ରାଜେନ୍ଦ୍ର ସିଂହ, ରଣବୀର ସିଂହ, ବିବି ଅମର କୌର, ବିବି ପ୍ରକାଶ କୌର(ସୁମିତ୍ରା) ତଥା ବିବି ଶକୁନ୍ତଳା ।

ଭଗତ ସିଂହଙ୍କୁ ନିଜ ପରିବାରରୁ ଉତ୍ତରାଧିକାରୀ ସୂତ୍ରରେ ଦେଶପ୍ରେମର ଶିକ୍ଷା ମିଳିଥିଲା । ତାଙ୍କ ଜେଜେବାପା ସର୍ଦ୍ଦାର ଅର୍ଜ୍ଜୁନ ସିଂହ ମଧ୍ୟ ଇଂରେଜ ସରକାରଙ୍କ କଠୋର ବିରୋଧି ଥିଲେ । ସେ ସମୟରେ ଇଂରେଜଙ୍କ ବିରୁଦ୍ଧରେ ଗୋଟିଏ ଶବ୍ଦ ଉଚ୍ଚାରଣ କରିବା ମୃତ୍ୟୁକୁ ଆମନ୍ତ୍ରଣ କରିବା ସଙ୍ଗେ ସମାନ ଥିଲା । ସେତେବେଳେ ଇଂରେଜମାନଙ୍କୁ ପ୍ରଶଂସା କରିବାକୁ ଲୋକେ ନିଜର କର୍ତ୍ତବ୍ୟ ବୋଲି ଭାବୁଥିଲେ । ଏଥିରେ ସେମାନଙ୍କର ସବୁପ୍ରକାର ଲାଭ ହେଉଥିଲା । ସେଥିପାଇଁ ସର୍ଦ୍ଦାର ଅର୍ଜ୍ଜୁନ ସିଂହଙ୍କ ଦୁଇଭାଇ ସର୍ଦ୍ଦାର ବାହାଦୁର ସିଂହ ତଥା ସର୍ଦ୍ଦାର ଦିଲବାଗ ସିଂହ ମଧ୍ୟ ଇଂରେଜମାନଙ୍କୁ ଖୁସାମଦ କରିବା ନିଜର ଧର୍ମ ବୋଲି ଭାବୁଥିଲେ । ଯଦିଓ ସର୍ଦ୍ଦାର ଅର୍ଜ୍ଜୁନ ସିଂହ ଇଂରେଜମାନଙ୍କୁ ଘୃଣା କରୁଥିଲେ । ସେଥିପାଇଁ ତାଙ୍କର ଏହି ଦୁଇ ଭାଇ ତାଙ୍କୁ ମୂର୍ଖ ଭାବୁଥିଲେ । ସର୍ଦ୍ଦାର ଅର୍ଜ୍ଜୁନ ସିଂହଙ୍କର ତିନି ପୁତ୍ର ଥିଲେ- ସର୍ଦ୍ଦାର କିଶନ ସିଂହ, ସର୍ଦ୍ଦାର ଅଜିତ ସିଂହ ତଥା ସର୍ଦ୍ଦାର ସ୍ୱର୍ଣ୍ଣ ସିଂହ । ତିନି ଭାଇ ନିଜ ପିତାଙ୍କ ପରି ନିର୍ଭୟ ଏବଂ ଦେଶଭକ୍ତ ଥିଲେ ।

ଭଗତ ସିଂହଙ୍କ ପିତା ସର୍ଦ୍ଦାର କିଶନ ସିଂହଙ୍କ ଉପରେ ଭାରତର ସ୍ୱତନ୍ତ୍ରତା ପାଇଁ ଇଂରେଜ ବିରୁଦ୍ଧରେ ସରକାର ୪୨ଥର ରାଜନୈତିକ ମକଦ୍ଦମା ଚଳାଇଥିଲେ । ତାଙ୍କୁ ନିଜ ଜୀବନରେ ପ୍ରାୟ ଅଢ଼େଇ ବର୍ଷ ସଜା ହୋଇଥିଲା, ତଥା ଦୁଇ ବର୍ଷ ନଜରବନ୍ଦୀ ରଖାଯାଇଥିଲା । ସର୍ଦ୍ଦାର ଅଜିତ ସିଂହଙ୍କ ପ୍ରତି ଇଂରେଜ ସରକାର ଅତ୍ୟଧିକ ଭୟଭୀତ ଥିଲେ । ଇଂରେଜମାନଙ୍କ ବିରୁଦ୍ଧରେ ଆନ୍ଦୋଳନରେ ଭାଗନେବା କାରଣରୁ ଜୁନ୍ ୧୯୦୭ରେ ତାଙ୍କୁ ଭାରତ ବାହାରେ ବର୍ମାର ରାଜଧାନୀ ରେଙ୍ଗୁନକୁ ପଠାଇ ଦିଆଗଲା । ଭଗତ ସିଂହଙ୍କ ଜନ୍ମ ସମୟରେ ସେ

ସେହିଠାରେ ଜେଲରେ ଥିଲେ । କିଛି ମାସ ପରେ ସେଠାରୁ ମୁକ୍ତ ହେବା ପରେ ସେ ଇରାନ, ତୁର୍କି ଏବଂ ଅଷ୍ଟ୍ରିୟା ହୋଇ ଜର୍ମାନରେ ପହଞ୍ଚିଲେ । ପ୍ରଥମ ବିଶ୍ୱଯୁଦ୍ଧରେ ଜର୍ମାନୀ ହାରି ଯିବା ପରେ ସେ ସେଠାରୁ ବ୍ରାଜିଲ ଚାଲି ଯାଇଥିଲେ । ସନ ୧୯୪୬ମସିହାରେ ମଧ୍ୟବର୍ତ୍ତୀ ସରକାର ଗଢ଼ା ହେବା ପରେ ପଣ୍ଡିତ ଜବାହାରଲାଲ ନେହେରୁଙ୍କ ଚେଷ୍ଟାରେ ସେ ପୁନଃ ଭାରତକୁ ଆସିଲେ ।

ଭଗତ ସିଂହଙ୍କ ସାନ ଦାଦା ସ୍ୱର୍ଣ୍ଣ ସିଂହ ମଧ୍ୟ ନିଜ ପିତା ଏବଂ ଦୁଇ ବଡ଼ ଭାଇଙ୍କ ପରି ସ୍ୱତନ୍ତ୍ରତା ସେନାନୀ ଥିଲେ । ବଡ଼ ଭାଇ କିଶନ ସିଂହ 'ଭାରତ ସୋସାଇଟି' ର ସ୍ଥାପନା କରିଥିଲେ । ସ୍ୱର୍ଣ୍ଣ ସିଂହ ମଧ୍ୟ ଏଥିରେ ସାମିଲ ହୋଇଥିଲେ । ତାଙ୍କୁ ରାଜଦ୍ରୋହ ମକଦ୍ଦମାରେ କାରାବାସ ସଜା ହେଲା ଏବଂ ଲାହୋର ସେଣ୍ଟ୍ରାଲ ଜେଲରେ ରଖାଗଲା । ସେଠାରେ ତାଙ୍କଠାରୁ ଘଣାରେ ବଳଦଙ୍କ ପରି କାମ ନିଆଗଲା ଯାହାଦ୍ୱାରା ତାଙ୍କୁ ଟି.ବି. ହୋଇଗଲା ଏବଂ ମାତ୍ର ୨୩ ବର୍ଷ ବୟସରେ ତାଙ୍କର ମୃତ୍ୟୁ ହେଲା ।

ଏହି ପ୍ରକାର ପରିବାରରେ ଜନ୍ମ ନେଇଥିବା କାରଣରୁ ଭଗତ ସିଂହଙ୍କୁ ଦେଶଭକ୍ତି ଏବଂ ସ୍ୱତନ୍ତ୍ରତାର ପାଠ ଅନାୟାସରେ ପଢ଼ିବାକୁ ମିଳିଥିଲା । ଜନ୍ମରୁ ଭଗତ ସିଂହ ଥିଲେ 'ଓଳିଆରୁ ପଢ଼ି ଗଜା' । ତାଙ୍କର ସ୍ୱଭାବ, ତାଙ୍କର କଥାବାର୍ତ୍ତା, ତାଙ୍କର ବ୍ୟବହାର ଆଦି ବାଲ୍ୟକାଳରୁ ହିଁ ଅଦ୍ଭୁତ ଥିଲା । ଏବେ ସେ ମାତ୍ର ତିନି ବର୍ଷର ଥିଲେ । ତାଙ୍କ ପିତା ସର୍ଦ୍ଦାର କିଶନ ସିଂହ ତାଙ୍କୁ ନେଇ ନିଜ ସାଙ୍ଗ ଶ୍ରୀ ନନ୍ଦକିଶୋର ମେହେଟ୍ଟାଙ୍କୁ ପାଖକୁ ତାଙ୍କ ଖେତକୁ ଗଲେ । ବାଳକ ଭଗତ ସିଂହ ମାଟି ଗଦା ଉପରେ ଛୋଟ ଛୋଟ ଶୁଖିଲା ଘାସ ଗଦା ତିଆରି କରିନେଲେ । ତାଙ୍କର ଏହି କାମକୁ ଦେଖି ଶ୍ରୀ ମେହେଟ୍ଟା ଏବଂ ବାଳକ ଭଗତ ସିଂହଙ୍କ ମଧ୍ୟରେ ଯେଉଁ କଥାବାର୍ତ୍ତା ହେଲା ତାହା ଦେଖିବା ଯୋଗ୍ୟ–

ମେହେଟ୍ଟା – ତୁମ ନାମ କ'ଣ ?

ଭଗତ ସିଂହ – ଭଗତ ସିଂହ ।

ମେହେଟ୍ଟା – ତୁମେ କ'ଣ କରୁଛ ?

ଭଗତ ସିଂହ – ମୁଁ ବନ୍ଧୁକ ତିଆରି କରୁଛି ।

ମେହେଟ୍ଟା (ଆଶ୍ଚର୍ଯ୍ୟରେ) – ବନ୍ଧୁକ !

ଭଗତ ସିଂହ – ହଁ, ବନ୍ଧୁକ ।

ମେହେଟ୍ଟା – ଏପରି କାହିଁକି କରୁଛ ପୁଅ ?

ଭଗତ ସିଂହ – ମୋ ଦେଶକୁ ସ୍ୱତନ୍ତ୍ର କରିବା ପାଇଁ ।

ମେହେଟ୍ଟା - ତୁମର ଧର୍ମ କ'ଣ ?

ଭଗତ ସିଂହ - ଦେଶ ସେବା କରିବା ।

ଏହି ପ୍ରକାର ତାଙ୍କ ଦାଦା ଅଜିତ ସିଂହ ବିଦେଶ ଚାଲି ଯିବାର ଘଟଣା ଭଗତ ସିଂହଙ୍କ ଉପରେ ଅଭୁଲା ପ୍ରଭାବ ପଡ଼ିଲା । ପତିଙ୍କ ବିୟୋଗରେ ତାଙ୍କର ପତ୍ନୀ ବାର-ବାର କାନ୍ଦୁଥିଲେ । ତାଙ୍କୁ କାନ୍ଦୁ ଥିବାର ଦେଖି ଭଗତ ସିଂହ କହୁଥିଲେ, "ଖୁଡ଼ି ! କାନ୍ଦ ନାହିଁ । ଯେତେବେଳେ ମୁଁ ବଡ଼ ହୋଇ ଯିବି ସେତେବେଳେ ମୁଁ ଇଂରେଜମାନଙ୍କୁ ଦେଶରୁ ବାହାର କରିଦେବି ଆଉ ଦାଦାଙ୍କୁ ଫେରାଇ ଆଣିବି ।"

କେବଳ ପାଞ୍ଚବର୍ଷ ବୟସରେ ସେ ନିଜର ସାଥୀମାନଙ୍କ ସହିତ ଖେଳିବା ସମୟରେ ସେମାନଙ୍କୁ ଦୁଇଦଳରେ ବିଭକ୍ତ କରି ଦେଉଥିଲେ ଏବଂ ଗୋଟିଏ ଦଳ ଅନ୍ୟଦଳ ଉପରେ ଆକ୍ରମଣ କରୁଥିଲା ।

ଏସବୁରୁ ସ୍ପଷ୍ଟ ଯେ, ଦେଶଭକ୍ତିର ଭାବନା ଭଗତ ସିଂହଙ୍କ ଠାରେ ତାଙ୍କର ବାଲ୍ୟାବସ୍ଥାରୁ ହିଁ ଶିରା ପ୍ରଶିରାରେ ଭରି ରହିଥିଲା । ଶ୍ରୀ ନନ୍ଦ କିଶୋର ମେହେଟ୍ଟା ସ୍ୱୟଂ ରାଷ୍ଟ୍ରପ୍ରେମୀ ବ୍ୟକ୍ତି ଥିଲେ । ବାଳକ ଭଗତ ସିଂହଙ୍କ ସହିତ ଉପର୍ଯ୍ୟୁକ୍ତ ବାର୍ତ୍ତାଳାପ ହେବା ପରେ ସେ ସର୍ଦ୍ଦାର କିଶନ ସିଂହଙ୍କୁ କହିଥିଲେ, "ଭାଇ ! ତୁମେ ଖୁବ୍ ଭାଗ୍ୟବାନ୍, ତୁମ ଘରେ ଏକ ମହାନ ଆତ୍ମା ଜନ୍ମ ନେଇଛି । ମୋର ଆଶୀର୍ବାଦ -ଏହି ବାଳକ ଆପଣଙ୍କ ପାଇଁ ସୁନାମ ଆଣୁ ଓ ସାରା ବିଶ୍ୱରେ ପ୍ରସିଦ୍ଧ ହେଉ । ଏହାର ନାମ ଦେଶ ଇତିହାସରେ ଅଜର-ଅମର ରହିବ ।" ପ୍ରକୃତରେ ସମୟ ଆସିବାରୁ ଶ୍ରୀ ମେହେଟ୍ଟାଙ୍କ ଭବିଷ୍ୟବାଣୀ ସତ୍ୟ ସିଦ୍ଧ ହେଲା ।

## ଶିକ୍ଷା:

ପାଞ୍ଚବର୍ଷ ବୟସରେ ଭଗତ ସିଂହଙ୍କ ନାମ ବଙ୍ଗା ଗ୍ରାମର ଜିଲ୍ଲାବୋର୍ଡ଼ ପ୍ରାଇମେରୀ ସ୍କୁଲରେ ଲେଖା ଗଲା । ସେ ନିଜର ବଡ଼ ଭାଇଙ୍କ ସହିତ ପଢ଼ିବାକୁ ଗଲେ । ସ୍କୁଲରେ ସେ ସମସ୍ତ ସାଥୀମାନଙ୍କର ପ୍ରିୟ ଥିଲେ । ସମସ୍ତ ବିଦ୍ୟାର୍ଥୀ ତାଙ୍କ ସହିତ ମିତ୍ରତା କରିବାକୁ ଚାହୁଁଥିଲେ । ଭଗତ ସିଂହ ମଧ୍ୟ ସମସ୍ତ ବିଦ୍ୟାର୍ଥୀଙ୍କୁ ନିଜର ମିତ୍ର କରି ଦେଇଥିଲେ । ସେମାନଙ୍କର ମିତ୍ରମାନେ ତାଙ୍କୁ କାନ୍ଧରେ ବସାଇ ଘରକୁ ଛାଡ଼ିବାକୁ ଯାଉଥିଲେ । ଏଥିରୁ ମିତ୍ରମାନଙ୍କ ସହିତ ତାଙ୍କର କେତେ ପ୍ରିୟ ଭାବ ଥିଲା ତାହା ଜଣା ପଡ଼େ । କିନ୍ତୁ ଭଗତ ସିଂହ ସ୍ୱଭାବ ବାଲ୍ୟକାଳରୁ ଅଦ୍ଭୁତ ଧରଣର ଥିଲା । ଯେଉଁ ଅବସ୍ଥାରେ ପିଲାମାନଙ୍କୁ ଖେଳ କୁଦ ବା ପଢ଼ିବା ଭଲ ଲାଗେ, ସେ ଅବସ୍ଥାରେ ତାଙ୍କର ମନ କ'ଣ କ'ଣ ଭାବୁଥିଲା, କୁଆଡ଼େ କୁଆଡ଼େ ବୁଲୁଥିଲା । ବିଦ୍ୟାଳୟର ସଙ୍କୁଚିତ କୋଠରୀରେ ବସି ରହିବାରେ ତାଙ୍କୁ ବିରକ୍ତ ଲାଗୁଥିଲା । ସେ ଶ୍ରେଣୀ ଗୃହ ଛାଡ଼ି ଖୋଲା ପଡ଼ିଆରେ ବୁଲିବାକୁ ଚାଲି ଯାଉଥିଲେ । କୁଳୁକୁଳୁ ନାଦ କରୁଥିବା ନଦୀ, କଳରବ

କରୁଥିବା ପକ୍ଷୀ, ମନ୍ଦ ମନ୍ଦ ବହୁଥିବା ବାୟୁ ତାଙ୍କ ମନ ମୋହି ନେଉଥିଲା। ବଡ଼ ଭାଇ ଜଗତ ସିଂହ ବାଳକ ଭଗତ ସିଂହଙ୍କୁ ଶ୍ରେଣୀରେ ନପାଇ ତାଙ୍କୁ ଖୋଜିବାକୁ ଯାଉଥିଲେ। ସେ ଦେଖୁଥିଲେ ଭଗତ ସିଂହ ଖୋଲା ପଡ଼ିଆରେ ନୀରବରେ ବସି ରହି କଣ ଭାବୁଛି। ଜଗତ ସିଂହ ପଚାରୁଥିଲେ – "ତୁ ଏଠି କ'ଣ କରୁଛୁ? ତେଣେ ଗୁରୁଜୀ ପାଠ ପଢ଼ାଉଛନ୍ତି। ଚାଲ ଯିବା।"

ହସି ହସି ବାଳକ ଭଗତ ସିଂହ ଉତ୍ତର ଦେଉଥିଲେ– "ମୋତେ ଏଠି ଭଲ ଲାଗୁଛି।"

"ତୁ ଏଠି କଣ କରୁଛୁ?"

"କିଛି ନାହିଁ, ଏମିତି ଚୁପ୍‌ଚାପ ବସି ପଡ଼ିଆକୁ ଦେଖୁଛି।"

"ପଡ଼ିଆକୁ! ଭଲା ପଡ଼ିଆରେ ଦେଖିଲା ଭଳିଆ ଜିନିଷ କ'ଣ ଅଛି?"

"କିଛି ନାହିଁ ଭାଇ! ମାତ୍ର ଏହି ଖୋଲା ପଡ଼ିଆ ପରି ମୁଁ ବି ସ୍ୱତନ୍ତ୍ର ହେବାକୁ ଚାହୁଁଛି।"

ସାନ ଭାଇର ଏ ପ୍ରକାର କଥା ବଡ଼ଭାଇ ଜଗତ ସିଂହ ବୁଝି ପାରିଲେ ନାହିଁ। ସେ ବିରକ୍ତ ହୋଇ କହିଲେ– "ଯଦି ଏସବୁ କରିବାର ଥିଲା, ସ୍କୁଲରେ ନାମ କାହିଁକି ଲେଖାଇଲୁ? ଚାଷ କାମ କରିଥାନ୍ତୁ। ନ ପଢ଼ିଲେ ସ୍କୁଲରେ ମାଡ଼ ଖାଇବୁ?"

"ମାଡ଼ କାହିଁକି ଖାଇବି?"

"ଯଦି ପାଠ ମନେ ନ ରଖିବୁ ମାଡ଼ ଖାଇବୁ।"

"ପାଠ ତ ବହିରେ ଅଛି, ତାକୁ ମନେ ରଖିଦେବି।"

ଭଗତ ସିଂହ ତୀକ୍ଷ୍ଣ ବୁଦ୍ଧିର ବାଳକ ଥିଲେ। ସେ ସମସ୍ତ ପାଠ ବହିରୁ ପଢ଼ି ମନେ ରଖି ନେଉଥିଲେ। ତା ସହିତ ସେ ଅନ୍ୟ ସାଥୀମାନଙ୍କ ପାଖରେ ନିର୍ଭୟ, ସାହସୀ ତଥା ସ୍ପଷ୍ଟବାଦୀ ବାଳକ ଥିଲେ। କିନ୍ତୁ ଏହା ମଧ୍ୟରେ ହଠାତ୍ ଏକ ଦୁଃଖଦ ଘଟଣା ଘଟିଗଲା। ତାଙ୍କ ସହିତ ପଢୁଥିବା ତାଙ୍କ ବଡ଼ ଭାଇ ଜଗତ ସିଂହଙ୍କର ମାତ୍ର ଏଗାର ବର୍ଷ ବୟସରେ ମୃତ୍ୟୁ ହୋଇଗଲା। ଏହି ଘଟଣାରେ ଭଗତ ସିଂହଙ୍କୁ ଗଭୀର ଧକ୍‌କା ଲାଗିଲା।

ଏହାପରେ ସର୍ଦ୍ଦାର କିଶନ ସିଂହ ଲାହୋର ପାଖରେ ନବାକୋଟ ନାମକ ସ୍ଥାନକୁ ଚାଲିଗଲେ। ସେଠାରେ ତାଙ୍କର କିଛି ଜମିବାଡ଼ି ଥିଲା। ବାଳକ ଭଗତ ସିଂହ ମଧ୍ୟ ନିଜର ପ୍ରାଇମେରୀ ଶିକ୍ଷା ପୂର୍ଣ୍ଣ କରି ସାରିଥିଲେ। ଶିଖ୍ ମାନଙ୍କ ପରମ୍ପରା ସେମାନେ ପ୍ରାୟତଃ ଖାଲସା (ଶିଖମାନଙ୍କ ଏକ ପ୍ରମୁଖ ସଂପ୍ରଦାୟ) ସ୍କୁଲରେ ପ୍ରବେଶ କରାଉଥିଲେ। କିନ୍ତୁ ଏହି ସ୍କୁଲଗୁଡ଼ିକର ଇଂରେଜଙ୍କ ପ୍ରତି ଅଧିକ ଭକ୍ତି ଥିଲା। ଏହାର ପ୍ରବନ୍ଧକ ଏବଂ ଅଧ୍ୟାପକ ଇଂରେଜମାନଙ୍କୁ ଅଧିକ ସମ୍ମାନ ଦେଖାଉଥିଲେ। ସର୍ଦ୍ଦାର କିଶନ ସିଂହଙ୍କୁ ଏସବୁ ବିଲକୁଲ ପସନ୍ଦ ନଥିଲା। ସେ

ଜଣେ ସଚ୍ଚା ଦେଶଭକ୍ତ, ସ୍ୱତନ୍ତ୍ରତା ସେନାନୀ ଥିଲେ। ସେ ଭଗତ ସିଂହଙ୍କୁ ଏପରି ଏକ ସ୍କୁଲରେ ପ୍ରବେଶ କରାଇବାକୁ ଚାହୁଁଥିଲେ, ଯେଉଁଠି ପିଲାମାନଙ୍କ ଉପରେ ଦାସତ୍ୱର ଛାୟା ପଡ଼ିବ ନାହିଁ। ଅତଃ ସେ ଭଗତ ସିଂହଙ୍କୁ ଲାହୋରର ଡ଼ି.ଏ.ଭି. ସ୍କୁଲରେ ପ୍ରବେଶ କରାଇବାକୁ ନିଷ୍ପତ୍ତି କଲେ। ଡ଼ି.ଏ.ଭି. ସ୍କୁଲ ରାଷ୍ଟ୍ରୀୟ ବିଚାରଧାରା ସହିତ ଓତପ୍ରୋତ ଜଡ଼ିତ ଥିଲା। ଏହି ସ୍କୁଲରେ ପ୍ରବେଶ କରାଇବାରେ କିଶନ ସିଂହଙ୍କୁ ନିଜ ସମାଜରେ ବିରୋଧ ହେଲା। ମାତ୍ର ସେ ଏହାକୁ ବିଲକୁଲ ଖାତିର କଲେ ନାହିଁ। ୧୯୧୬-୧୭ ର ଘଟଣା। ଏହି ସ୍କୁଲରେ ପ୍ରବେଶ ନେବା ପରେ ଭଗତ ସିଂହ ଇଂରାଜୀ ଓ ସଂସ୍କୃତ ପ୍ରତି ତାଙ୍କର ବିଶେଷ ଅନୁରୋଧ ଜନ୍ମିଲା। ନିଜର ଜେଜେବାପାଙ୍କୁ ୨୨.୭.୧୯୧୮ ରେ ଲେଖା ଯାଇଥିବା ଏକ ପତ୍ରରୁ ତାଙ୍କର ସଂସ୍କୃତ ପ୍ରତି ବିଶେଷ ପ୍ରେମର ପରିଚୟ ମିଳେ। ନିଜ ପରୀକ୍ଷାର ପରିଣାମ ଏବଂ ପ୍ରାପ୍ତ କରିଥିବା ଅଙ୍କ ବିଷୟରେ ସେ ଲେଖିଥିଲେ ଯେ ସଂସ୍କୃତ ଏବଂ ଇଂରାଜୀରେ ତାଙ୍କୁ ୧୫୦ ରୁ କ୍ରମଶଃ ୧୧୦ ତଥା ୬୮ ପର୍ଯ୍ୟନ୍ତ ଅଙ୍କ ମିଳିଥିଲା।

ଏହି ସମୟରେ ସନ ୧୯୧୯ ରେ 'ରାଓଲେଟ ଆକ୍ଟ' ବିରୋଧରେ ସାରା ଭାରତରେ ପ୍ରଦର୍ଶନ କରାଗଲା। ଏହିପ୍ରକାର ଏକ ପ୍ରଦର୍ଶନ ଅମୃତସରର ଜାଲିଓ୍ୱାନାବାଗ୍‌ରେ ହେଉଥିଲା। ଯେଉଁଥିରେ ହଜାର ହଜାର ଲୋକ ଉପସ୍ଥିତ ଥିଲେ। ଏହି ଶସ୍ତ୍ରହୀନଲୋକଙ୍କୁ ଜେନେରାଲ ଡାୟାର ଗୁଳିରେ ଛାଇ ଦେଲେ। ଜାଲିଓ୍ୱାନାବାଗ କାଣ୍ଡ ଦେଶଭକ୍ତ ଭାରତୀୟଙ୍କୁ ଦେଶଭକ୍ତି ଦିଗକୁ ଅଧିକ ଦୃଢ଼ କଲା। ଭଗତ ସିଂହ ଏକ ଦେଶଭକ୍ତ ପରିବାରର ତୃତୀୟ ପୀଢି ଥିଲେ। ଅତଃ ସେ ଏହି ଘଟଣାରେ ପ୍ରଭାବିତ ନ ହୋଇ ରହି ପାରନ୍ତେ କିପରି ? ଏହି ଘଟଣାର ଖବର ଶୁଣି ସେ ଲାହୋରରୁ ଅମୃତସରରେ ପହଞ୍ଚିଲେ, ଦେଶ-ପ୍ରେମ ପାଇଁ ବଳିଦାନ ଦେଇଥିବା ବୀରଙ୍କୁ ଶ୍ରଦ୍ଧାଞ୍ଜଳି ଜଣାଇବାକୁ। ଭଗତ ସିଂହଙ୍କ ଦୃଷ୍ଟିରେ ଜାଲିଓ୍ୱାନାବାଗ ଏକ ପବିତ୍ର ଧର୍ମସ୍ଥଳ ପାଲଟି ଯାଇଥିଲା। ଏହି ସ୍ଥାନକୁ ଦେଖି ଭଗତ ସିଂହ ରକ୍ତ ଚାଉଳ ଚୋବାଇ ରହିଗଲେ। ସାରା ଜାଲିଓ୍ୱାନାବାଗ ରକ୍ତର ନଦୀରେ ଓଦା ହୋଇଥିଲା। ସତେ ଯେପରି ସେ ସ୍ଥାନ ତାଙ୍କୁ କହୁଥିଲା-"ତୁମକୁ ଏହି ଭୂମିର ଋଣ, ଭାରତମାତାଙ୍କ ଋଣ, ଏହି ରକ୍ତକୁ ବେକାର ହେବାକୁ ଦେବେ ନାହିଁ, ତୁମକୁ ପ୍ରାଣବଳୀ ଦେବାକୁ ହେବ। ନିଜର ସବୁକିଛି ବିନିମୟରେ ଇଂରେଜମାନଙ୍କର ଏ ଅତ୍ୟାଚାର ସମାପ୍ତ କରିବାକୁ ହେବ...।" ରକ୍ତ ଜୁଡୁବୁଡୁ ସେହି ମାଟିକୁ ଭଗତ ସିଂହ ନିଜ ହାତରେ ତୋଳି ଆଣିଲେ। ସେହି ମାଟିକୁ ଏକ ବୋତଲରେ ରଖି ଦେଲେ। ଏହି ମାଟି ସବୁବେଳେ ତାଙ୍କୁ ମନେ ପକାଇ ଦେଉଥିଲା ଯେ ତାଙ୍କୁ ନିଜର ଦେଶ ଏବଂ ଦେଶବାସୀଙ୍କ ଅପମାନର ପ୍ରତିଶୋଧ ନେବାକୁ ହେବ।

ସନ ୧୯୨୦ରେ ମହାତ୍ମାଗାନ୍ଧୀ ଅସହଯୋଗ ଆନ୍ଦୋଳନ ଚଳାଇଲେ। ଏହି ଆନ୍ଦୋଳନ ଦ୍ୱାରା ସେ ଦେଶବାସୀଙ୍କ ପାଖରେ ଆହ୍ୱାନ ଦେଇଥିଲେ ଯେ ବିଦ୍ୟାର୍ଥୀ ସରକାରୀ ସ୍କୁଲ ଛାଡ଼ି ଦିଅନ୍ତୁ , ଲୋକେ ସରକାରୀ ନ୍ୟାୟାଳୟ, ପଦ, ପଦବୀ ଚାକିରୀ ଛାଡ଼ି ଦିଅନ୍ତୁ।

ଫଳତଃ ଭଗତ ସିଂହ ସନ ୧୯୨୧ରେ ସ୍କୁଲ ଛାଡ଼ି ଦେଲେ। ସେତେବେଳେ ସେ ଡ଼ି.ଏ.ଭି.ସ୍କୁଲ ଲାହୋରର ନବମ ଶ୍ରେଣୀର ଛାତ୍ର ଥିଲେ।

ସେଇ ସମୟରେ ଦେଶର ଅନେକ ସ୍କୁଲ ତଥା କଲେଜ ଦେଶର ପ୍ରମୁଖ ସହରରେ ଖୋଲା ଯାଇଥିଲା। ଏହି ସମୟରେ ଦେଶରେ ଅନେକ ବିଶ୍ୱବିଦ୍ୟାଳୟ ତଥା ବିଦ୍ୟାପୀଠ ସ୍ଥାପନା ମଧ୍ୟ ହୋଇଥିଲା। ଗୁଜୁରାଟ ବିଦ୍ୟାପୀଠ, ବିହାର ବିଦ୍ୟାପୀଠ, ପଞ୍ଜାବ ବିଦ୍ୟାପୀଠ, କାଶୀ ବିଦ୍ୟାପୀଠ, ରାଷ୍ଟ୍ରୀୟ ମୁସଲିମ ବିଶ୍ୱବିଦ୍ୟାଳୟ, ଆଲିଗଡ଼ ବିଶ୍ୱବିଦ୍ୟାଳୟ ଆଦି ଏହି ସମୟରେ ସ୍ଥାପିତ ହୋଇଥିବା ଶିକ୍ଷାନୁଷ୍ଠାନ। ଲାଲା ଲାଜପତରାୟ ଲାହୋରରେ ନ୍ୟାସନାଲ କଲେଜ ସ୍ଥାପନ କରିଥିଲେ। ଏହି କଲେଜର କାଶୀ ବିଦ୍ୟାପୀଠ ସହିତ ସମ୍ବନ୍ଧ ଥିଲା। ଅସହଯୋଗ ଆନ୍ଦୋଳନରେ ଭାଗନେଇଥିବା ଅନେକ ବିଦ୍ୟାର୍ଥୀ ଏହି କଲେଜରେ ପ୍ରବେଶ ନେଇଥିଲେ। ଭଗତ ସିଂହ ମଧ୍ୟ ଏହି କଲେଜରେ ପ୍ରବେଶ ନେଲେ।

ଅନେକ ପୁସ୍ତକରେ ଲେଖା ଯାଇଛି ଯେ ଡ଼ି.ଏ.ଭି. ସ୍କୁଲରୁ ମାଟ୍ରିକ୍ ପାଶ କଲାପରେ ଭଗତ ସିଂହ ନ୍ୟାସନାଲ କଲେଜରେ ପ୍ରବେଶ କରିଥିଲେ। ଏହି କଥନ ସତ୍ୟ ନୁହେଁ। ସତ ହେଉଛି ଯେତେବେଳେ ସେ ମହାତ୍ମାଗାନ୍ଧୀଙ୍କ ଆହ୍ୱାନରେ ଡ଼ି.ଏ.ଭି. ସ୍କୁଲ ଛାଡ଼ି ଥିଲେ ସେତେବେଳେ ନବମ ଶ୍ରେଣୀର ଛାତ୍ର ଥିଲେ। ନ୍ୟାସନାଲ ସ୍କୁଲରେ ପ୍ରବେଶ ପାଇଁ ତାଙ୍କୁ ଦୁଇମାସ ସମୟ ଦିଆଗଲା ଏବଂ ପୁଣି ତାଙ୍କର ପରୀକ୍ଷା ନିଆଗଲା। ଏହି ପରୀକ୍ଷାରେ ସଫଳ ହେବା ପରେ ହିଁ ତାଙ୍କୁ ନ୍ୟାସନାଲ କଲେଜରେ ପ୍ରବେଶ ମିଳିଲା।

## କ୍ରାନ୍ତିକାରୀଙ୍କ ସଂସ୍ପର୍ଶରେ:

ପଞ୍ଜାବ ନ୍ୟାସନାଲ କଲେଜରେ ତାଙ୍କର ଦେଶଭକ୍ତି ଭାବନାକୁ ବିକଶିତ ହେବାର ସୁଅବସର ମିଳିଲା। ଏହି କଲେଜର ସ୍ଥାପନା ହିଁ ସ୍ୱରାଜ ପ୍ରାପ୍ତ ପାଇଁ କର୍ମଠ କାର୍ଯ୍ୟକର୍ତ୍ତାମାନଙ୍କୁ ପ୍ରସ୍ତୁତ କରିବା ଥିଲା। ଯଦିଓ ଅନ୍ୟ ସରକାରୀ କଲେଜମାନଙ୍କରେ ବିଦ୍ୟାର୍ଥୀମାନଙ୍କର ଉଦ୍ଦେଶ୍ୟ ଥିଲା ପରୀକ୍ଷାରେ ଉତ୍ତୀର୍ଣ୍ଣ ହୋଇ ସରକାରୀ ଚାକିରୀ କରିବା। ଏଠାରେ ଗାନ୍ଧୀ ଆଶ୍ରମ ପରି ସଶକ୍ତ ନିୟମ ନଥିଲା। ସମସ୍ତ ଶିକ୍ଷାର୍ଥୀ ପ୍ରାୟତଃ ସାଧା ବସ୍ତ୍ରରେ ରହୁଥିଲେ। କମ କପଡ଼ାରେ କାମ ଚଳାଇ ନେବା, ସମସ୍ତ କାର୍ଯ୍ୟ ନିଜ ହାତରେ କରିବା ଇତ୍ୟାଦି ଭଲ ଅଭ୍ୟାସ ଆପଣାଯାଉଥିଲା। ଗାନ୍ଧୀ ଆଶ୍ରମ ପରି ପ୍ରାର୍ଥନା ଓ ସନ୍ଧ୍ୟାନିୟମ ନଥିଲା। ଅତଃ ଏହି କଲେଜର ବାତାବରଣ ଭଗତ ସିଂହଙ୍କୁ ଭଲ ଲାଗିଲା।

ଏହି କଲେଜରେ ଯଶପାଳ, ଭଗବତୀ ଚରଣ, ସୁଖଦେବ, ରାମ କିଶନ, ତୀର୍ଥରାମ, ଝଣ୍ଡା ସିଂହ ଆଦି କ୍ରାନ୍ତିକାରୀମାନଙ୍କ ସହିତ ତାଙ୍କର ପରିଚୟ ହେଲା। ଭଗବତୀ ରଚଣ ଏବଂ ସୁଖଦେବ ଦୀର୍ଘ ସମୟ ପର୍ଯ୍ୟନ୍ତ ତାଙ୍କ ସହିତ ଥିଲେ। କଲେଜ ପଢ଼ା ପରେ ଏହି କଲେଜରେ

ଭାଇ ପରମାନନ୍ଦ, ଲାଲା ଲଜପତ ରାୟ ଆଦି ଭାଷଣ ବି ଦେଉଥିଲେ। ଏହି ଭାଷଣରୁ ସମସ୍ତ ବିଦ୍ୟାର୍ଥୀଙ୍କୁ ଦେଶଭକ୍ତି, ରାଷ୍ଟ୍ରବାଦ ଆଦି ଶିକ୍ଷା ମିଳୁଥିଲା। ପ୍ରୋ. ଜୟଚନ୍ଦ ବିଦ୍ୟାଳଙ୍କାର ଏହି କଲେଜରେ ଇତିହାସ ଅଧ୍ୟାପକ ଥିଲେ। ସମସ୍ତ ବିଦ୍ୟାର୍ଥୀ ତାଙ୍କ ଦ୍ୱାରା ଅତ୍ୟଧିକ ପ୍ରଭାବିତ ଥିଲେ। ଭଗତ ସିଂହଙ୍କ ଉପରେ ପ୍ରୋ. ଜୟଚନ୍ଦ ବିଦ୍ୟାଳଙ୍କାରଙ୍କର ବିଶେଷ ସ୍ନେହ ଥିଲା। ସେ ଭଗତ ସିଂହଙ୍କୁ ବିଦ୍ରୋହୀମାନଙ୍କ ବିଷୟରେ କହୁଥିଲେ। ତାଙ୍କର ଅନେକ ବିଦ୍ରୋହୀଙ୍କ ସହିତ ସଂପର୍କ ଥିଲା। ତାଙ୍କ ବିଚାରଧାରାର ପ୍ରଭାବ ଭଗତ ସିଂହଙ୍କ ଉପରେ ଅଧିକ ପଡ଼ିଥିଲା। ବସ୍ତୁତଃ ସେ ହିଁ ଭଗତ ସିଂହଙ୍କ ରାଜନୈତିକ ଗୁରୁ ଥିଲେ।

## ହାସ୍ୟ ପ୍ରିୟ ଏବଂ ଦୁଷ୍ଟ ବିଦ୍ୟାର୍ଥୀ ରୂପେ:

ପଢ଼ାରେ ଭଗତ ସିଂହ ଅତ୍ୟଧିକ ପରିଶ୍ରମ କରୁଥିଲେ। ଇତିହାସ ଏବଂ ରାଜନୀତିରେ ତାଙ୍କର ବିଶେଷ ରୁଚି ଥିଲା। ଏହି ବିଷୟକୁ ନେଇ ସେ ନିଜର ସାଥୀ ତଥା ଅଧ୍ୟାପକମାନଙ୍କ ସହିତ ଖୋଲାଖୋଲି ତର୍କ କରୁଥିଲେ। ତତ୍‌ସହିତ ସେ ଜଣେ ହାସ୍ୟପ୍ରିୟ ଓ ଦୁଷ୍ଟତାପ୍ରିୟ ବିଦ୍ୟାର୍ଥୀ ଥିଲେ। ଯେତେବେଳେ ସେ ନ୍ୟାସନାଲ କଲେଜ ଲାହୋରର ଛାତ୍ର ଥିଲେ, ପ୍ରଫେସର ସୌନ୍ଧୀଙ୍କର ଏକ ବିଶେଷତା ଥିଲା- ସେ ଲେକ୍‌ଚର ଦେବାବେଳେ ଢୋଳାଉଥିଲେ। ଶ୍ରେଣୀରେ ଦୁଷ୍ଟଛାତ୍ର ମାନେ ପ୍ରଫେସର ସାହେବଙ୍କ ଏହି ଗୁଣ ସହିତ ପରିଚିତ ଥିଲେ। ଏହି ଦୁଷ୍ଟ ଛାତ୍ରମାନଙ୍କ ମଧ୍ୟରେ ଭଗତ ସିଂହ ମଧ୍ୟ ଜଣେ ଥିଲେ। ସେହି ପ୍ରଫେସରଙ୍କ ସହିତ ନିରର୍ଥକ କଥାକହି ତାଙ୍କୁ ବ୍ୟସ୍ତ କରିବାରେ ବିଦ୍ୟାର୍ଥୀମାନଙ୍କୁ ବିଶେଷ ଆନନ୍ଦ ମିଳୁଥିଲା।

ଥରେ ପ୍ରଫେସର ସୌନ୍ଧୀ ସମ୍ରାଟ ଅଶୋକଙ୍କ ବିଷୟରେ ପଢ଼ାଉଥିଲେ। କିନ୍ତୁ ନିଜର ଅଭ୍ୟାସ ଅନୁସାରେ ସେ ମଝିରେ ଢୁଳେଇବାକୁ ଲାଗିଲେ। ଭଗତ ସିଂହ, ସୁଖଦେବ ତଥା ଯଶପାଲଙ୍କର ତାଙ୍କ ଭାଷଣ ଶୁଣିବାରେ ମନ ଲାଗିଲା ନାହିଁ। ସେମାନେ ଶ୍ରେଣୀରୁ ଖସି ପଳାଇବା ପାଇଁ ଚାହୁଁଥିଲେ, ପ୍ରଫେସର ସାମନାରେ ଥିବାରୁ ଏପରି କରିବା ସମ୍ଭବ ନଥିଲା। ଏହି ସମୟରେ ଭଗତ ସିଂହ ଠିଆ ହୋଇ ପଚାରିଲେ, "ସାର! ଇଂରେଜ ମାନେ ଭାରତକୁ ଭିକାରୀ ଭାବରେ ଆସିଥିଲେ ଏବଂ ପରେ ଏଠାରେ ରାଜା ହୋଇଗଲେ। ଏକଥା କ'ଣ ସତ?"

ପ୍ରଫେସର ସାହେବ ସେତେବେଳେ ଅଶୋକଙ୍କ ନ୍ୟାୟପ୍ରିୟତା ବିଷୟରେ କହୁଥିଲେ। ଏ ପ୍ରକାର ଅସମ୍ବନ୍ଧ ପ୍ରଶ୍ନରେ ତାଙ୍କର ରାଗ ଆସିଗଲା। ସେ କହିଲେ- "ତୁମକୁ କେତେଥର କହିଲିଣି ମୋ ବିଚାରକ୍ରମ ଭାଙ୍ଗିବ ନାହିଁ। କିନ୍ତୁ ତୁମେ ଶୁଣିବାକୁ ନାରାଜ...।"

ପ୍ରଫେସର ସାହେବଙ୍କ କଥା ପୂର୍ଣ୍ଣ ହେବା ପୂର୍ବରୁ ସୁଖଦେବ ଉଠି ଠିଆ ହେଲେ ଏବଂ କହିଲେ, "ସାର! ଏ ଭଗତ ସିଂହ ବିଲକୁଲ ମୂର୍ଖ। ଆପଣ ଶାହାଜାହାଁଙ୍କ ଶାସନକାଳ

ବିଷୟରେ ପଢ଼ାଉଥିଲେ । ଆଉ ସେ ଇଂରେଜଙ୍କ ଆଡ଼କୁ ନେଇ ଆସିଲେ ।"

"ତୁମର ଉଦ୍ଦେଶ୍ୟ କ'ଣ ? ମୁଁ କେତେବେଳେ ଶାହାଜହାଁଙ୍କ ନାଁ ଧରିଲିଣି ?" ସୌନ୍ଧୀ ଚିତ୍କାର କଲେ ।

ଏଥର ଯଶପାଲଙ୍କ ପାଳି । ସେ ନିଜ ସିଟ୍‌ରୁ ଉଠି ଠିଆ ହେଲେ ଏବଂ କହିଲେ, "ଆପଣ ମହମ୍ମଦ ତୋଗଲକଙ୍କ ପାଗଳାମୀ ବିଷୟରେ ପଢ଼ାଉଥିଲେ । ମାତ୍ର ତାକୁ ମୋ କଥାରେ ବିଶ୍ୱାସ ଆସିଲା ନାହିଁ ।"

ପ୍ରଫେସର ସାହେବ ଚିତ୍କାର କରି ଉଠିଲେ, "ତୁମେ ସବୁ ଅଯୋଗ୍ୟ, ମୂର୍ଖ । ମୁଁ ତୁମକୁ ପଢ଼ାଇ ପାରିବି ନାହିଁ ।" ଏହା କହି ସେ ଶ୍ରେଣୀରୁ ବାହାରକୁ ଚାଲିଗଲେ ଏବଂ ପିଲାମାନେ ଖିଲି ଖିଲି ହୋଇ ହସି ଉଠିଲେ ତଥା ଶ୍ରେଣୀରୁ ବାହାରି ଗଲେ ।

ଏପରି ପ୍ରାୟ ହେଉଥିଲା । ଯେତେବେଳେ ଛାତ୍ରମାନେ ପ୍ରଫେସର ସୌନ୍ଧୀଙ୍କ ଶ୍ରେଣୀରେ ନୀରସତା ଅନୁଭବ କରୁଥିଲେ, ସେତେବେଳେ ଭଗତ ସିଂହ ଆଦି ତାଙ୍କୁ ବ୍ୟସ୍ତ କରି ଦେଉଥିଲେ । ପ୍ରଫେସର ସାହେବ କ୍ଲାସ ଛାଡ଼ି ଦେଉଥିଲେ ଏବଂ ପିଲାମାନଙ୍କ ମନମୁଖୀ ଅଭିଳାଷ ପୂର୍ଣ୍ଣ ହୋଇ ଯାଉଥିଲା । ଏହିପରି ଆଉ ଜଣେ ପ୍ରଫେସର ମେହେଟ୍ଟା ବି ଏହି ବିଦ୍ୟାର୍ଥୀମାନଙ୍କର ମନୋରଞ୍ଜନର ସାଧନ ବନିଯାଉଥିଲେ । ପ୍ରଫେସର ମେହେଟ୍ଟା ମନ ଲଗାଇ ପଢ଼ାଉଥିଲେ, ମାତ୍ର ତାଙ୍କର ହିନ୍ଦୀ ଜ୍ଞାନ କମ୍ ଥିଲା । ସେ ହିନ୍ଦୀ ଶବ୍ଦର ଉଚ୍ଚାରଣ ଆଶ୍ଚର୍ଯ୍ୟ ପ୍ରକାର କରୁଥିଲେ । କୌଣସି ଇଂରେଜୀ ଶବ୍ଦ ପାଇଁ ଯେତେବେଳେ ସେ ହିନ୍ଦୀ ଶବ୍ଦ ପଚାରୁଥିଲେ, ପିଲାମାନେ ତାଙ୍କୁ ଶୁଦ୍ଧ ପଞ୍ଜାବୀ ଶବ୍ଦ କହି ଦେଉଥିଲେ । ଏ କଥାରେ ଅନ୍ୟ ବିଦ୍ୟାର୍ଥୀମାନଙ୍କ ଅଟ୍ଟହାସ୍ୟ ଗୁଞ୍ଜରୀ ଉଠୁଥିଲା ଏବଂ ପ୍ରଫେସର ମେହେଟ୍ଟା ହଇରାଣ ଏବଂ ବ୍ୟସ୍ତ ହୋଇ ଉଠୁଥିଲେ । ସେତେବେଳେ ସେ ପ୍ରଥମେ ଭଗତ ସିଂହ ଓ ଝଣ୍ଡା ସିଂହଙ୍କ ଆଡ଼କୁ ସଙ୍କେତ କରି କହୁଥିଲେ- "ଗେଟ୍ ଆଉଟ ଅଫ ଦି କ୍ଲାସ ।" ଏହା ପରେ ଏହିପରି ନିର୍ଦ୍ଦେଶ ଜଣ ଜଣ କରି ଯଶପାଲ, ସୁଖଦେବ, ଭଗତ ସିଂହ ତଥା ଜଣେ ଦି'ଜଣ ଅନ୍ୟ ସାଥୀମାନଙ୍କୁ ମଧ୍ୟ ମିଳୁଥିଲା ।

## ବିଦ୍ୟାର୍ଥୀ ଜୀବନର ଅନ୍ୟ କାର୍ଯ୍ୟ କଳାପ:

ଅଧ୍ୟୟନ ସହିତ ତାଙ୍କର ରୁଚି ରାଷ୍ଟ୍ରୀୟ ସମସ୍ୟା ଆଡ଼କୁ ଅଗ୍ରସର ହେଲା । ସେ ସମୟରେ ନୂଆ ନୂଆ ଘଟଣା ପ୍ରତି ସେ ସର୍ବଦା ସଚେତ ରହୁଥିଲେ ତଥା ସେଥିରେ ତାଙ୍କର ସକ୍ରିୟ ସହଯୋଗ ବି ରହୁଥିଲା । ଏହାର ପରିଚୟ ୧୪-୧୧-୧୯୨୧ରେ ନିଜ ଜେଜେବାପାଙ୍କୁ ଲେଖିଥିବା ଏକ ପତ୍ରରୁ ମିଳେ । ଏହି ପତ୍ରରେ ସେ ନିଜର ଜେଜେବାପାଙ୍କୁ ଲେଖିଥିଲେ -"ଏବେ ରେଳ କର୍ମଚାରୀ ଧର୍ମଘଟର ଯୋଜନା ପ୍ରସ୍ତୁତ କରୁଛନ୍ତି । ଆଶା ତାହା ଆଗାମୀ ସପ୍ତାହକ ପରେ ପ୍ରାରମ୍ଭ ହେବ ।"

ଦେଶଭକ୍ତି ଗୀତ ଗାଇବାରେ, ଆବେଗପୂର୍ଣ୍ଣ ନାଟକରେ ଭାଗନେବାରେ ତଥା ଏହି ପ୍ରକାରର ଅନ୍ୟ ରାଷ୍ଟ୍ରୀୟ ତଥା ସାମାଜିକ କାର୍ଯ୍ୟରେ ତାଙ୍କର ଗଭୀର ରୁଚିଥିଲା । ସେ ନ୍ୟାସନାଲ ନାଇଟ କ୍ଲବର ଏକ ସକ୍ରିୟ ସଦସ୍ୟ ଥିଲେ । ଏହି କ୍ଲବରେ ସମ୍ରାଟ ଚନ୍ଦ୍ରଗୁପ୍ତଙ୍କ ସହିତ ସମ୍ବନ୍ଧିତ ଏକ ନାଟକରେ ତାଙ୍କର ଏହି ଅଭିନୟକୁ ସମସ୍ତେ ପ୍ରଶଂସା କରିଥିଲେ । ଏହି ଉତ୍ତମ ଅଭିନୟର ସଫଳତା ଉପରେ ଭାଇ ପରମାନନ୍ଦ ଅଭିନନ୍ଦନ ଜଣାଇ କହିଥିଲେ- "ମୋ ଭଗତ ସିଂହ ନିଶ୍ଚୟ ଭବିଷ୍ୟତରେ ଶଶିଗୁପ୍ତ ସିଦ୍ଧ ହେବ ।" ଏହି କ୍ଲବ 'ରାଣା ପ୍ରତାପ', 'ମହାଭାରତ' ଆଦି ନାଟକ ମଧ୍ୟ ମଞ୍ଚସ୍ଥ କରିଥିଲେ । ଏ ସବୁଥିରେ ଭଗତ ସିଂହ ମହତ୍ତ୍ୱପୂର୍ଣ୍ଣ ଭୂମିକାରେ ଅଭିନୟ କରିଥିଲେ । ଏହି ନାଟକଗୁଡ଼ିକୁ ମଞ୍ଚସ୍ଥ କରିବାର ମୁଖ୍ୟ ଉଦ୍ଦେଶ୍ୟ ଥିଲା ଭାରତୀୟ ଜନତାଙ୍କ ମଧ୍ୟରେ ଦେଶପ୍ରେମ, ରାଷ୍ଟ୍ରୀୟ ଭାବନା ବ୍ୟାପ୍ତ କରିବା ତଥା ଇଂରେଜମାନଙ୍କ ବିରୁଦ୍ଧରେ ସ୍ୱର ଉତ୍ତୋଳନ କରିବା । ଅତଃ ସରକାର ଏହି କ୍ଲବ ଉପରେ ପ୍ରତିବନ୍ଧକ ଲଗାଇ ଦେଇଥିଲେ ।

## ଭଗତ ସିଂହଙ୍କ ଉପରେ ବିବାହ ପାଇଁ ଚାପ:

ନାସନାଲ କଲେଜରେ ବି.ଏ.ର ଛାତ୍ର ହେବା ପରେ ତାଙ୍କର ପିତାମାତା ବିବାହ ପାଇଁ ତାଙ୍କ ଉପରେ ଚାପ ପକାଇଲେ । ଭଗତ ସିଂହଙ୍କ ଜେଜେମାଆ ତାଙ୍କୁ ଅଧିକ ଭଲ ପାଉଥିଲେ । ତାଙ୍କର ଇଚ୍ଛା ଥିଲା ଭଗତ ସିଂହଙ୍କ ବିବାହ ହୋଇଯାଉ ଏବଂ ସେ ନାତୁଣୀ ବୋହୂର ମୁହଁ ଦେଖିବେ । ଏଣେ ତାଙ୍କର ପିତା ବି ଦେଖିଲେ ଭଗତ ସିଂହର ମନ ଘରେ ଲାଗୁ ନଥିଲା । ଦିନେ କୌଣସି ଏକ ସ୍ଥାନରେ କଂଗ୍ରେସ କାର୍ଯ୍ୟକର୍ତ୍ତାମାନଙ୍କର ମିଟିଂ ଥିଲା । ଭଗତ ସିଂହ ସେମାନଙ୍କ ସହିତ ଭାଗ ନେବାକୁ ଯାଇଥିଲେ । ବିଳମ୍ବିତ ରାତ୍ରିରେ ସେ ଘରକୁ ଫେରିଲେ । ନିକଟରେ ପରୀକ୍ଷା ଥିଲା, ମାତ୍ର ଭଗତ ସିଂହ ସେ ଦିଗକୁ ଧ୍ୟାନ ଦେଉନଥିଲେ । ପିତା ସର୍ଦ୍ଦାର କିଶନ ସିଂହ ରାଗିକରି ଥିଲେ । ଏଗାରଟାରେ ଫେରିବାପରେ ସେ ଭଗତ ସିଂହଙ୍କ ଉପରେ ରାଗି ଉଠିଲେ, "ଏ ସମୟରେ ଆସିବାର ଉଦ୍ଦେଶ୍ୟ କ'ଣ ? ଯଦି ପଢ଼ିବାର ଇଚ୍ଛା ନାହିଁ, ତେବେ ଘରେ ବସ । ଏପରି ସମୟ ଓ ଅର୍ଥ ବରବାଦ କରିବାରେ ଲାଭ କ'ଣ ?"

ଦେଶପ୍ରେମର ରଙ୍ଗରେ ରଙ୍ଗେଇ ହୋଇଥିବା ଭଗତ ସିଂହ ଉତ୍ତର ଦେଲେ, "ପାଠପଢ଼ା ତ ସବୁବେଳେ ଚାଲୁରହିବ, ଦେଶ ପାଇଁ କିଛି ତ ଦାୟିତ୍ୱ ଅଛି ।"

"ମୁଁ ତୁମର କୌଣସି ଭାଷଣ ଶୁଣିବାକୁ ଚାହୁଁନାହିଁ; ଠିକ୍ ପ୍ରକାର ପଢ଼, ନହେଲେ ପଢ଼ା ଛାଡ଼ି ଦିଅ । ମୁଁ ଏ ପ୍ରକାର କଥା ବର୍ଦ୍ଦାସ୍ତ କରି ପାରିବି ନାହିଁ ।"

କୌଣସି ଉତ୍ତର ନ ଦେଇ ଭଗତ ସିଂହ ପାଠ ପଢ଼ାରେ ଲାଗିଗଲେ । ପିତାଙ୍କ ସହିତ

କେବେ କେମିତି ବାକ୍-ବିତଣ୍ଡା ହେବାକୁ ଲାଗିଲା । ଅତଃ ମାଆଙ୍କ ଝପ ଏବଂ ଭଗତ ସିଂହଙ୍କୁ ଠିକ୍ ରାସ୍ତାକୁ ଆଣିବା ପାଇଁ ତାଙ୍କ ପିତା ତାଙ୍କୁ ବିବାହ କରି ଦେବା ପାଇଁ ସ୍ଥିର କଲେ । କଥାରେ ଅଛି ଯଦି ପିଲା ବିଗିଡ଼ି ଯାଏ,ତେବେ ତା' ପାଦରେ ବିବାହର ବେଡ଼ି ବାନ୍ଧି ଦେବା ଆବଶ୍ୟକ । ସେଥିପାଇଁ ଭଗତ ସିଂହଙ୍କ ନିର୍ବନ୍ଧ ସରଗୋଧା ଜିଲ୍ଲା ମାନୱାଲା ନିବାସୀ ସର୍ଦ୍ଦାର ତେଜା ସିଂହଙ୍କ ଭଉଣୀ ସହିତ ସ୍ଥିର କରି ଦିଆଗଲା । ଭଗତ ସିଂହ ଯେତେବେଳେ ଏ ଖବର ପାଇଲେ ସେ ପିତାଙ୍କୁ ଏକ ପତ୍ର ଲେଖିଲେ ଯାହା ଏହି ପ୍ରକାର-

"ପୂଜନୀୟ ପିତାଜୀ,

ଏହା ବିବାହର ସମୟ ନୁହେଁ । ଦେଶ ମୋତେ ଡ଼ାକୁଛି । ମୁଁ ତନ-ମନ-ଧନରେ ରାଷ୍ଟ୍ର ସେବା କରିବାକୁ ଶପଥ ନେଇଛି । ଏହା ମୋ ପାଇଁ ନୂଆ କଥା ନୁହେଁ । ଆମ ପୂରା ପରିବାର ଦେଶଭକ୍ତିର ଭାବନାରେ ପୂର୍ଣ୍ଣ । ୧୯୧୦ରେ ଦୁଇ ତିନି ବର୍ଷ ପୂର୍ବରୁ ମୋର ଦାଦା ସ୍ୱର୍ଣ୍ଣ ସିଂହଙ୍କର ଜେଲରେ ହିଁ ସ୍ୱର୍ଗବାସ ହୋଇଥିଲା । ଦାଦା ଅଜିତ ସିଂହ ନିର୍ବାସିତ ବ୍ୟକ୍ତି ପରି ବିଦେଶରେ ଜୀବନ ନିର୍ବାହ କରୁଛନ୍ତି । ଆପଣ ବି ଜେଲରେ ବହୁ କଷ୍ଟ ଭୋଗିଛନ୍ତି । ମୁଁ କେବଳ ଆପଣଙ୍କ ପଦଚିହ୍ନ ଉପରେ ହିଁ ଚାଲୁଛି । ଆଉ ଏହି ପ୍ରକାର ଦୁଃସାହସ କରୁଛି । ଦୟାକରି ମୋତେ ବନ୍ଧନରେ ବାନ୍ଧନ୍ତୁ ନାହିଁ । ବରଂ ମୋତେ ଆଶୀର୍ବାଦ ଦିଅନ୍ତୁ, ମୁଁ ମୋ ଆଦର୍ଶରେ ସଫଳ ହୁଏ ।"

ଭଗତ ସିଂହଙ୍କ ଏହି ପତ୍ର ସାରା ପରିବାରରେ ଏକ ହଲଚଲ ସୃଷ୍ଟି କରି ଦେଲା । ଗୋଟିଏ ଦିଗରେ ପରିବାରର ଜେଜେମାଆ ଥିଲେ ବଡ଼ ସଦସ୍ୟ, ଯିଏ ଚାହୁଁଥିଲେ କୌଣସି ପ୍ରକାରେ ନାତିର ବିବାହ ହୋଇଯାଉ । କିନ୍ତୁ ନାତିର ବିଚାରଧାରା ପୂରା ଓଲଟା । ଜେଜୀମାଆ ଏବଂ ନାତିଙ୍କର ଏହି ବିରୋଧ ବିଚାର ସର୍ଦ୍ଦାର କିଶନ ସିଂହଙ୍କୁ ଏକ ଦ୍ୱନ୍ଦ୍ୱରେ ପକାଇଦେଲା । ଅନ୍ତତଃ ଭାବିଚିନ୍ତି ସେ ପୁତ୍ରକୁ ପତ୍ର ଲେଖିଲେ-

"ପ୍ରିୟ ଭଗତ ସିଂହ,

ମୁଁ ତୁମର ବିବାହ ଠିକ୍ କରି ଦେଇଛି । ମୁଁ ଝିଅ ଦେଖିଛି ଏବଂ ତାଙ୍କ ପରିବାର ମୋର ପସନ୍ଦ । ମୋତେ ଏବଂ ତୁମକୁ ଜେଜେ ମାଆଙ୍କ ଇଚ୍ଛାକୁ ସମ୍ମାନ ଜଣାଇବା ଉଚିତ୍ । ଅତଃ ମୋର ଆଜ୍ଞା ତୁମେ ବିବାହରେ କୌଣସି ପ୍ରକାର ବାଧା ସୃଷ୍ଟି କରିବା ଉଚିତ୍ ନୁହେଁ ଏବଂ ପ୍ରସନ୍ନତାର ସହିତ ଏଥିପାଇଁ ପ୍ରସ୍ତୁତ ହେବା ଦରକାର ।"

ପତ୍ର ଦ୍ୱାରା ଭଗତ ସିଂହ ନିରାଶ ହେଲେ । ଏ ବିଷୟରେ ଗମ୍ଭୀରତାର ସହିତ ବିଚାର କଲାପରେ କଲେଜ ଛାଡ଼ିବାକୁ ନିଷ୍ପତ୍ତି କରି ପିତାଙ୍କୁ ଲେଖିଲେ-

"ପୂଜନୀୟ ପିତାଜୀ,

ଆପଣଙ୍କ ପତ୍ର ପଢ଼ି ଆଶ୍ଚର୍ଯ୍ୟ ହେଲି। ଯଦି ଆପଣଙ୍କ ପରି ଦେଶଭକ୍ତ ଏବଂ ସାହସୀ ଏପରି ସାଧାରଣ ସମସ୍ୟାରେ ହତାଶ ହୋଇଯିବେ ତେବେ ସାଧାରଣ ବ୍ୟକ୍ତିର କ'ଣ ହେବ। ଆପଣ କେବଳ ଜେଜେମାଆଙ୍କ କଥା ଚିନ୍ତା କରୁଛନ୍ତି। ମାତ୍ର କୋଟି କୋଟି ଲୋକଙ୍କ ଭାରତମାତା କେତେ ଦୁଃଖରେ ଅଛନ୍ତି ? ଆମକୁ ସେମାନଙ୍କ ଦୁଃଖ ଦୁର୍ଦ୍ଦଶା ଦୂର କରିବା ପାଇଁ ସବୁ କିଛି ସ୍ୱୀକାର କରିବାକୁ ପଡ଼ିବ। ମୁଁ ଜାଣୁଛି, ଯଦି ମୁଁ ଏଠି ରହିବି, ତେବେ ମୋତେ ବିବାହ କରିବା ପାଇଁ ବାଧ କରାଯିବ। ଏଥିପାଇଁ ମୁଁ ଅନ୍ୟ କୌଣସି ସ୍ଥାନକୁ ଯାଉଛି।"

ଏ ପତ୍ରାଳାପ ପୂର୍ବରୁ ଯେତେବେଳେ ଭଗତ ସିଂହ ନିଜ ଘରେ ଥିଲେ, ସେତେବେଳେ କନ୍ୟା ପକ୍ଷ ତାଙ୍କୁ ଦେଖିବାକୁ ଆସିଥିଲେ। ଅତିଥିଙ୍କ ସହିତ ତାଙ୍କର ବ୍ୟବହାର ମଧ୍ୟ ମଧୁର ଥିଲା। ସେ ସେମାନଙ୍କୁ ଛାଡ଼ିବାକୁ ଲାହୋର ପର୍ଯ୍ୟନ୍ତ ଯାଇଥିଲେ। ଫେରିବା ପରେ ସେ ପିତାଜୀଙ୍କୁ ସଫା ସଫା କହି ଦେଇଥିଲେ, ସେ ଏହି ବିବାହ କରିବେ ନାହିଁ।

"କିନ୍ତୁ କାହିଁକି କରିବ ନାହିଁ ?" ପିତାଜୀ ପଚାରିଲେ।

ଭଗତ ସିଂହ କହିଲେ, "ଯେ ପର୍ଯ୍ୟନ୍ତ ନିଜ ଗୋଡ଼ରେ ଠିଆ ନହୋଇଛି, ବିବାହ କରିବା ଠିକ୍ ନୁହେଁ।"

ପିତା କିଶନ ସିଂହ ବିରକ୍ତ ହୋଇ ଉଠିଲେ- "ମୋତେ ନାଟ ଦେଖାଉଛୁ ? ବିବାହ କରିନେ ଏବଂ ନିଜ ଗୋଡ଼ରେ ଠିଆ ହେବାପାଇଁ ଚେଷ୍ଟା କର। ମତେ ମନା କରୁଛୁ ? ବିବାହ ହୋଇ ଗଲାପରେ ତୋର କୋଉ ଜଂଜାଳ ବଢ଼ିଯିବ ?"

ଅନ୍ୟ କୌଣସି ବାଟ ନଦେଖି ଭଗତ ସିଂହ କହିଲେ, "ଏବେ ମୋର ବୟସ କେତେ ହେଲା ଯେ ?"

"ଅନ୍ୟ କାର୍ଯ୍ୟ ପାଇଁ ତୁ ଉପଯୁକ୍ତ । କେବଳ ବିବାହ ବେଳକୁ ବୟସ କମ୍ ହେଉଛି। ବିବାହ କରିନିଅ। ବୋହୂକୁ ସେତେବେଳେ ଘରକୁ ଆଣିବ, ଯେତେବେଳେ ଆବଶ୍ୟକତା ହେବ।"

ଅନ୍ୟ କୌଣସି ବାଟ ନଦେଖି ଭଗତ ସିଂହ ପୁଣି କହିଲେ- "ଯଦି ବିବାହ କରିବି ତେବେ ଶିକ୍ଷିତା ଝିଅ ସହିତ କରିବି।"

ସେ ଜାଣିଥିଲେ ଯେ ଯେଉଁ ଝିଅ ସହିତ ତାଙ୍କର ସମ୍ବନ୍ଧ ସ୍ଥିର ହୋଇଛି ସେ ଶିକ୍ଷିତା ନୁହେଁ। ମାତ୍ର ଘରବାଲାଙ୍କ ଫଇସଲା ବଦଳାଇବାରେ ସେ ସଫଳ ହୋଇ ପାରିଲେ ନାହିଁ। ଶେଷରେ ବିବଶ ହୋଇ ବି.ଏ. ପଢ଼ା ଅଧାରୁ ଛାଡ଼ି କଲେଜରୁ ଫେରି ଆସିଲେ। ଏହା ସନ ୧୯୨୪ର ଘଟଣା।

## ଭଗତ ସିଂହଙ୍କ ଉପରେ ପ୍ରଭାବ:

ପ୍ରଥମରୁ ଲେଖାଯାଇ ସାରିଛି ଯେ ଭଗତ ସିଂହଙ୍କ ପରିବାର ଏକ ରାଷ୍ଟ୍ରପ୍ରେମୀ ଏବଂ ସ୍ୱତନ୍ତ୍ରତା ପ୍ରେମୀ ପରିବାର ଥିଲା। ବ୍ୟକ୍ତିର ନିଜ ପରିବାର ତାର ପ୍ରଥମ ପାଠଶାଳା। ଅତଃ ଭଗତସିଂହଙ୍କ ଉପରେ ତାଙ୍କ ପରିବାରର ପ୍ରଥମ ପ୍ରଭାବ ପଡ଼ିଥିଲା। ଦାଦା ଅଜିତ ସିଂହଙ୍କ ଦ୍ୱାରା ସେ ଅଧିକ ପ୍ରଭାବିତ ହୋଇଥିଲେ। ଦାଦା ଅଜିତ ସିଂହଙ୍କ ପରେ ସେ ଶହୀଦ କରତାର ସିଂହଙ୍କ ଦ୍ୱାରା ଅତ୍ୟଧିକ ପ୍ରଭାବିତ ହୋଇଥିଲେ। କରତାର ସିଂହ ସନ ୧୯୧୪-୧୫ରେ କାନାଡ଼ା ତଥା ସଂଯୁକ୍ତ ରାଜ୍ୟ ଆମେରିକାରୁ ଫେରିଥିଲେ। ପଞ୍ଜାବୀ କୃଷକଙ୍କ ଦ୍ୱାରା ଗଦର ଆନ୍ଦୋଳନ ଚାଲୁ ହେଲା। ଏହି ଆନ୍ଦୋଳନ ସମୟରେ ନେତା କରତାର ସିଂହ ସରାଭା, ରାସବିହାରୀ ବୋଷ ଆଦି ନେତାଙ୍କ ସମ୍ପର୍କରେ ଆସିଲେ। ଏମାନେ ଚନ୍ଦା ଅଥବା ବିଚାର-ବିମର୍ଶ ପାଇଁ ବଙ୍ଗାରେ ସର୍ଦ୍ଦାର କିଶନ ସିଂହଙ୍କ ସହିତ ସାକ୍ଷାତ କରିବାକୁ ଆସୁଥିଲେ। କରତାର ସିଂହ ସରାଭାଙ୍କୁ ସନ ୧୯୧୫ରେ ଲାହୋର ଷଡ଼ଯନ୍ତ୍ର କେଶ୍‌ରେ ବନ୍ଦୀ କରାଗଲା। ତାଙ୍କ ପାଇଁ ଅଦାଲତ କହିଲେ, 'ଏ ଜଣେ ନୌଜବାନ ଏଥିରେ କୌଣସି ସନ୍ଦେହ ନାହିଁ। ମାତ୍ର ସେ ନିଶ୍ଚିତ ରୂପେ ଏହି ବିଦ୍ରୋହୀମାନଙ୍କ ମଧରେ ସବୁଠାରୁ ଅଧିକ ବିପଦପୂର୍ଣ୍ଣ। ତାଙ୍କୁ କୌଣସି ଦୟା ଦେଖାଯାଇ ପାରେନା ଏବଂ ଦେଖାଇବା ଉଚିତ ନୁହେଁ।' ସନ ୧୯୧୬ରେ ମାତ୍ର ୨୦ବର୍ଷ ବୟସରେ ସରାଭାଇଙ୍କୁ ଫାଶୀ ମିଳିଥିଲା। ସେ ହସି ହସି ଫାଶୀର ଫନ୍ଦାକୁ ଚୁମ୍ବନ ଦେଇ ନିଜକୁ ବଳିଦାନ ଦେଇଦେଲେ। ଯଦିଓ ସେ ସମୟରେ ଭଗତ ସିଂହ ଏକ ବାଳକ ଥିଲେ ତଥାପି ସେ ତାଙ୍କ ଦ୍ୱାରା ପ୍ରଭାବିତ ନହୋଇ ରହିପାରିଲେ ନାହିଁ। ନଅବର୍ଷର ବାଳକ ଭଗତ ସିଂହଙ୍କ ଉପରେ ଏହି ବୀରଙ୍କ ବଳିଦାନର ଗଭୀର ପ୍ରଭାବ ପଡ଼ିଥିଲା। ଏ କଥାର ସତ୍ୟତା ସହଜରେ ଅନୁମାନ କରାଯାଇପାରେ। ଯେତେବେଳେ ସେ (ଭଗତ ସିଂହ) ଗିରଫ ହୋଇଥିଲେ, ତାଙ୍କ ପାଖରୁ ସରାଭାଙ୍କ ଫଟୋ ମିଳିଥିଲା, ଯାହାକୁ ସେ ସଦାବେଳେ ନିଜ ପାଖରେ ରଖୁଥିଲେ। ନିଜ ଘରେ ମଧ୍ୟ ସେ ସରାଭାଙ୍କ ଫଟୋକୁ ମାଆଙ୍କୁ ଦେଖାଇ କହୁଥିଲେ- "ମା ! ଏ ମୋର ଗୁରୁ, ମୋର ଭାଇ ତଥା ମୋର ସାଥୀ।" ଘରେ କାମ କରୁଥିବା ସମୟରେ ଅଥବା ଏପଟ ସେପଟ ବୁଲୁଥିବା ବେଳେ ସେ ସରାଭାଙ୍କ ଅତିପ୍ରିୟ ଗୀତ ବୋଲୁଥିଲେ।

"ସେଓ୍ୱା ଦେଶ ଦୀ ଠଜିଦଡ଼ୀୟେ ବଡ଼ୀଔୟେଖୀ
ଗଲ୍ଲା କରନୀୟା ଫେର ସୁଖଲିୟ ନେ
ଜିନା ଦେଶ ସେବା ବିଚ ପୈର ପାଇୟା
ଉନାଲଖ ମୁସିବତା ଝେଲିୟା ନ।।"

"ହେ ମୋର ଆତ୍ମା ! ଦେଶସେବା କଥା କହିବା ଅତି ସହଜ କଥା, କିନ୍ତୁ ବାସ୍ତବରେ

ଦେଶସେବା କରିବା ବଡ଼ କଠିନ। ଯେଉଁମାନେ ଏହି ଭାରକୁ ନିଜ କାନ୍ଧକୁ ଉଠାଇବାକୁ ସାହସ କରନ୍ତି ତାଙ୍କୁ ଜୀବନରେ କଷ୍ଟର ସାମନା କରିବାକୁ ପଡ଼ିବ।"

ପିଲାଦିନରୁ ଭଗତ ସିଂହଙ୍କ ପରିଚୟ ଶ୍ରୀ ନନ୍ଦ କିଶୋର ମେହେଟ୍ଟା, ଲାଲା ପିଣ୍ଡୀ ଦାସ, ସୂଫୀ ଅମ୍ବା ପ୍ରସାଦ, ପଞ୍ଜାବ କେଶରୀ, ଲାଲା ଲଜପତ ରାୟ ଆଦି ରାଜନୈତିକ ନେତାମାନଙ୍କ ସହିତ ହୋଇଥିଲା। ଏମାନଙ୍କ ପ୍ରଭାବ ତାଙ୍କ ଉପରେ ପଡ଼ିଥିଲା।

## ବିଦ୍ୟାର୍ଥୀ ଜୀବନ ଏବଂ ଜୀବନଯାପନ ପ୍ରଣାଳୀ:

ବିଦ୍ୟାର୍ଥୀ ଜୀବନରେ ମଧ୍ୟ ଭଗତ ସିଂହ ସାଧା ବସ୍ତ୍ର ବ୍ୟବହାର କରୁଥିଲେ। ତାଙ୍କର କପଡ଼ା ଅସ୍ତ-ବ୍ୟସ୍ତ, ବେଢ଼ଙ୍ଗ ଥିଲା। ଫଟା-ପୁରୁଣାରେ ବି ତାଙ୍କର କୌଣସି ଦ୍ୱିଧା ନଥିଲା। ବେଳେବେଳେ ସେ ଲୁଙ୍ଗି ପିନ୍ଧି କଲେଜ ଚାଲି ଯାଉଥିଲେ। ତାଙ୍କର ଏହି ଅଭ୍ୟାସ ବିଷୟରେ ତାଙ୍କର ସାଥୀ ଶିବ ବର୍ମା ଲେଖିଛନ୍ତି, "ଏପରି କୌଣସି ସମୟ ମନେ ନାହିଁ ଯେତେବେଳେ ସେ ବହି ଧରି ପଢୁ ନଥିବ। ମୁଁ ତାଙ୍କୁ ଫଟା ପୁରୁଣା, ଏପରିକି ଚିରାବସ୍ତ୍ରରେ ଦେଖିଛି। କିନ୍ତୁ ସେ ମୁହୂର୍ତ୍ତରେ ବି ତା ପାଖରେ ବହି ଥିବ।"

# 2

# କଲେଜ ପରେ

କଲେଜରୁ ବିଦାୟ ପରେ ଅମର ଶହୀଦ ଭଗତ ସିଂହଙ୍କର ସୁରେଶ ଚନ୍ଦ୍ର ଭଟ୍ଟାଚାର୍ଯ୍ୟ, ବଟୁକେଶ୍ୱର ଦତ୍ତ, ଅଜୟ ଘୋଷ, ବିଜୟ କୁମାର ସିହ୍ନାଙ୍କ ପରି ପ୍ରସିଦ୍ଧ କ୍ରାନ୍ତିକାରୀମାନଙ୍କ ସହିତ ପରିଚୟ ହୋଇଥିଲା । ଏମାନେ ସବୁ ବଙ୍ଗାଳୀ ଥିଲେ । ଏହି ସମୟରେ ସେ ବଟୁକେଶ୍ୱର ଦତ୍ତଙ୍କ ଠାରୁ ବଙ୍ଗଳା ଶିକ୍ଷା କଲେ ଏବଂ ସେହିଠାରେ 'କାର୍ଲମାର୍କ୍ସ' ବି ଅଧ୍ୟୟନ କଲେ । ପୁଣି ସେ 'ହିନ୍ଦୁସ୍ଥାନ ରିପବ୍ଲିକାନ୍ ଏସୋସିଏସନ'ରେ ସମ୍ମିଳିତ ହେଲେ । ଏହି ଆସୋସିଏସନର ଉଦ୍ଦେଶ୍ୟ ଥିଲା ସଶସ୍ତ୍ର କ୍ରାନ୍ତି ଦ୍ୱାରା ଦେଶରେ ପ୍ରଜାତନ୍ତ୍ରର ସ୍ଥାପନା କରିବା । ଭଗତ ସିଂହ ଉତ୍ତର ପ୍ରଦେଶ ଏବଂ ପଞ୍ଜାବର କ୍ରାନ୍ତିକାରୀ ବିଚାର ଧାରାର ଯୁବକମାନଙ୍କ ସହିତ ସଂପର୍କ ବଢ଼ାଇଲେ ତଥା ସେମାନଙ୍କୁ 'ହିନ୍ଦୁସ୍ତାନ ରିପବ୍ଲିକାନ ଏସୋସିଏସନ'ରେ ସାମିଲ ହେବାପାଇଁ ପ୍ରେରଣା ଦେଲେ । ବର୍ତ୍ତମାନ ସେ ପୂର୍ଣ୍ଣରୂପେ ଏହି ଦଳର ବ୍ୟକ୍ତି ତଥା ଦଳର କାମହିଁ ତାଙ୍କର ନିଜସ୍ୱ କାର୍ଯ୍ୟ ହେଲା । ଦଳ ସଶସ୍ତ୍ର କ୍ରାନ୍ତି ପାଇଁ ପ୍ରସ୍ତୁତ ଥିଲା । କିନ୍ତୁ ସେମାନଙ୍କ ସମ୍ମୁଖରେ ଏକ ବିକଟ ସମସ୍ୟା ଦେଖାଦେଲା । ସେମାନଙ୍କ ପାଖରେ ପଇସା ନଥିଲା । ଡକାୟତି କରିବା ଉପରେ ବିଚାର କରାଗଲା । ଡକାୟତିରେ ମୁଖ୍ୟ କଥା ଥିଲା, କୌଣସି ବ୍ୟକ୍ତି ବିଶେଷଙ୍କ ଘରେ ଡକାୟତି କରାଯିବ । ସରକାରୀ ଖଜଣାଖାନା ଲୁଟିବା ପାଇଁ ପର୍ଯ୍ୟାପ୍ତ ସାଧନ ନଥିଲା । କୌଣସି ବ୍ୟକ୍ତିଙ୍କ ଘରେ  ଡକାୟତି କଲେ ଜନତାଙ୍କ ସହାନୁଭୂତି ପାଇବା ସମ୍ଭବ ହେବନାହିଁ । ଅତଃ ଏ ବିଚାରକୁ ସ୍ଥଗିତ କରାଗଲା ।

କ୍ରାନ୍ତିର ପ୍ରଚାର ଚାଲୁ ରହିଲା । ଥରେ ଦଶହରା ମେଳାରେ 'ପ୍ରତାପ' ପ୍ରେସ୍‌ରୁ ବିଜ୍ଞାପନ ରୂପେ କ୍ରାନ୍ତୀକାରୀ ସାହିତ୍ୟ ଛପା ଗଲା । ଭଗତ ସିଂହ ନିଜର ପାଂଚଜଣ ସାଥୀଙ୍କୁ ନେଇ ତାକୁ ବାଂଟିବାକୁ ବାହାରି ପଡ଼ିଲେ । ସେମାନେ ପ୍ରତାପଗଡ଼ ମେଳାରେ ପହଂଚିଲେ । ମେଳାରେ ସୁନ୍ଦର ସୁନ୍ଦର ବସ୍ତ୍ରରେ ସଜ୍ଜିତ ହୋଇ ଲୋକମାନେ ଅନେକ ପ୍ରକାର ଗୀତ ବୋଲୁଥିଲେ । ଗୋଟିଏ ସ୍ଥାନରେ ଅଧିକ ଭିଡ଼ ଥିଲା । ଭଗତ ସିଂହ ଏବଂ ତାଙ୍କ ସାଥୀମାନେ ଏହି ବିଜ୍ଞାପନ ବାଣ୍ଟିବା ଆରମ୍ଭ କରିଦେଲେ । ଯେଉଁଥିରେ "ଜାଗିଉଠ ମୋର ଦେଶବାସୀ"

ଲେଖାଥିଲା । ପୁଲିସ୍ ସାଧା ପୋଷାକରେ ଲୋକଙ୍କ ମଧ୍ୟରେ ଠିଆ ହୋଇଥିଲେ । ସେମାନେ ଯେମିତି ଏ ବିଜ୍ଞାପନ ଦେଖିଛନ୍ତି ଭଗତ ସିଂହଙ୍କ ସାଥୀମାନଙ୍କ ଉପରେ ଆକ୍ରମଣ କରିଦେଲେ ଏବଂ ଦୁଇଜଣଙ୍କୁ ଧରି ବନ୍ଦୀକରି ଦେଲେ । ଏସବୁ ଦେଖି ଭଗତସିଂହ ସମସ୍ତ କାଗଜ ଫୋପାଡ଼ି ଦେଲେ ଏବଂ ଏକତ୍ରିତ ଲୋକଙ୍କୁ କହିଲେ, "କଂଗ୍ରେସ ଏଠାରେ ଇସ୍ତାହାର ବାଣ୍ଟୁଛି ।" ଏତିକି ଶୁଣି ବନ୍ଦୀ ଯୁବକଙ୍କ ପାଖରେ ଦୁଇଜଣ ପୁଲିସ୍ ଠିଆ ହେଲେ । ଅନ୍ୟ ପୁଲିସମାନେ ଯେଉଁଠିକି ଭଗତ ସିଂହ ଇଶାରା କରି କହିଥିଲେ ସେଠାକୁ ଦଉଡିଲେ । ଏହି ଅବସରରେ ଭଗତ ସିଂହ ଏବଂ ତାଙ୍କର ସାଥୀମାନେ ସେହି ଦୁଇ ପୁଲିସଙ୍କ ଉପରକୁ ଝାମ୍ପି ପଡ଼ିଲେ ଯେଉଁମାନେ ତାଙ୍କର ଦୁଇଜଣ ସାଥୀଙ୍କୁ ବନ୍ଦୀକରି ରଖିଥିଲେ । ସେମାନେ ତାଙ୍କର ଦୁଇ ସାଥୀଙ୍କୁ ସେମାନଙ୍କ ଠାରୁ ଛଡ଼ାଇ ନେଇ ପଳାଇ ଗଲେ । ପୁଲିସ ତଥା କିଛି ଅନ୍ୟଲୋକ ତାଙ୍କର ପିଛା କରିବାକୁ ଲାଗିଲେ । ଅତଃ ଭଗତସିଂହ ଶୂନ୍ୟକୁ ତିନୋଟି ଫାୟାର କଲେ । ଭୟରେ ପିଛା କରିଥିବା ଲୋକେ ଫେରିଗଲେ ।

ତାଙ୍କର କାନପୁର ରହଣୀ ସମୟରେ ଥରେ ଦିଲ୍ଲୀରେ ଦଙ୍ଗା ହୋଇଥିଲା । ସେତେବେଳେ ଭଗତ ସିଂହଙ୍କୁ 'ପ୍ରତାପ'ର ସମ୍ବାଦଦାତା ରୂପେ ଦିଲ୍ଲୀ ପଠାଗଲା । ଭଗତସିଂହ ଏହି କାର୍ଯ୍ୟକୁ କୁଶଳତା ଏବଂ ସଙ୍କୋଚତାର ସହିତ ପୂର୍ଣ୍ଣ କରିଥିଲେ । ଇସ୍ତାହାର ବାଂଟିବାର ଉପର୍ଯ୍ୟୁକ୍ତ ଘଟଣା ପରେ କାନପୁରରେ ରହିବା ବିପଦପୂର୍ଣ୍ଣ ହୋଇ ପଡ଼ିଲା । ଫଳ ସ୍ୱରୂପ ପ୍ରାୟ ଦୁଇମାସ ପର୍ଯ୍ୟନ୍ତ କାନପୁରରେ ରହିବା ପରେ ବିଦ୍ୟାର୍ଥୀଜୀ ଆଲିଗଡ଼ ଜିଲ୍ଲାର ଶାଦିପୁର ଗ୍ରାମର ନ୍ୟାସନାଲ ସ୍କୁଲର ପ୍ରଧାନ ଅଧାପକ କରାଇ ପଠାଇ ଦେଲେ । ଭଗତ ସିଂହଙ୍କ ଯୋଗ୍ୟତା ଯୋଗୁଁ ଅଳ୍ପଦିନ ଭିତରେ ସ୍କୁଲ ଚମକି ଉଠିଲା । ସମସ୍ତ ଅଧାପକ ତଥା ବିଦ୍ୟାର୍ଥୀ ତାଙ୍କ ପରିଶ୍ରମ ଏବଂ ଯୋଗ୍ୟତାରେ ଅତ୍ୟଧିକ ପ୍ରଭାବିତ ହେଲେ । ସେହିବର୍ଷ ୧୯୨୪ରେ ଭୟଙ୍କର ବନ୍ୟା ଆସିବାରୁ ସେ କାନପୁରରେ ସହାୟତା କାର୍ଯ୍ୟରେ ଭାଗ ନେଲେ ।

ଅନ୍ୟ କ୍ରାନ୍ତିକାରୀଙ୍କ ସହିତ ସେଠାରେ ତାଙ୍କର ମହାନ କ୍ରାନ୍ତୀକାରୀ ଚନ୍ଦ୍ର ଶେଖର ଆଜାଦଙ୍କ ସଙ୍ଗେ ସାକ୍ଷାତ ହୋଇଥିଲା । ଏହି ଦୁଇ ବିଭୂତିଙ୍କ ସାକ୍ଷାତ ଭାରତ ଇତିହାସର ଏକ ମହତ୍ୱପୂର୍ଣ୍ଣ ଘଟଣା ଥିଲା । ଦୁହେଁ ଦୁହିଁଙ୍କ ସଙ୍ଗେ ମିଶି ଅତ୍ୟଧିକ ପ୍ରଭାବିତ ହୋଇଥିଲେ । କ୍ରାନ୍ତୀକାରୀ ସଂଗଠନକୁ ମଜଭୂତ କରିବା ପାଇଁ ବୋଧେ ଦୁହେଁ ଦୁହିଁଙ୍କୁ ଖୋଜୁଥିଲେ । ଭାରତର କ୍ରାନ୍ତୀକାରୀ ଇତିହାରେ ଦୁହେଁ ଗଙ୍ଗା ଯମୁନା ଧାରା ପରି ମିଳିତ ହୋଇ ଆଗକୁ ବଢ଼ିଲେ । ଦୁହେଁ ବିକ୍ଷିପ୍ତ ହୋଇପଡ଼ିଥିବା କ୍ରାନ୍ତୀକାରୀମାନଙ୍କୁ ଏକତା, ଜେନେରାଲ ଡାୟାରଙ୍କୁ ସଫା କରିବା, କାକୋରୀ ଘଟଣାରେ ଅଭିଯୁକ୍ତଙ୍କୁ ଜେଲରୁ ମୁକ୍ତ କରାଇବା କାର୍ଯ୍ୟରେ ବିଚାର ବିମର୍ଶ କଲେ ।

# କାନପୁରରୁ ଘରକୁ:

ଏଣେ ଭଗତ ସିଂହ କାନପୁରରେ ସ୍ୱାଧୀନତା ଇତିହାସ ରଚନା କରୁଥିଲେ। ତେଣେ ତାଙ୍କ ଘରେ ସମସ୍ତ ଲୋକ ତାଙ୍କ ପାଇଁ ଅତ୍ୟଧିକ ଚିନ୍ତିତ ଥିଲେ। ତାଙ୍କ ଜେଜେମା' ତାଙ୍କ ଚିନ୍ତାରେ ବେମାର ପଡ଼ିଗଲେ। ସେ ଭଗତସିଂହଙ୍କୁ ଦେଖିବା ପାଇଁ ବ୍ୟାକୁଳ ହେଉଥାନ୍ତି। ତାଙ୍କୁ ବାରମ୍ବାର ଗୋଟିଏ କଥା ପୀଡ଼ା ଦେଉଥାଏ କାହିଁକି ସେ ଭଗତ ସିଂହଙ୍କୁ ବିବାହ କରିବାକୁ ଜିଦ୍ କଲେ, ଯେଉଁ କାରଣରୁ ତାଙ୍କୁ ଘର ଛାଡ଼ିବାକୁ ପଡ଼ିଲା। ସମସ୍ତେ ବିବଶ ଥିଲେ। କିଏ ବା କ'ଣ କରି ପାରନ୍ତା !

ଏଣେ ଭଗତସିଂହ ନିଜର ଏକ ମିତ୍ର ଜକ୍ସ ନିବାସୀ ରାମଚନ୍ଦ୍ରଙ୍କୁ ଏକ ପତ୍ର ଲେଖିଲେ। ପତ୍ରରେ ନିଜର ଠିକଣା ଲେଖାଥିଲା। କିନ୍ତୁ ଶକ୍ତ ନିର୍ଦ୍ଦେଶ ଥାଏ ଯେ ତାଙ୍କର ଠିକଣା କାହାରିକୁ ଦିଆଯିବ ନାହିଁ। ପରିବାରର ବ୍ୟସ୍ତତା ମଧ୍ୟ ରାମଚନ୍ଦ୍ରଙ୍କ ସାମନାରେ ଥିଲା। ସେ ଜୟଦେବ ଗୁପ୍ତଙ୍କୁ ପତ୍ର ବିଷୟରେ ଜଣାଇଲେ ମାତ୍ର ବହୁ ଅନୁରୋଧ ପରେ ମଧ୍ୟ ଠିକଣା କହିଲେ ନାହିଁ। କେବଳ ସେ ଜୟଦେବ ଗୁପ୍ତଙ୍କ ସହିତ ସେହି ଠିକଣାରେ ଯାଇ ପାରିବେ। ପିତା ସର୍ଦ୍ଦାର କିଶନ ସିଂହ 'ବନ୍ଦେ ମାତରମ୍' ପତ୍ରରେ ଏକ ବିଜ୍ଞାପନ ବାହାର କରାଇଲେ- "ଭଗତ ସିଂହ ଯେଉଁଠି ବି ଥାଅ ଫେରି ଆସ। ତୁମ ଜେଜେମା' ଖୁବ୍ ବେମାର।" କିନ୍ତୁ ଭଗତ ସିଂହ ଫେରିଲେ ନାହିଁ। ରାମଚନ୍ଦ୍ର ତଥା ଜୟଦେବ ଗୁପ୍ତ ତାଙ୍କୁ ଆଣିବାକୁ କାନପୁରରେ ପହଁଚିଲେ। ପତ୍ରରେ ବିଦ୍ୟାର୍ଥୀଜୀଙ୍କ ଠିକଣା ଥିଲା। ଦୁହେଁ ବିଦ୍ୟାର୍ଥୀଜୀଙ୍କୁ ସାକ୍ଷାତ କଲେ। ବିଦ୍ୟାର୍ଥୀ ତାଙ୍କୁ ଶାଦୀପୁର ପଠାଇ ଦେଲେ। କିନ୍ତୁ ଭଗତ ସିଂହ ଦୂରରୁ ଦୁହିଁଙ୍କୁ ଦେଖିଦେଲେ, ଅତଃ ସେ ସେଠାରୁ ଖସିଗଲେ। ଦୁହିଁଙ୍କୁ ନିରାଶ ହୋଇ ପୁଣି ବିଦ୍ୟାର୍ଥୀଜୀଙ୍କ ପାଖକୁ ଆସିବାକୁ ପଡ଼ିଲା। ବିଦ୍ୟାର୍ଥୀଜୀ ତାଙ୍କୁ ଭଗତ ସିଂହଙ୍କୁ ଘରକୁ ପଠାଇବାର ଆଶ୍ୱାସନା ଦେଲେ। ତାପରେ ଏ ଦୁହେଁ ଲେଉଟି ଆସିଲେ। ସର୍ଦ୍ଦାର କିଶନ ସିଂହ ଉର୍ଦ୍ଦୁର ପ୍ରସିଦ୍ଧ ଶାୟର ମୌଲାନା ହସରତ ଅଲ୍ଲିଙ୍କୁ ସାକ୍ଷାତ କଲେ। ମୌଲାନା ଅଲ୍ଲି ବିଦ୍ୟାର୍ଥୀଜୀଙ୍କର ପରିଚିତ ଥିଲେ। ସେ ବିଦ୍ୟାର୍ଥୀଜୀଙ୍କୁ ଏକ ପତ୍ର ଲେଖିଲେ। ସେଥିରେ ଉଲ୍ଲେଖ କରାଗଲା ଯେ ଭଗତ ସିଂହ ଘରକୁ ଫେରିଗଲେ କେହି ତାଙ୍କ ଉପରେ ବିବାହ ପାଇଁ ଚାପ ପକାଇବେ ନାହିଁ। ଏହିପରି ଏକ ପତ୍ର ଭଗତ ସିଂହଙ୍କ ପାଖକୁ ମଧ୍ୟ ଲେଖାଗଲା। ତେବେ ଯାଇ ସେ ଘରକୁ ଲେଉଟି ଆସିଲେ। ଜେଜେମା' ପ୍ରକୃତରେ ବେମାର ଥିଲେ। ସେ ଘରକୁ ଆସିବା ପରେ ଘରେ ଖୁସି ଫେରି ଆସିଲା। ସେ ଏକାଗ୍ରଚିତ୍ତ ହୋଇ ଜେଜେମା'ଙ୍କ ସେବାରେ ଲାଗିପଡ଼ିଲେ। ଜେଜେମା'ଙ୍କ ଔଷଧ-ପଥ୍ୟ ଆଦିର ସଂପୂର୍ଣ୍ଣ ଦାୟିତ୍ୱ ନିଜେ ନେଲେ। ଜେଜେମା' କିଛିଦିନ ପରେ ସଂପୂର୍ଣ୍ଣ ସୁସ୍ଥ ହୋଇଗଲେ। ଜେଜେମା' ସୁସ୍ଥ ହୋଇଯିବା ପରେ ତାଙ୍କର ଜିଦ୍ ଯୋଗୁଁ ଭଗତ ସିଂହ ଶୀଘ୍ର କାନପୁର ଫେରି ପାରିଲେ ନାହିଁ। ଏବେ ସେ କେତେବେଳେ ଜେଜେମା'ଙ୍କ ପାଖରେ ରହିଲେ ତ କେବେ

ଲାହୋର ଚାଲି ଯାଉଥିଲେ । ବେଳେବେଳେ ଅନେକ ଦିନ ପର୍ଯ୍ୟନ୍ତ ଲାହୋରରେ ରହୁଥିଲେ । ଭାରତର ସ୍ୱତନ୍ତ୍ରତା ପାଇଁ ଉତ୍ତର ଭାରତରେ କ୍ରାନ୍ତୀକାରୀ ଯେଉଁ ଯୋଜନା କରୁଥିଲେ, ସେମାନଙ୍କ ସହିତ ତାଙ୍କର ସମ୍ପର୍କ ଥିଲା । ସେମାନଙ୍କ ସହିତ ସେ ପଞ୍ଜାବର ଗାଁ ମାନଙ୍କରେ ବୁଲିବାକୁ ଲାଗିଲେ । ଏହାଦ୍ୱାରା ତାଙ୍କୁ ସମାଜରେ କେତେକ ଜ୍ୱଳନ୍ତ ସମସ୍ୟା ସହିତ ପରିଚିତ ହେବାର ଅବସର ମିଳିଲା ।

## ଅକାଲୀ ଆନ୍ଦୋଳନ ଏବଂ ଭଗତ ସିଂହ:

ବିବାହ ଜଞ୍ଜାଳରୁ ଭଗତ ସିଂହ ପୂର୍ଣ୍ଣ ରୂପେ ମୁକ୍ତ ଥିଲେ । ଏଣେ ୧୯୨୫ରେ ଏପରି ଏକ ଘଟଣା ଘଟିଲା ଯାହା ତାଙ୍କ ଜୀବନକୁ ବଦଳାଇ ଦେଲା । ଘଟଣା ଥିଲା ଅକାଳୀ ଆନ୍ଦୋଳନର ସୂତ୍ରପାତ । ଗୁରୁଦ୍ୱାରରେ କୋଟି କୋଟି ଟଙ୍କା ବାର୍ଷିକ ଆୟ ହେଉଥିଲା । ମାତ୍ର ଏହି ଅର୍ଥର ଉପଯୋଗ ଗୁରୁଦ୍ୱାରର ମହନ୍ତ ନିଜ ବ୍ୟକ୍ତିଗତ ଖର୍ଚ୍ଚରେ ଲଗାଉଥିଲେ । ଧାର୍ମିକ ସ୍ଥଳର ଉନ୍ନତିରେ ଏହି ଦୁରୂପଯୋଗ ଦ୍ୱାରା ସମାଜ ଚିନ୍ତିତ ଥିଲା । ସେମାନେ ଏହି ଅର୍ଥକୁ ଦେଶ ଏବଂ ସମାଜର ଉନ୍ନତିରେ ଉପଯୋଗ କରିବାକୁ ଚାହୁଁଥିଲେ । ଏହି ଭ୍ରଷ୍ଟାଚାର ବିରୁଦ୍ଧରେ ଶିଖ୍‌ମାନେ ଏକ ଆନ୍ଦୋଳନ ଆରମ୍ଭ କଲେ । ସେମାନେ ଏକ ଦଳ ତିଆରି କରି ଗୁରୁ ନାନକ ମହାରାଜଙ୍କ ଜନ୍ମସ୍ଥାନ ନନକାନା ସାହିବରେ ପହଂଚିବାକୁ ଲାଗିଲେ । ଏହି ସଂଘର୍ଷରେ ନାଭା ରାଜ୍ୟର ଶାସକ ମହାରାଜା ରିପୁ ଦମନ ସିଂହ ମଧ୍ୟ ଯୋଗ ଦେଲେ । ଯଦିଓ ଏହା ଏକ ସାମାଜିକ ଆନ୍ଦୋଳନ ଥିଲା, ଏହାର ରାଜନୀତି ସହିତ ସଂପର୍କ ନଥିଲା । କିନ୍ତୁ ଏଥିରେ ସରକାର ଚିନ୍ତିତ ଏବଂ କ୍ରୋଧିତ ହୋଇ ଉଠିଲେ । ମହାରାଜା ରିପୁ ଦମନ ସିଂହଙ୍କୁ ଅପଦସ୍ତ କରି ଡେରାଡୁନରେ ନଜରବନ୍ଦୀ କରି ଦେଲେ । ଏହି ଆନ୍ଦୋଳନ ଦିନକୁ ଦିନ ପ୍ରବଳ ହେବାକୁ ଲାଗିଲା । ସରକାର ମଧ୍ୟ ଏହାକୁ ଦୃଢ଼ତାର ସହ ଦମନ କରିବାକୁ ଲାଗି ପଡ଼ିଲେ । ଏବେ ଏହି ସଂଗଠନର ଦିଗ ନନକାନା ସାହେବଙ୍କ ସଂଗଠନ ଦିଗକୁ ହୋଇଗଲା । ଅକାଳୀଙ୍କର ଏହି ଦଳ ଯେଉଁଠାକୁ ଯାଉଥାଏ, ଜନତା ତାଙ୍କୁ ସ୍ୱାଗତ କରୁଥାନ୍ତି ।

ଏହି ପ୍ରକାର ଏକ ଦଳକୁ ବଙ୍ଗା ଗ୍ରାମ ଦେଇ ଯିବାର ଥିଲା । ସର୍ଦ୍ଦାର କିଶନ ସିଂହଙ୍କୁ ଏହି ଦଳକୁ ସ୍ୱାଗତ କରିବାକୁ କୁହାଗଲା । କିନ୍ତୁ ସଂଯୋଗବଶତଃ ସେହିଦିନ ତାଙ୍କୁ ଏକ ବୀମା ସମ୍ବନ୍ଧିତ କାର୍ଯ୍ୟରେ ବମ୍ବେ ଯିବାର ଥିଲା । ସେଥିପାଇଁ ସେ ଏହି କାର୍ଯ୍ୟର ଦାୟିତ୍ୱ ଭଗତ ସିଂହଙ୍କୁ ସମର୍ପି ଦେଲେ । ଇଂରେଜଙ୍କ ଭକ୍ତ ତଥା ସରକାରୀ କର୍ମଚାରୀ ଏହି ଆନ୍ଦୋଳନକୁ ବିରୋଧ କରୁଥିଲେ । ସର୍ଦ୍ଦାର କିଶାନ ସିଂହଙ୍କ କକେଇ ପୁଅ ଦିଲବାଗ ସିଂହ ଇଂରେଜଙ୍କ ସାହାଯ୍ୟକାରୀ ଥିଲେ । ସେ ଚାହୁଁଥିଲେ ଏହି ସଂଗଠନକୁ ଗ୍ରାମରେ ସ୍ୱାଗତ କରା ନଯାଉ । ସେ ଭଗତ ସିଂହଙ୍କୁ ପ୍ରବଳ ବିରୋଧ କଲେ । ଏପରିକି ଗାଁ କୂଅର ସମସ୍ତ ଦଉଡି ଓ ବାଲଟି ନଷ୍ଟ କରିଦେଲେ । ଯଦ୍ୱାରା ଦଳକୁ ପାଣି ବି ମିଳିବନି । ଗାଁର ସମସ୍ତ ପଶୁଙ୍କୁ ବାହାରକୁ ଛାଡ଼ିଦେଲେ ।

ଏହାଦ୍ୱାରା ଗାଁ ଲୋକଙ୍କୁ ଦୁଧର ଅଭାବ ହେବ ଏବଂ ଦଳକୁ ଦୁଧ ବି ପିଇବାକୁ ମିଳିବ ନାହିଁ। ଦିଲବାଗ ସିଂହଙ୍କ ଲୋକେ ପୁଲିସ୍ ପରି ସମସ୍ତ ସ୍ଥାନରେ ଆଡ୍ଡା ଜମାଇ ଦେଲେ। ଦଳ ଗାଁରେ ପଂହଚିଲେ। ସେମାନଙ୍କ ସାମନାରେ ପ୍ରଥମଥର ପାଇଁ ଭଗତସିଂହ ନିଜର ରାଜନୈତିକ ଭାଷଣ ଦେଲେ, ଯେଉଁଥିରେ ସେ ଆୟାରଲ୍ୟାଣ୍ଡର ଇତିହାସ ତଥା ବଙ୍ଗଳାର କ୍ରାନ୍ତୀକାରୀଙ୍କ ଉଦାହରଣ ଦେଇ ଭାରତର ବର୍ତ୍ତମାନର ଦୟନୀୟ ଅବସ୍ଥାର ବର୍ଣ୍ଣନା କଲେ। ସଂଗଠନର ସ୍ୱୟଂସେବକମାନେ ଭଗତ ସିଂହଙ୍କୁ ମୁକ୍ତ କଣ୍ଠରେ ପ୍ରଶଂସା କଲେ ତଥା ସେମାନେ ଗୋଟିଏ ରାତି ପରିବର୍ତ୍ତେ ତିନିରାତି ରହିଲେ। ଇଂରେଜ ଭକ୍ତଙ୍କ ସହିତ ଗାଁର ଜଣେ ବି ଲୋକ ଗଲେ ନାହିଁ। ଦିଲବାଗ ସିଂହଙ୍କୁ ଅପମାନ ପାଇ ରହିବାକୁ ପଡ଼ିଲା। ସମସ୍ତ କାର୍ଯ୍ୟକ୍ରମ ଶାନ୍ତିପୂର୍ଣ୍ଣ ଭାବେ ସଂପନ୍ନ ହୋଇଗଲା। ସରକାର ଭଗତ ସିଂହଙ୍କ ବିରୁଦ୍ଧରେ କିଛି ବି କରିପାରିଲେ ନାହିଁ। ସେମାନଙ୍କ ବିରୂଦ୍ଧରେ କୌଣସି ମାମଲା ନହେବାରୁ ପୁଲିସ୍ ଏକ ମିଛ କେଶ୍ ତିଆରି କଲା ଏବଂ ସେମାନଙ୍କ ନାମରେ ୱାରେଂଟ ଜାରି କରି ଦେଲା। ଭଗତ ସିଂହ ଲାହୋରରେ ପଂହଚିଲେ। ସେଠାରେ ପ୍ରଫେସର ଚନ୍ଦ୍ରଙ୍କୁ ସାକ୍ଷାତ କଲେ। ପ୍ରଫେସର ଚନ୍ଦ୍ର ତାଙ୍କୁ ଏକ ପରିଚୟ ପତ୍ର ଦେଲେ। ସେ ଦିଲ୍ଲୀ ଚାଲିଗଲେ ଏବଂ 'ବୀର ଅର୍ଜୁନ'ର ସମ୍ବାଦଦାତା ରୂପେ କାମ କରିବାକୁ ଲାଗିଲେ। ଏହି ପତ୍ରରେ ସେ ନକଲି ନାମ (ବଲବନ୍ତ ସିଂହ)ରେ କାର୍ଯ୍ୟ କଲେ। ଅକାଳୀ ଆନ୍ଦୋଳନ ୱାପସ ନିଆଯିବା ପରେ ସେ ପୁନଃ ଲାହୋର ଫେରି ଆସିଲେ।

## ଅନ୍ୟ ରାଜନୈତିକ ଏବଂ ସାମାଜିକ କାର୍ଯ୍ୟକଳାପ:

ଲାହୋର ଫେରିବା ପରେ ମଧ୍ୟ ଉତ୍ତର ପ୍ରଦେଶର କ୍ରାନ୍ତୀକାରୀ ମାନଙ୍କ ସହିତ ତାଙ୍କର ସମ୍ବନ୍ଧ ଲାଗି ରହିଲା। "ହିନ୍ଦୁସ୍ତାନ ରିପବ୍ଲିକାନ ଏସୋସିଏସନ'ର ସଦସ୍ୟ ମାନଙ୍କ ପାଇଁ ଅର୍ଥ ସଂଗ୍ରହ ଦାୟିତ୍ୱ ତାଙ୍କୁ ଦିଆଗଲା। ଅଗଷ୍ଟ ୧୯୨୫ରେ ହରଦୋଇରୁ ଲଖନଉ ଯାଉଥିବା ୮ ଡାଉନ୍ ଗାର୍ଡରେ ଡକାୟତି କରାଗଲା ଏବଂ କାକୋରୀ ନାମକ ସ୍ଥାନରେ ଏମାନଙ୍କ ଦ୍ୱାରା ଖଜଣା ଖାନା ଲୁଟ୍ କରି ନିଆଗଲା। ଏହି ଘଟଣା ଭାରତୀୟ ଇତିହାସରେ କାକୋରୀ କାଣ୍ଡ ନାମରେ ଖ୍ୟାତ। ଏହି ଡକାୟତିରେ କେତେକ କ୍ରାନ୍ତିକାରୀ ଧରା ପଡ଼ିଥିଲେ। ସେମାନଙ୍କୁ ଜେଲରୁ ମୁକୁଳାଇବା ପାଇଁ ଯୋଜନା କରାଗଲା। ଏହି ଯୋଜନାରେ ଭାଗ ନେବାପାଇଁ ଭଗତ ସିଂହ ନଭେମ୍ବର ୧୯୨୫ରେ କାନପୁର ଗଲେ। ମାତ୍ର ଭେଦ ଖୋଲି ଯିବା କାରଣରୁ ଏହି ଯୋଜନା କାର୍ଯ୍ୟକାରୀ ହୋଇ ପାରିଲା ନାହିଁ। ଏହିପରି ଅନ୍ୟ ଏକ ଯୋଜନା ଜାନୁଆରୀ-ଫେବୃଆରୀ ୧୯୨୬ ରେ ବି କରାଯାଇଥିଲା। ଏଥିରେ ବି ଭଗତ ସିଂହ ସାମିଲ ହେଲେ। କିନ୍ତୁ ଏ ଯୋଜନା ବି ସଫଳ ହୋଇ ପାରିଲା ନାହିଁ। ଲାହୋରରେ ତାଙ୍କ ସମ୍ବନ୍ଧ ସୋହନ ସିଂହ ଜୋରାଙ୍କ ଦ୍ୱାରା ସ୍ଥାପିତ 'କୀରତି' କିଶାନ ପାର୍ଟି ସହିତ ବି ରହିଲା। ଏହି ଦଳର ସମାଚାର ପତ୍ର 'କୀରତି'ରେ ତାଙ୍କର ଲେଖା ଛପା ଯାଉଥିଲା।

## ନୌଜବାନ ଭାରତ ସଭା ଗଠନ:

ଲାହୋରରେ ସେ ନିଜର ମିତ୍ର ତଥା ସମାନ ବିଚାର ଧାରାର ରାଜନୈତିକ କାର୍ଯ୍ୟ ଏକତ୍ରିତ କଲେ। ନିଜର ଲକ୍ଷ୍ୟ ପ୍ରାପ୍ତ ନିମନ୍ତେ ଏକ ସଂସ୍ଥାର ସଂଗଠନ କରିବା ପାଇଁ ବିଚାର ବିମର୍ଷ କଲେ। ପର୍ଯ୍ୟାପ୍ତ ବିଚାର ବିମର୍ଷ ପରେ ମାର୍ଚ୍ଚ ୧୯୨୬ରେ ସେମାନେ "ନୌଜବାନ ଭାରତ ସଭା' ଗଠନ କଲେ। ଯଦିଓ ଭଗତ ସିଂହ ଏହାର ବାସ୍ତବିକ ସଂସ୍ଥାପକ ଥିଲେ। ତଥାପି ଏହାର ଅଧ୍ୟକ୍ଷ ଶ୍ରୀରାମକୃଷ୍ଣ ବି.ଏ. ଙ୍କୁ କରାଗଲା ଏବଂ ଭଗତ ସିଂହ ଏହାର ମନ୍ତ୍ରୀ ହେଲେ। ଭାରତୀୟ ସଂସ୍କୃତିର ପ୍ରଚାର, ସ୍ୱଦେଶୀକୁ ପ୍ରୋତ୍ସାହନ, ଭାରତୀୟ ଭାଷାର ଉନ୍ନତି, ସରଳ ଜୀବନର ଶିକ୍ଷା, ଶାରୀରିକ ସ୍ୱାସ୍ଥ୍ୟଶିକ୍ଷା, ସାମାଜିକ ବିଷୟ ଉପରେ ବାଦ ବିବାଦ ଆଦି ସାମୟିକ ବିଷୟ ଏହି ସଂସ୍ଥାର ମୁଖ୍ୟ ଉଦ୍ଦେଶ୍ୟ ଥିଲା। ତତ୍‌କାଳୀନ ଭାରତ ସରକାରଙ୍କ ଗୃହ ମନ୍ତ୍ରଣାଳୟ ସନ ୧୯୩୦ରେ ଏହି କାର୍ଯ୍ୟକ୍ରମର ପ୍ରଶଂସା କରିଥିଲେ। 'କୀରତି କିଶାନ ପାର୍ଟି' ତଥା ହିନ୍ଦୁସ୍ଥାନ ରିପବ୍ଲିକାନ ଏସୋସିଏଶନ ସହିତ ଏହି ସଂଗଠନର ମଧ୍ୟ ସଂପର୍କ ଥିଲା।

ଏହା ଏକ ଧର୍ମ ନିରପେକ୍ଷ ସଂସ୍ଥା ଥିଲା। ଏହାର ସଦସ୍ୟ ହେବା ପାଇଁ ପ୍ରଥମେ ପ୍ରତ୍ୟେକ ବ୍ୟକ୍ତିଙ୍କୁ ଏକ ଶପଥ ନେବାକୁ ପଡୁଥିଲା ଯେ ସେ ଦେଶର ହିତକୁ ନିଜର ଜାତି ତଥା ଧର୍ମର ହିତଠାରୁ ଅଧିକ ସମ୍ମାନ ଦେଖାଇବେ। ଲାହୋର, ଅମୃତସର, ଜଳନ୍ଧର, ଲୁଧିୟାନା, ମୋଟଗୁମରି, ମୋରିଣ୍ଡା, ମୁଲତାନ, ଅଟକ, ସରଗୋଧା ଏବଂ ସିଆଲକୋଟ, ପଞ୍ଜାବର ବିଭିନ୍ନ ଜିଲ୍ଲାରେ ଏହି ସଂଗଠନର ଶାଖା ଥିଲା। ରାମ କିଶନ, ସାର୍ଦ୍ଧୁଲ ସିଂହ କବିଶ୍ୱର, ଭଗବତୀ ଚରଣ ବୋହରା, କେଦାରନାଥ ସହଗଲ, ମିର ଅବଦୁଲ ମଜିଦ୍, ଡା.ସତ୍ୟପାଳ, ସୈଫୁଦ୍ଦିନ କିଚଲୁ, ପିଣ୍ଡୀ ଦାସ ଏବଂ ସାୟର ଲାଲଚାନ୍ଦ ଫଲକ ଏହି ସଂଗଠନର ମହତ୍ୱପୂର୍ଣ୍ଣ ସଦସ୍ୟ ଥିଲେ। ସେମାନଙ୍କର ଉଦ୍ଦେଶ୍ୟ ନିମ୍ନଲିଖିତ ପ୍ରକାର ଥିଲା-

(କ) ସଂପୂର୍ଣ୍ଣ ଭାରତରେ ଶ୍ରମିକ ତଥା କିଶାନମାନଙ୍କର ଏକ ପୂର୍ଣ୍ଣ ସ୍ୱତନ୍ତ୍ର ଗଣରାଜ୍ୟର ସ୍ଥାପନା।

(ଖ) ଏକ ସଂଯୁକ୍ତ ଭାରତୀୟ ଗଣରାଜ୍ୟ ପାଇଁ ଦେଶର ଯୁବକମାନଙ୍କ ମଧ୍ୟରେ ଦେଶଭକ୍ତିର ଭାବନା ଜାଗୃତ କରିବା।

(ଗ) ସାଂପ୍ରଦାୟିକତା ରହିତ ସମସ୍ତ ସାମାଜିକ, ଆର୍ଥିକ ତଥା ଉଦ୍ୟୋଗିକ ଆନ୍ଦୋଳନ ସହିତ ସହାନୁଭୂତି ରଖିବା ଏବଂ ଏକ ଆଦର୍ଶ କିଶାନ ଏବଂ ଶ୍ରମିକଙ୍କ ସଂପୂର୍ଣ୍ଣ ସ୍ୱତନ୍ତ୍ର ଗଣରାଜ୍ୟ ପ୍ରାପ୍ତି ଆଡ଼କୁ ନେଇ ଯାଉଥିବା ଆନ୍ଦୋଳନକୁ ସମର୍ଥନ ଦେବା।

(ଘ) ଶ୍ରମିକ ତଥା କୃଷକଙ୍କୁ ସଂଗଠିତ କରିବା।

ଏଥିରୁ ସ୍ପଷ୍ଟ ହୁଏ ଯେ ଏହି ସଂଗଠନ କାର୍ଲମାର୍କ୍ସଙ୍କ ସମାଜବାଦୀ ସିଦ୍ଧାନ୍ତ ଉପରେ ଆଧାରିତ ଥିଲା । ବୋଧହୁଏ ଏହାର ପ୍ରେରଣା ଋଷର ୧୯୧୭ର ମହାନ କ୍ରାନ୍ତୀରୁ ମିଳିଥିଲା । ଏହି ସଂଗଠନର ଯୋଗ୍ୟତମ ମାନଙ୍କ ମଧ୍ୟରୁ ହିନ୍ଦୁସ୍ତାନ ରିପବ୍ଲିକାନ୍ ଏସୋସିଏଶନ ସଦସ୍ୟ ବଛା ଯାଉଥିଲେ । ହିନ୍ଦୁସ୍ତାନ ରିପବ୍ଲିକାନ ଏସୋସିଏଶନ ହିଁ ପରେ 'ହିନ୍ଦୁସ୍ତାନ ସମାଜବାଦୀ ରିପବ୍ଲିକାନ ଏସୋସିଏଶନ' ନାମରେ ପରିଚିତ ହେଲା ।

## ଲାହୋର ବିଦ୍ୟାର୍ଥୀ ୟୁନିୟନ:

ଜୁନ୍ ୧୯୨୮ରେ ଭଗତ ସିଂହ ବିଦ୍ୟାର୍ଥୀ ୟୁନିୟନ ତିଆରି କଲେ । ଏହି ୟୁନିଅନ ନୌଜବାନ ଭାରତୀୟ ସଭାର ବିଦ୍ୟାର୍ଥୀମାନଙ୍କର ଏକ ଶାଖା ଥିଲା । କ୍ରାନ୍ତିକାରୀ ସଦସ୍ୟ ମାନଙ୍କ ପ୍ରବେଶ କେନ୍ଦ୍ର ଭାବେ ଏହି ସଂଗଠନ କରାଯାଇ ଥିଲା ।

ସଭାରେ ଅଧିକତର ବିଦ୍ୟାର୍ଥୀ ହିଁ ଭର୍ତ୍ତି କରାଯାଉଥିଲେ । ସଭା କରତାର ସିଂହ ସରଭାଙ୍କ ଫାଶୀ ଦିବସ ସ୍ମୃତିରେ ୯ ଅଗଷ୍ଟ ୧୯୨୫ରେ ହୋଇଥିବା କାକୋରି କାଣ୍ଡର ଶହୀଦ୍ ରାମ ପ୍ରସାଦ ବିସ୍ମିଲ, ଅସଫାକ ଉଲ୍ଲା ଖାଁ, ରୋଶନ ସିଂହ ଲାହିଡ଼ି ତଥା ଅନ୍ୟ ସହିଦମାନଙ୍କ ସ୍ମୃତିରେ ଲାହୋରର ବ୍ରେଡ଼ଲାଫ ହଲରେ ସହିଦ ଦିବସ ପାଳନ କରାଯାଇ ଥିଲା, ଯେଉଁଥିରେ ଭଗତ ସିଂହ, ରାମପ୍ରସାଦ ବିସ୍ମିଲଙ୍କ ମର୍ମସ୍ପର୍ଶୀ କଥା ଶୁଣାଇ ଥିଲେ । ସଭା ହିନ୍ଦୁ, ମୁସଲମାନ ତଥା ଅଛୁଆଁଙ୍କୁ ଛୁଇଁବା, ଜାତି, ଖାଦ୍ୟ-ପେୟ ଆଦି ସଂକୀର୍ଣ୍ଣ ବିଚାରକୁ ତ୍ୟାଗ କରିବା ପାଇଁ ସମୂହ ପଂକ୍ତି ଭୋଜନର ମଧ୍ୟ ଆୟୋଜନ କରୁଥିଲା । ଫଜଲ, ମସୁର ଇଲାହୀ ଆଦି ମୁସଲମାନ ସଦସ୍ୟମାନେ ମୁସ୍‌ଲିମ୍ ସମାଜର କୁପ୍ରଥା ବିରୋଧରେ ଅନେକ ଲେଖା ଲେଖିଲେ । ପ୍ରିନ୍ସପାଲ ଛବିଲ ଦାସ ହିନ୍ଦୁ ସମାଜର ଜାତିବାଦର ପ୍ରବଳ ବିରୋଧ କଲେ । ସଭାର ଖୋଲା ଅଧିବେଶନ ବ୍ୟତୀତ କିଛି ଗୁପ୍ତ ସଭା ମଧ୍ୟ ହେଉଥିଲା । ଏହାର ଗୁପ୍ତ ଗତିବିଧି ତଥା ଏମାନଙ୍କ ଦ୍ୱାରା ବଛା ଯାଉଥିବା ପ୍ରଚାରପତ୍ର ଖୁବ୍ ଶୀଘ୍ର ସରକାରଙ୍କ ଦୃଷ୍ଟିରେ ପଡ଼ିଲା । ମଇ ୧୯୨୩ରେ ଏହାକୁ ଆଇନ ବିରୁଦ୍ଧ ଘୋଷଣା କରି ଦିଆଗଲା । କାକୋରୀ କାଣ୍ଡର ଦୁଇ କ୍ରାନ୍ତୀକାରୀ ଯୋଗେଶ ଚନ୍ଦ୍ର ଚଟର୍ଜୀ ତଥା ଏସ୍. ଏଲ. ସାନ୍ୟାଲ କାନପୁର ଜେଲରେ ଥିଲେ । ସେମାନଙ୍କୁ ଜେଲରୁ ମୁକ୍ତ କରାଇବାରେ ଭଗତ ସିଂହ ଯଥାଶକ୍ତି ଚେଷ୍ଟା କଲେ । କିନ୍ତୁ ଏ କାର୍ଯ୍ୟରେ ତାଙ୍କୁ ସଫଳତା ମିଳିଲାନାହିଁ । ଏହି ଅସଫଳତାରେ ସେ ଅବଶ୍ୟ ଦୁଃଖୀ ହେଲେ, ମାତ୍ର ହାର ମାନିଲେ ନାହିଁ । ପୁନଃ ଆଗପରି କ୍ରିୟାଶୀଳ ହୋଇ ରହିଲେ ।

## ଗିରଫଦାରୀ:

ସରକାର ଭଗତ ସିଂହଙ୍କର ପ୍ରତ୍ୟେକ ଗତିବିଧି ଉପରେ ଦୃଷ୍ଟି ରଖିଥିଲେ । କିନ୍ତୁ ତାଙ୍କୁ ଗିରଫ କରିବାର କୌଣସି କାରଣ ପାଉ ନଥିଲେ । ସେମାନଙ୍କୁ ଏହି କାରଣ ୧୯୨୭ରେ ଦଶହରା ଦିନ ମିଳିଗଲା । ଭଗତ ସିଂହ ସେ ସମୟରେ ତିତଲି ବାଗରୁ ଫେରୁଥିଲେ । ସେହି ବଗିଚାରେ ଅନେକ ପ୍ରକାର ପ୍ରଜାପତି ଥିଲେ । ଭଗତ ସିଂହଙ୍କୁ ନାଲି ପର ବାଲା ଏକ ପ୍ରଜାପତି ବିଶେଷ ପସନ୍ଦ ଥିଲା । ସେହି ପ୍ରଜାପତି ଲେମ୍ବୁ ଓ କମଳା ଗଛ ଉପରେ ଏପଟ-ସେପଟ ଘୂରିଘୂରି ତାଙ୍କୁ ମନ୍ତ୍ରମୁଗଧ କରି ଦେଇଥିଲା । ଯେତେବେଳେ ସେ ବଗିଚାରୁ ଫେରୁଥିଲେ, ସେତିକିବେଳେ କେହି ଦଶହରା ଭିଡ଼ ଉପରକୁ ଏକ ବମ୍ ଫୋପାଡି ଦେଲା । ଏହି ଦୁର୍ଘଟଣାରେ ବାରଜଣଙ୍କର ମୃତ୍ୟୁ ହେଲା ଓ ୫୬ ଜଣ ଆହତ ହେଲେ । ଏଥିଯୋଗୁଁ ପୋଲିସ୍ ଦଙ୍ଗା ଅପରାଧରେ ଭଗତ ସିଂହଙ୍କୁ ଗିରଫ କରିନେଲେ, ଯଦିଓ କ୍ରାନ୍ତିକାରୀ ଏପରି କାର୍ଯ୍ୟର ବିରୋଧୀ ଥିଲେ । ବାସ୍ତବରେ ବମ୍ ଚନ୍ନଣଦୀନ ନାମକ ଜଣେ ବ୍ୟକ୍ତି ଫୋପାଡ଼ି ଥିଲା, ଯିଏକି ପୁଲିସର ଜଣେ ବ୍ୟକ୍ତି ଥିଲା । ତାର ମୃତ୍ୟୁ ପରେ ସାପ କାମୁଡ଼ା ଦ୍ୱାରା ହୋଇଥିଲା । ଏ ସମସ୍ତ କାଣ୍ଡ ପୁଲିସର ଇଶାରାରେ ହୋଇଥିଲା । ପୁଲିସ୍ କାକୋରୀ କାଣ୍ଡର କ୍ରାନ୍ତିକାରୀମାନଙ୍କ ବିଷୟରେ ଜାଣିବା ପାଇଁ ଭଗତସିଂହଙ୍କୁ ଗିରଫ କରିବାକୁ ଚାହୁଁଥିଲେ ।

ଏକମାସ ପର୍ଯ୍ୟନ୍ତ ବିନା ମକଦ୍ଦମାରେ ତାଙ୍କୁ ଲାହୋର ଜେଲରେ ରଖାଗଲା ତଥା ପରେ ବାଷ୍ଟଲ ଜେଲ ପଠାଇ ଦିଆଗଲା । ତାଙ୍କ ବିରୁଦ୍ଧରେ ମିଥ୍ୟା କେସ୍ କରିବା ତଥା ସାକ୍ଷ୍ୟ ଏକତ୍ରିତ କରିବା ପାଇଁ ପୁଲିସ୍ ଯଥାଶକ୍ତି ଚେଷ୍ଟା କଲେ । କିନ୍ତୁ ସେମାନଙ୍କୁ ସଫଳତା ମିଳିଲା ନାହିଁ । ଶେଷରେ ତାଙ୍କୁ ୬୦ ହଜାର ଟଙ୍କା ଜାମିନ ରଖି ମୁକ୍ତ କରି ଦିଆଗଲା । ଏହାପରେ ତାଙ୍କ ଉପରେ ମକଦ୍ଦମା କରାଗଲା ନାହିଁ ଏବଂ ଜମାନତ ରଦ୍ଦ କରାଗଲା । ସେତେବେଳେ ଭଗତ ସିଂହ ଜମାନତ କର୍ତ୍ତାଙ୍କୁ କହିଲେ, ସେ ସରକାରଙ୍କୁ କୁହନ୍ତୁ, ତାଙ୍କ ବିରୁଦ୍ଧରେ ମକଦ୍ଦମା ଚଲାଯାଉ ନଚେତ ଜମାନତ ରଦ୍ଦ କରାଯାଉ । ଅତଃ ୧୯୨୮ରେ ତାଙ୍କର ଜମାନତ ରଦ୍ଦ କରି ଦିଆଗଲା ।

ଜମାନତ ଦିନ ବି ଭଗତ ସିଂହ ନିଜର ଗତିବିଧିକୁ ଲୁଚଛପାରେ ଚାଲୁ ରଖିଥିଲେ । ଜମାନତ ହୋଇଯିବା ପରେ ତାଙ୍କୁ ସ୍ୱାଧୀନ ଭାବରେ ଘୂରି ବୁଲିବାକୁ ଅବସର ମିଳିଲା । ସେହିଦିନ କିଛି ଇଂରେଜ ସର୍ଦ୍ଦାର କିଶନ ସିଂହଙ୍କ ଫାର୍ମକୁ ଶିକାର ଖେଳିବାକୁ ଆସିଲେ । ସେମାନେ ଜାଣିବାକୁ ପାଇଲେ ଯେ ଏକ ଦେଶଭକ୍ତ ପରିବାରର ପୁତ୍ର ହୋଇଥିବାରୁ ତଥା ଲାହୋରରେ ନିଜର ରାଜନୈତିକ ଗତିବିଧି କାରଣରୁ ଭଗତ ସିଂହ ସରକାରଙ୍କ ଦୃଷ୍ଟିକୁ ଆସି ଯାଇଛନ୍ତି । ସରକାରଙ୍କ ଧ୍ୟାନ ହଟାଇବା ପାଇଁ ସର୍ଦ୍ଦାର କିଶନ ସିଂହ ଏକ ଅସ୍ଥାୟୀ ମଇଁଷି ଫାର୍ମ ଖୋଲି ଦେଲେ । ମଇଁଷି ଫାର୍ମରେ ଭଗତ ସିଂହଙ୍କୁ ଏକ ନୂଆ ରୂପରେ ଦେଖିବାକୁ ମିଳିଲା । ସେ ସକାଳ

ଘରିଟାରୁ ଉଠି ଯାଆନ୍ତି । ମଇଁଷି ମାନଙ୍କୁ ଦୁହଁନ୍ତି, ଦୁଧକୁ ଟାଙ୍ଗାରେ ରଖି ଲାହୋରକୁ ଘଲି ଯାଆନ୍ତି । ଜଣେ କୁଶଳ ବେପାରୀ ପରି ସମସ୍ତ ଦେଣ-ନେଣ କରନ୍ତି । କୌଣସି ଦିନ ଘକର ଅନୁପସ୍ଥିତିରେ ନିଜେ ଗୋବର ସଫା କରନ୍ତି । ଜାମିନି ମିଳିଗଲା ପରେ ତାଙ୍କର ଧ୍ୟାନ ଏ ଦିଗରୁ ହଟିଗଲା । ଗ୍ରାହକଙ୍କ ପାଖରେ ଠିକ୍ ସମୟରେ କ୍ଷୀର ନପହଂଚିବାରୁ ଶେଷରେ ଫାର୍ମ ବନ୍ଦ କରିଦେବାକୁ ପଡ଼ିଲା । କାହିଁ ଭାରତମାତାର ଏକ ସଚ୍ଚା ସୁପୁତ୍ର କ୍ରାନ୍ତିକାରୀ, ଆଉ କାହିଁ ମଇଁଷି ଫାର୍ମ ବ୍ୟବସାୟ ! ଜମାନତ ସମୟରେ ମଧ୍ୟ ଫାର୍ମ ରାଜନୈତିକ ଗତିବିଧିର କେନ୍ଦ୍ରବିନ୍ଦୁ ହୋଇ ଯାଇଥିଲା ।

## କ୍ରାନ୍ତିକାରୀମାନଙ୍କ ଦିଲ୍ଲୀ ସମ୍ମେଳନ:

ସମଗ୍ର ଦେଶର କ୍ରାନ୍ତିକାରୀମାନେ ଜୁଲାଇ ୧୯୨୮ରେ ଦଳକୁ ପୁନଃ ସଂଗଠନ କରିବା ପାଇଁ ଏକ ସମ୍ମେଳନ ଡାକିବାକୁ ନିଷ୍ପତ୍ତି କଲେ । ଅତଃ ସମ୍ମେଳନ ସେହିବର୍ଷ ଅଗଷ୍ଟ ବା ସେପ୍ଟେମ୍ବରରେ ଫିରୋଜଶାହ କିଲାର ଭଗ୍ନାବଶେଷଠାରେ ହେଲା । (ଏହି ସମ୍ମେଳନ ବାସ୍ତବରେ କେଉଁଦିନ ହେଲା, ଏ ବିଷୟରେ ବିଭିନ୍ନ ପୁସ୍ତକରେ ଅଲଗା ଅଲଗା ବର୍ଣ୍ଣନା କରାଯାଇଛି । କେତେକ ପୁସ୍ତକରେ କେବଳ ଦେଖିବାକୁ ମିଳେ ଯେ ଏହି ସମ୍ମେଳନ ସେପ୍ଟେମ୍ବର ୧୯୨୮ରେ ହୋଇଥିଲା । କେତେକ ବହିରେ ୮-୯ ତିଥି ଲେଖା ହୋଇଛି । ତଥା ଅନ୍ୟ ପୁସ୍ତକ ଅନୁସାରେ ଏହା ୮ ଅଗଷ୍ଟରେ ହୋଇଥିଲା । ପୁଲିସ୍ ରେକର୍ଡ ଅନୁସାରେ ଏହି ମିଟିଂ କୋଟଲା ଫିରୋଜଶାହରେ ୮ ଅଗଷ୍ଟ ୧୯୨୮ରେ ହୋଇଥିଲା) ।

ଏହି ସମ୍ମେଳନରେ ଉତ୍ତର ପ୍ରଦେଶ, ପଞ୍ଜାବ, ରାଜସ୍ଥାନ, ବିହାର ଏହି ଘରି ରାଜ୍ୟର କ୍ରାନ୍ତିକାରୀମାନେ ଭାଗ ନେଇଥିଲେ । ଭଗତ ସିଂହ, ସୁଖଦେବ, ଯଶପାଳ, ରାଜଗୁରୁ, ମହାବୀର ସିଂହ, ବିଜୟ କୁମାର ସିହ୍ନା, ସୁରେନ୍ଦ୍ର ପାଣ୍ଡେ, ଭଗବତୀ ଚରଣ, ବହ୍ମ ଦତ୍ତ, ଜତିନ୍ଦ୍ର ନାଥ ଦାସ, ସାର୍ଦ୍ଦୁଳ ସିଂହ ତଥା ମୋହନ ସିଂହ ଜୋସ ଆଦି ପ୍ରସିଦ୍ଧ କ୍ରାନ୍ତିକାରୀ ଏଥିରେ ଉପସ୍ଥିତ ଥିଲେ । ମୋଟ ଷାଠିଏ କ୍ରାନ୍ତିକାରୀ ଏଥିରେ ଭାଗ ନେଇଥିଲେ । ଯେଉଁମାନଙ୍କ ମଧ୍ୟରେ ପାଞ୍ଚ ଜଣ ମହିଳା ବି ଥିଲେ । ଭଗତ ସିଂହ ଏହି ସମ୍ମେଳନର ମନ୍ତ୍ରୀ ଥିଲେ । ବୈଠକ ରାତିରେ ହୋଇଥିଲା । ଚନ୍ଦ୍ର ଶେଖର ଆଜାଦ୍ ଏହି ମିଟିଂକୁ ଆସିପାରି ନଥିଲେ । ଭଗତ ସିଂହ ଏବଂ ଶିବ ବର୍ମା ତାଙ୍କୁ ଆଗରୁ ସାକ୍ଷାତ କରିଥିଲେ । ସେମାନେ ଆଶ୍ୱାସନା ଦେଇଥିଲେ, ଏହି ବୈଠକରେ ବହୁମତରେ ଯାହା ନିର୍ଣ୍ଣୟ ହେବ ସେମାନେ ତାହାକୁ ମାନି ନେବେ । ବଙ୍ଗଳାର କ୍ରାନ୍ତିକାରୀମାନଙ୍କୁ ଏହି ମିଟିଂକୁ ଡାକିବାକୁ ଶିବ ବର୍ମା ଯାଇଥିଲେ । କିନ୍ତୁ ସେମାନଙ୍କର ମତାମତ ସହଯୋଗ ଆଡ଼କୁ ନଥିଲା । ସେମାନେ କେତେକ ସର୍ତ୍ତ ଦେଇ ଆସିବାକୁ ଘହିଁଲେ । ସେମାନଙ୍କର ପ୍ରଥମ ସର୍ତ୍ତ ଥିଲା ସମସ୍ତ ପ୍ରାନ୍ତର କ୍ରାନ୍ତିକାରୀ ଅନୁଶୀଳନ ଦଳର ନେତାଙ୍କ ଅନୁଶାସନରେ ରହିବେ । ଦ୍ୱିତୀୟ ସର୍ତ୍ତ ଅନୁସାରେ ବର୍ତ୍ତମାନ କେବଳ ସଦସ୍ୟଙ୍କ ଯୋଗଦାନ

ତଥା ଅର୍ଥ ଏବଂ ହତିଆର ଜମା କରାଯିବ। କିନ୍ତୁ କ୍ରାନ୍ତିକାରୀମାନଙ୍କ ଏହି ନୂତନ ସଂଗଠନରେ ଦଳରେ ବ୍ୟକ୍ତିଗତ ସ୍ୱେଚ୍ଛାଚାରିତା ପ୍ରତି ସର୍ବଥା ବିରୁଦ୍ଧ ଥିଲା। ଅତଃ ଏ ପ୍ରକାର ସ୍ୱେଚ୍ଛାଚାରିତ ନେତାମାନଙ୍କୁ ଏହି ସମ୍ମେଳନରୁ ଦୂରରେ ରଖା ଯାଇଥିଲା। ଏହି ବୈଠକରେ କ୍ରାନ୍ତି ପଛରେ ଦେଶପାଇଁ ସମାଜବାଦୀ ସିଦ୍ଧାନ୍ତକୁ ସ୍ୱୀକାର କରାଗଲା। ଭଗତ ସିଂହଙ୍କ ପରାମର୍ଶରେ 'ହିନ୍ଦୁସ୍ତାନ ରିପବ୍ଲିକାନ ଏସୋସିଏଶନ' ନାମ ବଦଳାଇ 'ହିନ୍ଦୁସ୍ତାନ ସୋଶାଲିଷ୍ଟ ରିପବ୍ଲିକାନ ଏସୋସିଏଶନ' ରଖାଗଲା। ଏହା ଅଧୀନରେ ଏକ ନୂତନ ସେଲର ସ୍ଥାପନା କରାଗଲା। ଯାହାର ନାମ 'ହିନ୍ଦୁସ୍ଥାନ ସୋଶାଲିଷ୍ଟ ରିପବ୍ଲିକାନ ଏସୋସିଏଶନ ଆର୍ମି' ରଖାଗଲା। ଚନ୍ଦ୍ର ଶେଖର ଏହାର କମାଣ୍ଡର ଇନ୍ ଚିଫ୍ ନିର୍ବାଚିତ ହେଲେ। ଏକ ଅଖିଳ ଭାରତୀୟ କେନ୍ଦ୍ରୀୟ କାର୍ଯ୍ୟକାରିଣୀ ତିଆରି କରାଗଲା। ଭଗତ ସିଂହ, ସୁଖଦେବ, ବିଜୟ କୁମାର ସିହ୍ନା, ଜତୀନ୍ଦ୍ରନାଥ, ଚନ୍ଦ୍ର ଶେଖର ତଥା କୁନ୍ଦନ ଲାଲଙ୍କୁ ଏଥିରେ ସାମିଲ କରାଗଲା। କୌଣସି କାର୍ଯ୍ୟରେ କେନ୍ଦ୍ରୀୟ କାର୍ଯ୍ୟକାରିଣୀ ହିଁ ସର୍ବପ୍ରଥମ ବିଚାର କରିବ, ଏପରି ନିର୍ଣ୍ଣୟ ନିଆଗଲା। ସମସ୍ତ ପ୍ରାନ୍ତର କ୍ରାନ୍ତିକାରୀଙ୍କ ସହିତ ସମ୍ବନ୍ଧ ବଜାୟ ରଖିବା ପାଇଁ ଏକ ଅନ୍ତଃପ୍ରାନ୍ତୀୟ ସମିତି ମଧ୍ୟ ତିଆରି କରାଗଲା। ଏହାର ଦାୟିତ୍ୱ ଭଗତ ସିଂହ ତଥା ବିଜୟ କୁମାର ସିହ୍ନାଙ୍କୁ ସମର୍ପଣ କରାଗଲା। ସୁଖଦେବଙ୍କୁ ପଞ୍ଜାବର, ଶିବ ବର୍ମାଙ୍କୁ ସଂଯୁକ୍ତ ପ୍ରାନ୍ତ (ଉତ୍ତର ପ୍ରଦେଶ)ର, କୁନ୍ଦନ ଲାଲଙ୍କୁ ରାଜସ୍ଥାନ ତଥା ଫଣୀନ୍ଦ୍ର ନାଥଙ୍କୁ ବିହାରର ସଂଗଠନ କର୍ତ୍ତା ନିଯୁକ୍ତ କରାଗଲା। ହତିଆର ଏବଂ ଅର୍ଥକୁ କେନ୍ଦ୍ରୀୟ କାର୍ଯ୍ୟକାରିଣୀ ଅଧିକାରରେ ରଖାଗଲା। ସ୍ଥିର ହେଲା, ଯେଉଁ ପ୍ରାନ୍ତରେ ଆବଶ୍ୟକତା ପଡ଼ିବ ହତିଆର ପଠାଯିବ, କାର୍ଯ୍ୟ ହୋଇଯିବା ପରେ ହତିଆରକୁ ପୁନଃ କେନ୍ଦ୍ରୀୟ ସମିତିକୁ ଫେରସ୍ତ ଦିଆଯିବ। ଏହା ସହିତ ନିମ୍ନଲିଖିତ ନିର୍ଣ୍ଣୟ ନିଆଗଲା-

(କ) ସାଇମନ କମିଶନଙ୍କ ବହିଷ୍କାର ପାଇଁ ଅଗ୍ରାଧିକାର ଭିତ୍ତିରେ ଭାଗ ନିଆଯିବ ତଥା ତାଙ୍କୁ ନେଇକରି ଯାଉଥିବା ଗାଡ଼ିରେ ବମ୍ ପକାଯିବ।

(ଖ) କଲିକତା, ସହାରନପୁର, ଆଗ୍ରା ତଥା ଲାହୋରରେ ବମ୍ ତିଆରି କାରଖାନା ତିଆରି ହେବ।

(ଗ) ଜଣେ ବମ୍ ତିଆରିରେ ନିପୁଣ ବ୍ୟକ୍ତିଙ୍କୁ ଖୋଜା ଯିବ, ଯିଏ ଦଳର ସଦସ୍ୟଙ୍କୁ ବମ୍ ତିଆରି କରିବାର ପ୍ରଶିକ୍ଷଣ ଦେଇପାରିବ।

(ଘ) କାକୋରୀ କାଣ୍ଡର ଭେଦ ଖୋଲିଥିବା ବିଶ୍ୱାସଘାତକ ବ୍ୟକ୍ତିଙ୍କୁ ହତ୍ୟା କରାଯିବ ତଥା ଯୋଗେଶ ଚନ୍ଦ୍ର ଚାଟର୍ଜୀଙ୍କୁ ଜେଲରୁ ମୁକ୍ତ କରାଯିବ।

(ଙ) ଅର୍ଥ ଏକତ୍ରିତ କରିବା ପାଇଁ ଡକାୟତି କରାଯିବ। ଯେତେଦୂର ସମ୍ଭବ ସରକାରୀ ଗନ୍ତାଘର ହିଁ ଲୁଟ କରାଯିବ।

ଏହି ମିଟିଂ ପରେ ଦଳର ମୁଖ୍ୟ କାର୍ଯ୍ୟାଳୟ ଆଗ୍ରାର ଝାନ୍‌ସୀକୁ ଅଣାଗଲା । କାକୋରୀ କାଣ୍ଡପରେ ମଧ୍ୟ ଏହି କାର୍ଯ୍ୟାଳୟ ସେହି ସ୍ଥାନରେ ଥିଲା ।

ଏହି ବୈଠକ ପରେ ଭଗତ ସିଂହ ନିଜର ସାଥୀମାନଙ୍କ ସହିତ ଭଟିଣ୍ଡା ହୋଇ ପଞ୍ଜାବ ପାଇଁ ବାହାରି ପଡ଼ିଲେ । ପୁଲିସ୍‌ମାନେ ସାଧା ପୋଷାକରେ କ୍ରାନ୍ତିକାରୀମାନଙ୍କୁ ଖୋଜୁଥାନ୍ତି । ଦିଲ୍ଲୀରେ ସେମାନେ ପଞ୍ଜାବ ପୁଲିସ ସିପାହୀ ପୋଷାକ ପିନ୍ଧି ଦେଲେ । ତାଙ୍କର ଜଣେ ସାଥୀ ଆଗରେ, ଆଉ ଜଣେ ତାଙ୍କ ପଛରେ ଚାଲୁଥିଲେ, ସତେ ଯେପରି ସେମାନେ ସେ ଦୁଇଜଣଙ୍କୁ ନେଇ ଯାଉଛନ୍ତି । ସେମାନେ ଭଟିଣ୍ଡା ଯିବା ଗାଡ଼ିରେ ବସିଗଲେ । ଗାଡ଼ି ଚାଲିବାକୁ ଆଉ ଦଶ ମିନିଟ୍ ବିଳମ୍ବ ଥିଲା । ଜଣେ ଥାନାଦାର ଆସିଗଲେ ଏବଂ ତାଙ୍କୁ ପଚାରିବାକୁ ଲାଗିଲେ-

- ଆପଣ କେଉଁଠିକି ଯାଉଛନ୍ତି ?
- ଫିରୋଜପୁର, ଭଗତ ସିଂହ ଉତ୍ତର ଦେଲେ ।
- ତୁମ ପେଟିର ନମ୍ବର କେତେ ?
- ୨୩୪୦୫୦ ।
- ରେଲୱେ ପାସ୍ ?
- ମୋ ସାଙ୍ଗ ତାକୁ ବଦଳାଇବା ପାଇଁ ନେଇଛନ୍ତି ।
- ଆପଣଙ୍କ ନାମ ?
- କରତାର ସିଂହ ।
- ତୁମେ କେଉଁ କାମ ପାଇଁ ଆସିଛ ?
- କଇଦିମାନଙ୍କୁ ଛାଡ଼ିବା ପାଇଁ ।

ଥାନାଦାରଙ୍କର ଭଗତସିଂହଙ୍କ କଥାରେ ବିଶ୍ୱାସ ହେଲା ନାହିଁ । ଅତଃ ସତମିଛ ବୁଝିବା ପାଇଁ ଟିକେଟ ଘରେ ପହଁଚିଲେ । ପ୍ରକୃତରେ କୌଣସି ପୁଲିସ୍ ବାଲାଙ୍କ ପାସ୍ ବଦଳା ଯାଇଛି କି ନାହିଁ । ସେ ଯିବାପରେ ଭଗତସିଂହ ଶୌଚାଳୟରେ ପଶିଯାଇ ପୁଲିସ୍ ପୋଷାକ ଖୋଲି ଦେଲେ ଏବଂ ଜଣେ ସାଧୁବେଶ ହୋଇ ହାତରେ ଗୀତା ଧରି ଅନ୍ୟ ଡ଼ବାରେ ବସିଗଲେ । ଗାଡ଼ି ଛାଡ଼ିଦେଲା । ପରବର୍ତ୍ତୀ ଷ୍ଟେସନରେ ସେହି ଥାନାଦାର ଗାଡ଼ି ଅଟକିବା ପରେ ପ୍ରତ୍ୟେକ ଡ଼ବାକୁ ସାବଧାନତାର ସହ ଖୋଜିଲେ । ମାତ୍ର ତାଙ୍କୁ ଚିହ୍ନି ପାରିଲେ ନାହିଁ ! ସୌଭାଗ୍ୟ ବଶତଃ ଭଗତ ସିଂହ ସକୁଶଳ ଭଟିଣ୍ଡାରେ ପହଞ୍ଚିଗଲେ ।

# 3

# ସାଇମନ କମିଶନଙ୍କ ବହିଷ୍କାର

## ଲାଲା ଲାଜପତ ରାୟଙ୍କ ମୃତ୍ୟୁ:

ସନ ୧୯୧୯ରେ ଲାଗୁ ଶାସନ ସୁଧାର ଅଧିନିୟମର ଜାଂଚ ପାଇଁ ଇଂଲଣ୍ଡରୁ ଏକ କମିଶନ ଭାରତ ଆସୁଥିଲା। ଅତଃ ୮ ନଭେମ୍ବର ୧୯୨୭କୁ ଭାଇସରାୟ ଘୋଷଣା କଲେ ଯେ ସାତ ସଦସ୍ୟ ବିଶିଷ୍ଟ କମିଶନ ସାଇମନଙ୍କ ନେତୃତ୍ୱରେ ଭାରତ ଆସିବେ, ଯିଏ ଇଂଲଣ୍ଡ ସରକାରଙ୍କୁ ଏଠାକାର ଶାସନର ପ୍ରଗତି ରିପୋର୍ଟ ଦେବ। ଭାରତ ୧୯୨୪ରୁ ହିଁ ସାଂପ୍ରଦାୟିକ ଦଙ୍ଗାରେ ଜଳୁଥିଲା। ନିଜର କଲିକତା ଅଧିବେଶନରେ କଂଗ୍ରେସ ପ୍ରଥମରୁ ତାଙ୍କର ଫଏସଲା କରି ସାରିଥିଲେ। ଫେବୃଆରୀ ୧୯୨୮ରେ ଏହି କମିଶନ ବମ୍ବେରେ ପହଂଚିଲା। ସେଦିନ ସମଗ୍ର ଦେଶରେ ଷ୍ଟ୍ରାଇକ୍ କରାଗଲା ଏବଂ 'ସାଇମନ ଫେରିଯାଅ' ସ୍ଲୋଗାନ ଦିଆଗଲା। ଏ ପ୍ରକାର ପ୍ରଦର୍ଶନରେ ସ୍ଲୋଗାନ ଓ କଳା ପତାକା ଦେଖାଇ ଦିଲ୍ଲୀ ଏବଂ ମାଡ୍ରାସରେ ବି ସାଇମନ କମିଶନଙ୍କୁ ବିରୋଧ କରାଗଲା। ମାଡ୍ରାସରେ ପୋଲିସ୍ ଗୁଳିରେ ତିନିଜଣ ପ୍ରଦର୍ଶନକାରୀଙ୍କ ମୃତ୍ୟୁ ହେଲା। କଲିକତାରେ ବି ବିଶାଳ ପ୍ରଦର୍ଶନ ହେଲା। ଏହି କମିଶନରେ କୌଣସି ଭାରତୀୟ ସଦସ୍ୟ ନଥିଲେ। ଅତଃ ପ୍ରାୟ ସମସ୍ତ ରାଜନୈତିକ ଦଳ ଏଥିରେ ଭାଗ ନେଲେ। ଏକ ପ୍ରକାର ସାରାଦେଶ ହିଁ ଏହି କମିଶନଙ୍କ ବିରୁଦ୍ଧରେ ଠିଆ ହୋଇଥିଲେ।

## କମିଶନଙ୍କ ଲାହୋରରେ ବହିଷ୍କାର:

କ୍ରାନ୍ତୀକାରୀମାନଙ୍କର ଫିରୋଜ ସାହ କୋଟଲା ଦିଲ୍ଲୀର ସଭାରେ ବମ୍ ଫୋପାଡିବା ଯୋଜନା ପ୍ରସ୍ତୁତ ହୋଇ ସାରିଥିଲା। ମାତ୍ର ଦଳ ପାଖରେ ଅର୍ଥର ଅଭାବ ଥିଲା। ଏହି ସମୟରେ ଦଳର ଜଣେ ସଦସ୍ୟ କୈଳାସ ପତି, ଯିଏ ଗୋରଖପୁର ଡାକଖାନାର କର୍ମଚାରୀ ଥିଲା, ଡାକଖାନାର ଏକ ହଜାର ଆଠଶହ ଟଙ୍କା ନେଇ ଫେରାର ହୋଇ ଗଲା। ସେ ଏହି ଟଙ୍କା ଦଳର କେନ୍ଦ୍ରୀୟ କାର୍ଯ୍ୟକାରିଣୀଙ୍କୁ ଦେଇଦେଲା। ଏହି ସ୍ୱଳ୍ପ ପୁଞ୍ଜିରେ ହିଁ କାମ ଚଳାଗଲା।

ଅତଃ ବମ୍ ଯୋଜନା ସଫଳ ହୋଇପାରିଲା ନାହିଁ। ଦଳର ଲାହୋର ଶାଖାକୁ ନିର୍ଦ୍ଦେଶ ମିଳିଲା। ସାଇମନ କମିଶନଙ୍କ ବିରୋଧରେ ବିଭିନ୍ନ ରାଜନୈତିକ ଦଳ ଏକତ୍ରିତ ହୋଇ ବିଶାଳ ପ୍ରଦର୍ଶନ କରିବେ।

ସାଇମନ କମିଶନ ୩୦ ଅକ୍ଟୋବର ୧୯୨୮ କୁ ଲାହୋରରେ ପହଂଚିଲେ। ସମସ୍ତ ଦଳର ନେତୃତ୍ୱ ଲାଲା ଲଜପତ ରାୟ ନେଉଥିଲେ। ଭଗତ ସିଂହ ନିଜେ ଲାଲାଜୀଙ୍କ ପାଖକୁ ଆସିଲେ ଏବଂ ନିଜ ଦଳକୁ ଆଗରେ ରଖିବାର ଅନୁମତି ପ୍ରାପ୍ତ କରିନେଲେ। କ୍ରାନ୍ତିକାରୀମାନେ ତାଙ୍କ ଘରି ପାଖରେ ମଣ୍ଡଳାକାର ତିଆରି କରିଦେଲେ। ଜଣେ ଯୁବକ ତାଙ୍କ ମୁଣ୍ଡ ଉପରେ ଏକ ଛତା ଦେଖାଇଲେ। ସମସ୍ତଙ୍କ ହାତରେ କଳା ପତାକା ଥିଲା ଏବଂ ସେମାନେ 'ସାଇମନ ଫେରିଯାଅ' ତଥା 'ଇନକିଲାବ୍ ଜିନ୍ଦାବାଦ୍' ଆଦି ସ୍ଲୋଗାନ ଦେଇ ଆଗକୁ ବଢ଼ିଲେ।

ଜନ ସମୁଦ୍ର ଆଗକୁ ବଢୁଥିଲା ଏବଂ ଏଣେ ସରକାର ବି ଏହାକୁ ନିଜର ପ୍ରତିଷ୍ଠାର ପ୍ରଶ୍ନ ବୋଲି ଭାବୁଥିଲା। କେହି ହାର ମାନିବାକୁ ପ୍ରସ୍ତୁତ ନଥିଲେ।

## ଲାଲାଜୀଙ୍କ ଉପରେ ଲାଠି ପ୍ରହାର ଏବଂ ତାଙ୍କର ମୃତ୍ୟୁ:

ଏହି ସମୟରେ ଲାହୋର ପୁଲିସର ଅଧିକ୍ଷକ ମିଷ୍ଟର ସ୍କାର୍ଟ ନିଜର ସହାୟକମାନଙ୍କ ସହିତ ସେଠାକୁ ଆସିଲେ। ସେ ବିଶାଳ ଜନସମୁହଙ୍କୁ ଦେଖି ଅନୁମାନ କରିନେଲେ ଯେ କମିଶନଙ୍କୁ ଅପମାନପୂର୍ଣ୍ଣ ବଚନରୁ ପ୍ରଦର୍ଶନକାରୀ ମାନଙ୍କୁ ଏଠାରୁ ହଟାଇବା ଆବଶ୍ୟକ। ସେଥିପାଇଁ ସେ ଜଣେ ବିଶ୍ୱାସପାତ୍ର ସହାୟକ ଅଧିକ୍ଷକ ମି.ସାଣ୍ଡର୍ସଙ୍କୁ ଏହି କାର୍ଯ୍ୟର ଦାୟିତ୍ୱ ଦେଲେ। ପ୍ରଥମେ ଭିଡ଼କୁ ଅସ୍ତବ୍ୟସ୍ତ କରିବା ପାଇଁ ପୁଲିସ୍ ହାଲକା ଲାଠି ଚାର୍ଜ କରିବାକୁ ଲାଗିଲେ। ମାତ୍ର ନବ ଯୁବକମାନଙ୍କ ଉପରେ ତାର କିଛି ପ୍ରଭାବ ପଡ଼ିଲା ନାହିଁ। ଏହାପରେ ସାଣ୍ଡର୍ସ ଭୋକିଲା ସିଂହ ପରି ଡେଇଁ ପଡ଼ିଲେ। ସେ ପ୍ରଥମ ଆଘାତ ଲାଲା ଲଜପତ ରାୟଙ୍କ ଛତା ଉପରେ କଲେ, ଦ୍ୱିତୀୟ ତାଙ୍କ କାନ୍ଧ ଉପରେ ଏବଂ ତୃତୀୟ ପ୍ରହାର ମୁଣ୍ଡ ଉପରେ। ପୁଣି ସ୍କାଟ ନିଜେ ଲାଠି ନେଇ ନିର୍ଦ୍ଦୟତାର ସହିତ ଲାଲାଜୀଙ୍କୁ ପିଟିବାକୁ ଆରମ୍ଭ କରିଦେଲେ। ତାଙ୍କ ମୁଣ୍ଡରେ ଗଭୀର ଆଘାତ ଲାଗିଲା। ସେ ଲହୁ ଲୁହାଣ ହୋଇଗଲେ, ଅନ୍ୟ ଲୋକମାନେ ବି ଆଘାତପ୍ରାପ୍ତ ହେଲେ। ଭଗତ ସିଂହ ସମସ୍ତ ଘଟଣା ନିଜ ଆଖିରେ ଦେଖୁଥିଲେ। କିନ୍ତୁ ଲାଲାଜୀଙ୍କ ସଙ୍କେତରେ ସେ ନୀରବ ରହିଲେ। ଯୁବକମାନେ ଏବେ ବି କଡ଼ନ ଭାଙ୍ଗି ନଥିଲେ। ମାତ୍ର ଲାଲାଜୀ ଆଜ୍ଞା ଦେଲେ ଯେ ପୁଲିସର ଏହି ଅମାନବୀୟ ବର୍ବର ବ୍ୟବହାର ବିରୁଦ୍ଧରେ ପ୍ରଦର୍ଶନକୁ ସ୍ଥଗିତ କରି ଦିଆଯାଉ। ଅତଃ ଯୁବକମାନେ ତାଙ୍କ ଆଜ୍ଞାରେ ଏପରି କରିବା ବନ୍ଦ କରିଦେଲେ।

ସେହି ସଂଧ୍ୟାରେ କମିଶନଙ୍କ ବିରୁଦ୍ଧରେ ଲାହୋର ମୋରୀ ଦରୱାଜା ପଡ଼ିଆରେ ଏକ

ସଭା ହେଲା । ସଭାରେ ପୁଲିସ୍ ଉପ ଅଧିକ୍ଷକ ନୀଲ ମଧ୍ୟ ଠିଆ ହୋଇଥିଲେ । ଆଘାତପ୍ରାପ୍ତ ଲାଲାଜୀ ପୋଲିସଙ୍କ ଏହି କାର୍ଯ୍ୟକୁ ନିନ୍ଦା କରି ନିଜେ ଭାଷଣ ଦେଲେ- 'ଯେଉଁ ସରକାର ନିରସ୍ତ୍ର ଜନତାଙ୍କ ଉପରେ ଏ ପ୍ରକାର କ୍ରୁର ଆକ୍ରମଣ କରିପାରେ, ତାକୁ ସଭ୍ୟ ସରକାର କୁହାଯାଇ ନପାରେ ଏବଂ ଏପରି ସରକାର ସ୍ଥିର ରହିପାରିବ ନାହିଁ । ମୁଁ ଆଜି ଘୋଷଣା କରୁଛି ଯେ ଏହି ସରକାରଙ୍କ ପୁଲିସ୍ ମୋତେ ଯେଉଁ ପ୍ରହାର କଲା ତାହା ଦିନେ ଏ ସରକାରକୁ ପତନ କରାଇବ । ମୋ ଉପରେ ଯେଉଁ ଲାଠି ବର୍ଷା କରାଗଲା, ଏହା ଭାରତରେ ବ୍ରିଟିଶ ଶାସନର ଶେଷ ଆଣିଦେବ ।"

ଏହାପରେ ଲାଲାଜୀଙ୍କୁ ଶୀଘ୍ର ହସ୍ପିଟାଲ ନିଆଗଲା । ଏହାର ୧୮ ଦିନ ପରେ ୧୭ ନଭେମ୍ବର ୧୯୨୮କୁ ତାଙ୍କର ଦେହାନ୍ତ ହୋଇଗଲା । ଭଗତ ସିଂହଙ୍କ ଦୃଷ୍ଟିରେ ଲାଲାଜୀଙ୍କ ମୃତ୍ୟୁ ସମଗ୍ର ରାଷ୍ଟ୍ରର ଅପମାନ ଥିଲା । ତାଙ୍କ ମତରେ ଏହାର ପ୍ରତିଶୋଧ କେବଳ 'ରକ୍ତ ବଦଳରେ ରକ୍ତ' ସାହାଯ୍ୟରେ ନିଆଯାଇ ପାରିବ । ଇଂଲଣ୍ଡ ସଂସଦର ନିମ୍ନ ସଦନରେ ଏ ମାମଲା ଚାଲିଲା । ସଦନର ଜଣେ ସଦସ୍ୟ କର୍ଣ୍ଣଲ ବେଜବୁଡ଼ ସରକାରଙ୍କୁ ଏ ବିଷୟରେ ନିଜର ସ୍ପଷ୍ଟୀକରଣ ଦେବାକୁ କହିଲେ । କିନ୍ତୁ ସରକାର ଏହି ହତ୍ୟା ପାଇଁ ନିଜକୁ ଦାୟୀ ମାନିଲା ନାହିଁ ।

ସରକାର ତତ୍ତ୍ୱହୀନ ତର୍କ ସାବିତ କଲେ । ଏହି ପ୍ରକାର କୌଣସି ପ୍ରମାଣ କରାଯାଇ ପାରିଲା ନାହିଁ ଯେ ଲାଲାଜୀଙ୍କ ମୃତ୍ୟୁ ଆଘାତ ଦ୍ୱାରା ହୋଇଛି । ଏହି ବିଷୟରେ ନ୍ୟାୟିକ ଜାଞ୍ଚ ତଥା ସମ୍ବନ୍ଧୀୟମାନଙ୍କ ଦ୍ୱାରା ସାମାନ୍ୟ କ୍ଷମା ପ୍ରାର୍ଥନା ମାଗିବାର ଆପତ୍ତିକୁ ଅସ୍ୱୀକାର କରି ଦିଆଗଲା । ଏ ସବୁଥିରୁ ଇଂରେଜ ସରକାରଙ୍କର ଘୃଣିତ ଚେହେରା ସମସ୍ତଙ୍କ ସାମନାକୁ ଆସିଲା ।

## ସାଣ୍ଡର୍ସଙ୍କ ହତ୍ୟା:

ଲାଲା ଲଜପତ ରାୟଙ୍କ ହତ୍ୟାର ପ୍ରତିଶୋଧ ନେବା ପାଇଁ "ହିନ୍ଦୁସ୍ତାନ ସୋଶାଲିଷ୍ଟ ରିପବ୍ଲିକାନ୍ ଆର୍ମି"ର ଏକ ବୈଠକ ୧୦ ଡ଼ିସେମ୍ବର, ୧୯୨୮ ରାତ୍ରିରେ ଲାହୋରରେ ହେଲା । ଏଥିରେ ଭଗତ ସିଂହ, ଚନ୍ଦ୍ରଶେଖର ଆଜାଦ୍, ମହାବୀର ସିଂହ, ସୁଖଦେବ, ରାଜଗୁରୁ, ଜୟ ଗୋପାଳ, କିଶୋରୀ ଲାଲ ତଥା ଦୁର୍ଗାଦେବୀ ମଧ୍ୟ ଉପସ୍ଥିତ ଥିଲେ । ଭଗତ ସିଂହ ଦେଶର ଦୟନୀୟ ଅବସ୍ଥା ବର୍ଣ୍ଣନା କରି କହିଲେ- "ସମଗ୍ର ଦେଶରେ ଉତ୍ତେଜନାମୟ ପରିସ୍ଥିତି । ବଙ୍ଗଳା ଦଳ ପର୍ଯ୍ୟାପ୍ତ କାର୍ଯ୍ୟ କରିଛନ୍ତି । ସେମାନେ କେତେକ ଅଧିକାରୀଙ୍କୁ ଖତମ କରି ଦେଇଛନ୍ତି । ଇଂରେଜମାନେ ଭୟଭୀତ ହୋଇ ଯାଇଛନ୍ତି । ପରିଣାମ ସ୍ୱରୂପ ସେଇ ଇଂରେଜ ଅଧିକାରୀମାନେ ତାଙ୍କର ପରିବାରଙ୍କୁ ବ୍ରିଟେନ ପଠାଇବାକୁ ଆରମ୍ଭ

କରିଦେଇଛନ୍ତି । କିଛିଦିନ ପରେ ସେମାନେ ଅନୁଭବ କରିବେ ଯେ ଭାରତ ତାଙ୍କ ଅଧିକାରରେ ରହିବ ନାହିଁ । ଲାଲାଜୀଙ୍କ ନିଧନ କଂଗ୍ରେସୀଙ୍କ ମନକୁ କମ୍ପାଇ ଦେଇଛି । ପଣ୍ଡିତ ଜବାହାର ଲାଲ ନେହେରୁ ଆଗାମୀ କଂଗ୍ରେସ ଅଧିବେଶନ ପାଇଁ କେତେକ ଯୋଜନା ପ୍ରସ୍ତୁତ କରିଛନ୍ତି । କିନ୍ତୁ ବିଶ୍ୱାସ ହେଉନାହିଁ ଯେ, ସେ କିଛି କରି ପାରିବେ । ଅନ୍ୟଦିଗରେ ନୌଜବାନମାନଙ୍କ ରକ୍ତ ଟକମକ ହୋଇ ଫୁଟୁଛି ।"

ଏହି ସଭାର ଅଧ୍ୟକ୍ଷତା ଚନ୍ଦ୍ରଶେଖର କରୁଥିଲେ । ସେ ସଦସ୍ୟମାନଙ୍କୁ ସମ୍ବୋଧିତ କରି କହିଲେ- "ସାଥୀଗଣ ! ଆମେ ବ୍ରିଟିଶ ସାମ୍ରାଜ୍ୟ ସହିତ ସ୍ୱତନ୍ତ୍ରତା ଯୁଦ୍ଧ ଲଢୁଛେ । ଶତ୍ରୁର ସେନା, ତାଙ୍କର ଅସ୍ତ୍ର-ଶସ୍ତ୍ର, ତଥା ଯୁଦ୍ଧର ଅନ୍ୟାନ୍ୟ ସାମଗ୍ରୀ ଅସୀମିତ । କିନ୍ତୁ ତା ପରିବର୍ତ୍ତେ ଆମ ପାଖରେ କେବଳ ବଳିଦାନର ଭାବନା ତଥା ଲୋକମତ ଅଛି । ଏହା ହିଁ ଆମର ଶସ୍ତ୍ର ଏବଂ ଶକ୍ତି ଅଟେ ।"

ତାଙ୍କ ପରେ ଭଗତ ସିଂହ ପୁଣି କହିଲେ- "କେବଳ ସ୍କାଟଙ୍କୁ ଏକୁଟିଆ ନୁହେଁ, ଆମକୁ ଅନ୍ୟ କେତେକ ଇଂରେଜଙ୍କୁ ସେ ପାରିକୁ ପଠାଇବାକୁ ହେବ । ରାଜ୍ୟପାଳଙ୍କୁ ଜୀବିତ ରହିବାକୁ ଦିଆଯିବ ନାହିଁ । ତେବେ ଯାଇ ଶତ୍ରୁ ବୁଦ୍ଧି ଶିଖିବ ।"

ଦୁର୍ଗା ଦେବୀ ସ୍କାଟଙ୍କୁ ମାରିବାକୁ ପରାମର୍ଶ ଦେଲେ । ଏହା ଉପରେ ସର୍ବ ପ୍ରଥମେ ଭଗତ ସିଂହ କହିଲେ- "ତାର ମୋ ହାତରେ ମୃତ୍ୟୁ ହେବା ଦରକାର ।" ଏହାପରେ ରାଜଗୁରୁ, ସୁଖଦେବ, ଜୟ ଗୋପାଳ ଏବଂ ଦୁର୍ଗାଦେବୀ ଏହି କାର୍ଯ୍ୟ କରିବାକୁ ନିଜକୁ ପ୍ରସ୍ତୁତ କଲେ । ଦୁର୍ଗାଦେବୀଙ୍କୁ ଚନ୍ଦ୍ରଶେଖର ଆଜାଦ କହିଲେ "ମହିଳାମାନଙ୍କ ଏ କାର୍ଯ୍ୟରେ ଭାଗ ନ ନେବା ଉଚିତ । ସେମାନଙ୍କୁ ଏ କାର୍ଯ୍ୟଭାର ଦିଆଯିବ ନାହିଁ । ତାଙ୍କର ସହାୟତା ପରେ କ୍ରାନ୍ତିକାରୀମାନଙ୍କୁ ବାହାରକୁ ବାହାର କରିବାରେ ନିଆଯିବ ।"

ଅତଃ ଭଗତ ସିଂହ, ରାଜଗୁରୁ, ସୁଖଦେବ, ଆଜାଦ ଏବଂ ଜୟଗୋପାଳଙ୍କୁ ଏହି କାର୍ଯ୍ୟ ଦିଆଗଲା । ଜୟଗୋପାଳଙ୍କୁ ଏକ ସପ୍ତାହ ପର୍ଯ୍ୟନ୍ତ ସ୍କାଟ ଉପରେ ଦୃଷ୍ଟି ରଖିବା କାର୍ଯ୍ୟ ଦିଆଗଲା । ଯାହା ଦ୍ୱାରା ଜଣାପଡ଼ିବ ଯେ ସେ କେଉଁଠିକି କେଉଁଠିକି ଯାଉଛି, କ'ଣ କାମ କରୁଛି, ତଥା କେଉଁ କେଉଁ ରାସ୍ତାରେ ଯାଉଛି । ଏହାପରେ ୧୫ ଡ଼ିସେମ୍ବର, ୧୯୨୮ ଦିନ ଅନ୍ୟ ଏକ ମିଟିଂ ହେଲା । ଏଥିରେ ଜୟଗୋପାଳ ମିଷ୍ଟର ସ୍କାଟଙ୍କ ସମସ୍ତ ଗତିବିଧିର ତଥ୍ୟପ୍ରଦାନ କଲେ । ସ୍କାଟଙ୍କ ହତ୍ୟାର ଯୋଜନା ପ୍ରସ୍ତୁତ ହେଲା । ପ୍ରତ୍ୟେକଙ୍କୁ ଅଲଗା ଅଲଗା ଦାୟିତ୍ୱ ଦିଆଗଲା । ଜୟଗୋପାଳଙ୍କୁ କାର୍ଯ୍ୟାଳୟ ବାହାରେ ଠିଆ ହେବାର ଥିଲା ଏବଂ ସେ ବାହାରକୁ ଆସିଲେ ରୁମାଲ ହଲାଇ ସଙ୍କେତ ଦେବାର ଥିଲା । ରାଜଗୁରୁ ଏବଂ ଭଗତ ସିଂହ ଏହି ସଙ୍କେତ ଉପରେ ସ୍କାଟଙ୍କ ଉପରେ ଗୁଳି ଚଳାଇବାର ଥିଲା । ଆଜାଦ ଏବଂ ସୁଖଦେବଙ୍କ କାମ ଥିଲା ଯେତେବେଳେ ରାଜଗୁରୁ ଏବଂ ଭଗତ ସିଂହ ସ୍କାଟ ଉପରେ ଗୁଳି ଚଳାଇ

ପଳାଇବେ, ସେତେବେଳେ ଯେପରି କେହି ତାଙ୍କୁ ଦେଖି ନ ପାରିବେ । ଆଜାଦ ଏବଂ ସୁଖଦେବ ଏ କଳାରେ ମାହିର ଥିଲେ । ଏଥିରେ ଶତ୍ରୁଙ୍କୁ ଗୁଳି ଚଳାଇ ମଥାନତ କରି ରଖିବା ପାଇଁ ବାଧ କରି ଦିଆଯିବ ।

୧୭ ଡ଼ିସେମ୍ବର ୧୯୨୮ ଦ୍ୱିପହର । ଜୟଗୋପାଳଙ୍କୁ ପୁଲିସ କାର୍ଯ୍ୟାଳୟ ଉପରେ ଓ ସ୍କାଟ ଉପରେ ନିରୀକ୍ଷଣ କରିବା ପାଇଁ ପଠାଇ ଦିଆଗଲା । ଜୟଗୋପାଳ ସ୍କାର୍ଟଙ୍କ ପ୍ରତ୍ୟେକ କାର୍ଯ୍ୟ ଉପରେ ଦୃଷ୍ଟି ରଖିଲେ । ଅନ୍ୟ ସାଥୀ ବି ନିଜ ନିଜର କାର୍ଯ୍ୟକୁ ପୂରା କରିବା ପାଇଁ ବାହାରି ପଡ଼ିଲେ ।

ସ୍କାଟଙ୍କ କାର୍ଯ୍ୟାଳୟ ପଞ୍ଜାବ ସିଭିଲ ମନ୍ତ୍ରାଳୟରେ ଥିଲା । ଜୟଗୋପାଳ ବୋଧହୁଏ ସ୍କାଟଙ୍କୁ ଆଗରୁ ଦେଖି ନଥିଲେ । ସେ ସ୍କାଣ୍ଡର୍ସଙ୍କୁ ହିଁ ସ୍କାଟ ବୋଲି ଭାବି ନେଲେ । ସମସ୍ତ ସାଥୀ ନିଜ ନିଜ ସ୍ଥାନରେ ପ୍ରସ୍ତୁତ ଥିଲେ । ଜୟଗୋପାଳ ପୁଲିସ କାର୍ଯ୍ୟାଳୟର କମ୍ପାଉଣ୍ଡ ପାଖରେ ନିଜ ସାଇକେଲ ଧରି ଏପରି ଠିଆ ହୋଇ ଥିଲେ, ସତେ ଯେପରି ସାଇକେଲ ଖରାପ ହୋଇଯାଇଛି । ସାଇକେଲ ରଖିବାର ଆଉ ଏକ କାରଣ ଥିଲା ଯଦି ପ୍ରଥମ ଥର ଗୁଳି ଭୁଲ ହୋଇ ଯାଏ ସାଇକେଲରେ ବସି ତାର ପିଛା କରାଯିବ ତଥା ପୁଣି ଗୁଳି ମରାଯିବ । ଭଗତ ସିଂହ ଏବଂ ରାଜଗୁରୁ କାର୍ଯ୍ୟାଳୟ ଗେଟ ଠାରୁ ଅଳ୍ପ ଦୂରରେ ଥିଲେ । ଆଜାଦ କାର୍ଯ୍ୟାଳୟର ଠିକ୍ ସାମନାରେ ଡି.ଏ.ଭି କଲେଜ କମ୍ପାଉଣ୍ଡ ଭିତରେ ଠିଆ ହୋଇଥିଲେ । ଗୁଳିମାରି ଭଗତ ସିଂହ ଏବଂ ରାଜଗୁରୁ ବି ସେହି ବାଟ ଦେଇ କଲେଜ ହଷ୍ଟେଲକୁ ଯିବାର ଥିଲା । ଆଜାଦଙ୍କ ପାଖରେ ମାଉଜର ପିସ୍ତଲ ଥିଲା । ଯାହାଦ୍ୱାରା ରାଇଫଲ ପରି ଛାତିରେ ରଖି ସାଧାରଣ ପିସ୍ତଲ ଠାରୁ ଅଧିକ ଦୂର ପର୍ଯ୍ୟନ୍ତ ନିଶାଣ ଲଗାଇହେବ । ଆଜାଦ ପକେଟରେ ଦୁଇଟି ଗୁଳି ଭରା ମେଗଜିନ୍ ଥିଲା । ପ୍ରଥମରୁ ପାଠକଙ୍କୁ କୁହାଯାଇ ସାରିଛି ଯେ ଜୟଗୋପାଳ ଭୁଲରେ ସାଣ୍ଡର୍ସଙ୍କୁ ସ୍କାଟବୋଲି ଭାବି ଦେଇଥିଲେ । ସାଣ୍ଡର୍ସ ଯେମିତି କାର୍ଯ୍ୟାଳୟରୁ ବାହାରକୁ ଆସିଲେ ଜୟଗୋପାଳ ଇଶାରା କଲେ । ସେ ଧିରେ ଧିରେ ଫାଟକ ପାଖରେ ପହଁଞ୍ଚିବାକୁ ଯାଉଥିଲେ । ରାଜଗୁରୁ ଫୂର୍ତ୍ତିର ସହିତ ତାଙ୍କ ବେକକୁ ଗୁଳି ମାରି ଦେଲେ । ସେହି ଗୁଳିରେ ଏକ ହାଲକା ଚିତ୍କାର ସହିତ ସାଣ୍ଡର୍ସ ନିଜ ମଟର ସାଇକେଲ ସହିତ ଗଳି ପଡ଼ିଲେ । ଅତିଶୀଘ୍ର ଭଗତ ସିଂହ ଚାରି ପାଞ୍ଚଟି ଗୁଳି ତାଙ୍କ ମୁଣ୍ଡକୁ ମାରିଦେଲେ ଏବଂ ଦୁହେଁ କଲେଜ ହତା ଆଡ଼କୁ ଦଉଡ଼ିଲେ ।

ଜଣେ ପୁଲିସ ହେଡ୍ କନେଷ୍ଟବଲ ସମସ୍ତ ଘଟଣା ଦେଖୁଥିଲା । ମାତ୍ର ସେ ଆଗକୁ ଯିବା ବା କିଛି କହିବାର ସାହସ କରି ପାରିଲେ ନାହିଁ । ଯେତେବେଳେ ଭଗତ ସିଂହ ଏବଂ ରାଜଗୁରୁ ପଳାଇଯିବାକୁ ଲାଗିଲେ, ସେତେବେଳେ ସେ ଖୁବ୍ ଜୋରରେ ପାଟି କଲା । ତାର ପାଟି ଶୁଣି ଜଣେ ଟ୍ରାଫିକ ଇନ୍ସିପେକ୍ଟର, ଦୁଇଜଣ ଅନ୍ୟ ସିପାହୀ ଭଗତ ସିଂହ ଏବଂ ରାଜଗୁରୁଙ୍କ ଆଡ଼କୁ ଦୌଡ଼ିଲେ । ଭଗତ ସିଂହ ପଛକୁ ଅନାଇ ଗୁଳି ଚଳାଇ ଦେଲେ । ହଠାତ୍

ସେ ଫେରି ପଡ଼ିବାକୁ ଚାହିଁଲେ ମାତ୍ର ତଳେ ପଡ଼ିଗଲେ। ତାଙ୍କୁ ଗୁଳି ଲାଗିଲା ନାହିଁ। ଅନ୍ୟ ସିପାହୀ ବି ଡରିଗଲେ। ଆଜାଦ କହିଲେ ଚାଲ। ଭଗତ ସିଂହ ଏବଂ ରାଜଗୁରୁ ପଳାଇଲେ। ଆଜାଦ ରାସ୍ତା ରୋକି ସେହିଠାରେ ଠିଆ ହୋଇ ରହିଲେ। ଜଣେ ହେଡ୍ କନେଷ୍ଟବଲ ଭଗତ ସିଂହ ପଛରେ ଦଉଡ଼ିଲେ। ଆଜାଦ ତାଙ୍କୁ ଚେତାବନୀ ଦେଲେ "ଖବରଦାର, ପଛକୁ ହଟ।" ଦି'ଜଣ ସିପାହୀ ଅଟକି ଗଲେ। କିନ୍ତୁ ଜଣେ ଅଟକିଲା ନାହିଁ। ଆଜାଦଙ୍କ ଗୋଟିଏ ମାତ୍ର ଗୁଳି ତାଙ୍କୁ ଖତମ କରିଦେଲା। ଆଉ କେହି ପିଛା କଲେ ନାହିଁ। ତିନି ସାଥୀ କଲେଜ ହଷ୍ଟେଲକୁ ଚାଲିଗଲେ। ସେଠି କିଛି ସମୟ ଅଟକିବା ପରେ ସେମାନେ ପଛଦ୍ୱାର ଦେଇ ପଳାଇଗଲେ।

ପଞ୍ଜାବ ସରକାରଙ୍କ ଗୃହ ମନ୍ତ୍ରାଳୟକୁ ତାର ଦ୍ୱାରା ସୂଚନା ଦେଲେ- "ଦୁଃଖର ସହିତ ସୂଚିତ କରିବାକୁ ପଡ଼ୁଛି ଯେ ଆଜି ଦ୍ୱିପହର ପରେ ଦୁଇଟା ବେଳେ ଦୁଇଜଣ ନୌଜବାନ ପୁଲିସର ସହାୟକ ଅଧିକ୍ଷକ ସାଣ୍ଡର୍ସଙ୍କ ଉପରକୁ ଗୁଳି ଚଳାଇଲେ ଏବଂ ତତ୍‌କାଳ ତାଙ୍କର ମୃତ୍ୟୁ ହୋଇଗଲା। ଦୁଇ ନୌଜବାନ ଡ଼ି.ଏ.ଭି. କଲେଜ ରାସ୍ତାରେ ଖସି ଚାଲିଗଲେ। ସେହି ସମୟରୁ ଖୋଜିବା ଆରମ୍ଭ କରି ଦିଆଯାଇଛି। କିନ୍ତୁ ବର୍ତ୍ତମାନ ପର୍ଯ୍ୟନ୍ତ କାହାରିକୁ ଗିରଫ କରାଯାଇ ପାରିନାହିଁ। ପିଛା କରୁଥିବା ଜଣେ ମୁନସୀ ମଧ୍ୟ ମୃତ୍ୟୁ ବରଣ କରିଛନ୍ତି।"

ଏହି ସୂଚନା ପରେ ଏକ ବିସ୍ତୃତ ରିପୋର୍ଟ କିଛି ଦିନ ପରେ ପଠାଗଲା। ଏହି ଘଟଣାର ପରଦିନ ପ୍ରତ୍ୟେକ ସ୍ଥାନରେ କାନ୍ଥରେ ଗୋଲାପି ରଙ୍ଗର ପୋଷ୍ଟର ଲଗାଯାଇଥିଲା। ଯେଉଁଥିରେ ନାଲିକାଳିରେ ଲେଖା ହୋଇଥିଲା-

**ହିନ୍ଦୁସ୍ତାନ ସମାଜବାଦୀ ଗଣତନ୍ତ୍ର ସେନା ତରଫରୁ ନୋଟିସ୍**

**'ଶୋଷଣକାରୀ ସାବଧାନ'**

**ଜେ.ପି. ସାଣ୍ଡର୍ସ ହତ୍ୟା ଦ୍ୱାରା ଲାଲା ଲଜପତ ରାୟଙ୍କ ହତ୍ୟାର ପ୍ରତିଶୋଧ ନିଆଗଲା।**

ଭାବିଲେ କେତେ ଦୁଃଖ ଲାଗେ ଯେ ଜଣେ ସାଧାରଣ ଅଫିସରଙ୍କ ଦୁଷ୍ଟ ହସ୍ତରେ ଦେଶର ତିରିଶ କୋଟି ଜନତାଙ୍କ ସମ୍ମାନିତ ଜଣେ ନେତାଙ୍କ ଉପରେ ଆକ୍ରମଣ କରି ତାଙ୍କୁ ହତ୍ୟା କରି ଦିଆଗଲା। ଏହା ରାଷ୍ଟ୍ରର ଅପମାନ ଏବଂ ହିନ୍ଦୁସ୍ତାନୀ ନବଯୁବକ ଏବଂ ପୁରୁଷଙ୍କ ପାଇଁ ଏକ ଆହ୍ୱାନ ଥିଲା। ଆଜି ଦୁନିଆଁ ଦେଖିଦେଲା। ଭାରତୀୟ ଜନତା ପ୍ରାଣହୀନ ନୁହନ୍ତି। ଭାରତୀୟଙ୍କ ରକ୍ତ ଜମାଟ ବାନ୍ଧି ଯାଇନାହିଁ। ସେମାନେ ଦେଶର ରକ୍ଷାପାଇଁ ନିଜ ଜୀବନକୁ ବାଜି ଲଗାଇ ପାରନ୍ତି। ଏହାର ପ୍ରମାଣ ଦେଶର ସେହି ଯୁବକମାନେ ଦେଲେ, ଦେଶର ନେତା ଯାହାଙ୍କୁ ନିନ୍ଦା କରନ୍ତି।

ସାଣ୍ଡର୍ସଙ୍କ ହତ୍ୟା ଭଗତ ସିଂହଙ୍କୁ ସମଗ୍ର ଦେଶର ଜଣେ ପ୍ରିୟନେତା ବା ଜାତିପ୍ରିୟ କରାଇ ଦେଲା। ଭଗତ ସିଂହଙ୍କ ଏହି ମହାନ୍ କାର୍ଯ୍ୟର ପ୍ରଶଂସା କରି ପଣ୍ଡିତ ଜବାହାରଲାଲ ନେହେରୁ ନିଜର ଆତ୍ମକଥାରେ ଲେଖିଛନ୍ତି- "ଭଗତସିଂହ ଜଣେ ପୂର୍ଣ୍ଣତାର ପ୍ରତୀକ। ସାଣ୍ଡର୍ସଙ୍କ

ହତ୍ୟା  ଘଟଣା କିଛିଦିନ ପରେ ଭୁଲି ହୋଇଯିବ ମାତ୍ର ଭଗତ ସିଂହଙ୍କ ନାମ ଅମର ଅକ୍ଷରରେ ଲିପିବଦ୍ଧ ହୋଇଗଲା।"

କିଛି ମାସ ପରେ ପଞ୍ଜାବର ପ୍ରତ୍ୟେକ ଗାଁ ଏବଂ ନଗର ତଥା ଉତ୍ତର ଭାରତରେ ତାଙ୍କ ନାମ ଗୁଞ୍ଜରି ଉଠିଲା। ତାଙ୍କ ନାମରେ ଅନେକ ଗୀତ ରଚନା ହେଲା। ଏହି ପ୍ରକାର ତାଙ୍କୁ ଯେଉଁ ଲୋକପ୍ରିୟତା ପ୍ରାପ୍ତ ହେଲା, ତାହା ଆଶ୍ଚର୍ଯ୍ୟଚକିତ କରିଦେବା ପରି ଘଟଣା ହୋଇଗଲା।

## ଲାହୋରରୁ ଫେରାର:

ଡ଼ି.ଏ.ଭି. କଲେଜର ଛାତ୍ରାବାସରୁ ବାହାରିବା ପୂର୍ବରୁ ଭଗତ ସିଂହ ନିଜର କେଶ ଏବଂ ଦାଢ଼ୀ  କଟାଇଲେ ତଥା ବେଶ ବଦଳାଇଲେ। ଗୋଟିଏ ପ୍ୟାଣ୍ଟ ଏବଂ ମଥାରେ ଏକ ଟୋପି ସାଙ୍ଗଙ୍କ ଠାରୁ ମାଗିନେଲେ। ସାଙ୍ଗ ପଚାରିଲେ- "ଏବେ ତୁମେ କେଉଁଠିକି ଯିବ ?"

ଭଗତ ସିଂହ କହିଲେ- "ଦୁର୍ଗା ଭାଉଜଙ୍କ ଘରକୁ।"

"ତାପରେ ?"

"ମୁଁ ତାଙ୍କ ସହିତ ଲାହୋର ଛାଡ଼ିବା ବିଷୟରେ କଥା ହେବି।"

"ପୁଣି ?"

"ଯେଉଁଠିକି ଯାଇ ପାରିବି।"

"ପୁଣି କିଛି ବିଚାର ତ କରିଥିବ ?"

"କିଛି କହି ପାରିବି ନାହିଁ। ହୋଇ ପାରେ କୌଣସି ଜଙ୍ଗଲ ବା ପାହାଡ଼ରେ ରହିବାକୁ ପଡ଼ିପାରେ।"

"ଖର୍ଚ୍ଚ ପାଇଁ ପଇସା ?"

"ପାଖରେ ଦୁଇଶହ ଟଙ୍କା ଅଛି।"

"ମୋ ଠାରୁ ଆଉ ଶହେ ଟଙ୍କା ନିଅ, ମୁଁ ଘରୁ ମଗାଇ ଆଣିବି। ତୁମର ବାହାରେ ଟଙ୍କାର ଆବଶ୍ୟକତା ପଡ଼ିପାରେ।"

ଏହାପରେ ଭଗତ ସିଂହ ସେଠାରୁ ପଳାଇ ଗଲେ। ଯଦିଓ ସେ ନିଜର ବେଶ ବଦଳାଇ ଥିଲେ। ତଥାପି ଗୁଳି ଚଳାଇବା ପରେ କେତେକ ସିପାହୀ ତାଙ୍କୁ ଦେଖିଥିଲେ। କିଏ ଜାଣେ କିଏ କେତେବେଳେ ଚିହ୍ନି ନେବ।

ଶେଷରେ ଏକ ନୂତନ ଯୋଜନା କରି ସୁଖଦେବ ଦୁର୍ଗା ଭାଉଜ (ପ୍ରସିଦ୍ଧ କ୍ରାନ୍ତିକାରୀ ଭଗବତୀ ଚରଣ ବୋହରାଙ୍କ ପତ୍ନୀ ଦୁର୍ଗାଦେବୀ)ଙ୍କ ଘରେ ପହଞ୍ଚିଥିଲେ।

ସୁଖଦେବ ଦୁର୍ଗାଦେବୀଙ୍କୁ ଡାକି କହିଲେ- "ବାହାରକୁ ଯାଇ ପାରିବ ?"

"କେଉଁଠିକି ? ... କ'ଣ କାମ ଅଛି ?" ଭାଉଜ ପଚାରିଲେ ।

"ଏ ଘଟଣାରେ ଜଣେ ଲୋକଙ୍କୁ ବଞ୍ଚାଇବା ପାଇଁ ଲାହୋରରୁ ବାହାର କରିବାର ଅଛି । ତା'ର ମେମସାହେବ ହୋଇ ସାଙ୍ଗରେ ଯିବାକୁ ହେବ... ବିପଦ ଅଛି । ଭାବିନିଅ, ଗୁଳି ଲାଗି ପାରେ ।" ଭାଉଜଙ୍କ ମୁହଁକୁ ଭଲ ଭାବରେ ଦେଖି ସୁଖଦେବ କହିଲେ ।

"ଠିକ ଅଛି ।"

କିଛି ସମୟ ପରେ ଓଭର କୋଟ ପିନ୍ଧି ଜଣେ ଲମ୍ବା ବ୍ୟକ୍ତି ଚାକର ସହିତ ସେଠାକୁ ଆସିଲେ ।

ଏବେ ସୁଖଦେବ ଦୁର୍ଗାଦେବୀଙ୍କୁ ଚାହିଁ ପଚାରିଲେ – "ଏହାଙ୍କୁ ଚିହ୍ନିଛ ।"

ଏଥର ଭାଉଜ ଧ୍ୟାନର ସହିତ ଦେଖିଲେ, "ଭଗତ ... ?"

ଭଗତ ସିଂହ ଏବଂ ସୁଖଦେବ ଦୁହେଁ ହସିବାକୁ ଲାଗିଲେ । ସକାଳ ପାଞ୍ଚଟାରେ କଲିକତା ମେଲରେ ଯିବା ସ୍ଥିର ହେଲା । ଭଗତ ସିଂହ ସାହେବ ଥିଲେ, ଯିଏ କୋଳରେ ଭାଉଜଙ୍କ ତିନି ବର୍ଷର ପୁଅ ଶଚୀ (ଶ୍ରୀ ସଚିନ୍ଦ୍ର କୁମାର ବୋହରା)କୁ ବସାଇ ଥିଲେ । ସେମାନେ ନିଜ ଚେହେରାକୁ ଅଧା ଟୋପିରେ ଢାଙ୍କି ନେଲେ । ଶଚିଙ୍କୁ ନିଜ ଆଢୁଆଳରେ ରଖିଥିଲେ ତଥା ଓଭରକୋଟର କଲର ଉଠା ହୋଇଥିଲା । ପକେଟରେ ଭରା ପିସ୍ତଲ ଥିଲା । ସାଙ୍ଗରେ ରାଜଗୁରୁ ଚାକର ବେଶରେ ଥିଲେ । ଭାଉଜ ମଧ୍ୟ ମେମ ସାହେବ ମେକ୍ ଅପରେ ଥିଲେ । ସମସ୍ତେ ଟାଙ୍ଗାରେ ବସି ଲାହୋର ରେଲୱେ ଷ୍ଟେସନରେ ପହଞ୍ଚିଲେ । ପ୍ଲାଟଫର୍ମରେ ସବୁ ସ୍ଥାନରେ ପୁଲିସ ବୁଲୁଥିଲେ । ଭଗତ ସିଂହ ପ୍ରଥମ ଶ୍ରେଣୀର ଟିକେଟ କିଣିଲେ ଏବଂ ଗାଡ଼ିରେ ବସିଗଲେ । ତାଙ୍କ ଉପରେ କାହାରି ସନ୍ଦେହ ହେଲା ନାହିଁ । ଗାଡ଼ି ଚାଲିଲା । ଏହିପରି ଇଂରେଜଙ୍କ ଆଖିରେ ଧୂଳି ଛାଟି ସେ କଲିକତାରେ ପହଞ୍ଚିଗଲେ ।

ସମଗ୍ର ଦେଶର ପୁଲିସ ସାଣ୍ଡର୍ସ ହତ୍ୟାକାଣ୍ଡର କ୍ରାନ୍ତିକାରୀମାନଙ୍କୁ ଖୋଜୁଥିଲେ । ସେତେବେଳେ କଲିକତାରେ କଂଗ୍ରେସ ଅଧିବେଶନ ଚାଲୁଥିଲା । ଅଦମ୍ୟ ସାହସୀ ଭଗତ ସିଂହ ଗୁପ୍ତବେଶ ଧରି ଏହି ଅଧିବେଶନରେ ଥିଲେ । ପୁଲିସ ତାଙ୍କୁ ଧରି ପାରିଲା ନାହିଁ ।

ମାତ୍ର ଗୃହ ବିଭାଗ ଏହାର ସୂଚନା ପାଇସାରିଥିଲା ଯେ କଂଗ୍ରେସ ଅଧିବେଶନ ସମୟରେ ଭଗତ ସିଂହ କଲିକତାରେ ଦେଖା ଯାଇଥିଲା ।

ଏଠାରେ କହିବା ଅନୁଚିତ ହେବ ନାହିଁ ଯେ ଯେଉଁ ଟ୍ରେନ୍‌ରେ ଭଗତ ସିଂହ କଲିକତା ଯାଉଥିଲେ, ସେହି ଟ୍ରେନ୍‌ରେ ଆଜାଦ ବି ଯାଉଥିଲେ । ଏଥିପାଇଁ ସେ ନିଜର ସାଥୀମାନଙ୍କୁ ମଥୁରାର ପଣ୍ଡା କରାଇ ଦେଇଥିଲେ ତଥା ନିଜେ ରାମନାମୀ ଚାଦର ଘୋଡ଼ିହୋଇ ଏବଂ ହାତରେ ଗୀତା ଧରି ତାଙ୍କର ଗୁରୁ ହୋଇଥିଲେ ।

# 4

# ଆସେମ୍ବ୍ଲିରେ ବମ୍ କାଣ୍ଡ

କଲିକତାରେ ଭଗତ ସିଂହଙ୍କର ଅତୁଲ ଗାଙ୍ଗୁଲୀ, ପ୍ରଫେସର ଜ୍ୟୋତିଷୀ ଘୋଷ, ଫଂଣୀନ୍ଦ୍ର ନାଥ ଘୋଷ ଏବଂ ଜେ.ଏନ. ଦାସ ଆଦି ପ୍ରସିଦ୍ଧ କ୍ରାନ୍ତିକାରୀଙ୍କ ସହିତ ପରିଚୟ ହେଲା । ଏଠାରେ ସେ ନିଜ ଦଳର ଏକ କାର୍ଯ୍ୟାଳୟ ବି ଖୋଲିଲେ । ଏସବୁ କାର୍ଯ୍ୟ ରାତିରେ ହିଁ କରାଯାଉଥିଲା । ଏହିଠାରେ ସେ ଦିଲ୍ଲୀ, ଆଗ୍ରା ଏବଂ କାନପୁର କେନ୍ଦ୍ର ପାଇଁ ବମ୍ ତିଆରି ନିମନ୍ତେ ଜତୀନ୍ଦ୍ର ନାଥ ଦାସଙ୍କୁ ଏକମତ କରାଇ ନେଲେ । ଏହି କାର୍ଯ୍ୟର ପ୍ରାରମ୍ଭ ସର୍ବପ୍ରଥମେ କଲିକତାରେ କମଲନାଥ ତିୱାରୀଙ୍କ ଘରେ ବାରୁଦ ତିଆରି କରି କରାଗଲା । କିଛି ଦିନ କଲିକତାରେ ରହିବା ପରେ ସେ ଗୁପ୍ତ ରୂପେ ବଙ୍ଗଳା ତଥା ସଂଯୁକ୍ତ ପ୍ରାନ୍ତଙ୍କ କ୍ରାନ୍ତିକାରୀମାନଙ୍କ କ୍ଷେତ୍ରରେ ଘୂରି ବୁଲିଲେ । ଏହାପରେ ସେ ନିଜର କଲିକତା ସାଥୀମାନଙ୍କ ସାହାଯ୍ୟରେ ଆଗ୍ରାରେ ବମ୍ ତିଆରି କରିବା କାରଖାନା ତିଆରି କଲେ । ଅଲଗା ଅଲଗା ରାଜ୍ୟର କ୍ରାନ୍ତିକାରୀମାନେ ଏଠାରେ ପହଞ୍ଚି ବମ୍ ଏବଂ ବାରୁଦ ତିଆରି କରିବା ଶିକ୍ଷାକଲେ । ଏକମାସର ଟ୍ରେନିଂ ପରେ ସେମାନେ ନିଜ ନିଜ ରାଜ୍ୟକୁ ଚାଲିଗଲେ । ସେଠାରେ ସେମାନେ ଏହି ପ୍ରକାର କାରଖାନା ସ୍ଥାପନ କଲେ ଏବଂ ବମ୍ ତିଆରି ଆରମ୍ଭ କଲେ । ସୁଖଦେବ ଲାହୋରରେ ତଥା ଶିବବର୍ମା ସାହାରନ ପୁରରେ ବମ୍ ତିଆରି କାରଖାନା ଖୋଲିଲେ । ବମ୍ ପରୀକ୍ଷଣ ପାଇଁ ଝାନ୍‌ସୀ ପାଖରେ ଏକ ଜଙ୍ଗଲକୁ ଚିହ୍ନଟ କରାଗଲା, ଯେଉଁଠାରେ ଭଗତ ସିଂହ ମଧ୍ୟ ଉପସ୍ଥିତ ଥିଲେ ।

ଆଗ୍ରାରେ ଭଗତ ସିଂହ ହିଙ୍ଗମଣ୍ଡି ଏବଂ ନମକ ମଣ୍ଡିରେ ଭଡ଼ାରେ ଦୁଇଟି ଘରନେଲେ । ଏହିଠାରେ ବମ୍ ତିଆରି କାରଖାନା ତିଆରି କଲେ ଏବଂ ଏହିଠାରେ ତାଙ୍କ ଦଳର ବୈଠକ ମଧ୍ୟ ହେଉଥିଲା । ହିନ୍ଦୁସ୍ତାନୀ ସମାଜବାଦୀ ଗଣତନ୍ତ୍ର ସଂଘ କେନ୍ଦ୍ରୀୟ କାର୍ଯ୍ୟକାରିଣୀର ଏକ ମିଟିଂ ହିଙ୍ଗମଣ୍ଡି ଘରେ ହେଲା, ଯେଉଁଠି 'ପବ୍ଲିକ ସେ ଫଟି ବିଲ' ତଥା 'ଡିସପ୍ୟୁଟସ ବିଲ' ଉପରେ ଚର୍ଚ୍ଚା କରାଗଲା । ନିଜର ବିଚାର ରଖିବାକୁ ଯାଇ ଭଗତ ସିଂହ କହିଲେ- "ବ୍ରିଟିଶ ସାମ୍ରାଜ୍ୟବାଦରେ ନ୍ୟାୟ ପାଇଁ କୌଣସି ସ୍ଥାନ ନାହିଁ । ଏ ଗୋଲାମଙ୍କୁ ବିନା ଦ୍ୱିଧାରେ ଲୁଟିବା

ଏବଂ ମାରିବା ଆବଶ୍ୟକ। କେବଳ ସେତିକି ନୁହେଁ ଏହାଠାରୁ କଠୋର ଦମନକାରୀ ଅଧିନିୟମ ତିଆରି କରାଯିବ ଏବଂ ମୁହଁରୁ କଥା ବାହାରିବା ମାତ୍ରେ ହିଁ ଗୁଳିର ନିଶାଣ କରିଦିଆଯିବ। ଦେଖିବା ଏବେ ଆଗକୁ କଣ ହେଉଛି।"

ତାରାଚନ୍ଦ୍ର ଏ ସମସ୍ୟାର ସମାଧାନ ବିଷୟରେ ପଚାରିଲେ। ଭଗତ ସିଂହ କହିଲେ- "ବଳିଦାନ ! ତେବେ ଯାଇ ଆସେମ୍ବ୍ଲିର ବ୍ରିଟିଶ ତଥା ଭାରତୀୟ ସଦସ୍ୟମାନଙ୍କ ଆଖି ଖୋଲିବ।"

ଚନ୍ଦ୍ରଶେଖର ଆଜାଦଙ୍କ ଦ୍ୱାରା "ଏ ସବୁ କିପରି ସମ୍ଭବ ହେବ ?" ଏହା ପଚରାଯିବା ପରେ ଭଗତ ସିଂହ କେନ୍ଦ୍ରୀୟ ଆସେମ୍ବ୍ଲିରେ ବମ୍ ପକାଇବା ପ୍ରସ୍ତାବ ରଖିଲେ। ଏହି ପ୍ରସ୍ତାବ ଉପରେ ଗମ୍ଭୀରତାର ସହିତ ବିଚାର-ବିମର୍ଷ କରାଗଲା। ଶେଷରେ ଏହାକୁ ସ୍ୱୀକାର କରି ନିଆଗଲା। ଏଥିପାଇଁ ଏହିପ୍ରକାର କାର୍ଯ୍ୟ ଯୋଜନା ତିଆରି କରାଗଲା-

ଆସେମ୍ବ୍ଲିରେ ପ୍ରବେଶ ପାଇବା ପାଇଁ ପାସ୍‌ର ପ୍ରବନ୍ଧ କରାଯିବ ଏବଂ ଭିତରକୁ ଯାଇ ବମ୍ ବିସ୍ଫୋଟ କରିବା ପରେ ଦମନକାରୀ କାନୁନ ତଥା ତା' ପ୍ରତି ଆମର ଅସ୍ୱୀକୃତି ପ୍ରକଟ କରାଯିବ। ବମ୍ ଫୋପାଡ଼ିବା ସମୟରେ ଯେପରି କୌଣସି ଜୀବନହାନୀ ନହୁଏ ସେଥିପ୍ରତି ଧ୍ୟାନ ରଖିବାକୁ ହେବ। 'ଇନ୍‌କିଲାବ ଜିନ୍ଦାବାଦ' ସ୍ଲୋଗାନ ଦିଆଯିବ ଏବଂ ସଦସ୍ୟମାନଙ୍କୁ ଆମ କଥା ବୁଝାଇବା ପାଇଁ ବିଜ୍ଞାପନ ଫୋପଡ଼ାଯିବ। ଏହାପରେ ନିର୍ଦ୍ଧାରିତ କ୍ରାନ୍ତିକାରୀ ନିଜକୁ ଗିରଫ କରାଇ ଦେବେ। ପରେ ନ୍ୟାୟାଳୟକୁ ଆମର ବିଚାର ଅବଗତ କରାଇ ଦିଆଯିବ।

ବମ୍ ପକାଇ ପଳାଇବାକୁ ଭଗତ ସିଂହ ବିରୋଧ କରିଥିଲେ। ଭଗତ ସିଂହ ବୁଝିଗଲେ ଯେ ଏହାପରେ ଯେଉଁ ମକଦ୍ଦମା ଚାଲିବ, ଏହାଦ୍ୱାରା ଭାରତୀୟ ଯୁବକମାନେ କ୍ରାନ୍ତୀକାରୀମାନଙ୍କ ଉଦ୍ଦେଶ୍ୟ ବିଷୟରେ ଜାଣି ପାରିବେ। ଯେତେବେଳେ ଏହି ଯୋଜନା ତିଆରି ହେଲା, ସେତେବେଳେ ଭଗତ ସିଂହ ଅଡ଼ି ବସିଲେ ଏହି କାର୍ଯ୍ୟ ତାଙ୍କୁ ଦିଆଯାଉ। ଚନ୍ଦ୍ରଶେଖର ଆଜାଦ ଏହାର ବିରୋଧୀ ଥିଲେ, କାରଣ ଭଗତ ସିଂହ ସାଣ୍ଡର୍ସଙ୍କ ହତ୍ୟାରେ ଭାଗନେଇ ସାରିଥିଲେ। ଧରା ପଡ଼ିବା ପରେ ତାଙ୍କ ପାଇଁ ଫାଶୀ ନିଶ୍ଚିତ ଥିଲା। ବିସ୍ତୃତ ଭାବେ ବିଚାର ପରେ ଦଳର କେନ୍ଦ୍ରୀୟ କାର୍ଯ୍ୟକାରିଣୀ ଏହି ନିର୍ଣ୍ଣୟରେ ପହଞ୍ଚିଲା ଯେ ଏହି କାର୍ଯ୍ୟ ପାଇଁ ଭଗତ ସିଂହଙ୍କ ସହାୟକ ରୂପେ ବଟୁକେଶ୍ୱର ଦତ୍ତଙ୍କୁ ବଛାଯିବ। ଯୋଜନା ତିଆରି ପରେ ମାର୍ଚ୍ଚ ଏବଂ ଅପ୍ରେଲ ୧୯୨୯ରେ ଭଗତ ସିଂହ କେତେ ଥର ଦିଲ୍ଲୀ-ଆଗ୍ରା ଗଲେ ଓ ଆସିଲେ। ଅପ୍ରେଲ ଆଠ ତାରିଖ ସକାଳେ ବଟୁକେଶ୍ୱର ଦତ୍ତ ତଥା ଭଗତ ସିଂହ କାଶ୍ମୀରୀ ଗେଟ ଦିଲ୍ଲୀର ରାମ ନାଥ ଫଟୋଗ୍ରାଫର ପାଖରେ ଫଟୋ ବି ଉଠାଇ ଥିଲେ। ଏହି ଫଟୋ ୧୨ ଏପ୍ରିଲକୁ ଲାହୋର 'ବନ୍ଦେ ମାତରମ୍'ରେ ୧୮ ଏପ୍ରିଲକୁ 'ହିନ୍ଦୁସ୍ତାନ ଟାଇମସ୍'ରେ ତଥା ୨୦ଏପ୍ରିଲରେ 'ଦ ପାୟୋନିୟର'ରେ ଛପା ହୋଇଥିଲା। ବମ୍ କାଣ୍ଡର ଦୁଇଦିନ ପୂର୍ବରୁ ଭଗତ ସିଂହ ତଥା ବଟୁକେଶ୍ୱର ଦତ୍ତ ଘଟଣାର ରୂପରେଖ ପ୍ରସ୍ତୁତ ପାଇଁ ତଥା କିଏ

କେଉଁଠାରେ ବସୁଛି, ଏହା ଦେଖିବା ପାଇଁ ଆସେମ୍ବ୍ଲିକୁ ଯାଇଥିଲେ। ଦିଲ୍ଲୀ ପୁଲିସ୍ ଅଧୀକ୍ଷକ ନିଜର ରିପୋର୍ଟରେ ଲେଖିଥିଲେ ଯେ ଏ ଦୁହେଁ ଘଟଣା ପୂର୍ବରୁ ୬ ଅପ୍ରେଲକୁ ପ୍ରାରମ୍ଭିକ ପରିଦର୍ଶନ ପାଇଁ ଆସେମ୍ବ୍ଲିକୁ ଯାଇଥିଲେ।

ଘଟଣା ଦିନ ୮ ଅପ୍ରେଲ, ୧୯୧୯କୁ ନିଶ୍ଚିତ ସମୟରେ ଦୁହେଁ ଆସେମ୍ବ୍ଲିର ଜଣେ ନାମଜାଦା ସଦସ୍ୟଙ୍କ ସୁପାରିଶରେ ତିଆରି କରାଯାଇଥିବା ପାସ୍ ସହାୟତାରେ ଆସେମ୍ବ୍ଲିରେ ପ୍ରବେଶ କଲେ। ନାମଜାଦା ସଦସ୍ୟଙ୍କ ସୁପାରିଶ ହୋଇଥିବା କାରଣରୁ ତାଙ୍କ ଉପରେ କାହାରି ସନ୍ଦେହ ହେଲା ନାହିଁ। ଆସେମ୍ବ୍ଲିର ଅଧିକାଂଶ ସଦସ୍ୟ ପ୍ରସ୍ତୁତ ବିଲର ବିରୋଧରେ ଥିଲେ ତଥା ଏହାକୁ ପ୍ରଥମରୁ ଅସ୍ୱୀକାର କରିଥିଲେ। ତଥାପି ସରକାର ଏହାକୁ ଲାଗୁ କରିବା ପାଇଁ ଅଡ଼ି ବସିଥାନ୍ତି। ସେ ଦିନ ଭାଇସରାୟଙ୍କ ବିଶେଷ ଅଧିକାର ବଳରେ ଏହାକୁ ଲାଗୁ କରିବା ପାଇଁ ଘୋଷଣା ହେବାର ଥିଲା। ଅତଃ ସେ ଦିନ ଆସେମ୍ବ୍ଲିରେ ବହୁ ଦର୍ଶକଙ୍କ ଭିଡ଼ଥିଲା। ବିଲ ବିରୋଧରେ ସଦସ୍ୟଙ୍କ ପ୍ରତିକ୍ରିୟା ଜାଣିବା ପାଇଁ ଅନେକ ସମାଚାର ପତ୍ରର ସମ୍ବାଦଦାତା ମଧ୍ୟ ପହଞ୍ଚିଥିଲେ। ଭଗତ ସିଂହ ତଥା ବଟୁକେଶ୍ୱର ଦତ୍ତ ଧାଡ଼ିରେ ଠିଆ ହୋଇଗଲେ। ତାଙ୍କୁ ଗିରଫ କରିବା ବାଲା ସର୍ଜେଣ୍ଟ ଟେରୀଙ୍କ ଅନୁସାର ଦୁହେଁ ଖାକି ରଙ୍ଗର ପୋଷାକ ପିନ୍ଧି ଥିଲେ। ଭଗତ ସିଂହ ନୀଳ ରଙ୍ଗର ତଥା ବଟୁକେଶ୍ୱର ଦତ୍ତ ହାଲକା ନୀଳ ରଙ୍ଗର କୋଟ ପିନ୍ଧିଥିଲେ। ଅନ୍ୟ କେତେକ ସାକ୍ଷୀଙ୍କ ଅନୁସାର ଭଗତ ସିଂହ ଫେଲ୍ଟ ହ୍ୟାଟ ପିନ୍ଧିଥିଲେ ଏବଂ ବସିଥିଲେ। ଅତି ଶୀଘ୍ର ଗ୍ୟାଲେରୀ ଦର୍ଶକରେ ପୂର୍ଣ୍ଣ ହୋଇଗଲା। ସରକାରଙ୍କ କେତେକ ସମର୍ଥକ ଓ କେତେକ ସଦସ୍ୟ କହିବା ଆରମ୍ଭ କଲେ ଯେ ଏହା ସ୍ୱୀକୃତ ହେବା ଆବଶ୍ୟକ। ଭାରତର ଅଶିକ୍ଷିତ ନୌଜବାନ ଋଷ ଦ୍ୱାରା ପଥଭ୍ରଷ୍ଟ ହୋଇ କମ୍ୟୁନିଷ୍ଟ ହେଉଥିଲେ ତଥା ଇଂରେଜଙ୍କ ବିରୁଦ୍ଧରେ ବିଦ୍ରୋହ କରିବା ପାଇଁ ପ୍ରସ୍ତୁତ ହୋଇଥିଲେ। ଏହି ସରକାରଙ୍କ କଥା ଶୁଣି ଭଗତ ସିଂହ ଏବଂ ଦତ୍ତ ଜଣେ ଅନ୍ୟ ଜଣକୁ ଋହିଁଲେ ଓ ହସିଲେ। ଏହାପରେ ବିଲ ଘୋଷଣା କରାଗଲା। ଯେମିତି ଅଧକ୍ଷ ନିଜର ନିର୍ଣ୍ଣୟ ଦେବାକୁ ଉଠିଲେ, ଭଗତ ସିଂହ ନିଜ ସ୍ଥାନରୁ ଉଠିଲେ। ସେ ଏକ ବମ୍ ଅଧକ୍ଷଙ୍କ ବେଞ୍ଚ ପଛକୁ ପକାଇଲେ। ଶ୍ରୀ ବିଟ୍‌ଠଲ ଭାଇ ପଟେଲ ତଥା ମୋତିଲାଲ ନେହେରୁ ତାଙ୍କ ପାଖରେ ହିଁ ବସିଥିଲେ। ଏହାଦ୍ୱାରା କାହାକୁ ଯେପରି ଆଘାତ ନଆସେ ସେଥିପାଇଁ ପୂରା ଧ୍ୟାନ ଦିଆ ଯାଇଥିଲା। ସମସ୍ତ ସଦସ୍ୟ ଭୟଭୀତ ଏବଂ ବିଚଳିତ ହୋଇ ପଡ଼ିଲେ। ଏହି ସମୟରେ ଦ୍ୱିତୀୟ ବମ୍ ମଧ୍ୟ ପକାଗଲା। ଅଧକ୍ଷ ଶୁସ୍ତର ଏତେ ଅଧିକ ଭୟଭୀତ ହୋଇ ପଡ଼ିଲେ ଯେ ବିଚଳିତ ହୋଇ ନିଜ ମେଜ ପଛପଟେ ଯାଇ ଲୁଚିଲେ। ତାଙ୍କୁ ଅଧିକ ଭୟଭୀତ କରାଇବା ପାଇଁ ଭଗତ ସିଂହ ଶୂନ୍ୟକୁ ଦୁଇଟି ଫାୟାର କଲେ।

ପଣ୍ଡିତ ମୋତିଲାଲ ନେହେରୁ , ବିଟ୍‌ଠଲ ଭାଇ ପଟେଲ, ମଦନ ମୋହନ ମାଲବ୍ୟ ତଥା ମହମ୍ମଦ ଅଲ୍ଲୀ ଜିନା ଶାନ୍ତ ଭାବରେ ନିଜ ସ୍ଥାନରେ ବସି ରହିଲେ। କିନ୍ତୁ ଅନ୍ୟ ସଦସ୍ୟମାନେ ପଳାଇଗଲେ।

କେତେକ ଗ୍ୟାଲେରୀକୁ ଚାଲିଗଲେ , କେତେକ ଯାଇ ବାଥରୁମ୍‌ରେ ଲୁଚିଲେ। ଦର୍ଶକ ଗ୍ୟାଲେରୀ ଖାଲି ହୋଇଗଲା। ଦୁହେଁ ସ୍ଲୋଗାନ ଦେଲେ, 'ଇନ୍‌କିଲାବ ଜିନ୍ଦାବାଦ', 'ସାମ୍ରାଜ୍ୟବାଦର ନାଶ ହେଉ।' ପୂରା ହଲ ଧୂଆଁରେ ପୂର୍ଣ୍ଣ ହୋଇଗଲା। ଏହା ସହିତ ପାର୍ଟିର ପ୍ରଚାରପତ୍ର ବଟୁକେଶ୍ୱର ଦତ୍ତ ହଲରେ ଫୋପାଡୁଥିଲେ। ସେ ଏହି ପ୍ରଚାରପତ୍ରକୁ ସାଧାରଣ ଲୋକଙ୍କ ହାତକୁ ଯିବାକୁ ଦେବାକୁ ଚାହୁଁ ଥିଲେ। ତଥାପି ଜଣେ ସମ୍ବାଦଦାତା କୌଣସି ପ୍ରକାର ଏକ ପ୍ରଚାରପତ୍ର ପ୍ରାପ୍ତ କରିନେଲେ। ସେହିଦିନ ସନ୍ଧ୍ୟାରେ ତାଙ୍କ ସମାଚାର ପତ୍ରରେ ଏହା ପ୍ରକାଶିତ ବି ହୋଇଗଲା। ଯେଉଁଥିରେ ଲେଖାଥିଲା–

'ହିନ୍ଦୁସ୍ତାନ ସମାଜବାଦୀ ଗଣତନ୍ତ୍ର ସେନା'

"କାଲାମାନଙ୍କୁ ଶୁଣାଇବା ପାଇଁ ଉଚ୍ଚ ଶବ୍ଦର ଆବଶ୍ୟକ ହୁଏ। ଫ୍ରାନ୍ସର ଅରାଜକତାବାଦୀ ଶହୀଦ ବେଲୋଙ୍କ ଏହି ଅବସରରେ କୁହାଯାଇଥିବା ଏହି ଅମର ଶବ୍ଦ ଦ୍ୱାରା ଆମେ କ'ଣ ଆମର ଔଚିତ୍ୟ ସିଦ୍ଧ କରିପାରିବା ?'

ଶାସନ ସୁଧାର ନାମରେ ବ୍ରିଟିଶ ହୁକୁମ ଦ୍ୱାରା ପିଛିଲା ଦଶବର୍ଷ ହେଲା ଆମର ଯେଉଁ ଅପମାନ କରାଗଲା, ଆମେ ସେହି ନିନ୍ଦନୀୟ କାହାଣୀକୁ ଦୋହରାବାକୁ ଚାହୁଁନାହୁଁ। ଆମେ ଭାରତୀୟ ନେତାମାନଙ୍କ ସହିତ କରାଯାଇଥିବା ଅପମାନ ଉଲ୍ଲେଖ କରିବାକୁ ଚାହୁଁନାହୁଁ, ଯାହା ଏହି ଆସେମ୍ବ୍ଲି ଦ୍ୱାରା କରାଯାଇଛି, ଯାହାକୁ ପାର୍ଲିଆମେଣ୍ଟ କୁହାଯାଉଛି।

ଆମେ ଏହା ସ୍ପଷ୍ଟ କରି ଦେବାକୁ ଚାହୁଁଛୁ ଯେ, କେତେକ ବ୍ୟକ୍ତି ସାଇମନ କମିଶନଙ୍କ ଦ୍ୱାରା ସୁଧାର ନାମରେ ଯେଉଁ ଅଇଁଠା ଟୁକୁଡ଼ା ମିଳିବାର ଅଛି, ସେହି ଆଶା ମନରେ ଧରି ବସିଛନ୍ତି ଏବଂ ମିଳୁଥିବା ତାଜା ହାଡ଼କୁ ବାଣ୍ଟିବା ପାଇଁ ଝଗଡ଼ା କରୁଛନ୍ତି। ଏପରି ସମୟରେ ସରକାର ବି ଭାରତୀୟ ଜନତାଙ୍କ ଉପରେ ଦମନକାରୀ ଆଇନ ଲଦି ଦେଉଛି। ଯେପରି 'ପବ୍ଲିକ ସେଫଟି ବିଲ', 'ଟ୍ରେଡ଼ ଡିସପ୍ୟୁଟ ବିଲ'। ଏହା ସହିତ ସେମାନେ 'ପ୍ରେସ ସିଡ଼ୀଶୟ ବିଲ'କୁ ଆସେମ୍ବ୍ଲିର ଆଗାମୀ ଅଧିବେଶନ ପାଇଁ ସୁରକ୍ଷିତ ରଖି ଦେଇଛନ୍ତି। ଶ୍ରମିକ ନେତା ଯେଉଁମାନେ ଖୋଲାଖୋଲି ଭାବରେ ନିଜର କାର୍ଯ୍ୟ କରୁଥିଲେ, ସେମାନଙ୍କୁ ବିନା ବିଚାର-ବିମର୍ଷରେ ଗିରଫଦାରୀରୁ ଏହା ସ୍ପଷ୍ଟ ହେଉଛି ଯେ ସରକାରଙ୍କର ଉଦ୍ଦେଶ୍ୟ କଣ।

ଏହି ଉତ୍ତେଜକ ପରିସ୍ଥିତିରେ 'ହିନ୍ଦୁସ୍ତାନ ସମାଜବାଦୀ ଗଣତନ୍ତ୍ର ସଂଘ' ପୂର୍ଣ୍ଣ ଗମ୍ଭୀରତାର ସହିତ ନିଜର ଦାୟିତ୍ୱ ଅନୁଭବ କରି ନିଜର ସେନାଙ୍କୁ ଏହି କାର୍ଯ୍ୟ କରିବାକୁ ଆଦେଶ ଦେଇଛି, ଯଦ୍ୱାରା ଆଇନର ଏହି ଅପମାନଜନକ କୌତୁକ ବନ୍ଦ ହେଉ। ବିଦେଶୀ ସରକାରର ଶୋଷକ ଅମଲାତନ୍ତ୍ର ଯାହା ବି କରୁ ମାତ୍ର ତାଙ୍କର ନଗ୍ନ ରୂପ ଜନତାଙ୍କ ସାମନାକୁ ଆଣିବା ଅତ୍ୟନ୍ତ ଆବଶ୍ୟକ ଅଟେ।

ଜନତାଙ୍କ ନିର୍ବାଚିତ ପ୍ରତିନିଧି ନିଜ ନିଜର କ୍ଷେତ୍ରକୁ ଫେରି ଯାଆନ୍ତୁ ଏବଂ ଜନତାଙ୍କୁ ଆଗାମୀ କ୍ରାନ୍ତି ପାଇଁ ପ୍ରସ୍ତୁତ କରାନ୍ତୁ। ସରକାରଙ୍କୁ ଏହା ଜାଣିବା ଉଚିତ ଯେ, ସେଫଟି ବିଲ, ଏବଂ ଟ୍ରେଡ଼ ଡ଼ିସପ୍ୟୁଟସ ବିଲ ତଥା ଲାଲାଜୀଙ୍କ ନୃଶଂସ ହତ୍ୟାର ଅନୁଭବ ଭାରତୀୟ ଜନତାଙ୍କ ତରଫରୁ ଆମ୍ଭେ ଏହି ପାଠ ଉପରେ ଜୋର ଦେବାକୁ ଚାହୁଁଛୁ , ଲୋକଙ୍କୁ ହତ୍ୟା କରିବା ସହଜ, ମାତ୍ର ସେମାନଙ୍କ ବିଚାରକୁ ହତ୍ୟା କରିବା ସହଜ ନୁହେଁ। ଏହାକୁ ଇତିହାସ ଅନେକ ଥର ଦୋହରାଇଛି, ବଡ଼ବଡ଼ ସାମ୍ରାଜ୍ୟ ନଷ୍ଟ ହୋଇଛି, ମାତ୍ର ବିଚାର ଜୀବିତ ରହିଛି। ଫ୍ରାନ୍ସର ବୁର୍ବା ଏବଂ ଋଷର ଜାର ସମାପ୍ତ ହେଲା। କ୍ରାନ୍ତିକାରୀ ବିଜୟର ସଫଳତା ସହିତ ଆଗକୁ ବଢୁଛନ୍ତି।

ଆମେ ମନୁଷ୍ୟ ଜୀବନକୁ ପବିତ୍ର ଭାବୁ। ଆମେ ଏପରି ଉଜ୍ଜ୍ୱଳ ଭବିଷ୍ୟତ ଉପରେ ବିଶ୍ୱାସ ରଖୁ, ଯେଉଁଥିରେ ପ୍ରତ୍ୟେକ ବ୍ୟକ୍ତି ପୂର୍ଣ୍ଣ ଶାନ୍ତି ଏବଂ ସ୍ୱତନ୍ତ୍ରତାର ଉପଯୋଗ କରିବ। ଆମେ ମଣିଷ ରକ୍ତ ବୁହାଇବା ନିମନ୍ତେ ବିବଶତା ଉପରେ ଦୁଃଖୀ, ମାତ୍ର କ୍ରାନ୍ତି ପାଇଁ ମଣିଷର ବଳିଦାନ ଆବଶ୍ୟକ ଅଟେ।

ଇନ୍‌କିଲାବ ଜିନ୍ଦାବାଦ।"

—ହ. ବଲରାଜ

କମାଣ୍ଡର-ଇନ୍-ଚିଫ୍

ଅଧିକାଂଶ ପୁସ୍ତକରେ ଏହି ଲେଖା ମିଳେ ଯେ ଦ୍ୱିତୀୟ ବମ୍ ବଟୁକେଶ୍ୱର ଦତ୍ତ ଫୋପାଡ଼ିଥିଲେ। କିନ୍ତୁ ଗୁରୁଦେବ ସିଂହ ଦୟୋଲ ନିଜ ପୁସ୍ତକ 'ଶହୀଦ ଭଗତ ସିଂହ'ରେ ଲେଖିଛନ୍ତି - ଏହା ସାଧାରଣ ସ୍ତରରେ କୁହାଯାଏ ଯେ ଦ୍ୱିତୀୟ ବମ ବଟୁକେଶ୍ୱର ଦତ୍ତ ଫୋପାଡ଼ି ଥିଲେ। ମାତ୍ର ଏକଥା ସତ୍ୟ ନୁହେଁ। ଏ ସମ୍ପର୍କରେ ମି. ଆସଫ ଅଲୀ ଯିଏ ଏହି ଘଟଣା ସମୟରେ ଆସେମ୍ବ୍ଲିରେ ଉପସ୍ଥିତ ଥିଲେ ତଥା ଭଗତ ସିଂହ ଏବଂ ବି.କେ. ଦତ୍ତଙ୍କ ଆସେମ୍ବ୍ଲି କେଶର ଓକିଲ ମଧ୍ୟ ଥିଲେ, ସେ କୁହନ୍ତି- "ଖୁବ୍ କମ ଲୋକ ଏ କଥା ସହିତ ପରିଚିତ ଯେ ବଟୁକେଶ୍ୱର ଦତ୍ତ କୌଣସି ବମ୍ ପକାଇ ନାହାନ୍ତି। ମାତ୍ର ଯେତେବେଳେ ବକ୍ତବ୍ୟ ଦେବା ସମୟ ଆସିଲା, ସେତେବେଳେ ଦୁଇଟି ବମ୍ ମଧ୍ୟରୁ ସେ ଗୋଟିଏ ବମ୍ ଫିଙ୍ଗିଛନ୍ତି ବୋଲି କହିବା ପାଇଁ ଜିଦ୍ ଧରିଲେ। ଦତ୍ତ କାହିଁକି ଏପରି କହିଲେ, ତାର ସନ୍ଧାନ ତାଙ୍କ ଦ୍ୱାରା ତାଙ୍କ ଓକିଲ ଆସଫ କହିଥିବା କଥାରୁ ମିଳିଥାଏ।

"ମୁଁ ଏବଂ ଭଗତ ସିଂହ ବହୁ ଦିନରୁ ଏକାଠି ରହି ଆସିଛୁ। ତଥା ମୋର ପୂରା ବିଶ୍ୱାସ ଯେ ଆପଣଙ୍କ ରକ୍ଷା କରିବା ଯୁକ୍ତି ପରେ ମଧ୍ୟ ତାଙ୍କୁ ଆଜୀବନ କାରାଦଣ୍ଡ ସଜା ହୋଇଯିବ। ଧରି ନିଅନ୍ତୁ ସେମାନେ ମୋତେ ଛାଡ଼ି ଦେବେ, ତେବେ ମୁଁ ତାଙ୍କ ବିନା କ'ଣ କରିବି ? ଅନିବାର୍ଯ୍ୟ ସ୍ତରରେ ତାଙ୍କ ସହିତ ମୋର ରହିବା ଉଚିତ୍।"

ଭଗତ ସିଂହ ଏବଂ ଦତ୍ତ ଚାହିଁଥିଲେ ସେ ସମୟରେ ସହଜରେ ଖସି ଯାଇ ପାରିଥାନ୍ତେ। ମାତ୍ର ଭଗତ ସିଂହଙ୍କ ଇଚ୍ଛା ଅନୁସାରେ ଏହା ପ୍ରଥମରୁ ନିଶ୍ଚିତ ହୋଇଥିଲା ଯେ ସେମାନଙ୍କର ଖସି ପଳାଇ ଆସିବାର ନଥିଲା। ସେଥିପାଇଁ ଦୁହେଁ ନିଜ ସ୍ଥାନରେ ଠିଆ ହୋଇ ସ୍ଲୋଗାନ ଦେଇ ଚାଲିଲେ। ଧୂଆଁ କମ ହେବା ପରେ ପୁଲିସ ଭିତରକୁ ଆସିଲେ। ସର୍ଜେଣ୍ଟ ଟେରୀ ଆସି ତାଙ୍କୁ ପ୍ରଶ୍ନ କଲେ- "ତୁମେମାନେ କଣ ଏହି କାର୍ଯ୍ୟ କରିଛ ?"

ଦୁହେଁ ହଁ ଭରିଲେ। ଦୁହେଁ ନିଜକୁ ଗିରଫ କରାଇ ନେଲେ। ଗିରଫ ସମୟରେ ଭଗତ ସିଂହଙ୍କ ପାଖରୁ ଏକ ଅଟୋମେଟିକ ପିସ୍ତଲ ମିଳିଲା। କେତେକ ପୁଲିସ ଅଧିକାରୀଙ୍କ ବୟାନ ଅନୁସାରେ ଭଗତ ସିଂହ ଦୁଇ ତିନୋଟି ଫାୟାର କରିଥିଲେ ଏବଂ ପିସ୍ତଲ ତାଙ୍କ ହାତରେ ଥିଲା। ଯାହାର ମୁହଁ ଆଗକୁ ଥିଲା। ଜାଞ୍ଚ ଅଦାଲତରେ ସରକାରୀ ସାକ୍ଷୀ କହିଥିଲେ- ଭଗତ ସିଂହ ଏକ ସ୍ୱୟଂଚାଳିତ ପିସ୍ତଲ ବାହାର କରି ଦୁଇ-ତିନୋଟି ଗୁଳି ଚଳାଇଥିଲେ। ତାପରେ ପିସ୍ତଲ ଜାମ ହୋଇଗଲା। କିନ୍ତୁ ଏ ସମସ୍ତ ସାକ୍ଷ୍ୟ ମିଛ ଥିଲା। ତାଙ୍କୁ ଗିରଫ କରିବାବାଲା ସର୍ଜେଣ୍ଟ ଟେରୀ ଯେଉଁ ସାକ୍ଷୀ ଦେଲେ, ସେଥିରେ ସତ୍ୟତା ଭଲ ଭାବରେ ସାମନାକୁ ଆସି ଯାଉଛି- "ଯେତେବେଳେ ମୁଁ ଭଗତ ସିଂହଙ୍କ ଠାରୁ ପିସ୍ତଲ ଉଦ୍ଧାର କଲି ସେତେବେଳେ ପିସ୍ତଲର ମୁହଁ ମୋ ଆଡ଼କୁ ନଥିଲା ବରଂ ଏହା ତାଙ୍କ ହାତରେ ଥିଲା। ସେ ପିସ୍ତଲ ସହିତ ଖେଳୁଥିଲେ ଏବଂ ତାଙ୍କର ହାତ ତଳକୁ ଥିଲା।" ଦିଲ୍ଲୀ ପୁଲିସର ବରିଷ୍ଠ ଅଧିକ୍ଷକ ବି ମାନିଥିଲେ ଯେ ବାସ୍ତବରେ ପିସ୍ତଲରେ ଫାୟାର କରାଗଲା, ଏ ସଂପର୍କରେ କୌଣସି ପ୍ରାମାଣିକ ସାକ୍ଷ୍ୟ ନାହିଁ।

ଯେତେବେଳେ ଏହି ଦୁଇ କ୍ରାନ୍ତିକାରୀଙ୍କୁ ପୁଲିସ ଗାଡ଼ିରେ ବସାଇ ଚାନ୍ଦିନୀଚୌକ ପୁଲିସ ଚୌକୀକୁ ନେଇଯାଉଥିଲେ, ସେହି ସମୟରେ ଶ୍ରୀ ଭଗବତୀ ଚରଣ ବୋହରା, ତାଙ୍କ ପତ୍ନୀ ଦୁର୍ଗାଦେବୀ (ଦୁର୍ଗା ଭାଉଜ) ତଥା ଛୋଟ ପୁଅ ଶଚୀ ଏକ ଟାଙ୍ଗାରେ ବସି ଯାଉଥିଲେ। ପୁଅ ଭଗତ ସିଂହଙ୍କୁ ଚିହ୍ନି ନେଲା ଏବଂ ହଠାତ୍ କହିଉଠିଲା, "ଲମ୍ବା ଚାଚା!" କିନ୍ତୁ ମା' ପୁଅକୁ ଚୁପ୍ କରାଇ ଦେଲେ।

ଏହି ଘଟଣାରେ ଆସେମ୍ଲିର ଅଧିବେଶନ ବନ୍ଦ କରି ଦିଆଗଲା। ଏହି ସମାଚାର ସମଗ୍ର ଦେଶରେ ବ୍ୟାପିଗଲା। ସମସ୍ତ ସମାଚାରପତ୍ର ଏହି ଘଟଣାକୁ ନିଜର ମୁଖପୃଷ୍ଠାରେ ବଡ଼ ବଡ଼ ଶୀର୍ଷକରେ ଛାପିଲେ।

ପୋଲିସ ଷ୍ଟେସନରେ ଯେତେବେଳେ ସେମାନଙ୍କୁ ବୟାନ ଦେବାକୁ କୁହାଗଲା, ସେମାନେ ପୁଲିସ ଆଗରେ କୌଣସି ବୟାନ ଦେବାକୁ ଅସ୍ୱୀକାର କରିଦେଲେ। ସେମାନେ କହିଲେ ଯାହା କିଛି କହିବେ ଅଦାଲତ ସାମନାରେ ହିଁ କହିବେ। ପୁଲିସ ଦୁହିଁଙ୍କୁ କୋତବାଲୀ ପୁରୁଣା ସଚିବାଳୟ ପଠାଇ ଦେଲେ।

ସରକାରଙ୍କ ଦ୍ୱାରା ଏହି ଘଟଣାର ସୂଚନା ତାର ଦ୍ୱାରା ଲଣ୍ଡନ ପଠାଇ ଦିଆଗଲା। "ସଦନ ଆଜି ପ୍ରାତଃ 'ଟ୍ରେଡ୍ ଡିସପ୍ୟୁଟସ୍ ବିଲ' ଉପରେ ବିଚାର-ବିମର୍ଷ ପ୍ରାରମ୍ଭ କରିଥିଲା। ବିଶ୍ୱାସ ଥିଲା ଯେ ବିଲ୍ ସମାପ୍ତ ପରେ ଅଧକ୍ଷ ନିଜର ନିର୍ଣ୍ଣୟ ଶୁଣାଇ ଦେବେ। ପ୍ରଧାନ ବିଲ୍ ଉପରେ ବିଭାଜନର ପରିଣାମ ଘୋଷଣା କରିବା ପରେ ସେ ନିଜର ନିର୍ଣ୍ଣୟ ଘୋଷଣା କରିବା ବେଳେ, ଦର୍ଶକ ଗ୍ୟାଲେରୀର ଜଣେ ବ୍ୟକ୍ତି ଜାଣିଶୁଣି ସରକାରୀ ବେଞ୍ଚ ଉପରକୁ ଦୁଇଟି ବମ୍ ପକାଇଲେ। କୌଣସି ବ୍ୟକ୍ତିଙ୍କୁ ଗମ୍ଭୀର ଆଘାତ ଲାଗିନାହିଁ। କେବଳ ମିଷ୍ଟର ବି.ଜି.ଦଲାଲ ଯେ କି ବମ୍ ଶବ୍ଦରେ ବିବ୍ରତ ଓ ଭୟଭୀତ ହୋଇ ଯାଇଥିଲେ। ସଦନକୁ ଭୟଭୀତ ଅବସ୍ଥାରେ ଗୁରୁବାର ପର୍ଯ୍ୟନ୍ତ ସ୍ଥଗିତ କରି ଦିଆଗଲା। ଗ୍ୟାଲେରୀରୁ ଦୁଇଜଣ ବ୍ୟକ୍ତି ଧରାପଡ଼ିଲେ।"

ସେହି ଦିନ ଅନ୍ୟ ଏକ ତାର ବି ପଠାଗଲା। ଯାହା ନିମ୍ନ ପ୍ରକାର ଥିଲା-

"ଗିରଫ କରାଯାଇଥିବା ଦୁଇ ବ୍ୟକ୍ତି- ଲାହୋରର ଭଗତ ସିଂହ ଯେ କି ଫେରାର ଥିଲା ଏବଂ ପୁଲିସ ତାଙ୍କୁ ଖୋଜୁଥିଲା, ତଥା ଜଣେ ବଙ୍ଗଳୀ ଯୁବକ ବଟୁକେଶ୍ୱର ଦତ୍ତ। କୁହାଯାଉଛି ଦୁଇଟି ଯାକ ବମ୍ ଭଗତ ସିଂହ ପକାଇଛି। ପ୍ରଥମଟି ଆଗ ସରକାରୀ ବେଞ୍ଚ ପାଖରେ ପଡ଼ିଲା ତଥା ଅନ୍ୟଟି ପଛ ସରକାରୀ ବେଞ୍ଚ ପାଖରେ ପଡ଼ିଲା। ବମ୍ ଫିଙ୍ଗିବା ପରେ ଭଗତ ସିଂହ ଅଟୋମେଟିକ୍ ପିସ୍ତଲ ଦ୍ୱାରା ଦୁଇଟି ଗୁଳି ଚଳାଇଲେ,ଯାହା ପରେ ଜାମ ହୋଇଗଲା। ସେତେବେଳେ ଦୁଇ କ୍ରାନ୍ତିକାରୀ ସଦନରେ ପ୍ରଚାରପତ୍ର ଫିଙ୍ଗିଲେ। ସେମାନେ ଦାବି କରିଥିଲେ ଯେ ତାଙ୍କର ଏହି କାର୍ଯ୍ୟ ସରକାର ସେମାନଙ୍କ ଉପରେ 'ପବ୍ଲିକ ସେଫଟି' ତଥା 'ଟ୍ରେଡ଼ ଡ଼ିସପ୍ୟୁଟସ୍ ବିଲ' ଆଦି ଦମନକାରୀ ଆଇନ ଲାଗୁ କରିବା ଏବଂ ଶ୍ରମିକ ନେତାମାନଙ୍କୁ ଅନ୍ଧାଧୁନିଆ ଗିରଫଦାରୀର କାରଣ ଥିଲା। ଦୁଇ ବ୍ୟକ୍ତି ନିଜକୁ ରକ୍ଷା କରିବା ପାଇଁ ଚେଷ୍ଟା କରି ନାହାନ୍ତି ଏବଂ ନିଜ ଗିରଫଦାରୀରେ ମଧ୍ୟ ବାଧାସୃଷ୍ଟି କରିନାହାନ୍ତି। ସାର ଜି.ବି. ଦଲାଲଙ୍କ ଜଂଘରେ କ୍ଷତ ସୃଷ୍ଟି ହୋଇଛି ଏବଂ ସେ ହସପିଟାଲରେ ଅଛନ୍ତି। ସାର ଜର୍ଜ ଚେଷ୍ଟର ତଥା ଅନ୍ୟ ଅଧିକାରୀଙ୍କୁ ସାଧାରଣ ଆଘାତ ଲାଗିଛି। ଏ କଥା ଉଲ୍ଲେଖନୀୟ ଯେ ବମ୍ ଦ୍ୱାରା କୌଣସି ଗୁରୁତର କ୍ଷତି ହୋଇ ନାହିଁ। କେବଳ ସିଟ୍ ଗୁଡ଼ିକ କ୍ଷତିଗ୍ରସ୍ତ ହୋଇଛି। ପାର୍ଶ୍ୱବର୍ତ୍ତୀ ଦ୍ୱାର ଏବଂ ସଦନର ଛାତ ମଧ୍ୟ କ୍ଷତିଗ୍ରସ୍ତ ହୋଇଛି।"

ଦିଲ୍ଲୀର କମିଶନର ସେହିଦିନ ଗୃହ ବିଭାଗକୁ ଯେଉଁ ରିପୋର୍ଟ ପଠାଇଥିଲେ ତାହା ଅନୁସାରେ ନିମ୍ନଲିଖିତ ବ୍ୟକ୍ତି ଆହତ ହୋଇଥିଲେ।

୧. ମାନନୀୟ ସାର ଜର୍ଜ ଚେଷ୍ଟର

୨. ସାର ବୋଧମାନଜୀ ଦଲାଲ

୩. ମିଷ୍ଟର ଏସ୍.ଏନ୍. ରାୟ

୪. ମିଷ୍ଟର ପି.ଆର ରାୟ, ରେଲୱେ ବିଭାଯୁକ୍ତ

ଏମାନଙ୍କୁ ଯେଉଁ ଆଘାତ ଆସିଛି, ସେମାନେ ଚଟାଣ ଉପରେ ଭାଙ୍ଗିଯାଇ ପଡ଼ିଥିବା ଇଟା ତଥା ଫର୍ଣ୍ଣିଚରର ଟୁକୁଡ଼ା ଦ୍ୱାରା ହୋଇଛି, ବମ୍ ଟୁକୁଡ଼ାରେ ନୁହେଁ।

## କ୍ରାନ୍ତିକାରୀ ମାନଙ୍କୁ ଧରପଗଡ଼:

ଆସେମ୍ବ୍ଲି ବମ୍ କାଣ୍ଡରେ ଏହି ଦୁଇ ବୀରଙ୍କ ଗିରଫଦାରୀ ପରେ ପୁଲିସ କ୍ରାନ୍ତିକାରୀମାନଙ୍କୁ ଧରିବା ଆରମ୍ଭ କରିଦେଲା। ପୁଲିସ 'ହିନ୍ଦୁସ୍ତାନ ସମାଜବାଦୀ ଗଣତନ୍ତ୍ର ସେନା'ର ଅଧିକତର ସଦସ୍ୟଙ୍କୁ ଗିରଫ କରିନେଲା।

ସୁଖଦେବ ଲାହୋରରେ କେତେକ କମାରଙ୍କୁ ବମ୍‌ର କିଛି ଅଂଶ ତିଆରି କରିବାକୁ ଦେଇଥିଲେ। ଯଦିଓ ସେମାନଙ୍କୁ କୁହାଯାଇଥିଲା ଯେ ଏହାର ଆବଶ୍ୟକତା ଗ୍ୟାସ-ମେସିନ ତିଆରି କରିବାରେ ପଡ଼ିଥାଏ। ତଥାପି ପୋଲିସକୁ ଏହାର ସନ୍ଧାନ ମିଳିଗଲା। ପରିଣାମ ସ୍ୱରୂପ ସୁଖଦେବ ପୋଲିସ ନଜରରେ ଆସିଗଲେ। ତାଙ୍କ ଉପରେ କଡ଼ା ନଜର ରଖାଗଲା। ଭଗବତୀ ଚରଣ ଲାହୋରରେ ଏକ ଘର ଭଡ଼ାରେ ନେଇଥିଲେ, ଯେଉଁଥିରେ ବମ୍ ତିଆରି କାରଖାନା ଚାଲୁଥିଲା। ପୋଲିସକୁ ଏହାର ବି ସନ୍ଧାନ ମିଳିଗଲା। ଅତଃ ସେମାନେ ସେଠାରେ ହଠାତ୍ ଆକ୍ରମଣ କରି ୧୬ ମାର୍ଚ୍ଚ ସକାଳେ ସୁଖଦେବ, ଜୟଗୋପାଳ ତଥା କିଶୋରୀଲାଲକୁ ଗିରଫ କରିନେଲେ। ଏହା ସହିତ ପୋଲିସକୁ ସେଠାରୁ ଏକ ଜୀବିତ ବୋମା, ଆଠଟି ବମ୍‌ର ଖୋଳ, କିଛି ବମ୍ ତିଆରି ସାଜ ସରଞ୍ଜାମ, ବମ୍ ତିଆରି କରିବାର କେତେକ ଚିଠା, ଏକ ବେବଲୀ ସ୍କାଟ ପିସ୍ତଲ, ଛୋଟ ହତିଆରର ଏକ ନିୟମାବଳୀ, ବଟୁକେଶ୍ୱର ଦତ୍ତଙ୍କ ଏକ ଫଟୋ ତଥା ଏକ ପତ୍ର ମିଳିଥିଲା ଯାହା ଭଗତ ସିଂହ ଅଥବା ବଟୁକେଶ୍ୱରଙ୍କ ଦ୍ୱାରା ଲେଖା ଯାଇଥିଲା। ତା ସହିତ ଦିଲ୍ଲୀର ବଡ଼ ବଡ଼ ଅଧିକାରୀମାନଙ୍କୁ ଚେତାବନୀ ଦିଆଯିବା ତଥା ଜନତାଙ୍କୁ ସେମାନଙ୍କୁ କୌଣସି ପ୍ରକାର ସହାୟତା ନ କରିବାକୁ ଅନୁରୋଧ କରାଯାଇଥିବା ପତ୍ର ଓ ପୋଷ୍ଟର ବି ମିଳିଥିଲା।

୧୫ ଏପ୍ରିଲ ୧୯୧୯କୁ ଲାହୋର ଗେଟ, ଲାହୋରରେ ନିମ୍ନ ଲିଖିତ ପୋଷ୍ଟର ମରାଯାଇଥିବା ଦେଖିବାକୁ ମିଳିଲା-

'ଉଚ୍ଚସ୍ୱର କାଲାଙ୍କ ପାଇଁ'

"ଦିନାଙ୍କ ୭ ଏପ୍ରିଲରେ ପୁଲିସର ଅବୈଧ କାର୍ଯ୍ୟ ଆମକୁ ବାଧ କରିଦେଲା ଯେ ଏ ସମ୍ବନ୍ଧରେ ଆମେ ଆଗକୁ ଅଗ୍ରସର ହେଉ। ଏଥିପାଇଁ ଗଣତନ୍ତ୍ର ସଂଘ ସେନାର କମାଣ୍ଡର-ଇନ୍- ଚିଫ୍ ଦ୍ୱାରା ଏହା ସିଦ୍ଧାନ୍ତ କରାଗଲା ଯେ ଲାହୋର ପୁଲିସର ଅଫିସର-ଇନ୍-ଚାର୍ଜଙ୍କୁ ସାଣ୍ଡର୍ସଙ୍କ ପରି ମାରି ଦିଆଯାଉ।"

ବ୍ୟକ୍ତିଗତ ସହାୟକ

କମାଣ୍ଡର-ଇନ-ଚିଫ୍, ହିନ୍ଦୁସ୍ଥାନ ଗଣତନ୍ତ୍ର ସେନା

ଏହି ପ୍ରକାର ଏକ ପତ୍ର ସୁରତରୁ ଦିଲ୍ଲୀ ପୁଲିସ ଅଧିକ୍ଷକଙ୍କୁ ପଠାଯାଇଥିଲା । "ଆପଣ ଆମ ଭାଇମାନଙ୍କୁ ଗିରଫ କରିଛନ୍ତି, ମାତ୍ର ପୁଣି ଦୋହରାଉଅଛୁ ଯେ ଆପଣ ମନୁଷ୍ୟଙ୍କୁ ନାଶ କରିପାରନ୍ତି, ବିଚାରକୁ ନୁହେଁ ।

ଆମ ଆନ୍ଦୋଳନର ପୃଷ୍ଠଭୂମିରେ କିଛି ଲୋକ ନୁହେଁ ବରଂ ବହୁସଂଖ୍ୟକ ଲୋକ ଅଛନ୍ତି । ଆପଣ ଆସୋସିଏସଶନର କିଛି ସଦସ୍ୟଙ୍କୁ ଖୋଜି ବାହାର କରି ପାରିବେ । ଆମ ଆସୋସିଏଶନର ୨୯ଟି ଶାଖା ଅଛି । ଲାହୋର, ଦିଲ୍ଲୀ ଏବଂ କଲିକତା ଆମର ପ୍ରମୁଖ କେନ୍ଦ୍ର । ଏହା ବ୍ୟତୀତ ପୁନା, ବେଲଗ୍ରାମ ତଥା ପାଟନା ଆଦିରେ ମଧ୍ୟ ଆମର ଶାଖା ଅଛି । ଏତକି ସୂଚନା ଦେବା ପରେ ମୁଁ ଆପଣଙ୍କୁ ଚେତାବନୀ ଦେଉଛି ହୁଏତ ଆପଣ ଆମ ଆନ୍ଦୋଳନର ଭେଦ ପାଇପାରିବେ ।

ଆମ ଆସୋସିଏଶନର ସଭା ଏହି ମାସ ୨୭ ତାରିଖକୁ ଦିଲ୍ଲୀରେ ହେବାକୁ ଯାଉଛି । ଯେଉଁଥିରେ ଆମେ ସମସ୍ତେ ସରକାରୀ ସ୍ଥାନ ତଥା କାର୍ଯ୍ୟାଳୟକୁ ନଷ୍ଟ କରି ଦେବା ପାଇଁ ଯୋଜନା କରୁଛୁ । ଅତଃ ପ୍ରସ୍ତୁତ ରୁହନ୍ତୁ ।

ଯଦି ସରକାରଙ୍କୁ ନିଜ ଉପରେ ଗର୍ବ ଅଛି ତେବେ ତାଙ୍କୁ ଆମର ଚେତାବନୀ ସ୍ୱୀକାର କରିବା ଆବଶ୍ୟକ । ସାବଧାନ ! ସାବଧାନ !"

ସଚିବ

ହିନ୍ଦୁସ୍ଥାନ ସମାଜବାଦୀ ଗଣତନ୍ତ୍ର ସଂଘ

ସୁରତ ଶାଖା

ଏହି ପ୍ରକାର ପତ୍ର ଅନେକ ସରକାରୀ ତଥା ଇଂରେଜ ଭକ୍ତ ବଡ଼ ବଡ଼ ଲୋକଙ୍କୁ ବି ପ୍ରାପ୍ତ ହେଲା । ନିଜର ସମସ୍ତ ଶକ୍ତି ଲଗାଇଲା ପରେ ମଧ୍ୟ ପୁଲିସ ପତ୍ର ପଠାଇବା ଲୋକର କୌଣସି ସନ୍ଧାନ ପାଇଲା ନାହିଁ । ଅନ୍ତତଃ ପୁଲିସ ଭାବିଲେ ଏହି ପତ୍ରକୁ ବିଦ୍ୟାଳୟର ସରଳ ପିଲାମାନେ ଲେଖୁଛନ୍ତି । କ୍ରାନ୍ତିକାରୀମାନଙ୍କ ସହିତ ଏହାର ସମ୍ପର୍କ ନାହିଁ । ଏଇଆ ଭାବି ପୋଲିସ ଅନୁସନ୍ଧାନ କରିବା ବନ୍ଦ କରିଦେଲା ।

ସିଭିଲ୍ ଲାଇନ ଥାନାରୁ ଭଗତ ସିଂହ ତଥା ବଟୁକେଶ୍ୱର ଦତ୍ତଙ୍କୁ ଦିଲ୍ଲୀ ଜେଲକୁ ଅଣାଗଲା । ସେମାନେ ପୁଲିସ ସାମନାରେ ବୟାନ ଦେବାକୁ ମନା କରିଦେଲେ । ଭଗତ ସିଂହଙ୍କ ପିତା ସର୍ଦ୍ଦାର କିଶନ ସିଂହ ଏପ୍ରିଲ ତୃତୀୟ ସପ୍ତାହର ତାଙ୍କ ସହିତ ସାକ୍ଷାତ ପାଇଁ ଆସିଲେ । କିନ୍ତୁ ତାଙ୍କୁ ଅନୁମତି ଦିଆଗଲା ନାହିଁ । ଭଗତ ସିଂହ ଏହି କେସ୍‌ରେ ଓକିଲ ଦେବା ବିରୁଦ୍ଧରେ ଥିଲେ । କାରଣ ଜଣେ ହେଲେ ଓକିଲ କ୍ରାନ୍ତିକାରୀଙ୍କ କାର୍ଯ୍ୟକୁ ପସନ୍ଦ କରୁ ନଥିଲେ । ତତ୍‌ସହିତ ତାଙ୍କର ପୂର୍ଣ୍ଣ ବିଶ୍ୱାସ ଥିଲା ଯେ ଓକିଲ ଦେବା ଦ୍ୱାରା କିଛି ଲାଭ ହେବ

ନାହିଁ। ସରକାର ସେଇଆ କରିବ ଯାହା ତାର ଇଚ୍ଛାହେବ। ଅତଃ ସେ ପିତାଜୀଙ୍କୁ ଏ ବିଷୟରେ ଏକ ପତ୍ର ପଠାଇଥିଲେ ଯାହା ନିମ୍ନରେ ଲେଖାଗଲା-

ପୂଜ୍ୟ ପିତାଜୀ,

ବନ୍ଦେ ମାତରମ୍। ୨୨ ଏପ୍ରିଲରେ ପୁଲିସ ଜେଲଖାନାରୁ ଦିଲ୍ଲୀ ଜେଲକୁ ବଦଳି କରି ଦେଇଛନ୍ତି ଏବଂ ମୁଁ ଏବେ ଦିଲ୍ଲୀରେ ଅଛି। ୭ ମଇକୁ ଦିଲ୍ଲୀ ଜେଲରେ ମକଦ୍ଦମା ଆରମ୍ଭ ହେବ। ପ୍ରାୟ ଏକମାସ ମଧ୍ୟରେ ସମସ୍ତ ଡ୍ରାମା ଶେଷ ହୋଇଯିବ। ଅଧିକ ଚିନ୍ତା କରିବା ଦରକାର ନାହିଁ। ମୋତେ ଜଣା ଅଛି ଆପଣ ଆସିଥିଲେ ଏବଂ ଓକିଲମାନଙ୍କ ସହ କଥାବାର୍ତ୍ତା କରିଥିଲେ। ମୋ ସହିତ ସାକ୍ଷାତ ପାଇଁ ଚେଷ୍ଟା ମଧ୍ୟ କରିଥିଲେ। କିନ୍ତୁ ଆମର ଦେଖାସାକ୍ଷାତ ହୋଇ ପାରିଲା ନାହିଁ। ଓକିଲ ଆଦିର ବିଶେଷ ଆବଶ୍ୟକ ନାହିଁ। ଗୋଟିଏ ଦୁଇଟି ଘଟଣା ଉପରେ ଅଳ୍ପ କିଛି ପରାମର୍ଶ ନେବାକୁ ଋହୁଁଛି। ମାତ୍ର ତାହାର ବିଶେଷ ଆବଶ୍ୟକତା ନାହିଁ। ଆପଣ ବିଶେଷ କଷ୍ଟ କରନ୍ତୁ ନାହିଁ। ଯଦି ଆପଣ ସାକ୍ଷାତ ପାଇଁ ଆସିବେ ତେବେ ଏକା ଆସିବେ। ବାଲ୍‌ଦା ସାହେବଙ୍କୁ ସାଙ୍ଗରେ ଆଣିବେ ନାହିଁ। ହଠାତ୍ ସେ କାନ୍ଦି ପକାଇବେ ଏବଂ ମୋତେ ବି କଷ୍ଟ ହେବ। ଘରର ସମସ୍ତ ଅବସ୍ଥା ଆପଣଙ୍କ ସହିତ ସାକ୍ଷାତ ପରେ ଜଣା ପଡ଼ିବ। ହଁ ଯଦି ହୋଇପାରେ ତେବେ ଗୀତା ରହସ୍ୟ, ନେପୋଲିଅନଙ୍କ 'ମୋଟୀ ସୁଆନେ ଉମରୀ' (ଜୀବନୀ) ଯାହା ଆପଣଙ୍କ କୁତୁବରେ ମିଳିଯିବ ଏବଂ ଇଂରେଜୀର କିଛି ନଭେଲ ଆଣିବେ। ଯାହାହେଉ ଦେଖିବା। ବାଲ୍‌ଦା ସାହେବ, ଭାଭୀ ସାହିବା, ମାତାଜୀ (ଗୋସେଇଁ ମା') ଏବଂ ଖୁଡ଼ିଙ୍କ ଚରଣରେ ମୋର ନମସ୍କାର। ରଣବୀର ସିଂହ ଏବଂ କୁଲତାର ସିଂହଙ୍କୁ ନମସ୍ତେ। ବାପୁଜୀ (ଜେଜେ ବାପା)ଙ୍କ ଚରଣରେ ନମସ୍କାର ଜଣାଇଦେବେ। ବର୍ତ୍ତମାନ ପୋଲିସ ଜେଲରେ ଆମ ସହିତ ଭଲ ବ୍ୟବହାର କରୁଛି। ଆପଣ କୌଣସି ପ୍ରକାର ଚିନ୍ତା କରିବେ ନାହିଁ। ମୋତେ ଆପଣଙ୍କ ଠିକଣା ଜଣା ନାହିଁ। ତେଣୁ ଏହି ପତ୍ର କଂଗ୍ରେସ କାର୍ଯ୍ୟାଳୟ ଠିକଣାରେ ଲେଖୁଛି।

ଆପଣଙ୍କ ସ୍ନେହାଧୀନ ଭଗତ ସିଂହ

## ଜେଲରେ ପିତାଙ୍କ ସହିତ ସାକ୍ଷାତ:

ସର୍ଦ୍ଦାର କିଶନ ସିଂହ ଜେଲରେ ଭଗତ ସିଂହଙ୍କୁ ଭେଟିବାକୁ ଏକ ପ୍ରାର୍ଥନା ପତ୍ର ଦେଲେ, ମାତ୍ର ଆଜ୍ଞା ମିଳିଲା ନାହିଁ। ପୁଣି ସେ ନିଜର ଓକିଲ ଆସଫ ଅଲ୍ଲୀଙ୍କ ମାଧ୍ୟମରେ ପ୍ରାର୍ଥନା ପତ୍ର ଦେଲେ ଏବଂ ଆଜ୍ଞା ମିଳିଗଲା। ତେବେ ୧୯୨୯ରେ ୩ ମଇ ଦିନ ପିତାପୁତ୍ରଙ୍କ ଭେଟ ହୋଇ ପାରିଲା। ଏହି ଅବସରରେ ଦୁହିଁଙ୍କ ମଧ୍ୟରେ ନିମ୍ନ ଲିଖିତ ବାର୍ତ୍ତାଳାପ ହେଲା-

'ପିତା- ୧ ମଇକୁ ମୋର ଲାହୋର ଜେଲ ଯିବାପରେ ସମାଋର ପତ୍ରରୁ ଜାଣିଲି

ପୁଲିସ ତୁମର ସାନଭାଇ କୁଲତାର ସିଂହଙ୍କୁ ଗିରଫ କରି ନେଇଛି । ଯାହାର ବୟସ କେବଳ ଦଶ ଏଗାର ବର୍ଷ ହେବ । ଯିଏ ପଞ୍ଚମ ଶ୍ରେଣୀରେ ପଢୁଛି ।

ଭଗତ ସିଂହ- କାହିଁକି ଗିରଫ କରାଗଲା ?

ପିତା- ଦୁର୍ଭାଗ୍ୟକୁ ସେ ମୋର ପୁଅ ଓ ତୋର ଭାଇ । ମୁଁ ବି ଗିରଫ ହୋଇପାରେ । ଜୟଦେବ ସୁସ୍ଥ ନାହିଁ । ଆଉ ସୁଖଦେବ...

ଭଗତ ସିଂହ- ପୁଲିସ ବାଲା ବଦମାସ । ସେମାନେ କାକୋରୀ କେଶ୍‌ରେ ନିର୍ଦ୍ଦୋଷ ବ୍ୟକ୍ତିଙ୍କୁ ଫାଶୀ ଦେଇଛି । ସେ ମୋତେ ସାଣ୍ଡର୍ସଙ୍କ ହତ୍ୟା କେସରେ ଲାହୋର ଟାଣି ନେବେ । ସେମାନେ ମୋତେ ଏବଂ ଦତ୍ତଙ୍କୁ ଏହା କହି ଧୋକ୍‌କା ଦେବା ପାଇଁ ଚେଷ୍ଟା କରୁଛନ୍ତି ଯେ ସମସ୍ତେ ସରକାରୀ ସାକ୍ଷୀ ହୋଇ ଗଲେଣି । ପିତାଜୀ ଆପଣ ମୋର ମୁକ୍ତି ପାଇଁ ଅର୍ଥ ବର୍ବାଦ କରନ୍ତୁ ନାହିଁ ।

ପିତା- ଘରର ସ୍ତ୍ରୀଲୋକମାନେ ତୁମକୁ ସାକ୍ଷାତ କରିବାକୁ ଚାହୁଁଛନ୍ତି । କିନ୍ତୁ ତୁମ କହିବାନୁସାରେ ମୁଁ ସେମାନଙ୍କୁ ସାଙ୍ଗରେ ଆଣିଲି ନାହିଁ ।

ଭଗତ ସିଂହ- ଆପଣ ଶୀଘ୍ର ଲାହୋର ଫେରିଯାଇ ସନ୍ଧାନ ନିଅନ୍ତୁ ଯେ କୁଲତାରକୁ କାହିଁକି ଗିରଫ କରାଯାଇଛି ।’

ଏହା ମଧ୍ୟରେ ସାକ୍ଷାତର ସମୟ ଶେଷ ହୋଇଗଲା । ଅତଃ ଜେଲର କର୍ତ୍ତୃପକ୍ଷ କଥାବାର୍ତ୍ତା ପାଇଁ ମନା କରିଦେଲେ । ସର୍ଦ୍ଦାର କିଶନ ସିଂହ ଫେରି ଆସିଲେ ।

ସର୍ଦ୍ଦାର କିଶନ ସିଂହଙ୍କୁ ପୁତ୍ର ସହିତ ସାକ୍ଷାତ ଆଜ୍ଞା ଦେବା ପଛରେ ଚାଲ ଥିଲା ଯେ ବୋଧହୁଏ ଏହାଦ୍ୱାରା ପୁଲିସକୁ  କୌଣସି ସୂତ୍ର ମିଳିଯିବ । ପୁଲିସ ଅଧିକାରୀ ସ୍ୱୟଂ ଏହି କଥାକୁ  ୪ ମଇ ରିପୋର୍ଟରେ ସ୍ୱୀକାର କରିଥିଲେ । ଏହି ସାକ୍ଷାତ ସମୟରେ ଜେଲର ସେଠାରେ ଥିଲେ ।

ସର୍ଦ୍ଦାର କିଶନ ସିଂହ ଏହି ମକଦ୍ଦମାକୁ ପୁରା ତାକତରେ ଲଢ଼ିବାକୁ ଚାହୁଁଥିଲେ । କିନ୍ତୁ ଭଗତ ସିଂହ ନିଜର ମୁକ୍ତି ପାଇଁ ମକଦ୍ଦମା ଲଢ଼ିବାକୁ ଚାହୁଁ ନ ଥିଲେ ।

# 5

# ମକଦ୍ଦମାର ଶୁଣାଣୀ

ଆସେମ୍ବ୍ଲି ବମ୍ କାଣ୍ଡରେ ଭଗତ ସିଂହ ତଥା ବଟୁକେଶ୍ୱର ଦତ୍ତଙ୍କ ବିରୁଦ୍ଧରେ ନ୍ୟାୟର ନାଟକ ଆରମ୍ଭ ହେଲା । ୭ ମଇ ୧୯୨୯କୁ ଅତିରିକ୍ତ ମାଜିଷ୍ଟ୍ରେଟ ମିଷ୍ଟର ପୁଲଙ୍କ ଅଦାଲତରେ ଜେଲରେ ହିଁ ଶୁଣାଣୀ ଆରମ୍ଭ ହେଲା । କିଛି ବିଶେଷ ପତ୍ରକାର, ଅଭିଯୁକ୍ତଙ୍କ ନିକଟ ସମ୍ପର୍କୀୟ ଏବଂ ଓକିଲଙ୍କ ବ୍ୟତୀତ ଅନ୍ୟ କାହାରିକୁ ଅଦାଲତକୁ ଯିବାକୁ ଦିଆଗଲା ନାହିଁ । ଦିଲ୍ଲୀଗେଟ୍ ଥାନା, ସବ୍ ଇନ୍ସପେକ୍ଟର ଶେଖ୍ ଅବଦୁଲ ରହମାନ ଏହି ପତ୍ରକାର, ଅଭିଯୁକ୍ତ, ସଂପର୍କୀୟ ଆଦିଙ୍କୁ ବି ସାବଧାନତାର ସହିତ ଅନୁସନ୍ଧାନ କରାଯିବାପାଇଁ କଡ଼ା ସୁରକ୍ଷାର ପ୍ରବନ୍ଧ କରିଥିଲେ । ଏହି ସୁରକ୍ଷା ବିଷୟରେ 'ହିନ୍ଦୁସ୍ଥାନ ଟାଇମ୍ସ' ର ବିଶେଷ ପ୍ରତିନିଧି ଲେଖିଥିଲେ-

"ଲାଠିଧାରୀ ପୁଲିସଙ୍କୁ ରାଜପୁର ରୋଡ଼ରେ ମାଜିଷ୍ଟ୍ରେଟଙ୍କ ଆବାସସ୍ଥଳୀରୁ ଜେଲ ପର୍ଯ୍ୟନ୍ତ, ଅନ୍ୟାନ୍ୟ ସଡ଼କ ଉପରେ ଯାହା ଜେଲ ଆଡ଼କୁ ଯାଇଥିଲା, ସେଠାରେ ଠିଆ କରାଯାଇଥିଲା । ସି.ପି.ଡ଼ି.ଙ୍କ ଲୋକଙ୍କୁ ସାଧା ପୋଷାକରେ ସାଇକେଲ ଉପରେ ମୁଖ୍ୟ ସଡ଼କରେ ଠିଆ ହୋଇଥିବାର ଦେଖାଗଲା । ଜେଲର ପରିସର ମଧ୍ୟ ପୂର୍ଣ୍ଣ ସୁରକ୍ଷିତ ଥିଲା । ଟ୍ରାଫିକ ଇନ୍ସପେକ୍ଟର ଶ୍ରୀ ଜନ୍‌ସନଙ୍କୁ ନିଜର ତିନିଜଣ ସର୍ଜେଣ୍ଟଙ୍କ ସହିତ ଜେଲ ଗେଟ ପାଖରେ ନିଯୁକ୍ତ କରାଗଲା । ଆର. ବି. ମଲିକ ସହାୟକ ପୁଲିସ ଅଧିକ୍ଷକ, ପଣ୍ଡିତ ରାମ ମାଧବ ତଥା ଜେଲର ଅଦାଲତ ଭିତର ବ୍ୟବସ୍ଥା କରିବାରେ ଥିଲା ।"

ଶ୍ରୀ ଆସଫ ଅଲୀ ସଫେଇ ପକ୍ଷର ଓକିଲ ଥିଲେ ଏବଂ ଶ୍ରୀ ଆର.ବି. ସୂରଜ ନାରାୟଣ ସରକାରୀ ଓକିଲ ଥିଲେ । ମାଜିଷ୍ଟ୍ରେଟ ମି. ଏଫ୍.ବି. ପୁଲ ସାଢ଼େ ନଅଟା ବାଜିବାପରେ ଅଦାଲତରେ ପହଞ୍ଚିଲେ । ସେ ପର୍ଯ୍ୟନ୍ତ ଅଦାଲତ ଗୃହ ପୂର୍ଣ୍ଣ ହୋଇ ସାରିଥିଲା । ଓକିଲ ଏବଂ ସମ୍ବାଦଦାତାମାନଙ୍କ ବ୍ୟତୀତ ଶ୍ରୀମତୀ ଆସଫ ଅଲୀ, ଭଗତ ସିଂହଙ୍କ ମାତା-ପିତା ଏବଂ ଖୁଡ଼ୀ ସେଠାରେ ଉପସ୍ଥିତ ଥିଲେ । ଏମାନଙ୍କ ବ୍ୟତୀତ ଦୁଇଜଣ ପ୍ରଶିକ୍ଷଣ ନେବାବାଲା ମାଜିଷ୍ଟ୍ରେଟ୍ ବି ସେଠାରେ ଥିଲେ ।

ଦଶଟା ଆଠ ମିନିଟ୍ ବାଜିବା ପରେ ଭଗତ ସିଂହ ଏବଂ ବଟୁକେଶ୍ୱର ଦତ୍ତଙ୍କୁ

ଅଦାଲତକୁ ଅଣାଗଲା । ଅଦାଲତରେ ପହଞ୍ଚିଲା ପରେ ଜୋରଦାର ଶବ୍ଦରେ ଭଗତ ସିଂହ 'ଇନ୍‌କିଲାବ ଜିନ୍ଦାବାଦ' ତଥା ବଟୁକେଶ୍ୱର ଦତ୍ତ 'ଶୋଷଣକାରୀ ମୁର୍ଦ୍ଦାବାଦ' ସ୍ଲୋଗାନ ଦେଲେ । ଅଦାଲତରେ ସ୍ତବ୍‌ଧତା ଖେଳିଗଲା ତଥା ଅଦାଲତ ଆଜ୍ଞାରେ ତାଙ୍କୁ ହାତକଡ଼ି ପିନ୍ଧାଇ ଦିଆଗଲା । ତାଙ୍କୁ ଲୁହା ରେଲିଂ ଦିଆ ଅଡ଼ାରେ ବେଞ୍ଚ ଉପରେ ବସାଇ ଦିଆଗଲା । ତାଙ୍କ ପଛରେ କିଛି ଜେଲ ଅଧିକାରୀ ଏବଂ ସି.ଆଇ.ଡି. ର ଲୋକ ବସିଗଲେ । ସେଠାରେ ମଧ୍ୟ ଦୁଇ କ୍ରାନ୍ତିକାରୀଙ୍କ ଚେହେରାରେ କୌଣସି ପ୍ରକାର ନିରାଶା ଦେଖାଗଲା ନାହିଁ, ସେମାନେ ପ୍ରସନ୍ନ ଦେଖା ଯାଉଥିଲେ ।

ଏହାପରେ ସରକାରଙ୍କ ତରଫରୁ ଏଗାର ଜଣ ସାକ୍ଷୀ ସାକ୍ଷ୍ୟ ଦେଲେ । ସେହିଦିନ ଲଞ୍ଚ ପୂର୍ବରୁ ଏକ ପୁଲିସ ଅଧିକାରୀଙ୍କ ସାମନାରେ ଭଗତ ସିଂହଙ୍କୁ ନିଜ ମାତା-ପିତା ତଥା ଖୁଡ଼ୀଙ୍କ ସହିତ ସାକ୍ଷାତ କରିବାକୁ ଅନୁମତି ଦିଆଗଲା । ଏହି ସାକ୍ଷାତକାରରେ ଭଗତ ସିଂହ ପିତାଜୀଙ୍କୁ ବାରମ୍ବାର କହୁଥିବାର ଶୁଣାଗଲା- "ସରକାର ମୋତେ ମୃତ୍ୟୁଦଣ୍ଡ ଦେବା ଉପରେ ସ୍ଥିର ରହିଛନ୍ତି । ଏଥିପାଇଁ ଆପଣ ଏହା ଉପରେ ଆଦୌ ଚିନ୍ତା କରନ୍ତୁ ନାହିଁ ।"

ଦ୍ୱିପ୍ରହର ପରେ ଲଞ୍ଚ୍ ସମୟରେ ଭଗତ ସିଂହ ଅଦାଲତକୁ ସମାଚାର ପତ୍ର ମାଗିଲେ । ମାତ୍ର ତାଙ୍କର ଏହି ପ୍ରାର୍ଥନା ଅସ୍ୱୀକାର କରି ଦିଆଗଲା, ଯଦିଓ ରାଜନୈତିକ କଏଦୀମାନଙ୍କୁ ଏ ପ୍ରକାର ସୁବିଧା ଦିଆଯାଉ ଥିଲା । ସେଦିନ ସଂଧ୍ୟା ୪ଟା ବାଜି ୧୦ ମିନିଟ୍‌ରେ ଅଦାଲତ ବନ୍ଦ ହେଲା ।

ପରଦିନ ୮ ମଈ ୧୯୨୯ କୁ ମଧ୍ୟ ଏହିପ୍ରକାର କଡ଼ା ସୁରକ୍ଷା ବ୍ୟବସ୍ଥା ସହିତ ଅଦାଲତର କାର୍ଯ୍ୟକ୍ରମ ଆରମ୍ଭ ହେଲା । ସକାଳ ୧୦ଟା ୨୦ ମିନିଟରେ ପୁନଃ ଭଗତ ସିଂହ ଏବଂ ବଟୁକେଶ୍ୱର ଦତ୍ତଙ୍କୁ ଅଣାଗଲା । ଅଦାଲତକୁ ଆସିବା ପରେ ଦୁହେଁ ପ୍ରଥମ ଦିନ ପରି 'ଇନ୍‌କିଲାବ ଜିନ୍ଦାବାଦ' ଏବଂ 'ଶୋଷଣକାରୀ ମୁର୍ଦ୍ଦାବାଦ' ସ୍ଲୋଗାନ୍ ଦେଲେ । ଏହାପରେ ଆଉ କିଛି ଅନ୍ୟ ସାକ୍ଷୀଙ୍କର ବୟାନ ନିଆଗଲା ଏବଂ ଭଗତ ସିଂହ ତଥା ବଟୁକେଶ୍ୱର ଦତ୍ତଙ୍କ ବୟାନ ଦେବା ପାଇଁ କୁହାଗଲା । ମାତ୍ର ଦୁହେଁ ତାହାକୁ ଅସ୍ୱୀକାର କଲେ । ଅଧିକ ଜୋର ଦିଆଯିବା ପରେ ହିଁ ଭଗତ ସିଂହ ଅଦାଲତରେ ପ୍ରଶ୍ନର ଉତ୍ତର ଦେବାକୁ ସ୍ୱୀକାର କଲେ । ଅଦାଲତ ଏବଂ ଭଗତ ସିଂହଙ୍କ ମଧ୍ୟରେ ନିମ୍ନଲିଖିତ ପ୍ରଶ୍ନୋତ୍ତର ହେଲା-

ଅଦାଲତ- ବ୍ୟବସାୟ ?

ଭଗତସିଂହ- କିଛି ନାହିଁ ।

ଅଦାଲତ- ନିବାସ ସ୍ଥାନ ?

ଭଗତ ସିଂହ- ଲାହୋର ।

ଅଦାଲତ- ଘର ?

ଭଗତ ସିଂହ- ଆମେ ସବୁବେଳେ ଗୋଟିଏ ଜାଗାରୁ ଅନ୍ୟଜାଗାକୁ ଯିବା ଆସିବା କରୁ।

ଅଦାଲତ- ତୁମେ ୮ ଅପ୍ରେଲକୁ ଆସେମ୍ଳିରେ ଉପସ୍ଥିତ ଥିଲ ?

ଭଗତ ସିଂହ- ଏହି ମକଦ୍ଦମା ସମ୍ପର୍କରେ ମୁଁ କୌଣସି ପ୍ରକାର ବୟାନ ଦେବା ଅନୁଭବ କରୁନାହିଁ।

ଅଦାଲତ- କାଲି ଯେତେବେଳେ ତୁମେ ଅଦାଲତକୁ ଆସିଲ, ସେତେବେଳେ ତୁମେ 'ଇନକିଲାବ ଜିନ୍ଦାବାଦ' ସ୍ଲୋଗାନ ଦେଇଥିଲ। ଏଥିରେ ତୁମର ଉଦ୍ଦେଶ୍ୟ କ'ଣ ?

ଏହି ପ୍ରଶ୍ନ ଉପରେ ସଫେଇ ପକ୍ଷର ଓକିଲ ଶ୍ରୀ ଆସଫ ଅଲ୍ଲୀ ଆପତ୍ତି ଉଠାଇଲେ। ଏହି ପ୍ରକାର ବଟୁକେଶ୍ୱର ଦତ୍ତ ବି କେବଳ ଅଦାଲତ ପ୍ରଶ୍ନର ଉତ୍ତର ଦେଲେ ଏବଂ ବୟାନ ଦେବାକୁ ଅସ୍ୱୀକାର କରିଦେଲେ। ସଫେଇ ପକ୍ଷଇ ଓକିଲ ଆସଫ ଅଲ୍ଲୀ ପ୍ରାୟ ଚାଳିଶ ମିନିଟ୍ ପର୍ଯ୍ୟନ୍ତ ନିଜର ତର୍କସଙ୍ଗତ ଯୁକ୍ତି କଲେ।

ଏହି ଯୁକ୍ତି ଶୁଣିବା ପରେ ଅଦାଲତ ହତ୍ୟା ଉଦ୍ୟମ ଅପରାଧରେ ଦୁହିଁଙ୍କ ଉପରେ ଭାରତୀୟ ଦଣ୍ଡ ସଂହିତାର ଧାରା ୩୦୭ ଅନ୍ତର୍ଗତ ଅପରାଧ ଲଗାଇଲେ। ସେମାନେ ଆସେମ୍ଳିରେ କେତେକ ଲୋକଙ୍କୁ ଜୀବନରେ ମାରିଦେବା ପାଇଁ ବମ୍ ପକାଇ ଥିଲେ।

ଅଦାଲତ ପୁଣି ଦୁହିଁଙ୍କୁ ପଚାରିଲେ- "ଆପଣ ଦୁହେଁ ଏହି ବିଷୟରେ କୌଣସି ବୟାନ ଦେବାକୁ ଚାହୁଁଛନ୍ତି କି ?"

ଦୁହେଁ ପଚାରିଲେ, "ଏହା ଉପରେ ପୁଣି ଫଏସଲା କରାଯିବ କି ?"

ଏହାପରେ ଅଦାଲତ ଏହି ମାମଲାକୁ ସତ୍ର ନ୍ୟାୟାଳୟକୁ ସମର୍ପଣ କଲେ।

## ସତ୍ର ନ୍ୟାୟାଳୟରେ ଭଗତ ସିଂହଙ୍କ ଐତିହାସିକ ଭାଷଣ:

ସତ୍ର ନ୍ୟାୟାଳୟ (ସେସନ କୋର୍ଟ) ଅଧୀନରେ ଏହି ମାମଲାର ଶୁଣାଣି ୪ ଜୁନ୍ ୧୯୨୯ରେ ଆରମ୍ଭ ହେଲା। ସେଶନ ଜଜ ମି. ମିଡ଼ଲଟନ ଦିଲ୍ଲୀ ଜେଲରେ ଏହାର ଶୁଣାଣି କଲେ। ସରକାରୀ ଓକିଲ ତଥା ସାକ୍ଷୀଙ୍କ ବୟାନ ପରେ ଭଗତ ସିଂହ ଅନୁଭବ କଲେ ଯେ ଏବେ ବୟାନ ଦେବାର ସମୟ ଆସିଗଲା। ଏଥିପାଇଁ ସେ ନିଜର ତଥା ବଟୁକେଶ୍ୱର ଦତ୍ତଙ୍କ ତରଫରୁ ନିଜେ ବୟାନ ପ୍ରସ୍ତୁତ କଲେ। ତାଙ୍କର ବୟାନ ଲିଖିତ ଥିଲା, ଯାହାକୁ ସେ ବହୁ ପରିଶ୍ରମରେ ତିଆରି କରିଥିଲେ। ନିଜର ଏହି ମହତ୍ତ୍ୱପୂର୍ଣ୍ଣ ଐତିହାସିକ ବୟାନକୁ ସେ ଦିଲ୍ଲୀ

ଜେଲରେ ପ୍ରସ୍ତୁତ ହୋଇଥିବା ସେଶନ ଜଜ ମି. ମିଡ଼ଲଟନଙ୍କ ଅଦାଲତରେ ୬ ଜୁନ୍ ୧୯୨୯ ଦିନ ପଢ଼ିଥିଲେ । ଏହି ବୟାନ ଏହିପରି-

"ଆମ ଉପରେ ଗମ୍ଭୀର ଆରୋପ ଲଗା ଯାଉଅଛି । ଆମେ ଏହି ସମୟରେ ଆମର ଆଚରଣର ସ୍ପଷ୍ଟୀକରଣ ଦେବାକୁ ଚାହୁଁଛୁ । ଏ ବିଷୟରେ ନିମ୍ନଲିଖିତ ପ୍ରଶ୍ନ ଉଠୁଛି ଯେ-

୧. ସଦନରେ କ'ଣ ବମ୍ ଫିଙ୍ଗା ଯାଇଥିଲା ? ଯଦି ହୋଇଥିଲା ତାର କାରଣ କ'ଣ ଥିଲା ?

୨. ନିମ୍ନ ଅଦାଲତ ଯେଉଁ ଆରୋପ ଲଗାଇଛନ୍ତି, ଏହା ଠିକ୍ କି ନାହିଁ ?

ପ୍ରଥମ ପ୍ରଶ୍ନର ପୂର୍ବାର୍ଦ୍ଧ ସ୍ୱୀକାରାତ୍ମକ ଅଟେ । ମାତ୍ର କେତେକ ସାକ୍ଷୀ ଏହି ଘଟଣାର ଅସତ୍ୟ ବିବରଣୀ ପ୍ରସ୍ତୁତ କରିଛନ୍ତି ଯେ ଆମେ ବମ୍ ଫିଙ୍ଗିବା ସ୍ୱୀକାର କରିଛୁ । ଏଥିପାଇଁ ଆମେ ଆଶା କରୁଛୁ ଯେ ଆମର ଏହି କାର୍ଯ୍ୟପାଇଁ ସଠିକ୍ ମୂଲ୍ୟାଙ୍କନ କରାଯାଇ ପାରିବ । ଉଦାହରଣ ପାଇଁ ଆମେ ଏହି ବିଷୟ ଉପରେ ସଂକେତ କରିବାକୁ ଚାହୁଁଛୁ ଯେ ସେମାନେ ଆମ୍ଭଠାରୁ ଜଣକ ହାତରୁ ପିସ୍ତଲ ଛଡ଼ାଇ ନେଲେ, ଏହା ଜାଣିଶୁଣି କୁହାଯାଇଥିବା ମିଥ୍ୟା ଅଟେ । ବାସ୍ତବରେ ଆମେ ଯେତେବେଳେ ଆତ୍ମ ସମର୍ପଣ କଲୁ, ସେ ସମୟରେ ଆମ ଦୁହିଁଙ୍କ ହାତରେ ପିସ୍ତଲ ନଥିଲା । ଯେଉଁ ସାଥୀମାନେ କହିଲେ ଯେ ସେମାନେ ଆମକୁ ବମ୍ ଫିଙ୍ଗିବାର ଦେଖିଛନ୍ତି ସେମାନଙ୍କୁ ମିଥ୍ୟା କହିବାରେ କୌଣସି ସଙ୍କୋଚ ନାହିଁ । ଆମେ ଆଶା କରୁଛୁ ଯେ, ଲୋକଙ୍କ ଧ୍ୟେୟ ନ୍ୟାୟର ଶୁଦ୍ଧତା ତଥା ନିଷ୍ପକ୍ଷତା ରକ୍ଷା କରିବା । ସେମାନେ ଏହି ତଥ୍ୟରୁ ନିଜେ ନିଷ୍କର୍ଷ ବାହାର କରିନେବେ । ତତ୍‌ସହିତ ଆମେ ସ୍ୱୀକାର କରୁଛୁ ଯେ, ବର୍ତ୍ତମାନ ସରକାରୀ ପକ୍ଷ ଔଚିତ୍ୟ ରକ୍ଷା କରିଛନ୍ତି ଏବଂ ନ୍ୟାୟାଳୟ ନ୍ୟାୟପୂର୍ଣ୍ଣ ଢ଼ଙ୍ଗ ଆପଣାଇଛନ୍ତି ।

ପ୍ରଥମ ପ୍ରଶ୍ନର ଶେଷାର୍ଦ୍ଧ କିଛି ବିସ୍ତାରିତ ଭାବେ ଦେବାକୁ ହେବ ଯଦ୍ୱାରା ଆମେ ସେହି କାରଣ, ଏବଂ ଅବସ୍ଥାକୁ ପୂର୍ଣ୍ଣ ରୂପେ ଖୋଲାଖୋଲି ସ୍ପଷ୍ଟ କରି ପାରିବୁ । ଯେଉଁ ପରିଣାମ ସ୍ୱରୂପ ଏ ଘଟଣା ଘଟିଲା, ଯାହା ଏବେ ଐତିହାସିକ ସ୍ୱରୂପ ନେଇଛି । ଜେଲରେ ଆମ ସହିତ ପୁଲିସ ଅଧିକାରୀମାନେ ସାକ୍ଷାତ କରିଥିଲେ । ସେମାନଙ୍କ ମଧ୍ୟରୁ କେତେକ ଏବେ ଆମକୁ କହିଲେ ଯେ ବିଚାରାଧୀନ ଘଟଣା ପଛରେ ଦୁଇ ସଦନର ସଂଯୁକ୍ତ ଅଧିବେଶନକୁ ସମ୍ବୋଧନ କରି ଲର୍ଡ୍ ଇରୱିନ୍ ଏକଥା କହିଥିଲେ ଯେ ଆମେ ବମ୍ ପକାଇ କୌଣସି ବ୍ୟକ୍ତି ଉପରେ ନୁହେଁ; ବରଂ ଏକ ସମ୍ବିଧାନକୁ ଆକ୍ରମଣ କରିଛୁ । ସେ ସମୟରେ ଆମକୁ ଆଭାସ ହେଲା, ଯେ ସେହି ଘଟଣାର ବାସ୍ତବିକ ମହତ୍ତ୍ୱର ସଠିକ୍ ମୂଲ୍ୟାଙ୍କନ କରାଗଲା ନାହିଁ ।

ମାନବ ମାତ୍ରକେ ଆମର ପ୍ରେମ କାହା ପ୍ରତି କମ୍ ନୁହେଁ । ଅତଃ କୌଣସି ବ୍ୟକ୍ତିଙ୍କ

ପାଇଁ ଶତ୍ରୁତା ରଖିବାର ପ୍ରଶ୍ନ ଉଠୁନାହିଁ। ଏହାର ବିପରୀତ ଆମ ଦୃଷ୍ଟିରେ ମାନବ ଜୀବନ ଏତେ ପବିତ୍ର ଯେ ଏହି ପବିତ୍ରତାର ବର୍ଣ୍ଣନା ଭାଷାରେ କରାଯାଇ ପାରିବ ନାହିଁ। ଛପି ରହିଥିବା ସମାଜବାଦୀ ଦିୱାନ ଚମନ ଲାଲ ଆମକୁ ଜଘନ୍ୟ ଆକ୍ରମଣକାରୀ ଓ ଦେଶ ପାଇଁ ଅପମାନ ଜନକ ବୋଲି କହିଲେ। ତତ୍‌ସହିତ ଲାହୋରର ସମାଚାର ପତ୍ର 'ଟ୍ରିବ୍ୟୁନ' ତଥା ଅନ୍ୟ ଲୋକଙ୍କ ଧାରଣା ଯେ ଆମେ ଉନ୍ମୁକ୍ତ। ଏହା ଅସତ୍ୟ ଅଟେ।

ଆମେ ନମ୍ରତା ପୂର୍ବକ ଏହା ଦାବି କରୁଛୁ ଯେ, ଆମେ ଇତିହାସ, ନିଜ ଦେଶର ପରିସ୍ଥିତି ତଥା ମାନବୀୟ ଆକାଂକ୍ଷାକୁ ଗମ୍ଭୀରତା ପୂର୍ବକ ଅଧ୍ୟୟନ କରିଛୁ, ତଥା ପ୍ରବଞ୍ଚକମାନଙ୍କୁ ଘୃଣା କରୁଛୁ। ଆମର ଧ୍ୟେୟ ସେହି ସଂସ୍ଥା ପ୍ରତି ଆମର ବ୍ୟବହାରିକ ପ୍ରତିଶୋଧ ପ୍ରକଟ କରିବା।

ଯେଉଁମାନେ ଆରମ୍ଭରୁ କେବଳ ନିଜର ନିରୂପଯୋଗିତାର ନୁହେଁ, ବରଂ ହାନୀ ପହଞ୍ଚାଉଥିବା ଦୂରଗାମୀ ଶକ୍ତିର ବି ନଗ୍ନ ପ୍ରଦର୍ଶନ କଲେ, ଆମକୁ ଯେତିକି ଅଧିକ ଚିନ୍ତିତ କଲେ, ଆମେ ସେତିକି ଏହି ପରିଣାମରେ ପହଞ୍ଚିଲୁ ଯେ, ଏହି ସଂସ୍ଥା (ବିଧାନସଭା)ର ଅସ୍ତିତ୍ୱର ପ୍ରୟୋଜନ ସଂସାର ସାମନାରେ ଭାରତୀୟ ମାନଙ୍କର ଦୀନତା ଏବଂ ଅସହାୟତା ପ୍ରଦର୍ଶନ କରିବା ଏବଂ ଏହା ଏକ ବେଦାୟିତ୍ୱ ଏବଂ ସ୍ୱେଚ୍ଛାଚାରୀ ଶାସନର ଦମନକାରୀ ସତ୍ତାର ପ୍ରତୀକ ହୋଇ ଯାଇଛି।

ଜନତାର ପ୍ରତିନିଧିମାନଙ୍କର ରାଷ୍ଟ୍ରୀୟ ଦାବିକୁ ବାରମ୍ବାର ରଦ୍ଦି ଟୋକେଇରେ ଫୋପାଡ଼ି ଦିଆଯାଉଛି। ସଦନ ଦ୍ୱାରା ସ୍ୱୀକୃତ କରା ଯାଇଥିବା ପବିତ୍ର ପ୍ରସ୍ତାବକୁ ତଥାକଥିତ ଭାରତୀୟ ସଂସଦର ଚଟାଣ ଉପରେ ନିରାଦର ପୂର୍ବକ ପାଦତଳେ ଦଳି ଦିଆଯାଉଛି। ଦମନକାରୀ ଏବଂ ସ୍ୱେଚ୍ଛାଚାରୀ କାନୁନର ନିବାରଣ ସମ୍ବନ୍ଧିତ ସବୁଠାରୁ ଅଧିକ ଅପମାନପୂର୍ଣ୍ଣ ଉପେକ୍ଷା କରାଯାଉଛି ତଥା ପ୍ରତିନିଧିମାନେ ଯେଉଁ ସରକାରୀ କାନୁନ ଏବଂ ପ୍ରସ୍ତାବକୁ ଅସ୍ୱୀକାର କରି ଦେଉଛନ୍ତି, ସେଗୁଡ଼ିକୁ ସରକାର ଦ୍ୱାରା ମନଇଚ୍ଛାରେ ସ୍ୱୀକୃତି ଦିଆଯାଉଛି।

ପରିଣାମତଃ ଆମେ ଗଭର୍ଣ୍ଣର ଜେନେରାଲଙ୍କ କାର୍ଯ୍ୟକାରୀ ପରିଷଦର ଭୂତପୂର୍ବ ବିଧି ସଦସ୍ୟ ସ୍ୱର୍ଗୀୟ ଶ୍ରୀ ସି.ଆର. ଦାସଙ୍କ ସେହି ଶବ୍ଦରୁ ପ୍ରେରଣା ଗ୍ରହଣ କଲୁ, ଯାହା ସେ ନିଜ ପୁତ୍ରଙ୍କ ନାମରେ ଏକ ପତ୍ରରେ ଲେଖିଥିଲେ, ତଥା ଯାହାର ତାତ୍ପର୍ଯ୍ୟ ଥିଲା ଯେ ଇଂଲଣ୍ଡକୁ ତାଙ୍କର ଦୁଃସ୍ୱପ୍ନରୁ ଜଗାଇବା ପାଇଁ ବମ୍ ଆବଶ୍ୟକ ଅଟେ। ଆମେ ସେହି ଲୋକମାନଙ୍କୁ ପ୍ରତିରୋଧ ପ୍ରକଟ କରିବା ପାଇଁ ଆସେମ୍ବ୍ଲିର ଚଟାଣ ଉପରେ ବମ୍ ପକାଇ ଥିଲୁ, କାରଣ ଆମର ହୃଦୟ ବିଦାରକ କଥାକୁ ବତାଇବା ପାଇଁ ଅନ୍ୟମାର୍ଗ ନଥିଲା। ଏହାହିଁ ଆମର ଏକମାତ୍ର ଉଦ୍ଦେଶ୍ୟ ଥିଲା ଯେ ଆମେ କାଲାମାନଙ୍କୁ ଆମର ଆବାଜ ଶୁଣାଇବୁ ଏବଂ ସମୟର ଚେତାବନୀ ସେହି ଲୋକମାନଙ୍କ ପର୍ଯ୍ୟନ୍ତ ପହଞ୍ଚାଇବୁ ଯେଉଁମାନେ ତାହାକୁ

ଉପେକ୍ଷା କରୁଛନ୍ତି । ଅନ୍ୟ ଲୋକମାନେ ବି ଆମରି ଭଳି ଭାବୁଛନ୍ତି ତଥା ଭାରତୀୟ ଜାତି ଯଦିଓ ଉପରୁ ଏକ ଶାନ୍ତ ସମୁଦ୍ର ପରି ଦେଖା ଯାଉଛି, ତଥାପି ଭିତରେ ଭିତରେ ଏକ ଭୟଙ୍କର ତୋଫାନ ଉଠୁରି ଉଠୁଛି । ଆମେ ସେହି ଲୋକମାନଙ୍କୁ ବିପଦର ଚେତାବନୀ ଦେଇଛୁ, ଯେଉଁମାନେ ସାମନାକୁ ଆସୁଥିବା ଗମ୍ଭୀର ପରିସ୍ଥିତିର ଚିନ୍ତା ନକରି ଘୋଡ଼ା ପରି ଦୌଡ଼ି ଯାଉଛନ୍ତି । ଆମ୍ଭେମାନେ ଏହି କାଳ୍ପନିକ ଅହିଂସାର ସମାପ୍ତି ପାଇଁ ଘୋଷଣା କରିଛୁ, ଯାହାର ନିରର୍ଥକତା ବିଷୟରେ ନୂତନ ପୀଢ଼ିଙ୍କ ମନରେ କୌଣସି ସନ୍ଦେହ ନାହିଁ । ଆମେ ସତ୍ୟତାପୂର୍ଣ୍ଣ ସଦ୍‌ଭାବନା ତଥା ମାନବ ଜାତି ପ୍ରତି ସେହି ଭୟଙ୍କର ବିପଦ ପ୍ରତି ଚେତାବନୀ ଦେବା ନିମନ୍ତେ ଏହି ମାର୍ଗ ବାଛିଛୁ, ଯାହାର ପୂର୍ବାଭାଷ ଆମକୁ ବି ଦେଶର କୋଟି କୋଟି ଲୋକଙ୍କ ପରି ସ୍ପଷ୍ଟ ହୋଇଛି ।

ଆମେ ଏକପ୍ରକାର ଅହିଂସା ଶବ୍ଦ ପ୍ରୟୋଗ କରିଛୁ । ଆମେ ତାର ବ୍ୟାଖ୍ୟା କରିବାକୁ ଚାହୁଁଛୁ । ଆମ ଦୃଷ୍ଟିରେ ବଳ ପ୍ରୟୋଗ ସେହି ସମୟରେ ଅନ୍ୟାୟପୂର୍ଣ୍ଣ ହୁଏ, ଯେତେବେଳେ ତାହା ଆକ୍ରମଣ ରୀତିରେ ହୁଏ ଏବଂ ତାହା ଆମ ଦୃଷ୍ଟିରେ ହିଂସା ଅଟେ । ମାତ୍ର ଯେତେବେଳେ ଶକ୍ତିର ପ୍ରୟୋଗ କୌଣସି ବିଶିଷ୍ଟ ଉଦ୍ଦେଶ୍ୟ ପୂର୍ତ୍ତୀ ନିମନ୍ତେ ହୋଇଥାଏ, ତେବେ ଏହା ନୈତିକ ଦୃଷ୍ଟିରେ ନ୍ୟାୟସଙ୍ଗତ ହୋଇଯାଏ । ବଳ ପ୍ରୟୋଗର ପୂର୍ଣ୍ଣ ବହିଷ୍କାର କାଳ୍ପନିକ ଭ୍ରାନ୍ତି ଅଟେ । ଏହି ଦେଶରେ ଏକ ନୂତନ ଆନ୍ଦୋଳନ ମୁଣ୍ଡ ଟେକିଛି, ଯାହାର ପୂର୍ଣ୍ଣ ସୂଚନା ଆମେ ଦେଇସାରିଛୁ । ଏହି ଆନ୍ଦୋଳନ ଗୁରୁ ଗୋବିନ୍ଦ ସିଂହ ଏବଂ ଶିବାଜୀ, କମାଲ ପାଶା ଏବଂ ରିଜା ଖାଁ, ୱାସିଂଟନ ଏବଂ ଗୈରୀବାଲଡି ତଥା ଲାଫୟେତ ଏବଂ ଲେଲିନଙ୍କ କାର୍ଯ୍ୟରୁ ପ୍ରେରଣା ଗ୍ରହଣ କରେ ।

ଆମକୁ ଏପରି ଲାଗୁଛି ବିଦେଶୀ ସରକାର ଏବଂ ଭାରତର ସାର୍ବଜନିକ ନେତାମାନେ ଏହି ଆନ୍ଦୋଳନ ଦିଗରୁ ମୁହଁ ମୋଡ଼ି ଦେଇଛନ୍ତି ତଥା ସେମାନଙ୍କ କାନରେ ଏହାର ଆବାଜ ପଡ଼ିନାହିଁ । ଅତଃ ଏହା ଆମର ମନେ ହେଲା ଯେ ଆମେ ଏପରି ସ୍ଥାନରେ ଚେତାବନୀ ଦେବା ଯେଉଁଠି ଆମର ଶବ୍ଦ ଅଜଣା ରହିଯିବ ନାହିଁ । ଆମେ ଏ ପର୍ଯ୍ୟନ୍ତ ବିଚାରାଧୀନ ଘଟଣା ପଛରେ ନିହିତ ଆୟୋଜନର ଚର୍ଚ୍ଚା କରିଛୁ । ଏବେ ଆମେ ପ୍ରୟୋଜନର ମର୍ଯ୍ୟାଦା ବିଷୟରେ କିଛି କହିବାକୁ ଚାହୁଁଛୁ ।

ଆମ ମନରେ ସେହି ଲେକମାନଙ୍କ ପ୍ରତି କୌଣସି ବ୍ୟକ୍ତିଗତ ଦ୍ୱେଷଭାବ ଅଥବା ଶତ୍ରୁଭାବ ନଥିଲା, ଯାହାଙ୍କୁ ଏହି ଘଟଣା ସମୟରେ ସାଧାରଣ ଆଘାତ ଆସିଛି । କେବଳ ସେତିକି ନୁହେଁ, ଆସେମ୍ବ୍ଲିରେ ଉପସ୍ଥିତ କୌଣସି ବ୍ୟକ୍ତିଙ୍କ ପ୍ରତି ଆମର ବ୍ୟକ୍ତିଗତ ଦ୍ୱେଷ ନଥିଲା । ଆମେ ମନୁଷ୍ୟ ଜୀବନକୁ ଏତେ ପବିତ୍ର ମାନୁ ଯେ ତାହାର ବର୍ଣ୍ଣନା କରାଯାଇପାରିବ ନାହିଁ ତଥା କାହାରିକୁ ଆଘାତ ପହୁଁଚାଇବା ଆମର ଲକ୍ଷ୍ୟ ନଥିଲା । ମାନବ ଜାତିର ସେବା

ପାଇଁ ଆମେ ଜୀବନ ଦେବାକୁ ତତ୍ପର ଅଟୁ। ଆମେ ସାମ୍ରାଜ୍ୟବାଦୀ ନେତାମାନଙ୍କର ସେହି ଭଡ଼ାଟିଆ ସୈନିକମାନଙ୍କ ପରି ନୋହୁଁ ଯେଉଁମାନେ ହତ୍ୟା କରିବାରେ ଆନନ୍ଦିତ ହୁଅନ୍ତି। ଆମେ ମାନବ ଜୀବନରକ୍ଷା ପାଇଁ ପ୍ରଯତ୍ନ କରୁ। ଆମେ ସ୍ୱୀକାର କରୁଛୁ ଯେ, ଆମେ ଜାଣିଶୁଣି ଆସେମ୍ଲି ଭବନରେ ବମ୍ ପକାଇଲୁ। ଏହି ତଥ୍ୟ ବାଚ୍ଛଲତା ମାତ୍ର, ତଥା ଆମର ଅନୁରୋଧ ଯେ, ଆମର ପ୍ରୟୋଜନଙ୍କୁ ଆମର କାର୍ଯ୍ୟର ପରିଣାମ ଦ୍ୱାରା ଅନୁମାନ କରିନେବା ଆବଶ୍ୟକ, କାଳ୍ପନିକ ପରିସ୍ଥିତି ଏବଂ ପୂର୍ବ ମାନ୍ୟତାର ଆଧାରରେ ନୁହେଁ। ସରକାରୀ ବିଶେଷଜ୍ଞଙ୍କ ଦ୍ୱାରା ଦିଆଯାଇଥିବା ପ୍ରମାଣ ଦ୍ୱାରା ଯଦ୍ୟପି ସତ୍ୟ ଅଟେ ଯେ ଆମେ ଆସେମ୍ଲି ଭବନ ଉପରେ ଯେଉଁ ବମ୍ ପକାଇଲୁ ଏଥିରେ ଏକ ଖାଲି ବେଞ୍ଚକୁ ସାଧାରଣ କ୍ଷତି ଆସିଛି। ସରକାରଙ୍କ ବୈଜ୍ଞାନିକମାନେ ଏହାକୁ ଏକ ଚମତ୍କାର ବୋଲି କହିଛନ୍ତି। ମାତ୍ର ଆମ ଦୃଷ୍ଟିରେ ଏହା ଏକ ପୂର୍ଣ୍ଣ ବୈଜ୍ଞାନିକ ପ୍ରକ୍ରିୟା ଅଟେ। ପ୍ରଥମ କଥା ହେଉଛି ବମ୍ ଦୁଇଟି ଡ଼େସ୍କ ଏବଂ ବେଞ୍ଚ ମଝିର ଖାଲି ସ୍ଥାନରେ ଫୁଟିଛି। ଦ୍ୱିତୀୟରେ ଯେଉଁଲୋକ ବିସ୍ଫୋଟ ଠାରୁ ଦୁଇ ଫୁଟ ଦୂରରେ ଥିଲେ- ଯେପରି ଶ୍ରୀ ରାଉ, ଶ୍ରୀ ଶଙ୍କର ରାଓ ତଥା ଜର୍ଜ ସୁସ୍ଟର, ଏହି ଲୋକମାନଙ୍କୁ ବିଲ୍‌କୁଲ ଆଘାତ ଲାଗିନାହିଁ। କେବଳ ଚମ ଛିଡ଼ି ଯାଇଛି। ଯଦି ବମ୍ ଭିତରେ କିଛି ପ୍ରଭାବଶାଳୀ ତତ୍ତ୍ୱ ପୂର୍ଣ୍ଣ ଥାଆନ୍ତା ତେବେ ତାହା ଅବରୋଧକୁ ଖଣ୍ଡ ଖଣ୍ଡ କରି ଦେଇଥାନ୍ତା ତଥା ବିସ୍ଫୋଟସ୍ଥଳରୁ କେତେ ଗଜ ଦୂରରେ ବସିଥିବା ବ୍ୟକ୍ତିମାନେ ଆହତ ହୋଇଥାନ୍ତେ ଏବଂ ଏହାଠାରୁ ଅଧିକ ବିସ୍ଫୋଟକ ଏବଂ ପ୍ରଭାବଶାଳୀ ତତ୍ତ୍ୱ ବିଧାନସଭାର ଅଧିକାଂଶ ସଦସ୍ୟଙ୍କ ଜୀବନ-ଲୀଳା ସମାପ୍ତ କରି ପାରିଥାନ୍ତା। ଆମେ ଏହା ମଧ୍ୟ କରିପାରିଥାନ୍ତୁ ଯେ, ଆମେ ଏହାକୁ ସରକାରୀ ବକ୍ସ ଉପରକୁ ଫିଙ୍ଗି ପାରିଥାନ୍ତୁ ଯେଉଁଠି ମହତ୍ତ୍ୱପୂର୍ଣ୍ଣ ଲୋକ ବସିଥିଲେ ଏବଂ ଶେଷରେ ଆମେ ଏକଥା ମଧ୍ୟ କରି ପାରିଥାନ୍ତୁ ଯେ ସେ ସମୟରେ ଅଧକ୍ଷ କ୍ୟାଲେରୀରେ ସାର ଜନ ସାଇମନଙ୍କ ଉପରେ ଆଘାତ କରି ପାରିଥାନ୍ତୁ। ମାତ୍ର ଆମର ଏସବୁ ପ୍ରୟୋଜନ ନଥିଲା। ବମ୍‌କୁ ଯେଉଁ ଉଦ୍ଦେଶ୍ୟରେ ନିର୍ମାଣ କରାଯାଇଥିଲା, ତାହା ତା'ଠାରୁ ଅଧିକ କାର୍ଯ୍ୟ କରିନାହିଁ। ଏଥିରେ ଚମତ୍କାରୀତା ନଥିଲା। ଜାଣିଶୁଣି ଏହି ଧେୟ ନିଶ୍ଚିତ କରିଥିଲୁ ଯେ ସମସ୍ତ ଲୋକଙ୍କ ଜୀବନ ସୁରକ୍ଷିତ ରହୁ।

ଏହାପରେ ଆମେ ଆମ କାର୍ଯ୍ୟର ପରିଣାମ ସ୍ୱରୁପ ଦଣ୍ଡ ପାଇବା ପାଇଁ ସ୍ୱେଛାର ସହିତ ନିଜେ ନିଜକୁ ପ୍ରସ୍ତୁତ କରିଦେଲୁ ଏବଂ ସାମ୍ରାଜ୍ୟବାଦୀ ଶୋଷକଙ୍କୁ ଏହା ବତାଇ ଦେଲୁ ଯେ ସେ ବ୍ୟକ୍ତିମାନଙ୍କୁ ନଷ୍ଟ କରି ଦିଆଯାଇପାରେ, ମାତ୍ର ବିଚାରକୁ ହତ୍ୟା କରାଯାଇ ନପାରେ। ଦୁଇ ମହତ୍ତ୍ୱହୀନ ଏକତାକୁ ନଷ୍ଟ କରିଦେଲେ ରାଷ୍ଟ୍ରକୁ ନଷ୍ଟ କରାଯାଇ ପାରେ ନାହିଁ। ଆମେ ଏହି ଐତିହାସିକ ନିଷ୍କର୍ଷ ଉପରେ ଜୋର ଦେବାକୁ ଚାହୁଁଛୁ ଯେ ଫ୍ରାନ୍‌ସରେ ଲେଟର୍ସ ଡକେଟୟେଟ୍ ତଥା ବେଲ୍‌ସଟାଇଲ୍‌ସ ଘଟଣାରେ କ୍ରାନ୍ତିକାରୀ ଆନ୍ଦୋଳନଙ୍କୁ ନଷ୍ଟ କରି ପାରିନଥିଲେ ଏବଂ ଫାଶୀର ରସି ସାଇବେରିଆରେ ବିଛା ଯାଇଥିବା ମଡ଼ର୍ଣ୍ଣ କ୍ରାନ୍ତିର

ଜ୍ୱାଳାକୁ ଶାନ୍ତ କରାଯାଇ ପାରିନଥିଲା । ଏହିପ୍ରକାର ଏହା ବି ଅସମ୍ଭବ ଯେ ଏ ଅଧ୍ୟାଦେଶ ଏବଂ ସୁରକ୍ଷା ବିଧେୟକ ଭାରତୀୟ ସ୍ୱାଧୀନତାର ଚକ୍ରକୁ ନଷ୍ଟ କରିପାରିବେ । ଷଡ଼ଯନ୍ତ୍ରର ଭେଦ ଖୋଜିବା, ତାହାକୁ ତୀବ୍ର ସ୍ୱରରେ ନିନ୍ଦା କରିବା, ତଥା ଉଚ୍ଚତର ଆଦର୍ଶର ସ୍ୱପ୍ନ ଦେଖୁଥିବା ସମସ୍ତ ନବଯୁବକଙ୍କୁ ଫାଶୀ ଖୁଣ୍ଟରେ ଚଢ଼ାଇ ଦେଲେ କ୍ରାନ୍ତିର ଗତିକୁ ଅବରୁଦ୍ଧ କରାଯାଇ ପାରିବ ନାହିଁ । ଯଦି ଆମର ଏହି ଚେତାବନୀକୁ ଗ୍ରହଣ କରାଯାଏ ତେବେ ଏହା ଜୀବନର କ୍ଷତି ଏବଂ ବ୍ୟାପକ ଉତ୍ପୀଡ଼ନକୁ ରୋକିବାରେ ସହାୟକ ସିଦ୍ଧ ହୋଇପାରେ । ଏହି ଚେତାବନୀ ଦେବା ଭାର ଆମେ ନିଜେ ନିଜ କାନ୍ଧରେ ବହନ କଲୁ ଏବଂ କର୍ତ୍ତବ୍ୟ ପାଳନ କଲୁ ।

କ୍ରାନ୍ତୀରେ ଘାତକ ସଂଘର୍ଷର ଅନିବାର୍ଯ୍ୟ ସ୍ଥାନ ନାହିଁ, ନା ଏଥିରେ ବ୍ୟକ୍ତିଗତ ରୂପେ ପ୍ରତିଶୋଧ ନେବାର ଭାବନା ନିହିତ । କ୍ରାନ୍ତୀ ବମ୍ ଏବଂ ପିସ୍ତଲର ସଂସ୍କୃତି ନୁହେଁ । କ୍ରାନ୍ତୀରେ ଆମର ପ୍ରୟୋଜନ ଏହା ଯେ ଅନ୍ୟାୟ ଉପରେ ଆଧାରିତ ବର୍ତ୍ତମାନର ଅର୍ଥବ୍ୟବସ୍ଥାରେ ପରିବର୍ତ୍ତନ ଆଣିବା ଦରକାର । ଉତ୍ପାଦକ ଏବଂ ଶ୍ରମିକ ସମାଜର ଅତ୍ୟନ୍ତ ଆବଶ୍ୟକ ତତ୍ତ୍ୱ ଅଟେ । ତଥାପି ଶୋଷକ ଲୋକ ଏହାକୁ ଶ୍ରମର ଫଳ ଏବଂ ମୌଳିକ ଅଧିକାରରୁ ବଞ୍ଚିତ କରି ଦେଉଛନ୍ତି । ଗୋଟିଏ ଦିଗରେ ସମସ୍ତଙ୍କ ପାଇଁ ଅନ୍ନ ଉତ୍ପାଦନ କରୁଥିବା କୃଷକ ପରିବାର ଭୋକରେ ମରୁଛନ୍ତି, ସାରା ଦୁନିଆର ବଜାରରେ କପଡ଼ା ଯୋଗାଉଥିବା ବୁଣାକାର ନିଜେ ଏବଂ ନିଜର ପିଲାମାନଙ୍କ ଦେହ ଢାଙ୍କିବାକୁ ବସ୍ତ୍ର ପାଇ ପାରୁନାହାନ୍ତି । ଭବନ ନିର୍ମାଣକାରୀ କମାର ଏବଂ ବଢ଼େଇ କାମରେ ଲାଗିଥିବା ଲୋକ ବିଳାସପୂର୍ଣ୍ଣ ଗୃହ ନିର୍ମାଣ କରୁଥିଲେ ମଧ ଅପରିଷ୍କାର ବସ୍ତିରେ ରହୁଛନ୍ତି ଏବଂ ମରୁଛନ୍ତି । ଅନ୍ୟ ଦିଗରେ ପୁଞ୍ଜିପତି, ଶୋଷକ ଏବଂ ସମାଜରେ ମୌଜମସ୍ତିରେ ଜୀଉଁଥିବା ଲୋକ ନିଜ ନିଜର ବିଳାସ ପୂର୍ତ୍ତି ପାଇଁ ପାଣି ପରି ଟଙ୍କା ଖର୍ଚ୍ଚ କରୁଛି । ଏହି ଭୟଙ୍କର ବିଷମତା ଏବଂ ବିକାଶର କୃତ୍ରିମ ସମାନତା ସମାଜକୁ ଅରାଜକତା ଆଡ଼କୁ ନେଇ ଯାଉଛି । ଏହି ପରିସ୍ଥିତି ସବୁବେଳେ ରହିବ ନାହିଁ ତଥା ଏହା ସ୍ପଷ୍ଟ ଯେ ବର୍ତ୍ତମାନର ସମାଜ ବ୍ୟବସ୍ଥା ଏକ ଜ୍ୱାଳାମୁଖୀ ଉପରେ ବସିଥିବା ଆନନ୍ଦରେ ମଗ୍ନ ହେଉଛି ଏବଂ ଶୋଷକଙ୍କ ଅବୋଧ ଶିଶୁ ପରି ଆମେ ଏକ ବିପଦପୂର୍ଣ୍ଣ ଫାଟର ତଟ ଦେଶରେ ଠିଆ ହୋଇଛୁ । ଯଦି ସଭ୍ୟତାର ଢାଞ୍ଚାକୁ ସମୟ ଥାଇ ରକ୍ଷା କରା ନଯାଏ, ତେବେ ତାହା ନଷ୍ଟ-ଭ୍ରଷ୍ଟ ହୋଇଯିବ । ଅତଃ କ୍ରାନ୍ତିକାରୀ ପରିବର୍ତ୍ତନର ଆବଶ୍ୟକତା ଅଛି । ଯେଉଁ ଲୋକ ଏହି ଆବଶ୍ୟକତାକୁ ଅନୁଭବ କରନ୍ତି, ସେମାନଙ୍କ କର୍ତ୍ତବ୍ୟ, ଏ ସମାଜକୁ ସମାଜବାଦୀ ଆଧାରରେ ପୁର୍ନଗଠନ କରନ୍ତୁ । ଯେ ପର୍ଯ୍ୟନ୍ତ ଏହା ନ ହୋଇଛି ଏବଂ ଗୋଟିଏ ରାଷ୍ଟ୍ର ଦ୍ୱାରା ଅନ୍ୟ ରାଷ୍ଟ୍ରର ଶୋଷଣ ଲାଗି ରହିବ, ଯାହାକୁ ସାମ୍ରାଜ୍ୟବାଦ କୁହା ଯାଇପାରେ, ସେ ପର୍ଯ୍ୟନ୍ତ ସେଥିରୁ ଉତ୍ପନ୍ନ ହେଉଥିବା ପୀଡ଼ା ଏବଂ ଅପମାନ, ମାନବ ଜାତିର ସାର୍ବଭୌମିକ ଶାନ୍ତି ଓ ଯୁଗର ସୂତ୍ରପାତ କରିବା ବିଷୟରେ କରାଯାଉଥିବା ସମସ୍ତ ଚର୍ଚ୍ଚା ଛଳନାପୂର୍ଣ୍ଣ ହେବ । କ୍ରାନ୍ତି ସହିତ ଆମର ପ୍ରୟୋଜନ ଅନ୍ତତଃ ଏପରି ଏକ ସାମାଜିକ ବ୍ୟବସ୍ଥା କରିବା, ଯାହା ଦ୍ୱାରା ଏ

ପ୍ରକାର ଘାତକ ବିପଦର ସାମନା କରିବାକୁ ନ ପଡ଼େ ଏବଂ ଯାହା ଦ୍ୱାରା ସର୍ବହରା ବର୍ଗର ପ୍ରଭୁତାକୁ ମାନ୍ୟତା ଦିଆଯିବ। ଏହାର ପରିଣାମ ହେବ ବିଶ୍ୱ-ସଂଘ ମାନବ ଜାତିକୁ ପୁଞ୍ଜିବାଦର ବନ୍ଧନ ତଥା ଯୁଦ୍ଧରୁ ହେଉଥିବା ବିନାଶ ଏବଂ ବିପଦରୁ ରକ୍ଷା କରାଯାଇ ପାରିବ। ଏହା ହିଁ ଆମର ଆଦର୍ଶ । ଏହି ଆଦର୍ଶରୁ ପ୍ରେରଣା ଗ୍ରହଣ କରି ଆମେ ଏକ ସମୁଚିତ ଚେତାବନୀ ଦେଉଛୁ। ଯଦି ଏହାକୁ ବି ଉପେକ୍ଷା କରାଯାଏ ତଥା ବର୍ତ୍ତମାନ ଶାସନ ବ୍ୟବସ୍ଥା ନବୋଦିତ ପ୍ରାକୃତିକ ଶକ୍ତିର ମାର୍ଗକୁ ଅବରୋଧ କରିବାର କ୍ରମକୁ ଜାରି ରଖେ ତେବେ ଏକ ଭୀଷଣ ସଂଘର୍ଷ ଉତ୍ପନ୍ନ ହେବା ନିଶ୍ଚିତ ଅଟେ, ଯାହାର ପରିଣାମ ସ୍ୱରୂପ ସମସ୍ତ ବାଧକ ତତ୍ତ୍ୱକୁ ଉଠାଇ ଫିଙ୍ଗି ଦିଆଯିବ ତଥା ସର୍ବହରା ବର୍ଗର ଆଧିପତ୍ୟ ହେବ, ଯାହାଦ୍ୱାରା କ୍ରାନ୍ତୀର ଲକ୍ଷ୍ୟକୁ ଉପଲବ୍ଧି କରାଯାଇପାରେ।

କ୍ରାନ୍ତୀ ମାନବ ଜାତିର ଜନ୍ମଗତ ଅଧିକାର ଅଟେ। ସ୍ୱତନ୍ତ୍ରତା ସମସ୍ତ ମନୁଷ୍ୟଙ୍କର ଜନ୍ମସିଦ୍ଧ ଅଧିକାର ଯାହାକୁ କୌଣସି ସ୍ଥିତିରେ ଛଡ଼ାଇ ନିଆଯାଇ ପାରିବ ନାହିଁ। ଶ୍ରମିକ ବର୍ଗ ସମାଜର ବାସ୍ତବିକ ଆଧାର ଅଟେ। ଲୋକ ପ୍ରଭୁତାର ସ୍ଥାପନା ଶ୍ରମିକମାନଙ୍କର ଅନ୍ତିମ ଧ୍ୟେୟ ଅଟେ। ଏହି ଆଦର୍ଶ ତଥା ଆସ୍ଥା ପାଇଁ ଆମେ ସମସ୍ତ କଷ୍ଟକୁ ସ୍ୱାଗତ କରିବୁ, ଯାହା ଆମକୁ ନ୍ୟାୟାଳୟ ଦ୍ୱାରା ଦିଆଯିବ। ଏହି ବେଦୀ ଉପରେ ଆମେ ନିଜର ଜୀବନ ଯୌବନକୁ ଧୂପବତୀ ପରି ଜଳାଇବାକୁ ସ୍ଥିର କରିଛୁ। ଏତେ ବଡ଼ ମହାନ ଧ୍ୟେୟ ପାଇଁ କୌଣସି ବଳିଦାନ ବଡ଼ ବୋଲି ସିଦ୍ଧ ହୋଇ ପାରିବ ନାହିଁ। ଆମେ କ୍ରାନ୍ତିର ଉତ୍କର୍ଷକୁ ସନ୍ତୋଷ ପୂର୍ବକ ପ୍ରତୀକ୍ଷା କରିବୁ।......ଇନ୍‌କିଲାବ ଜିନ୍ଦାବାଦ୍।"

ସେଶନଜଜ ମିଡ଼ଲ୍‌ଟନଙ୍କ ମତରେ ଏହି ବକ୍ତବ୍ୟର ଅଂଶ ଆପତ୍ତିଜନକ ଥିଲା। ଏଥିପାଇଁ ସେ ପରଦିନ ସଫେଇ ଦେବା ପକ୍ଷ ଓକିଲ ଶ୍ରୀ ଆସଫ ଅଲ୍ଲୀ ତଥା ପବ୍ଲିକ୍ ପ୍ରୋସିକ୍ୟୁଟର ଦୁହିଁଙ୍କୁ ଡକାଇଲେ ତଥା ତାଙ୍କ ସହିତ ଏହି ଆପତ୍ତିଜନକ ଅଂଶକୁ ବାଦ ଦେବାକୁ ଇଛା ବ୍ୟକ୍ତ କଲେ। ଶ୍ରୀ ଆସ୍‌ଫ ଅଲ୍ଲୀ ମଧ୍ୟ ଏଥିରେ ସହମତ ହୋଇଗଲେ ଏବଂ ସେ ଭଗତ ସିଂହଙ୍କୁ ବି ଏଥିପାଇଁ ମନାଇ ନେଲେ। ଏହି ପ୍ରକାର ତାଙ୍କ ଭାଷଣରେ ସୁଧାର କରି ଏହାର କପି ରେକର୍ଡ଼ରେ ରଖାଗଲା। ଦିଲ୍ଲୀର କମିଶନର ଶୀଘ୍ର ଆଜ୍ଞା ଜାରି କରିଦେଲେ ଯେ କୌଣସି ସମାଚାର ପତ୍ରରେ ଭଗତ ସିଂହଙ୍କ ଏହି ଭାଷଣ ପ୍ରକାଶିତ କରାଯିବ ନାହିଁ। କିନ୍ତୁ ଏହି ଆଦେଶ ଜାରି ହେବା ପୂର୍ବରୁ 'ପାଓନିଅର' ଏହାକୁ ତାର ମୂଳ ରୂପରେ ପ୍ରକାଶିତ କରି ସାରିଥିଲା। ପରେ ସଂଶୋଧିତ ଭାଷଣର ଗୋଟିଏ ଗୋଟିଏ କପି ସମସ୍ତ ସମାଚାର ପତ୍ରକୁ ପଠାଇ ଦିଆଗଲା, ଯାହାକୁ ସେମାନେ ପ୍ରକାଶିତ କଲେ। ଏତିକି ନୁହେଁ, ବିଦେଶୀ ସମାଚାର ପତ୍ରମାନେ ଏହାକୁ ପ୍ରମୁଖତାର ସହିତ ପ୍ରକାଶିତ କଲେ। ଏ ସବୁରୁ କ୍ରାନ୍ତିକାରୀ ମାନଙ୍କ ବିଚାରଧାରା ଦୁନିଆ ସାମନାକୁ ଆସିଲା। ବାସ୍ତବରେ ଭଗତ ସିଂହ ବି ଏହା ଚାହୁଁଥିଲେ ଯେ ତାଙ୍କ ବିଚାର ସହ ଦୁନିଆ ପରିଚିତ ହେଉ।

ଏହି ଭାଷଣକୁ ଅଦାଲତରେ ନିଜ ତରଫରୁ ଭଗତ ସିଂହ ନିଜେ ପଢ଼ିଥିଲେ ଏବଂ ବଟୁକେଶ୍ୱର ଦତ୍ତଙ୍କ ତରଫରୁ ତାଙ୍କର ଓକିଲ ଶ୍ରୀ ଆସଫ୍ ଅଲ୍ଲୀ ପଢ଼ିଥିଲେ। ଏହି ଭାଷଣ ଦ୍ୱାରା ସମଗ୍ର ଦେଶର ଧ୍ୟାନ ଭଗତ ସିଂହଙ୍କ ଆଡ଼କୁ ଆହୁରି ଅଧିକ ଆକୃଷ୍ଟ ହେଲା। ସବୁଠାରୁ ବଡ଼ କଥା ହେଲା, ଏହି ଦୁଇ ବୀର ନିଜର ମୁକ୍ତି ପାଇଁ କୌଣସି ଚେଷ୍ଟା କରି ନଥିଲେ। ଶେଷରେ ୧ ଜୁନ୍ ୧୯୨୯ ରେ ଏହି ମାମଲାର ଶୁଣାଣୀ ସମାପ୍ତ ହୋଇଗଲା ତଥା ୧୨ଜୁନ୍ ୧୯୨୯ରେ ସେଶନ ଜଜ ନିଜର ମୁକ୍ତି ପାଇଁ କୌଣସି ବ୍ୟବସ୍ଥା କରି ନଥିଲେ। ଶେଷରେ ୧ଜୁନ୍ ୧୯୨୯କୁ ଏହି ସେଶନ ଜଜ ନିଜର ୪୧ ପୃଷ୍ଠାର ଫଏସଲା ଶୁଣାଇଲେ, ଯେଉଁଥିରେ ଭଗତ ସିଂହ ଏବଂ ବଟୁକେଶ୍ୱର ଦତ୍ତ ଦୁହିଁଙ୍କୁ ଭାରତୀୟ ଦଣ୍ଡ ସଂହିତାର ଧାରା ୩୦୭ ତଥା ବିସ୍ଫୋଟକ ପଦାର୍ଥ ଆଇନର ଧାରା ୩ ଅନ୍ତର୍ଗତ ଆଜୀବନ କାରାଦଣ୍ଡ ସଜା ଦିଆଗଲା। ଏହାପରେ ଭଗତ ସିଂହଙ୍କୁ ପଞ୍ଜାବର ବଦନାମ ମିଆଁବାଲୀ ଜେଲ୍‌କୁ ତଥା ବଟୁକେଶ୍ୱର ଦତ୍ତଙ୍କୁ ଲାହୋର ସେଣ୍ଟ୍ରାଲ ଜେଲକୁ ପଠାଇ ଦିଆଗଲା।

## ହାଇକୋର୍ଟରେ ଅପିଲ:

ଏହା ପରିଷ୍କାର ଯେ ଏହି ଦୁଇ ବୀର ନିମ୍ନ ଅଦାଲତରେ ହିଁ ନିଜର ମୁକ୍ତିର ବିରୁଦ୍ଧରେ ଥିଲେ, କିନ୍ତୁ ସେମାନେ ନିଜର ବିଚାରକୁ ଅଧିକରୁ ଅଧିକ ଲୋକମାନଙ୍କ ପର୍ଯ୍ୟନ୍ତ ପହଞ୍ଚାଇବା ପାଇଁ ଚାହୁଁଥିଲେ। ଏଥିପାଇଁ ସେମାନେ ସେଶନ ଜଜଙ୍କ ଫଏସଲାକୁ ଲାହୋର ହାଇକୋର୍ଟରେ ଅପିଲ କଲେ। ଏହି ଫଏସଲାକୁ ଜଷ୍ଟିସ୍ କୋର୍ଡ଼ ତଥା ଜଷ୍ଟିସ୍ ଏଡ଼ିସିନ୍ ଶୁଣିଲେ। ସେଠାରେ ଭଗତ ସିଂହ ନିଜର ଅନ୍ୟ ମହତ୍ତ୍ୱପୂର୍ଣ୍ଣ ଭାଷଣ ଦେଲେ ଯାହା ଏହି ପ୍ରକାର ଥିଲା-

"ମାଇଁ ଲର୍ଡ଼ ! ଆମେ ଓକିଲ ନୁହେଁ, ଇଂରେଜଙ୍କ ବିଶେଷଜ୍ଞ ବି ନୁହେଁ, ଏବଂ ନା ଆମ ପାଖରେ କୌଣସି ଡିଗ୍ରୀ ଅଛି। ଏଥିପାଇଁ ଆମଠାରୁ ମହତ୍ତ୍ୱପୂର୍ଣ୍ଣ ଭାଷଣ ଆଶା କରାନଯାଉ। ଆମର ପ୍ରାର୍ଥନା ଯେ ଆମ ବୟାନର ଭାଷା ସମ୍ବନ୍ଧୀୟ ଭୁଲ୍ ଉପରେ ଧ୍ୟାନ ଦିଆନଯାଉ। ଏହାର ବାସ୍ତବିକ ଅର୍ଥକୁ ବୁଝିବାକୁ ଚେଷ୍ଟା କରାଯାଉ। ଅନ୍ୟ ସମସ୍ତ ଉଦ୍ଦେଶ୍ୟକୁ ଓକିଲଙ୍କ ଉପରେ ଛାଡ଼ି ମୁଁ ଗୋଟିଏ ଉଦ୍ଦେଶ୍ୟର ବିଚାର ପ୍ରକଟ କରିବି। ଏହି ଉଦ୍ଦେଶ୍ୟ ଏହି ମକଦ୍ଦମାରେ ଅତ୍ୟନ୍ତ ମହତ୍ତ୍ୱପୂର୍ଣ୍ଣ ଅଟେ। ଉଦ୍ଦେଶ୍ୟ ଏହା ଯେ ଆମର ଇଚ୍ଛା କ'ଣ ଥିଲା ? ଆମେ କେତେଦୂର ପର୍ଯ୍ୟନ୍ତ ଅପରାଧୀ ଅଟୁ।

ଏହି ମାମଲା ବଡ଼ ଜଟିଳ, ଏଥିପାଇଁ କୌଣସି ବ୍ୟକ୍ତି ଆପଣଙ୍କ ସେବାରେ ବିଚାରର ସେ ଉଚ୍ଚତା ପ୍ରସ୍ତୁତ କରିପାରିବ ନାହିଁ। ଯାହାର ପ୍ରଭାବରେ ଆମେ ଏକ ନିର୍ଦ୍ଦିଷ୍ଟ ଢଙ୍ଗରେ ଭାବିବା ଏବଂ ବ୍ୟବହାର କରିବାକୁ ଲାଗିଥିଲୁ। ଆମେ ଚାହୁଁଛୁ ଯେ, ଏହାକୁ ଦୃଷ୍ଟିରେ ରଖି

ଆମର ଇଛା ଏବଂ ଅପରାଧ ଅନୁମାନ କରାଯାଇ ପାରେ। ପ୍ରସିଦ୍ଧ କାନୁନବିତ୍ ସାଲୋମନଙ୍କ ଅନୁସାରେ କୌଣସି ବ୍ୟକ୍ତିକୁ ତାର ଉଦ୍ଦେଶ୍ୟ ନଜାଣି ସେ ପର୍ଯ୍ୟନ୍ତ ସଜା ମିଳିବା ଉଚିତ୍ ନୁହେଁ, ଯେ ପର୍ଯ୍ୟନ୍ତ ଏହା କାନୁନ ବିରୋଧୀ ଆଚରଣ ବୋଲି ସିଦ୍ଧ ହୋଇନାହିଁ।

ସେଶନ ଜଜଙ୍କ ଅଦାଲତରେ ମୁଁ ଯେଉଁ ଲିଖିତ ବୟାନ ଦେଇଥିଲି, ତାହା ଆମ ଉଦ୍ଦେଶ୍ୟକୁ ବ୍ୟାଖ୍ୟା କରୁଥିଲା ଏବଂ ଏହି ରୂପେ ଆମର ଇଛା ବି ବ୍ୟାଖ୍ୟା କରୁଥିଲା । କିନ୍ତୁ ସେଶନ ଜଜ ମହୋଦୟ କଲମର ତୀକ୍ଷ୍ଣ ମୁନରେ ଏହା କହି ସାଧାରଣ ସ୍ତରରେ ଅପରାଧୀଙ୍କ ବ୍ୟବହାରରେ ଉପସ୍ଥାପିତ ବାର୍ତ୍ତା କାନୁନ କାର୍ଯ୍ୟକୁ ପ୍ରଭାବିତ କରୁନାହିଁ। ଏବଂ ଏହି ଦେଶରେ କେବେ କେମିତି ଉଦ୍ଦେଶ୍ୟ ଏବଂ ଇଛା ଚର୍ଚ୍ଚା ହେଉଛି। ଆମର ସମସ୍ତ ଚେଷ୍ଟା ବେକାର କରିଦେଲେ।

ମାଇଁ ଲର୍ଡ଼! ଏହି ପରିସ୍ଥିତିରେ ବିଦ୍ୱାନ ଜଜଙ୍କ ପାଇଁ ଉଚିତ ଥିଲା ଯେ ହୁଏତ ଅପରାଧର ଅନୁମାନ ପରିଣାମ ଦ୍ୱାରା ଲଗାଇଥାନ୍ତେ ଅଥବା ଆମ ବୟାନ ସାହାଯ୍ୟରେ ମନୋବୈଜ୍ଞାନିକ ଦୃଷ୍ଟିକୋଣରୁ ଫଏସଲା କରିଥାନ୍ତେ। ମାତ୍ର ସେମାନେ ଏ ଦୁଇଟିରୁ ଗୋଟିଏ ବି କଲେ ନାହିଁ।

ପ୍ରଥମ କଥା ଆସେମ୍ବ୍ଲିରେ ଆମେ ଯେଉଁ ବମ୍ ପକାଇଥିଲୁ, ତାଦ୍ୱାରା କୌଣସି ଲୋକଙ୍କୁ ଶାରୀରିକ ବା ମାନସିକ କ୍ଷତି ହୋଇନାହିଁ। ଏହି ଦୃଷ୍ଟିରୁ ଯେଉଁ ସଜା ଆମକୁ ଦେଲେ ଦେଖାଯାଏ ଯେ ଯେପର୍ଯ୍ୟନ୍ତ ଅଭିଯୁକ୍ତର ମନୋଭାବନାର ସନ୍ଧାନ ଲଗା ନଯାଏ ତାର ଅସଲ ଉଦ୍ଦେଶ୍ୟ ସନ୍ଧାନ ଲଗାଯାଇ ପାରେନାହିଁ। ଯଦି ଉଦ୍ଦେଶ୍ୟକୁ ପୂର୍ଣ୍ଣରୂପେ ବାଦ ଦିଆଯାଏ, ତେବେ କୌଣସି ବ୍ୟକ୍ତିଙ୍କ ସହିତ ନ୍ୟାୟ ହୋଇପାରିବ ନାହିଁ। କାରଣ ଉଦ୍ଦେଶ୍ୟକୁ ଦୃଷ୍ଟିରେ ନରଖିଲେ ସଂସାରର ବଡ଼ ବଡ଼ ସେନାପତି ସାଧାରଣ ହତ୍ୟାକାରୀ ରୂପେ ପରିଗଣିତ ହେବେ। ସରକାରୀ କର ଅସୁଲକାରୀ ଅଧିକତର ଚୋର-ଧୋକ୍କାବାଜ ରୂପେ ଦେଖାଦେବେ ଏବଂ ନ୍ୟାୟାଧୀଶଙ୍କ ଉପରେ ମଧ୍ୟ ହତ୍ୟା ଅଭିଯୋଗ ଲାଗିବ। ଏପରି ସାମାଜିକ ବ୍ୟବସ୍ଥା ଏବଂ ସଭ୍ୟତା, ଖୁନ୍-ଖରାପ, ଚୋରୀ ଏବଂ ଧୋକାବାଜୀ ହୋଇ ରହିଯିବ।

ଯଦି ଉଦ୍ଦେଶ୍ୟକୁ ଉପେକ୍ଷା କରାଯାଏ ତେବେ ଶାସନର କି ଅଧିକାର ଅଛି ଯେ, ସମାଜର ବ୍ୟକ୍ତିମାନଙ୍କ ସହିତ ନ୍ୟାୟ କରିବାକୁ କହିବ। ଯଦି ଉଦ୍ଦେଶ୍ୟକୁ ଉପେକ୍ଷା କରାଯିବ ତେବେ ଆମକୁ ଧର୍ମପ୍ରଚାରର ମିଥ୍ୟା ପ୍ରଚାର ଭାବେ ଦେଖାଯିବ ଏବଂ ପ୍ରତ୍ୟେକ ଧର୍ମ ପ୍ରବର୍ତ୍ତକଙ୍କ ଉପରେ ଅଭିଯୋଗ ଲାଗିବ ଯେ କୋଟି କୋଟି ସରଳ ଅପରିଚିତ ଲୋକଙ୍କୁ ବିପଥଗାମୀ କରାଯାଇଛି। ଯଦି ଉଦ୍ଦେଶ୍ୟକୁ ଭୁଲାଇ ଦିଆଯିବ ତେବେ ହଜରତ ଈସାମସିହ ବିଶୃଙ୍ଖଳା କରିବା ବାଲା, ଶାନ୍ତି ଭଙ୍ଗ କରିବା ବାଲା ଏବଂ ବିଦ୍ରୋହ ପ୍ରଚାର କରିବା ବାଲା ଦେଖାଦେବେ ଏବଂ କାନୁନ ଭାଷାରେ ବିପଦପୂର୍ଣ୍ଣ ବ୍ୟକ୍ତିତ୍ୱ ମାନି ତାଙ୍କୁ ଦଣ୍ଡ ଦିଆଯିବ। କିନ୍ତୁ ଆମେ ତାଙ୍କୁ

ପୂଜା କରୁଛୁ, ତାଙ୍କ ପାଇଁ ଆମ ହୃଦୟରେ ଅଧ୍ୟାତ୍ମିକତାର ସ୍ପନ୍ଦନ ଖେଳାଉଛି । ଏହା କାହିଁକି ? ଏହା ଏଇଥିପାଇଁ ଯେ ସେମାନଙ୍କ ପ୍ରଯତ୍ନର ଏକ ପ୍ରେରକ ଉଚ୍ଚ ଉଦ୍ଦେଶ୍ୟ ଥିଲା । ସେ ଯୁଗର ଶାସକମାନେ ତାଙ୍କର ଉଦ୍ଦେଶ୍ୟକୁ ଚିହ୍ନି ପାରିଲେ ନାହିଁ । ସେମାନେ ତାଙ୍କର ବାହାର ବ୍ୟବହାରକୁ ହିଁ ଦେଖିଲେ । କିନ୍ତୁ ସେହି ସମୟଠାରୁ ଏ ସମୟ ପର୍ଯ୍ୟନ୍ତ ଉଣେଇଶ ଶତାବ୍ଦୀ ବିତିଯାଇଛି । ଆମେ କ'ଣ ସେହି ଦିନଠାରୁ ବର୍ତ୍ତମାନ ପର୍ଯ୍ୟନ୍ତ କୌଣସି ଉନ୍ନତି ଅବସ୍ଥା ପ୍ରାପ୍ତ କରିନାହେଁ ଯେ ଆମେ ସେହିପରି ଭୁଲକୁ ଦୋହରାଇବୁ ? ଯଦି ଏପରି ହୁଏ ତେବେ ମାନବିକତାକୁ ବଳି ଚଢ଼ାଇ, ମହାନ ଶହୀଦ ପ୍ରଯତ୍ନ ବେକାର ରହିବ ଏବଂ ଆଜି ବି ଆମେ ସେହି ସ୍ଥାନରେ ଅଛେ ଯେଉଁଠି ଆଜିଠାରୁ ବିଂଶ ଶତାବ୍ଦୀ ପଛରେ ଥିଲେ ।

କାନୁନୀ ଦୃଷ୍ଟିରେ ଉଦ୍ଦେଶ୍ୟର ପ୍ରଶ୍ନ ବିଶେଷ ମହତ୍ତ୍ୱ ରଖେ । ଜେନେରାଲ ଡାୟରଙ୍କ ଉଦାହରଣ ନିଅନ୍ତୁ । ସେମାନେ ଗୁଳି ଚଳାଇଲେ ଏବଂ ଶହ ଶହ ନିରପରାଧ ଏବଂ ଶସ୍ତ୍ରହୀନ ବ୍ୟକ୍ତିଙ୍କୁ ମାରିଦେଲେ । କିନ୍ତୁ ଫୌଜ ଅଦାଲତ ଗୁଳିର ନିଶାଣ ହୁକୁମ ପରିବର୍ତ୍ତେ ଲକ୍ଷ ଲକ୍ଷ ଟଙ୍କା ପୁରସ୍କାର ଦେଲେ । ଆଉ ଏକ ଉଦାହରଣ ଉପରେ ଧ୍ୟାନ ଦିଅନ୍ତୁ- ଶ୍ରୀ ଖଡ଼ଗ ବାହାଦୂର ସିଂହ ଯିଏ ଜଣେ ନୌଜବାନ ଗୋର୍ଖା, କଲିକତାରେ ଜଣେ ଅମୀର ମାରୱାଡ଼ିକୁ ଛୁରୀ ମାରିଦେଲେ । ଯଦି ଉଦ୍ଦେଶ୍ୟକୁ ଗୋଟିଏ ପଟେ ରଖି ନିଆଯାଏ ତେବେ ଖଡ଼ଗ ବାହାଦୂର ସିଂହଙ୍କୁ ମୃତ୍ୟୁଦଣ୍ଡ ଦେବାର ଥିଲା । ମାତ୍ର ତାଙ୍କୁ  କିଛି ବର୍ଷ କଏଦୀର ସଜା ଦିଆଗଲା ଏବଂ ଅବଧି ପୂର୍ବରୁ ମୁକ୍ତ କରି ଦିଆଗଲା । କ'ଣ, କାନୁନୀରେ କିଛି  ଫାଙ୍କ ରଖାଯାଇ ଥିଲା, ଯାହା ଦ୍ୱାରା ତାଙ୍କୁ ମୃତ୍ୟୁଦଣ୍ଡ ଦିଆଗଲା ନାହିଁ? ସେ ଆମରି ପରି ନିଜର ଅପରାଧ ସ୍ୱୀକାର କରିଥିଲା, କିନ୍ତୁ ତାର ଜୀବନ ବଞ୍ଚିଗଲା ଏବଂ ସେ ସ୍ୱତନ୍ତ୍ର । ମୁଁ ପଚାରୁଛି, ତାଙ୍କୁ ଫାଶୀ ଦଣ୍ଡ କାହିଁକି ଦିଆଗଲା ନାହିଁ ? ତାଙ୍କର କାର୍ଯ୍ୟ ମପାଚୁପା ଥିଲା । ସେମାନେ ନୃଶଂସ ଢଙ୍ଗ ପ୍ରସ୍ତୁତ କରିଥିଲେ । ଉଦ୍ଦେଶ୍ୟ ଦୃଷ୍ଟିରୁ  ତାର କାର୍ଯ୍ୟ ଆମ କାର୍ଯ୍ୟ ଅପେକ୍ଷା ଅଧିକ ବିପଦ ପୂର୍ଣ୍ଣ ଏବଂ ସଂଗୀନ ଥିଲା । ତାଙ୍କୁ କମ ସଜା ମିଳିଲା କାରଣ ତାଙ୍କର ଉଦ୍ଦେଶ୍ୟ ମହତ ଥିଲା । ସେ ସମାଜକୁ ଏପରି ଏକ ଜୋକଠାରୁ ମୁକ୍ତି ଦେଲା ଯିଏ ଅନେକ ସୁନ୍ଦରୀ ଝିଅଙ୍କ ରକ୍ତ ଶୋଷି ନେଇଥିଲା । ଶ୍ରୀ ଖଡ଼ଗ ବାହାଦୂର ସିଂହଙ୍କୁ କେବଳ କାନୁନର ମର୍ଯ୍ୟାଦା ବଞ୍ଚାଇ ରଖିବାକୁ କିଛି ବର୍ଷ ପାଇଁ ସଜା ଦିଆଗଲା । ଏହା ସିଦ୍ଧାନ୍ତର ବିରୁଦ୍ଧ ଯାହା- 'କାନୁନ ଲୋକଙ୍କ ପାଇଁ ଲୋକ କାନୁନ ପାଇଁ ନୁହେଁ ।' ଏପରି ସ୍ଥିତିରେ କ'ଣ କାରଣ ଅଛି ଯେ ଆମକୁ ମୁକ୍ତି ଦିଆଯିବ ନାହିଁ, ଯାହା ଶ୍ରୀ ଖଡ଼ଗ ବାହାଦୂର ସିଂହଙ୍କୁ ମିଳିଥିଲା । କାରଣ ତାଙ୍କୁ କୋହଳ ସଜା ଦେବା ସମୟରେ ତାଙ୍କ ଉଦ୍ଦେଶ୍ୟକୁ ଦୃଷ୍ଟିରେ ରଖାଯାଇଥିଲା । ଅନ୍ୟଥା କୌଣସି ବ୍ୟକ୍ତି ଯିଏ ଅନ୍ୟକୁ ହତ୍ୟା କରେ ଫାଶୀ ଦଣ୍ଡରୁ ବଞ୍ଚିତ ହୋଇପାରେ ନାହିଁ । କଣ ଏଇଥି  ପାଇଁ ଆମକୁ ସାଧାରଣ କାନୁନୀ ଅଧିକାର ମିଳୁନାହିଁ ଯେ ଆମର କାର୍ଯ୍ୟ ଆଇନ ବିରୁଦ୍ଧ ଥିଲା କିମ୍ବା ଏଥିପାଇଁ ଯେ ଏହି କାର୍ଯ୍ୟର ରାଜନୀତିକ ମହତ୍ତ୍ୱ ଅଛି ?

ମାଇଁ ଲର୍ଡ଼ ! ଏ ପରିସ୍ଥିତିରେ ମୋତେ କହିବାକୁ ଆଜ୍ଞା ଦିଆଯାଉ ଯେ ଯେଉଁ ହୁକୁମତ ଏହି ନୀଚତା ମଧ୍ୟରେ ଆଶ୍ରୟ ଖୋଜୁଛି, ଯେଉଁ ହୁକୁମତ ବ୍ୟକ୍ତିର ଐଶ୍ୱରୀୟ ଅଧିକାର ଛଡ଼ାଇ ନେଉଛି, ତାର ଜୀବିତ ରହିବାର କୌଣସି ଅଧିକାର ନାହିଁ, ଯଦି ଏହା କାଏମ ରହେ ତେବେ ଅନିଚ୍ଛୁକ ସ୍ତରରେ ଏବଂ ହଜାର ହଜାର ନିର୍ଦ୍ଦୋଷର ରକ୍ତ ତାର ଗର୍ଦ୍ଦନ ଉପରେ ନିହିତ। ଯଦି କାନୁନ ଉଦ୍ଦେଶ୍ୟ ଦେଖେ ନାହିଁ, ତେବେ ତାହା ନ୍ୟାୟ ହୋଇପାରେ ନାହିଁ ଏବଂ ସ୍ଥାୟୀ ଶାନ୍ତି ସ୍ଥାପିତ କରି ପାରେନାହିଁ। ଯଦି ଅଟାରେ ସଖିୟା ମିଶାଯାଏ ତାହା ଅପରାଧ ନୁହେଁ, ଏହାର ଉଦ୍ଦେଶ୍ୟ ମୂଷାଙ୍କୁ ମାରିବା। କିନ୍ତୁ ଯଦି ଏଥିରେ କୌଣସି ମଣିଷକୁ ମାରି ଦିଆଯାଏ, ତେବେ ଏହା ହତ୍ୟା ଅପରାଧ ହୋଇଯାଏ। ଏପରି କାନୁନ ଉପରେ ଦୁଃଖିତ ଯାହା ଯୁକ୍ତି ଆଧାରିତ ନୁହେଁ ଏବଂ ନ୍ୟାୟ ବିରୋଧୀ କାନୁନ ପ୍ରତି ବଡ଼ବଡ଼ ଶ୍ରେଷ୍ଠ ବୌଦ୍ଧିକ ଲୋକାମାନେ ରାଜଦ୍ରୋହ କାର୍ଯ୍ୟରେ କରିଛନ୍ତି।

ଆମ ମକଦ୍ଦମାର ତଥ୍ୟ ବିଲକୁଲ ସାଧା। ୮ ଅପ୍ରେଲ ୧୯୨୯କୁ ଆମେ ସେଣ୍ଟ୍ରାଲ ଆସେମ୍ବ୍ଲିରେ ଦୁଇଟି ବମ୍ ପକାଇଥିଲୁ। ଏହାର ଧମାକାରେ ସ୍ୱଳ୍ପ ଲୋକଙ୍କୁ କ୍ଷତ ଆସିଥିଲା। ରୁମ୍ପରରେ ହଟ୍ଟଗୋଳ ହେଲା, ଶହ ଶହ ଦର୍ଶକ ଏବଂ ସଦସ୍ୟ ବାହାରକୁ ପଳାଇ ଆସିଲେ। କିଛିସମୟ ପରେ ନିସ୍ତବ୍ଧତା ଛାଇଗଲା। ମୁଁ ଏବଂ ମୋର ସାଥୀ ବଟୁକେଶ୍ୱର ଦତ୍ତ ନୀରବତାର ସହିତ ଦର୍ଶକ ଗ୍ୟାଲେରୀରେ ବସି ରହିଲୁ ଏବଂ ଆମେ ସ୍ୱୟଂ ନିଜକୁ ପ୍ରସ୍ତୁତ କଲୁ ଯେ ଆମକୁ ଗିରଫ କରି ନିଆଯାଉ। ଆମକୁ ଗିରଫ କରି ନିଆଗଲା। ଅଭିଯୋଗ ଲଗାଗଲା ଏବଂ ହତ୍ୟା ଅପରାଧରେ ସଜା ଦିଆଗଲା। ମାତ୍ର ବମ୍ ଦ୍ୱାରା ଚାରି ପାଞ୍ଚ ଜଣ ବ୍ୟକ୍ତିଙ୍କୁ ସାଧାରଣ କ୍ଷତି ହେଲା ଏବଂ ଯେଉଁମାନେ ଏ ଅପରାଧ କଲେ, ସେମାନେ କୌଣସି ଆପତ୍ତି ବିନା ନିଜେ ନିଜକୁ ଗିରଫ କରାଇ ନେଲେ। ସେଶନ ଜଜ ସ୍ୱୀକାର କଲେ ଯେ ଯଦି ଆମେ ଫେରାର ହେବାକୁ ଚାହିଁଥାନ୍ତୁ ତେବେ ସଫଳ ହୋଇ ପାରିଥାନ୍ତୁ। ଆମେ ଆମର ଅପରାଧ ସ୍ୱୀକାର କଲୁ ଏବଂ ନିଜର ସ୍ଥିତି ସ୍ପଷ୍ଟ କରିବା ପାଇଁ ବୟାନ ଦେଲୁ। ଆମକୁ ସଜାର ଭୟ ନାହିଁ। କିନ୍ତୁ ଆମେ ଚାହୁଁ ଯେ ଆମକୁ ଭୁଲ ସ୍ତରରେ ବୁଝା ନଯାଉ। ଆମ ବୟାନରୁ କେତେକ ପାରାଗ୍ରାଫ କାଟି ଦିଆଗଲା। ଏହା ବାସ୍ତବିକ ଦୃଷ୍ଟି କୋଣରୁ କ୍ଷତି କାରକ।

ସମଗ୍ର ରୂପେ ଆମର ବକ୍ତବ୍ୟର ଅଧ୍ୟାୟରୁ ପରିଷ୍କାର ହେଉଛି ଯେ ଆମର ଦୃଷ୍ଟିକୋଣରୁ ଆମର ଦେଶ ଏକ ଦୁର୍ବଳ ସ୍ତରଦେଇ ଗତି କରୁଛି। ଏ ଦେଶରେ ଅଧିକ ଉଚ୍ଚ ସ୍ତରରେ ଯଦି ଆମେ କିଛି ଲୋକଙ୍କୁ ହତ୍ୟା କରିବାକୁ ଇଚ୍ଛୁକ ଥାଆନ୍ତୁ, ତେବେ ଆମେ ଆମର ମୁଖ୍ୟ ଉଦ୍ଦେଶ୍ୟରେ ଅସଫଳ ହୋଇଥାନ୍ତୁ।

ମାଇଁ ଲର୍ଡ଼ ! ନିୟତବଦ୍ଧ ଏବଂ ଉଦ୍ଦେଶ୍ୟକୁ ଦୃଷ୍ଟିରେ ରଖି ଆମେ ଚେତାବନୀ ଦେବାର ଆବଶ୍ୟକତା ଥିଲା ଏବଂ ଆମେ ଆମର ବିଚାର ଅନୁସାରେ ଚେତାବନୀ ଦେଇଛୁ। ହୁଏତ ଆମେ ଭୁଲ ଉପରେ ଅଛୁ। ଆମ ଭାବିବାର ଢଙ୍ଗ ଜଜ ମହୋଦୟଙ୍କ ଭାବିବାର

ଢଙ୍ଗରୁ ଭିନ୍ନ ହୋଇପାରେ । ମାତ୍ର ଏହାର ଅର୍ଥ ନୁହେଁ ଯେ, ଆମକୁ ବିଚାର ପ୍ରକଟ କରିବାକୁ ସ୍ୱୀକୃତି ଦିଆଯିବ ନାହିଁ ଏବଂ ଭୁଲ୍ କଥା ଆମ ସହିତ ଯୋଡ଼ି ଦିଆଯିବ ।

'ଇନ୍‌କିଲାବ ଜିନ୍ଦାବାଦ' ଏବଂ 'ସାମ୍ରାଜ୍ୟବାଦ ମୁର୍ଦ୍ଦାବାଦ' ସମ୍ବନ୍ଧରେ ଆମେ ଯେଉଁ ବ୍ୟାଖ୍ୟା ଆମ ବୟାନରେ ଦେଇଛୁ ତ [illegible]କୁ ବାଦ୍ ଦିଆଗଲା । ଯଦିଓ ଏହା ଆମ ଉଦ୍ଦେଶ୍ୟର ମୁଖ୍ୟଭାଗ ଅଟେ । ଇନ୍‌କିଲାବ ଜିନ୍ଦାବାଦରେ ଆମର ଯାହା ଉଦ୍ଦେଶ୍ୟ ଥିଲା ତାହା ସାଧାରଣତଃ ଭୁଲ ଅର୍ଥରେ ବୁଝା ଯାଉଛି । ପିସ୍ତଲ ଏବଂ ବମ୍ ଇନ୍‌କିଲାବ ଆଣେନାହିଁ, ବରଂ ଇନ୍‌କିଲାବର ତଲୱାର ବିଚାରର ପଥର ଉପରେ ତେଜ ହୁଏ ଏବଂ ଏହା ଆମେ ପ୍ରକଟ କରିବାକୁ ଚାହୁଁଥିଲୁ । ଆମର ଇନ୍‌କିଲାବର ଅର୍ଥ ପୁଞ୍ଜିବାଦୀ ଯୁଦ୍ଧର କ୍ଷତିକୁ ଶେଷ କରିବା । ମୁଖ୍ୟ ଉଦ୍ଦେଶ୍ୟ ଏବଂ ତାହାକୁ ପ୍ରାପ୍ତ କରିବା ପାଇଁ ପ୍ରକ୍ରିୟାକୁ ନବୁଝି କୌଣସି ସମ୍ବନ୍ଧରେ ନିର୍ଣ୍ଣୟ ନେବା ଉଚିତ୍ ନୁହେଁ । ଭୁଲ କଥା ଆମ ସହିତ ଯୋଡ଼ିବା ଅନ୍ୟାୟ ଅଟେ ।

ଏହାର ଚେତାବନୀ ଦେବାର ଆବଶ୍ୟକତା ଥିଲା । ଦିନକୁ ଦିନ ବ୍ୟାକୁଳତା ବଢୁଥିଲା । ଯଦି ଉଚିତ୍ ଚିକିତ୍ସା କରା ନଗଲା ତେବେ ରୋଗ ବିପଜ୍ଜନକ ରୂପ ନେଇଯିବ । କୌଣସି ମାନବୀୟ ଶକ୍ତି ଏହାକୁ ରୋକି ପାରିବ ନାହିଁ । ଏବେ ଆମେ ସେ ତୋଫାନରେ ଦିଗ ବଦଳାଇବା ପାଇଁ କାର୍ଯ୍ୟବାହୀ କରାଯାଉଛି । ଆମେ ଇତିହାସର ଗଭୀର ଅଧୟନକାରୀ । ଆମର ବିଶ୍ୱାସ ଯେ ଯଦି ସତ୍ତାଧାରୀ ଠିକ୍ ସମୟରେ ସଠିକ୍ କାର୍ଯ୍ୟ କରେ ତେବେ ଫ୍ରାନ୍‌ସ ଏବଂ ଋଷର ଖୁନୀ କ୍ରାନ୍ତି ପ୍ରବଳ ହୋଇ ପଡ଼ି ନଥାନ୍ତେ । ଦୁନିଆର ବଡ଼ ବଡ଼ ଶାସନର ବିଚାରର ତୋଫାନକୁ ରୋକି ଖୁନଖରାବି ବାତାବରଣରେ ବୁଡ଼ି ଯାଉଥିବା ସତ୍ତାଧାରୀ ଲୋକ ପରିସ୍ଥିତିର ପ୍ରଭାବକୁ ବଦଳାଇ ପାରିବେ । ଆମେ ପ୍ରଥମରୁ ଚେତାବନୀ ଦେବାକୁ ଚାହୁଁଥିଲୁ । କାର୍ଯ୍ୟବାହୀ କରିଛୁ ଏବଂ ଏହି କାର୍ଯ୍ୟବାହୀର ବର୍ଣ୍ଣନା ଆମକୁ ସମର୍ଥନ କରୁଛି ଏକଥା ସ୍ପଷ୍ଟ କରିବା ଆବଶ୍ୟକ ଯେ ଯଦି ଆମକୁ ବମ୍‌ର ଶକ୍ତି ସମ୍ବନ୍ଧରେ କୌଣସି ଜ୍ଞାନ ନଥାନ୍ତା ତେବେ ଆମେ ପଣ୍ଡିତ ମୋତିଲାଲ ନେହେରୁ, ଶ୍ରୀ କେଶର କର, ଶ୍ରୀ ଜୟକର, ଶ୍ରୀ ଜିନ୍ନା ଆଦି ସମ୍ମାନନୀୟ ରାଷ୍ଟ୍ରୀୟ ବ୍ୟକ୍ତି ମାନଙ୍କ ଉପସ୍ଥିତିରେ କାହିଁକି ବମ୍ ଫିଙ୍ଗିଥାନ୍ତୁ । ଆମ ନେତାମାନଙ୍କ ଜୀବନ କେଉଁ ପରି ବିପଦରେ ପକାଇ ପାରିଥାନ୍ତୁ ? ଆମେ ପାଗଳ ନୋହୁଁ, ଯଦି ପାଗଳ ହୋଇଥାନ୍ତୁ, ତେବେ ଆମକୁ ଜେଲରେ ବନ୍ଦୀ କରିବା ପରିବର୍ତ୍ତେ ପାଗଳଖାନାରେ ବନ୍ଦ କରା ଯାଇଥାନ୍ତା । ବମ୍‌ର ନିପୁଣତା ସମ୍ବନ୍ଧରେ ଆମକୁ ଜଣାଥିଲା । ସେହି କାରଣରୁ ଏପରି ସାହସ କଲୁ । ଯେଉଁ ବେଞ୍ଚ ଉପରେ ଲୋକେ ବସିଥିଲେ ତା ଉପରକୁ ବମ୍ ପକାଇବା ନିଶ୍ଚିତ ବିପଦପୂର୍ଣ୍ଣ କାର୍ଯ୍ୟ ଥିଲା । ଯଦି ବମ୍ ଫିଙ୍ଗିବା ବାଲା ସଠିକ ଦିମାଗର ହୋଇନଥାନ୍ତେ ବା ଅସନ୍ତୁଳିତ ହୋଇଥାନ୍ତେ ତେବେ ବମ୍ ଖାଲି ସ୍ଥାନରେ ନପଡ଼ି ବେଞ୍ଚ ଉପରେ ପଡ଼ିଥାନ୍ତା । ମୁଁ ତ କହିବି ଖାଲି ସ୍ଥାନ ବାଛିବା ପାଇଁ ଯେଉଁ ସାହସ ଆମେ ଦେଖାଇଲୁ, ସେଥିପାଇଁ ଆମକୁ ପୁରସ୍କାର ମିଳିବା ଉଚିତ । ଏପରି ଅବସ୍ଥାରେ ମାଇଁ ଲର୍ଡ଼ ! ଆମେ ଭାବୁଛୁ ଯେ ଆମକୁ ଠିକ୍

ଭାବରେ ବୁଝା ଯାଇନାହିଁ । ଆପଣ ଆମ ସଜାକୁ କମ୍ କରିବାକୁ ଆସି ନାହାନ୍ତି, ମାତ୍ର ଆପଣଙ୍କ ସ୍ଥିତି ସ୍ପଷ୍ଟ କରିବାକୁ ଆସିଛନ୍ତି । ଆମେ ଚାହୁଁଛୁ ଯେ ଆମ ସହିତ ଅନୁଚିତ ବ୍ୟବହାର କରା ନଯାଉ ଏବଂ ଆମ ସମ୍ବନ୍ଧରେ ଅନୁଚିତ ରାୟ ଦିଆ ନଯାଉ । ସଜାର ପ୍ରଶ୍ନ ଆମ ପାଇଁ ଗୌଣ ।"

ଭଗତ ସିଂହ ଭାରତମାତାର ଏକ ସଚ୍ଚା ସୁପୁତ୍ର ଥିଲେ । ଭାରତର ଗୋଲାମୀ ପାଇଁ ତାଙ୍କ ହୃଦୟରେ ଯେଉଁ ବ୍ୟଥା ଥିଲା, ସେଥିପାଇଁ ସେ କ୍ରାନ୍ତିକାରୀ ହୋଇଥିଲେ । ଯଦିଓ ତାଙ୍କ ଭାଷଣରେ କେଉଁଠାରେ କୌଣସି କଥା ଏପରି ନାହିଁ, ଯାହା ସତ୍ୟ ନୁହେଁ, ତଥାପି ବିଦେଶୀ ଇଂରେଜଙ୍କ ପାଖରେ ନ୍ୟାୟ ଆଶା କରିବା ବାଲିରୁ ତେଲ ବାହାର କରିବା ସହିତ ସମାନ ଥିଲା । ଶ୍ରୀ ଆସଫ ଅଲ୍ଲୀ ଏହା ଉପରେ ଦୁଇଦିନ ପର୍ଯ୍ୟନ୍ତ ତର୍କ କଲେ, ସରକାରୀ ଓକିଲ ତୃତୀୟ ଦିନ ଅର୍ଦ୍ଧାଧିକ ସମୟ ତାଙ୍କ ତର୍କର ଉତ୍ତର ଦେଲେ । ଏହା ମଧ୍ୟରେ ଭଗତ ସିଂହ ବି ଯୁକ୍ତିତର୍କ କରିଥିଲେ । ଶେଷରେ ୧୩ ଜାନୁୟାରୀ ୧୯୩୦କୁ ହାଇକୋର୍ଟ ସେଶନ ଜଜଙ୍କ ଫଏସଲାକୁ କାଏମ ରଖି ଅପିଲ ଖାରଜ କରିଦେଲେ ।

# 6

# ଜେଲରେ ଅନଶନ ଧର୍ମଘଟ

ଆସେମ୍ବ୍ଲି ବମ୍ କାଣ୍ଡରେ ଭଗତ ସିଂହ ଏବଂ ବଟୁକେଶ୍ୱର ଦତ୍ତଙ୍କ ଉପରେ ଯେଉଁ ମକଦ୍ଦମା ଦିଲ୍ଲୀରେ ଚାଲିଲା, ସେଠାରେ ତାଙ୍କୁ ୟୁରୋପିୟନ କ୍ଲାସରେ ରଖାଯାଇଥିଲା ଏବଂ ସେଠାରେ ତାଙ୍କ ସହିତ ଭଲ ବ୍ୟବହାର କରା ଯାଉଥିଲା । କିନ୍ତୁ ଅନ୍ୟ ଜେଲରେ କଏଦୀମାନଙ୍କ ସହ ଏକଥା ନଥିଲା । ତତ୍‌ସହିତ ଏପଟେ ସରକାର ତାଙ୍କୁ ସାଣ୍ଡର୍ସ ହତ୍ୟା ମାମଲା ଚକ୍‌କରରେ ନେବାକୁ ପ୍ରସ୍ତୁତି କରୁଥାନ୍ତି । ଏଥିପାଇଁ ତାଙ୍କୁ ସାକ୍ଷୀ ବି ମିଳି ଯାଇଥାଏ । ବସ୍ତୁତଃ ସେଥିପାଇଁ ସେମାନଙ୍କୁ ମିୟାବାଲୀ ଜେଲକୁ ସ୍ଥାନାନ୍ତରିତ କରି ଦିଆ ଯାଇଥିଲା । ଏହି ଜେଲରେ ତାଙ୍କର ଅନେକ ରାଜନୀତିକ କଏଦୀଙ୍କ ସହିତ ପରିଚୟ ହେଲା, ଯେଉଁମାନେ ୧୯୧୪-୧୫ର 'ଗଦର ଆନ୍ଦୋଳନ' , 'ମାର୍ଶଲ ଲା ଏଜିଟେସନ' ତଥା 'ବବର ଅକାଲୀ ଆନ୍ଦୋଳନ' ଭାଗ ନେଇଥିବା କାରଣରୁ ଆଜୀବନ କଏଦୀ ସଜା ଭୋଗୁଥିଲେ । ସେଠାରେ ଭଗତ ସିଂହ ରାଜନୀତିକ କଏଦୀମାନଙ୍କ ଉପରେ ହେଉଥିବା ଅତ୍ୟାଚାର ଦେଖିଲେ ଏବଂ ଶୁଣିଲେ । ଶେଷରେ ସେ ଅନଶନ ଧର୍ମଘଟ କରିବାକୁ ସ୍ଥିର କଲେ । ସେଠାରେ ସେ ଅନ୍ୟ କଏଦୀମାନଙ୍କୁ ସମ୍ବୋଧିତ କରି କହିଥିଲେ-

"ସାଥୀଗଣ ! ଯଦି ଆମେ ଜେଲ ବାହାରେ ଥାଆନ୍ତେ ତେବେ ନିଜର ସ୍ୱାଧୀନତା ଲଢ଼େଇକୁ ଜାରି ରଖି କରି ଦେଇଥାନ୍ତେ । ଏହି ଜେଲକୁ ବି ଇଂରେଜ ସରକାର ତିଆରି କରିଛନ୍ତି, ଯାହାର ଉଦ୍ଦେଶ୍ୟ ଦେଶଭକ୍ତଙ୍କ ମନ ତଥା ସ୍ୱାସ୍ଥ୍ୟକୁ କମଜୋର କରିବା । ଏଠାରେ ମଣିଷକୁ ମଣିଷ ବୋଲି ଗଣାଯାଏ ନାହିଁ ଏବଂ ସେମାନଙ୍କ ସହିତ ପଶୁ ପରି ବ୍ୟବହାର କରାଯାଏ ।"

ସେ ଅନଶନ ଧର୍ମଘଟ କରିବାର ପ୍ରସ୍ତାବ ନେଲେ । ସମସ୍ତ କଏଦୀ ତାଙ୍କ ପ୍ରସ୍ତାବରେ ସହମତ ହେଲେ । ସେଥିପାଇଁ ସେମାନେ ୧୫ ଜୁନ୍ ୧୯୨୯କୁ ଅନଶନ ଧର୍ମଘଟ ଆରମ୍ଭ କରିଦେଲେ ଏବଂ ୧୭ ଜୁନ୍ ୧୯୨୯କୁ ସେମାନେ ପଞ୍ଜାବ ରାଜ୍ୟର ଜେଲ ଇନ୍ସପେକ୍ଟର ଜେନେରାଲଙ୍କୁ ନିମ୍ନଲିଖିତ ପତ୍ର ଲେଖିଲେ-

ସେବାରେ,

ଇନ୍ସପେକ୍ଟର ଜେନେରାଲ, ଜେଲ

ପଞ୍ଜାବ ଜେଲ୍ସ, ଲାହୋର

ପ୍ରିୟ ମହୋଦୟ,

ଏହି ସତ୍ୟତା ପରେ ମଧ୍ୟ ସାଣ୍ଡର୍ସ ସୁଟିଂ କେଶ୍‌ରେ ଗିରଫଦାର ଅନ୍ୟ ନବଯୁବକମାନଙ୍କ ସହିତ ମୋ ଉପରେ ମକଦ୍ଦମା ଚାଲିବ। ମୋତେ ଦିଲ୍ଲୀରୁ ମିଆଁବାଲି ବଦଳ କରି ଦିଆଗଲା। ଏହି ମାମଲାର ଶୁଣାଣୀ ୨୬ ଜୁନ୍ ୧୯୨୯ରୁ ଆରମ୍ଭ ହେବ। ମୁଁ ଏହା ବୁଝିବାରେ ଅସମର୍ଥ ଯେ ମୋତେ ଏଠାକୁ ସ୍ଥାନାନ୍ତରିତ କରିବା ପଛରେ କେଉଁ ଭାବନା କାର୍ଯ୍ୟ କରୁଛି ?

ଯାହା ବି ହେଉ, ନ୍ୟାୟର ମାଗୁଣି, ପ୍ରତ୍ୟେକ ଅଭିଯୁକ୍ତଙ୍କୁ ସେ ସୁବିଧା ମିଳିବା ଆବଶ୍ୟକ, ଯଦ୍ଦ୍ୱାରା ସେ ନିଜର ମକଦ୍ଦମା ପ୍ରସ୍ତୁତ କରିପାରିବ ଏବଂ ମକଦ୍ଦମା ଲଢ଼ିପାରିବ। କିନ୍ତୁ ଏଠାରେ ରହି ମୁଁ ନିଜର ଓକିଲ କିପରି ରଖି ପାରିବି, କାରଣ ଏଠାରେ ରହିବା ପରେ ମୋ ପାଇଁ ମୋ ପିତାଜୀ ତଥା ଅନ୍ୟ ସଂପର୍କୀୟଙ୍କ ସହିତ ସଂପର୍କ ରଖିବା ମୁସ୍କିଲ। ଏ ସ୍ଥାନ ଅଲଗା, ରାସ୍ତା କଠିନ ଏବଂ ଲାହୋରଠାରୁ ଅଧିକ ଦୂର।

ମୁଁ ଅନୁରୋଧ କରୁଛି ଯେ ଆପଣ ଅତି ଶୀଘ୍ର ମୋତେ ଲାହୋର ଜେଲ ପଠାଇବାର ଆଦେଶ ଦିଅନ୍ତୁ, ଯାହାଦ୍ୱାରା ମୋତେ ମୋ କେଶ୍ ଲଢ଼ିବାର ପ୍ରସ୍ତୁତି ପାଇଁ ଉଚିତ ଅବସର ମିଳି ପାରିବ। ଆଶା କରୁଛି ଶୀଘ୍ର ଧ୍ୟାନ ଦିଆଯିବ।

ଆପଣଙ୍କର

ଭଗତସିଂହ

ଆଜୀବନ କଏଦୀ, ମିୟାବାଲୀ ଜେଲ

୧୭.୬.୧୯୨୯

ଏ ପ୍ରାର୍ଥନା ପତ୍ରର ଅନୁକୂଳ ପ୍ରଭାବ ପଡ଼ିଲା। ଅତଃ ତାଙ୍କୁ ପ୍ରାୟ ଏକ ସପ୍ତାହ ମଧ୍ୟରେ ଲାହୋର ସେଣ୍ଟ୍ରାଲ ଜେଲକୁ ପଠାଇ ଦିଆଗଲା। ସେଠାରେ ବଟୁକେଶ୍ୱର ଦତ୍ତ ବି ଥିଲେ। ସେ ବି ଅନଶନ ଧର୍ମଘଟରେ ସାମିଲ ହୋଇଗଲେ। ସୁଖଦେବ, ଜତୀନ୍ଦ୍ରନାଥ ଦାସ, ଅଜୟ ଘୋଷ, ଶିବ ବର୍ମା, ଗୟା ପ୍ରସାଦ, ଜୟଦେବ କୁମାର, ରାଜଗୁରୁ ତଥା କେ. କେ. ସିହ୍ନାଙ୍କ ଉପରେ ବି ସାଣ୍ଡର୍ସ କାଣ୍ଡର ମକଦ୍ଦମା ଚାଲୁଥିଲା। ଏମାନେ ସମସ୍ତେ ଲାହୋରର ବୋଷ୍ଟଲ ଜେଲରେ ଥିଲେ। ଭଗତ ସିଂହଙ୍କ ଅନଶନ ଧର୍ମଘଟ ସମାଚାର ଶୁଣି ଦତ୍ତ ବି ୧୫ ଜୁନ୍ , ୧୯୨୯ରୁ ଅନଶନ ଧର୍ମଘଟ ଆରମ୍ଭ କରିଦେଲେ। କେବଳ ଜତୀନ୍ଦ୍ର ନାଥ ଦାସ ଚାରିଦିନ ପରେ ଏହି ଧର୍ମଘଟରେ ସାମିଲ ହେଲେ। ଏହି ଅନଶନ ଧର୍ମଘଟ ଆରମ୍ଭ ହେବା ଦିନ ୧୫ ଜୁନ୍ ୧୯୨୯କୁ ତାଙ୍କର ଓଜନ ୧୩୩ ପାଉଣ୍ଡ ଥିଲା, କିନ୍ତୁ ୯ ଜୁଲାଇ,

୧୯୨୯କୁ ୧୪ ପାଉଣ୍ଡ୍ କମି ଆସିଲା। ଏହିପରି ଅନ୍ୟ ସାଥୀମାନଙ୍କର ଓଜନ ବି କମିବାକୁ ଲାଗିଲା। ମାତ୍ର ସମସ୍ତେ ଧର୍ମଘଟ ଜାରି ରଖିଲେ। ଏ ସମାଚାର ଖବର କାଗଜରେ ଛପିବାକୁ ଲାଗିଲା। ସରକାରଙ୍କ ବ୍ୟବହାର ବିରୁଦ୍ଧରେ ସ୍ଥାନେ ସ୍ଥାନେ ସଭା ହେବାକୁ ଲାଗିଲା। ଅମୃତସରର ଜାଲିଓ୍ୱାନାବାଗରେ ୩୦ ଜୁନ୍, ୧୯୨୯କୁ 'ନଗର କଂଗ୍ରେସ' ତଥା ନୌଜବାନ ଭାରତର ଏକ ସଂଯୁକ୍ତ ସଭା ହେଲା। ଏହି ସଭାର ଅଧକ୍ଷ ଡା. କିଚଲୁ ଥିଲେ। ସଭାରେ ଭଗତ ସିଂହଙ୍କ ପ୍ରିୟ ସ୍ଲୋଗାନ 'ଇନ୍‌କିଲାବ ଜିନ୍ଦାବାଦ' ତଥା 'ସାମ୍ରାଜ୍ୟବାଦର ବିନାଶ ହେଉ' ସ୍ଲୋଗାନ ଦିଆଗଲା। ଭଗତ ସିଂହ ଓ ତାଙ୍କର କାର୍ଯ୍ୟକୁ ପ୍ରଶଂସା କରାଗଲା। ଦେବକୀ ନନ୍ଦନ ଚରଣ ଏବଂ ମାଷ୍ଟର ମୋତାସିଂହ ଆଦି ତାଙ୍କର ଶୁଭ କାମନା ଅର୍ପିତ କଲେ। ଶେଷରେ ଜବାବ ହସନ ଉଦ୍ଦିନଙ୍କ ନିମ୍ନ ଲିଖିତ ପ୍ରସ୍ତାବ ସର୍ମସମ୍ମତି କ୍ରମେ ସ୍ୱୀକାର କରି ନିଆଗଲା–

"ଅମୃତସର ନାଗରିକଙ୍କ ଏହି ସଭା ଭଗତ ସିଂହ ତଥା ବଟୁକେଶ୍ୱର ଦତ୍ତଙ୍କ ଦ୍ୱାରା ଚଉଦ ଦିନ ହେଲା ରାଜନୈତିକ କଏଦୀମାନଙ୍କ ସହିତ ଦୁର୍ବ୍ୟବହାର ବିରୋଧରେ ଆରମ୍ଭ ହୋଇଥିବା ଅନଶନ ଧର୍ମଘଟର ପ୍ରଶଂସା କରୁଛି ତଥା ତାଙ୍କ ସହିତ ସହାନୁଭୂତି ପ୍ରଦର୍ଶନ କରି ଶୋଷଣକାରୀଙ୍କୁ ଏହି ଚେତାବନୀ ଦେଉଛି ଯେ ଯଦି ସେମାନଙ୍କ ଜୀବନ ପ୍ରତି କୌଣସି ବିପଦ ଦେଖାଦିଏ, ତେବେ ତାର ଉତ୍ତରଦାୟୀ ରହିବେ।"

ନୌଜବାନ ଭାରତ ସଭା ଲାହୋର ତରଫରୁ ମଧ ୨୧ ଜୁଲାଇ ୧୯୨୯କୁ ଭଗତ ସିଂହ ଦିବସ ପାଳନ କରାଗଲା। ଏଥିରେ ପ୍ରାୟ ଦଶହଜାର ବ୍ୟକ୍ତି ଭାଗ ନେଇଥିଲେ।

ଜନତାଙ୍କ ଦ୍ୱାରା ପ୍ରବଳ ବିରୋଧ କରାଯିବା ପରେ ମଧ ଅନଶନ ଧର୍ମଘଟ କରିବା ବାଲାଙ୍କ ପାଇଁ ସରକାରଙ୍କ ବ୍ୟବହାରରେ କୌଣସି ପରିବର୍ତ୍ତନ ଆସିଲା ନାହିଁ। ତାଙ୍କୁ ଜବରଦସ୍ତି ଭୋଜନ ଦେବାକୁ ଚେଷ୍ଟା କରାଗଲା। କିନ୍ତୁ ସେମାନେ ଏହାର ବିରୋଧ କଲେ।

୧୦ ଜୁଲାଇକୁ ସାଣ୍ଡର୍ସ ହତ୍ୟାକାଣ୍ଡ ମାମଲାର ଶୁଣାଣୀ ଲାହୋର ମାଜିଷ୍ଟ୍ରେଟ ଶ୍ରୀକୃଷ୍ଣଙ୍କ ଅଦାଲତରେ ଆରମ୍ଭ ହେଲା। ଅଦାଲତ ସେହି ଜେଲରେ ଲଗାଗଲା। ଭଗତସିଂହ ଏବଂ ବଟୁକେଶ୍ୱର ଦତ୍ତଙ୍କୁ ଅଦାଲତର କୋଠରୀ ପର୍ଯ୍ୟନ୍ତ ଷ୍ଟ୍ରେଚରରେ ଅଣାଗଲା। ସେଠାରେ ସେ ଅନ୍ୟ ସାଥୀ ସୁଖଦେବ, ଶିବ ବର୍ମା ଆଦିଙ୍କ ସହିତ ସାକ୍ଷାତ ହେଲେ। ଏହାପରେ ୧୨ ଜୁଲାଇକୁ ଅଦାଲତରେ ହିଁ ମାଜିଷ୍ଟ୍ରେଟଙ୍କ ସାମନାରେ ଜୟଦେବ କହିଲେ ବୋଷ୍ଟଲ ଜେଲରେ କଏଦୀଙ୍କ ଅନ୍ୟ ଏକ ଦଳ ବି ଭଗତ ସିଂହଙ୍କ ସମର୍ଥନରେ ଅନଶନ ଧର୍ମଘଟ କରୁଛନ୍ତି।

୧୪ ଜୁଲାଇ, ୧୯୨୯ରେ ଭଗତ ସିଂହ ଭାରତ ସରକାରଙ୍କ ହୋମ ମେମ୍ବରଙ୍କୁ ଏକ ପତ୍ର ଲେଖିଲେ। ଏହି ପତ୍ରରେ ଜେଲର କଏଦୀମାନଙ୍କ ପାଇଁ ନିମ୍ନଲିଖିତ ମାଗୁଣୀ କରାଯାଇଥିଲା–

୧. ରାଜନୈତିକ କଏଦୀ ହୋଇଥିବାରୁ ଆମକୁ ଉତ୍ତମ ଖାଦ୍ୟ ଦିଆଯିବା ଉଚିତ। ଏଥିପାଇଁ ଆମ ଭୋଜନର ସ୍ତର ୟୁରୋପୀୟ କଏଦୀଙ୍କ ସମାନ ହେବା ଆବଶ୍ୟକ। ଆମେ ସେହି ଭୋଜନ ମାଗୁନାହୁଁ, ମାତ୍ର ସ୍ତର ତାହା ହେବା ଉଚିତ।

୨. ଆମକୁ ପରିଶ୍ରମ ନାମରେ ଜେଲରେ ଅପମାନ ଜନକ କାର୍ଯ୍ୟ କରିବାକୁ ବାଧ୍ୟ କରା ନଯାଉ।

୩. ଆମକୁ ବିନା ବାଧାରେ ପୁସ୍ତକ ଏବଂ ଲେଖିବା ସାମଗ୍ରୀ ଦେବାର ସୁବିଧା ପାଇଁ ଅନୁମତି ଦିଆଯାଉ।

୪. ଅତିକମ୍‌ରେ ଏକ ସମ୍ବାଦ ପତ୍ର ପ୍ରତ୍ୟେକ କଏଦୀଙ୍କୁ ପ୍ରତିଦିନ ମିଳିବା ଉଚିତ।

୫. ପ୍ରତ୍ୟେକ ଜେଲରେ ରାଜନୈତିକ କଏଦୀମାନଙ୍କ ପାଇଁ ଏକ ସ୍ୱତନ୍ତ୍ର ୱାର୍ଡ଼ ହେବା ଆବଶ୍ୟକ। ଯାହା ୟୁରୋପୀୟ କଏଦୀଙ୍କୁ ମିଳେ। ଗୋଟିଏ ଜେଲରେ ଥିବା ରାଜନୈତିକ କଏଦୀମାନଙ୍କୁ ସେହି ୱାର୍ଡ଼ରେ ରଖାଯିବା ଉଚିତ।

୬. ସ୍ନାନ କରିବା ପାଇଁ ସୁବିଧା ମିଳିବା ଦରକାର।

୭. ଭଲ ବସ୍ତ୍ର ମିଳିବା ଦରକାର।

୮. ୟୁ.ପି.ଜେଲ ସୁଧାର ସମିତି ଶ୍ରୀ ଜଗତ ନାରାୟଣ ତଥା ଖାନ୍ ବାହାଦୂର ହାଫିଜ ହିଦାୟତ ହୁସେନଙ୍କ ଏହି ସୁପାରିଶ ଯେ ରାଜନୈତିକ କଏଦୀଙ୍କ ସହିତ ଉଚ୍ଚସ୍ତରର କଏଦୀଙ୍କ ପରି ବ୍ୟବହାର ହେବା ଉଚିତ୍, ତାହା ଆମ ଉପରେ ଲାଗୁ ହେବା ଦରକାର।

ଏହି ଅନଶନ ଧର୍ମଘଟ ଭଗତ ସିଂହଙ୍କ ଜୀବନରେ ଏକ ଅଦ୍ଭୁତ ପରୀକ୍ଷା ଥିଲା। ହୁଏତ ସେ ଶାରୀରିକ କମଜୋର ହୋଇଯାଉଥିଲେ। ତଥାପି ଅଦାଲତକୁ ତାଙ୍କୁ ହାତକଡ଼ି ଲଗାଇ ଅଣାଯାଉଥିଲା। ଥରେ ୧୭ ଜୁଲାଇ, ୧୯୨୯କୁ ଏହି ଅଭିଯୁକ୍ତମାନେ ହାତକଡ଼ି ଲଗାଇବାକୁ ମନାକଲେ। ଭଗତ ସିଂହଙ୍କୁ ଷ୍ଟ୍ରେଚରରେ ଅଣାଗଲା। ଏତେ କମଜୋର ହେବା ପରେ ମଧ୍ୟ ସେ ଅଦାଲତରେ ଉଠି ଠିଆ ହେଲେ। ସେ ମାଜିଷ୍ଟ୍ରେଟଙ୍କୁ ତିରସ୍କାର କରି କହିଲେ- "ପୁଲିସ ଠାରୁ ହାତକଡ଼ି ପିନ୍ଧିବା ଦ୍ୱାରା ଆମେ ଅପମାନ ଅନୁଭବ କରୁଛୁ। ଆପଣ ଆମର କୌଣସି ପ୍ରାର୍ଥନା ଶୁଣିଲେ ନାହିଁ, ଆମର ଆପଣଙ୍କ ଉପରେ ବିଶ୍ୱାସ ନାହିଁ। ଆପଣ ପ୍ରତ୍ୟେକ ମାମଲାରେ ପୁଲିସର ଇଶାରାରେ ନାଚୁଛନ୍ତି। ହାତକଡ଼ି ଲଗାହେବା ଦ୍ୱାରା ଆମେ ଜଣେ ଅନ୍ୟ ଜଣକ ସହିତ ମକଦ୍ଦମା ବିଷୟରେ କଥାବାର୍ତ୍ତା କିପରି କରିବୁ?"

ମାଜିଷ୍ଟ୍ରେଟ୍ ଭଗତ ସିଂହଙ୍କ ଏହି ବ୍ୟବହାର ଉପରେ ଆପତ୍ତି କଲେ ଏବଂ ଏହାକୁ ଅପମାନଜନକ ବ୍ୟବହାର ତଥା ଗୁଣ୍ଡାଗର୍ଦ୍ଦୀ କାମ ବୋଲି କହିଲେ। ତତ୍‌ସହିତ ଜେଲ ଅଧିକ୍ଷକଙ୍କୁ ପରାମର୍ଶ ଦେଲେ ଯେ ଭଗତ ସିଂହଙ୍କ ବିରୁଦ୍ଧରେ ଅନୁଶାସନ କାର୍ଯ୍ୟବାହୀ କରାଯାଉ।

ଅଧିକ୍ଷକ ସେଣ୍ଟ୍ରାଲ ଜେଲ ଲାହୋର, ଇନ୍ସପେକ୍ଟର ଜେନେରାଲ ଜେଲ ପଞ୍ଜାବକୁ ୧୫ ଜୁଲାଇ , ୧୯୨୯କୁ ଏକ ରିପୋର୍ଟ ପଠାଇଲେ ଯାହା ଅନୁସାରେ ଭଗତ ସିଂହ ତଥା ଦତ୍ତଙ୍କୁ ଏକ ବିଶେଷ ପ୍ରକାର ଭୋଜନ ଦିଆଗଲା । କିନ୍ତୁ ଭଗତ ସିଂହ ଏହାକୁ ଅସ୍ୱୀକାର କଲେ । ତାଙ୍କର କହିବା ଥିଲା ଯେ ସରକାରୀ ବଜେଟରେ କଏଦୀମାନଙ୍କ ଭୋଜନର ମାତ୍ରା ଛପାଯିବା ଉଚିତ । ତାହା ସମସ୍ତ ରାଜନୈତିକ କଏଦୀଙ୍କ ପ୍ରତି ଲାଗୁ କରାଯିବା ଉଚିତ୍ ।

ଏହି ଅନଶନ ଧର୍ମଘଟ ସରକାରଙ୍କ ପାଇଁ ଏକ ଆହ୍ୱାନ ହୋଇ ଯାଇଥିଲା । ତିରିଶ ଜୁଲାଇ ପର୍ଯ୍ୟନ୍ତ ଭଗତ ସିଂହଙ୍କ ଓଜନ ପ୍ରତି ସପ୍ତାହରେ ପାଞ୍ଚ ପାଉଣ୍ଡ ହାରରେ କମିଗଲା ଏବଂ ପରେ ଠିକ୍ ରହିଲା ।

## ଅନଶନ ଧର୍ମଘଟକାରୀଙ୍କ ଅବନତି ଦଶା:

ଅନଶନ କରୁଥିବା ବ୍ୟକ୍ତିଙ୍କ ସ୍ୱାସ୍ଥ୍ୟ ଦିନକୁ ଦିନ ଅବନତି ହେଉଥିଲା । ମାତ୍ର ଜେଲ ଅଧିକାରୀ ସେମାନଙ୍କ ଉଚିତ ଆବଶ୍ୟକତା ମାନିବା ପରିବର୍ତ୍ତେ, ସେମାନଙ୍କୁ ଜବରଦସ୍ତି ଭୋଜନ କରାଇବାକୁ ଚେଷ୍ଟା କରିବାକୁ ଲାଗିଲେ । ଏଣେ ଭାରତମାତାର ଅସାଧାରଣ ପୁତ୍ରମାନେ ବି ଏକ ଉପାଦାନରେ ତିଆରି ହୋଇଥିଲେ । କିଶୋରୀଲାଲ ଗରମ ପାଣି ତଥା ନାଲି ଲଙ୍କା ଢୋକି ଦେଉଥିଲେ, ତଦ୍ୱାରା ଯେତେବେଳେ ତାଙ୍କୁ ଜବରଦସ୍ତ ନାକରେ ନଳି ଦେଇ ଭୋଜନ କରାଯିବ, ସେତେବେଳେ ଏତେ କାଶ ହେବ ଯେ ନଳି ବାହାର କରିବାକୁ ପଡ଼ିବ । ଏପରି ନକଲେ ନିଃଶ୍ୱାସ ବନ୍ଦ ହୋଇ ମରିବା ନିଶ୍ଚିତ ଥିଲା । ଅଜୟ ଘୋଷ ଏହିପରି ଜବରଦସ୍ତ ଭୋଜନ କରାଯିବା ପରେ ହଠାତ୍ ମାଛି ଗିଳିଦେଲେ । ତାଦ୍ୱାରା ସମସ୍ତ ଖାଦ୍ୟ ବାନ୍ତି ଦ୍ୱାରା ବାହାରକୁ ଆସିଯିବ । ଧର୍ମଘଟ ଭାଙ୍ଗିବା ପାଇଁ ଧର୍ମଘଟକାରୀଙ୍କ ୱାର୍ଡ଼ରେ ପାଣି ସ୍ଥାନରେ କ୍ଷୀର ମାଠିଆ ରଖି ଦିଆଗଲା । ଏହା ସବୁଠାରୁ ବଡ଼ ପରୀକ୍ଷା ଥିଲା । ଶୋଷ ଯୋଗୁଁ ଅବସ୍ଥା ଖରାପ ହେବାରୁ ଧର୍ମଘଟକାରୀ ମାଠିଆ ଭାଙ୍ଗିଦେଲେ । ହାରିଯାଇ ଜେଲରଙ୍କୁ ପୁଣି ପାଣି ମାଠିଆ ରଖିବାକୁ ହେଲା । ଔଷଧ ମାଧ୍ୟମରେ ଭୋଜନ ଦିଆଯିବାର ଚେଷ୍ଟା କରାଗଲା ।

ଏହାକୁ ବିରୋଧ କରାଗଲା । କଏଦୀମାନଙ୍କ କୋଠରୀରେ ସୁଗନ୍ଧିତ ଖାଦ୍ୟ ରନ୍ଧାଯାଇ ପକାଇ ଦିଆଯାଏ । ହୁଏତ କଏଦୀମାନେ ଲୋଭିତ ହୋଇଯିବେ; କିନ୍ତୁ କଏଦୀମାନେ ଏହାକୁ ଫିଙ୍ଗି ଦିଅନ୍ତି । ଜେଲ ଅଧୀକାରୀଙ୍କ ସମସ୍ତ ଚେଷ୍ଟା ବେକାର ଗଲା ।

## ଜତୀନଦାସଙ୍କ ଶହୀଦ ହେବା:

ଜତୀନ ଦାସ କିପରି ମାଟିରେ ଗଢ଼ା ହୋଇଥିଲେ ତାହା ଜଣା ନାହିଁ । ତାଙ୍କୁ କୌଣସି ପ୍ରକାର ଭୋଜନ କରାଇବାର ସମସ୍ତ ଚେଷ୍ଟା ବେକାର ହେଲା । ଜେଲରେ ସମସ୍ତ କଏଦୀଙ୍କୁ

ପଞ୍ଜାବୀ ଖାଦ୍ୟ ଦିଆ ଯାଉଥିଲା । କିନ୍ତୁ ଜତୀନ ଦାସଙ୍କୁ ବଙ୍ଗଳାର ପ୍ରିୟ ଭୋଜନ ମାଛ ଆଉ ଭାତ ଦିଆଗଲା । ଏହାର ପ୍ରଭାବ ମଧ ତାଙ୍କ ଉପରେ ପଡ଼ିଲାନାହିଁ । ୨୪ ଜୁଲାଇକୁ ତାଙ୍କୁ ହସପିଟାଲ ନିଆଗଲା । ହସପିଟାଲରେ ଡ଼ାକ୍ତର ବି ରବର ନଳିରେ କିଛି ଖୁଆଇବାରେ ସଫଳ ହୋଇ ପାରିଲେ ନାହିଁ । ସେ ଔଷଧ ବି ନେଉ ନଥିଲେ । ଡ଼ାକ୍ତରଙ୍କର ମଧ ମତ ଥିଲା ଯଦି ଏ ପ୍ରକାର ଭୋଜନ ଦିଆଯାଏ ତେବେ ସେ ମରିଯିବେ । ଏ ପ୍ରକାର ଭୋଜନ କରାଇବାର ସେ ବିରୁଦ୍ଧ ଥିଲେ । ଏ ବିଷୟରେ ତାଙ୍କର ଭଗତ ସିଂହଙ୍କ ସହିତ ହୋଇଥିବା କଥାବାର୍ତ୍ତା ନିମ୍ନ ପ୍ରକାରର ହୋଇଥିଲା-

ଜତୀନ ଦାସ- ତୁମେ ବଳପୂର୍ବକ ଭୋଜନ କାହିଁକି କରୁଛ ?

ଭଗତ ସିଂହ- ଯେତେ ଦୂର ସମ୍ଭବ ମୁଁ ବିରୋଧ କରୁଛି, କିନ୍ତୁ ସେମାନେ ମୋତେ ବଳପୂର୍ବକ ଭୋଜନ ଦେବାରେ ସଫଳ ହୋଇ ଯାଉଛନ୍ତି । ଏହା ଦୁଇବର୍ଷ ପର୍ଯ୍ୟନ୍ତ ଚାଲିପାରେ । ମୋ ନାକ ବଡ଼, ଯାହା ଦେହରେ ସେମାନେ ସହଜରେ ନଳୀ ପୂରାଇ ଭୋଜନ ଦେଇ ପାରୁଛନ୍ତି ।

ଜତୀନ ଦାସଙ୍କ ନାକ ଚଢ଼େଇ ନାକ ପରି ଛୋଟ ଥିଲା । ତା ଦ୍ୱାରା ଔଷଧ ନେବା ପାଇଁ ମନା କରିଦେଲା ପରେ ଅଗଷ୍ଟ ୧୯୨୯ରେ ଡା. ଗୋପୀଚନ୍ଦ ଭାର୍ଗବ (ଯିଏ ପରେ ପଞ୍ଜାବର ମୁଖ୍ୟମନ୍ତ୍ରୀ ହେଲେ) ଜେଲରେ ଧର୍ମଘଟକାରୀଙ୍କୁ ସାକ୍ଷାତ ପାଇଁ ଆସିଲେ । ସେ ଯେତେବେଳେ ଜତୀନ ଦାସଙ୍କୁ ପଚାରିଲେ ତୁମେ କାହିଁକି ଔଷଧ ତଥା ପାଣି ଆଦି ନେଉ ନାହଁ ? ତାଙ୍କର ଉତ୍ତର ଥିଲା-

"ମୁଁ ମରିବାକୁ ଚାହୁଁଛି ।"

"କାହିଁକି ?"

"ମୋ ଦେଶ ପାଇଁ ତଥା ରାଜନୈତିକ ଅଭିଯୁକ୍ତଙ୍କ ଅବସ୍ଥା ସୁଧାରିବା ପାଇଁ ।"

୬ ତଥା ୯ ଅଗଷ୍ଟ ୧୯୨୯ରେ ପଞ୍ଜାବ ସରକାର ରାଜନୈତିକ କଏଦୀମାନଙ୍କ ପାଇଁ କେତେକ ସୁବିଧା ଦେବାକୁ ଘୋଷଣା କଲେ । ସେହି ଅନୁସାରେ ସେମାନଙ୍କ ନିମନ୍ତେ କିଛି ବିଶେଷ ପ୍ରକାରର ଭୋଜନ ଦେବାକୁ ସ୍ୱୀକାର କରିଦେଲେ । ବାହାରୁ ଭୋଜନ ମଗାଇବାର ସୁବିଧା ଦିଆଗଲା ତଥା ସାମାନ୍ୟ ନାଗରିକଙ୍କ ପରି ବସ୍ତ୍ର ପିନ୍ଧିବାକୁ ଆଜ୍ଞା ଦେଲେ । ଏହା ଧର୍ମଘଟକାରୀଙ୍କ ସମସ୍ତ ଆବଶ୍ୟକତା ପୂରଣ କରିପାରୁ ନଥିଲା । ଧର୍ମଘଟ ଚାଲୁ ରହିଲା ।

ଜତୀନ ଦାସଙ୍କ ସ୍ଥିତିକୁ ଦେଖି ଭଗତ ସିଂହ ତାଙ୍କୁ କେତେ ଥର କ୍ଷୀର ପିଇବାକୁ ଚାପ ପକାଇଲେ । ମାତ୍ର ଦାସ ମାନିଲେ ନାହିଁ । ଭଗତ ସିଂହ ପୁଣି ବାରମ୍ବାର ଜିଦ୍ କଲେ । ତେବେ ସେ କେବଳ ଏଥିପାଇଁ ରାଜି ହେଲେ ଯେ ଭଗତ ସିଂହ ତାଙ୍କୁ ଆଉ କ୍ଷୀର ଓ

ଶକ୍ତିକାରକ ଔଷଧ ଖାଇବାକୁ କହିବେ ନାହିଁ। କେବଳ ଔଷଧ ନେବେ, ଔଷଧ ବି କେବଳ ଡାକ୍ତର ଗୋପୀଚନ୍ଦ ଭାର୍ଗବ ହିଁ ଦେବେ। ଡା. ଗୋପୀଚନ୍ଦ ଭାର୍ଗବ ଜତୀନ ଦାସଙ୍କୁ କହିଲେ-- "ମୁଁ ପ୍ରତିଦିନ ତୁମକୁ ଔଷଧ ଦେବାକୁ ଆସିବି। ମୁଁ ମେଜର ଚୋପଡ଼ା (ସୁପରିଟେଣ୍ଡେଣ୍ଟ,ଜେଲ) ସହିତ ସାକ୍ଷାତ ହୋଇ ଏହାର ବ୍ୟବସ୍ଥା କରିଦେବି।" କିନ୍ତୁ ପରଦିନ ଜତୀନ ଦାସ ନିଜ ବିଚାର ପୁଣି ବଦଳାଇ ଦେଲେ। ଔଷଧ ନେବାକୁ ବି ମନା କରିଦେଲେ। ଡା. ଗୋପୀଚନ୍ଦ ଭାର୍ଗବଙ୍କ କହିବା ପରେ ପାଣିରେ ଅଣ୍ଡାର କେଶର (ହଳଦିଆ ଅଂଶ) ତଥା ଗ୍ଳୁକୋଜ ମିଶାଇ ତାଙ୍କୁ ଭ୍ରମରେ ପିଆଇ ଦିଆଗଲା।

୨୧ ଅଗଷ୍ଟ ୧୯୨୯କୁ ଡା. ଗୋପୀଚନ୍ଦ ଭାର୍ଗବ, ରାଜଶ୍ରୀ ପୁରୁଷୋତ୍ତମ ଦାସ ଟଣ୍ଡନଙ୍କ ସହିତ ଜତୀନ ଦାସଙ୍କୁ ସାକ୍ଷାତ କରିବାକୁ ଆସିଥିଲେ। ଟଣ୍ଡନଜୀ ଜତୀନ ଦାସଙ୍କୁ କହିଲେ-"ଆପଣ ଅଧିକ ଦିନ ବଞ୍ଚିବା ପାଇଁ ଚେଷ୍ଟା କରନ୍ତୁ।"

ଦାସ କହିଲେ - ମୁଁ ଜୀଇଁଛି।

ଟଣ୍ଡନ - ଆପଣ ଔଷଧ ଏବଂ ଭୋଜନ ବିନା କିପରି ଜୀଇଁ ପାରିବେ ?

ଦାସ - ନିଜର ଇଚ୍ଛାଶକ୍ତି ଦ୍ୱାରା।

ଡା. ଭାର୍ଗବ - ମୁଁ ଭାବିପାରୁନି ଆପଣ ଏପରି କରି ପାରିବେ। ମୁଁ ଆପଣଙ୍କୁ ଆପଣଙ୍କ ଆଦର୍ଶରୁ ଅଲଗା ହେବା କଥା କହୁନାହିଁ। ଆପଣ ଅନଶନ ଧର୍ମଘଟ ଛାଡ଼ନ୍ତୁ ନାହିଁ, ମାତ୍ର ଜୀବନକୁ ଦୀର୍ଘଦିନ ପାଇଁ ବଞ୍ଚାଇବା ପାଇଁ କିଛି ଔଷଧ ଆଦି ଅବଶ୍ୟ ନିଅନ୍ତୁ। ପ୍ରାୟ ପନ୍ଦରଦିନ ପର୍ଯ୍ୟନ୍ତ ଆପଣଙ୍କ ଦୁଃଖର ପରିଣାମ ଜାଣିବା ପାଇଁ ଅନ୍ତତଃ ବଞ୍ଚନ୍ତୁ। ଯଦି ଦେଖିବେ ଆପଣଙ୍କ ଆବଶ୍ୟକତା ପୂରଣ ହେଲା ନାହିଁ, ତେବେ ଆପଣ ଔଷଧ ଖାଇବା ବନ୍ଦ କରିପାରନ୍ତି।

ଦାସ- ମୋର ସରକାରଙ୍କ ଉପରେ କୌଣସି ବିଶ୍ୱାସ ନାହିଁ । ଏବେ ଆଉ ପଛକୁ ଫେରି ପାରିବି ନାହିଁ। ମୁଁ ମୋ ଇଚ୍ଛାଶକ୍ତି ଦ୍ୱାରା ବିଲକୁଲ ଜୀଇଁପାରିବି।

୩୦ ଅଗଷ୍ଟରେ ଭଗତ ସିଂହଙ୍କ ପିତା ସର୍ଦ୍ଦାର କିଶନ ସିଂହ ଜତୀନ ଦାସଙ୍କୁ ଦେଖା କରିବାକୁ ଆସିଲେ। ସେ ବି ଜତୀନ ଦାସଙ୍କୁ ମନାଇବାର ସମସ୍ତ ପ୍ରକାର ଚେଷ୍ଟା କଲେ, କିନ୍ତୁ ତାଙ୍କୁ ବି କୌଣସି ସଫଳତା ମିଳିଲା ନାହିଁ।

ଜତୀନ ଦାସଙ୍କ ଧର୍ମଘଟର ବାଉନ ଦିନ ପଣ୍ଡିତ ମୋତିଲାଲ ତାଙ୍କର କରୁଣାଜନକ ଅବସ୍ଥା ଉପରେ ଯେଉଁ ଭାଷଣ ଦେଇଥିଲେ ସେଥିରେ ଏହି ଅବସ୍ଥାର ସୁନ୍ଦର ଚିତ୍ରଣ ହୁଏ-

"ଆଜି ଅନଶନର ବାଉନ ଦିନ ଏବଂ ଏହି ଅନଶନ ଏକ ସାର୍ବଜନିକ ଉଦ୍ଦେଶ୍ୟରେ

କରାଯାଉଛି, ତାଙ୍କ ନିଜର ଲାଭ ପାଇଁ ନୁହେଁ। ଶ୍ରୀ ବିଦ୍ୟାର୍ଥୀ ସ୍ୱୟଂ ଅନଶନକାରୀଙ୍କ ଶରୀର ଉପରେ ସେହି ଆଘାତର ନିଶାଣକୁ ଦେଖିଲେ, ଯାହା ତାଙ୍କୁ ବଳପୂର୍ବକ ଭୋଜନ ଦେବା ସମୟରେ ଲାଗିଥିଲା।"

ପଣ୍ଡିତ ଜବାହାରଲାଲ ନେହେରୁ ମଧ୍ୟ ଏହି ଅନଶନକାରୀଙ୍କ ସହିତ ସାକ୍ଷାତ ପାଇଁ ଯାଇଥିଲେ। ସେଠାରେ ଜତୀନ ଦାସଙ୍କ ସହିତ ସାକ୍ଷାତ ପରେ ସେହି ବିଷୟରେ ଏହି ବକ୍ତବ୍ୟ ଦେଲେ-

"ଜତୀନ ଦାସଙ୍କ ଅବସ୍ଥା ବହୁତ ଦୁର୍ବଳ, ସେ ଧୀର ସ୍ୱରରେ କହି ପାରୁଛନ୍ତି। ସେ ନିଶ୍ଚିତ ଭାବେ ଧୀରେ ଧୀରେ ମୃତ୍ୟୁ ଆଡ଼କୁ ଗତି କରୁଛନ୍ତି। ଏହି ବାହାଦୂରଙ୍କ କଷ୍ଟ ଦେଖି ମୋତେ ବହୁତ ଦୁଃଖ ଲାଗିଲା। ସେ ଏତିକି ଚାହୁଁଛନ୍ତି ଯେ ରାଜନୈତିକ ବନ୍ଦୀମାନଙ୍କ ସହିତ ରାଜନୈତିକ ବନ୍ଦୀ ପରି ବ୍ୟବହାର କରାଯାଉ। ମୋର ପୂର୍ଣ୍ଣ ବିଶ୍ୱାସ ଯେ ତାଙ୍କର ଆତ୍ମ ବଳିଦାନ ସଫଳ ହେବ।"

ଅନଶନ କାରଣରୁ ଲାହୋର ଜେଲ ମକଦ୍ଦମାକୁ ମଝିରେ ଅନେକ ଥର ବନ୍ଦ କରିବାକୁ ପଡ଼ିଲା। ଡାକ୍ତରୀ ରିପୋର୍ଟ ଅନୁସାରେ ୨୬ ଅଗଷ୍ଟକୁ ଜତୀନ ଦାସ କେବଳ ନିଶ୍ୱାସ ନେଇ ପାରୁଥିଲେ। ତାଙ୍କ ଶରୀର ସମ୍ବେଦନ ରହିତ ଅବସ୍ଥାରେ ପଡ଼ି ରହିଥିଲା। ସେ ଶରୀରର ନିମ୍ନ ଭାଗକୁ ଉଠାଇ ପାରୁ ନଥିଲେ। ଅବସ୍ଥା ବହୁ ଗମ୍ଭୀର ହୋଇ ଯାଇଥିଲା। ଏହି ଅନଶନର ସହାନୁଭୂତିରେ ସମଗ୍ର ଦେଶରେ ସାଙ୍କେତିକ ଅନଶନ ଧର୍ମଘଟ ରଖାଗଲା। ତେବେ ସରକାର ହାର ସ୍ୱୀକାର କରିନେଲେ ତଥା ୨ ସେପ୍ଟେମ୍ବର, ୧୯୨୯ରେ ପଞ୍ଜାବ କାରାବାସରେ ଜାଞ୍ଚ ସମିତି ନିଯୁକ୍ତ କରାଗଲା। ଏହି ସମିତିର ଚାରିଜଣ ସଦସ୍ୟ ଜେଲକୁ ଯାଇ ଅନଶନକାରୀଙ୍କୁ ସାକ୍ଷାତ କଲେ। ଅତଃ ୨ ସେପ୍ଟେମ୍ବର ୧୯୨୯କୁ ଜତୀନ ଦାସଙ୍କ ବ୍ୟତୀତ ସମସ୍ତେ ଅନଶନ ବନ୍ଦ କରିଦେଲେ। ସେହି ଦିନ ଭଗତ ସିଂହ ଏବଂ ବଟୁକେଶ୍ୱର ଦତ୍ତଙ୍କ ୮୧ ଦିନ ତଥା ଅନ୍ୟମାନଙ୍କର ୫୧ ଦିନ ଅନଶନ ପୂର୍ଣ୍ଣ ହୋଇ ସାରିଥାଏ। ଜତୀନ ଦାସଙ୍କ ଅବସ୍ଥା ଅତ୍ୟନ୍ତ ଦୟନୀୟ ହୋଇଗଲା। ଅତଃ ଅନ୍ୟ ସାଥୀମାନେ ସରକାର ନଇଁଯିବା ପରେ ବି ଏହାକୁ ନିଜର ହାର ବୋଲି ଭାବିଲେ। ନିଜର ଜଣେ ସାଥୀଙ୍କୁ ଅନଶନ କରି ମୃତ୍ୟୁ ମୁହଁକୁ ଠେଲି ହୋଇ ଯାଉ ଥିବାର ଦେଖି ସେମାନେ ସ୍ୱୟଂ ଭୋଜନ କରିବାକୁ ଉଚିତ ମନେ କଲେନାହିଁ। ସେମାନଙ୍କ ଆତ୍ମା ପୀଡ଼ା ଅନୁଭବ କଲା। ଏଥିପାଇଁ ଭଗତ ସିଂହ, ବଟୁକେଶ୍ୱର ଦତ୍ତ ତଥା ଅନ୍ୟ ତିନିଜଣ ସାଥୀ କେବଳ ଦୁଇଦିନ ପରେ ୪ ସେପ୍ଟେମ୍ବର ୧୯୨୯କୁ ଜତୀନ ଦାସଙ୍କୁ ବିନା ସର୍ତ୍ତରେ ମୁକ୍ତି ତଥା ଯାହା ଉପରେ ଏ ପର୍ଯ୍ୟନ୍ତ କୌଣସି ଅପରାଧ ସିଦ୍ଧ ହୋଇ ନଥିଲା, ସେହି କଏଦୀମାନଙ୍କୁ ପରସ୍ପର ସାକ୍ଷାତ ପାଇଁ ପ୍ରାର୍ଥନାକୁ ନେଇ ପୁନଃ ଅନଶନ ଆରମ୍ଭ କରିନେଲେ।

ଜତୀନ ଦାସଙ୍କୁ ବିନା ସର୍ତ୍ତରେ ମୁକ୍ତିର ପ୍ରାର୍ଥନାକୁ ସରକାର ଅସ୍ୱୀକାର କରିଦେଲେ। ଜାମିନ ଉପରେ ମୁକ୍ତ କରିବାକୁ ସରକାର ପ୍ରସ୍ତୁତ ଥିଲେ, ମାତ୍ର ଜତୀନ ଦାସ ଏହାକୁ ସ୍ୱୀକାର କଲେ ନାହିଁ। ଡାକ୍ତରୀ ରିପୋର୍ଟ ଅନୁସାରେ ଜତୀନ ଦାସଙ୍କ ଜୀବନର ଶେଷ ଦିନରେ ତାଙ୍କର ଅବସ୍ଥା ନିମ୍ନଲିଖିତ ପ୍ରକାର ଥିଲା-

୪ ସେପ୍ଟେମ୍ବର ୧୯୨୯- ନାଡ଼ି କମଜୋର, ଧୀମା ଏବଂ କମ

୯ ସେପ୍ଟେମ୍ବର ୧୯୨୯ - ନାଡ଼ି ତେଜ ତଥା ଅଟକି ଅଟକି ଚାଲୁଛି।

୧୨ ସେପ୍ଟେମ୍ବର ୧୯୨୯ - ଥରେ କମ୍ ହେଉଥିବା ନାଡ଼ି ଅଟକି ଅଟକି ଚାଲୁଛି ଏବଂ ଔଷଧ ନେବାକୁ ମନା କରୁଛନ୍ତି।

ଜେଲର ସମିତି ସ୍ୱାସ୍ଥ୍ୟକୁ ଦେଖି ଜତୀନ ଦାସଙ୍କୁ ମୁକ୍ତ କରି ଦେବାକୁ ସୁପାରିଶ କରିଥିଲେ, କିନ୍ତୁ ସରକାର ପରିସ୍ଥିତି ଉପରେ ଧ୍ୟାନ ଦେଲେ ନାହିଁ। ଗୃହ ବିଭାଗ ଅନୁମାନ କରିଥିଲା ଯେ ସେ ସେପ୍ଟେମ୍ବର ପ୍ରଥମ ସପ୍ତାହରେ ହିଁ ସ୍ୱର୍ଗବାସୀ ହୋଇଯିବେ। ସେମାନେ ବଙ୍ଗଳା ସରରକାରଙ୍କ ସହିତ ଦାସଙ୍କ ଅନ୍ତିମ ସଂସ୍କାର ବିଷୟରେ ବିଚାର ଜାଣିବାକୁ ପ୍ରଥମରୁ ଲେଖିଥିଲେ। ବଙ୍ଗଳା ସରକାର ଚାହୁଁଥିଲେ ତାଙ୍କର ଶବ ତାଙ୍କ ଘର ଲୋକଙ୍କୁ ବି ଦିଆ ନଯାଉ ଏବଂ ତାଙ୍କୁ ବଙ୍ଗଳା ବି ପଠା ନଯାଉ। ତାଙ୍କର ଅନ୍ତେଷ୍ଟି କ୍ରିୟା ଲାହୋରରେ ହିଁ କରି ଦିଆଯାଉ। ମାତ୍ର ଭାରତ ସରକାର ବଙ୍ଗଳା ସରକାରଙ୍କ ଏହି କଥାକୁ ମାନିଲେ ନାହିଁ ଏବଂ ରେଳ ଦ୍ୱାରା ଶବକୁ ବଙ୍ଗଳା ପଠାଇବା ପାଇଁ ନିଶ୍ଚିତ କରିନେଲେ। କିନ୍ତୁ ରେଳ ବିଭାଗ ନିଜର ନିୟମର ଦୁହାଇ ଦେଇ ଏପରି କରିବାରେ ନିଜର ଅସମର୍ଥତା ବ୍ୟକ୍ତ କରିଥିଲେ।

ଶେଷରେ ଏହି ବିରଳ ସୁପୁତ୍ରଙ୍କୁ ୧୩ ଡ଼ିସେମ୍ବର, ୧୯୨୯ରେ ମୃତ୍ୟୁ ତାର କ୍ରୂର କୋଳକୁ ଟାଣି ନେଲା। ତାଙ୍କର ଏହି ପ୍ରାଣବଳୀ ଖବର ସାରା ଦେଶରେ ଜଙ୍ଗଲର ନିଆଁ ପରି ବ୍ୟାପିଗଲା। ଡା. କିଚଲୁ, ସର୍ଦ୍ଦାର କିଶନ ସିଂହ ତଥା ଅନ୍ୟ କଂଗ୍ରେସ ସେନା ଜେଲ ଆଡ଼କୁ ଦଉଡ଼ି ଆସିଲେ। ଚତୁର୍ଦ୍ଦିଗରେ 'ଜତୀନ ଦାସ ଜିନ୍ଦାବାଦ', 'ଇନ୍‌କିଲାବ ଜିନ୍ଦାବାଦ' ତଥା 'ଶୋଷଣକାରୀ ବିନାଶ ହେଉ', 'ସାମ୍ରାଜ୍ୟବାଦ ମୁର୍ଦ୍ଦାବାଦ' ସ୍ଲୋଗାନରେ କମ୍ପି ଉଠିଲା। ତାଙ୍କର ଶବକୁ ପୋଷ୍ଟମର୍ଟମ ବି କରାଗଲା ନାହିଁ। ସିଭିଲ ସର୍ଜନ ଜେଲର ରେକର୍ଡ଼ ଦେଖି ପ୍ରମାଣ ପତ୍ର ଦେଇଦେଲେ ଯେ, ଉପବାସ ରହିବା ଦ୍ୱାରା ମୃତ୍ୟୁ ହୋଇଛି। ଅତଃ ପୋଷ୍ଟମର୍ଟମର ଆବଶ୍ୟକତା ନାହିଁ। ଏହାଦ୍ୱାରା ଆଇନର ମଜାକ ଆଉ କ'ଣ ହୋଇପାରେ ?

ସାରାଦେଶ ଶୋକାଭିଭୂତ ହୋଇଗଲା। ଆଖି ଲୁହରେ ଓଦା ହେଲା। ପ୍ରତ୍ୟେକ ଭାରତୀୟଙ୍କ ହୃଦୟ ଯନ୍ତ୍ରଣା ଜର୍ଜରିତ ହୋଇ ଉଠିଲା। ଭଗତ ସିଂହ ତଥା ତାଙ୍କର ସାଥୀ ଏକ ଅସହନୀୟ ପୀଡ଼ାରେ ବ୍ୟଥିତ ହେଲେ। ଇଂରେଜ ସରକାରଙ୍କ ବିରୋଧରେ ଦେଶର ଚାରିଆଡ଼େ

ଏକ ତୋଫାନ ବହିବାକୁ ଲାଗିଲା । ବ୍ରିଟିଶ ସାମ୍ରାଜ୍ୟର ସିଂହାସନ ଅସ୍ଥିର ହୋଇ ଉଠିଲା । ଜତୀନ ଦାସଙ୍କ ମୃତ ଶରୀରକୁ ଲାହୋରରୁ କଲିକତା ନେଇ ତାଙ୍କ ଭାଇ ଶ୍ରୀ କେ.ସି. ଦାସଙ୍କୁ ସମର୍ପି ଦିଆଗଲା । ବୋର୍ଷ୍ଟଲ ଜେଲରୁ ସଂଧ୍ୟା ୪ଟାରେ ଶବକୁ ପଟୁଆରରେ ନିଆଗଲା, ଯେଉଁଥିରେ ହଜାର ହଜାର ଲୋକ ଭାଗ ନେଲେ । ତାଙ୍କ ଆଗେ ଆଗେ ଡା. ଗୋପୀଚନ୍ଦ ଭାର୍ଗବ, ଡା. କିଚଲୁ, ସର୍ଦ୍ଦାର କିଶନ ସିଂହ, ଶରଦୁଲ ସିଂହ ଆଦି ପ୍ରସିଦ୍ଧ ବ୍ୟକ୍ତି ଚାଲୁଥିଲେ । ଲିଟନ ରୋଡ଼, ଅନାରକଲୀ, ଲାହୋର ଗେଟ, ପାପଡ଼ା ମଣ୍ଡି, ମାଛିହଟା, ରଙ୍ଗମହଲ, ଡବ୍‌ବୀ ବଜାର ତଥା ପୁରୁଣା କୋତବାଲୀ ହୋଇ ସଂଧ୍ୟା ସାଢ଼େ ଆଠରେ ଦିଲ୍ଲୀ ଦରୱାଜାରେ ପହଞ୍ଚିଲା । ସେଠାରେ ଏକ ଶୋକ ସଭାର ଆୟୋଜନ କରା ଯାଇଥିଲା । ଏହାର ଅଧ୍ୟକ୍ଷତା ଶ୍ରୀ ମହମ୍ମଦ ଆଲମ କଲେ । ଏଥିରେ ସ୍ୱର୍ଗୀୟ ଆତ୍ମାକୁ ଶ୍ରଦ୍ଧାଞ୍ଜଳି ଦିଆଗଲା । ତାପରେ ଶବକୁ ନୌଲେଖା ପୁଲିସ ଷ୍ଟେସନ, ଶହୀଦଗଞ୍ଜ ଅଣାଗଲା । ଏଠାରେ କଫନ ଆଦିରେ ରଖି ପୁଣି ଲାହୋର ରେଲୱେ ଷ୍ଟେସନ ନେଇଗଲେ । ସେଠାରେ ଦିବଂଗତ ଆତ୍ମାଙ୍କୁ ଲକ୍ଷ ଲକ୍ଷ ଲୋକ ନିଜର ଶ୍ରଦ୍ଧାଞ୍ଜଳି ଦେଲେ । ୧୪ ସେପ୍ଟେମ୍ବର, ୧୯୨୯କୁ ସକାଳ ୬ଟାରେ ଲାହୋର ଏକ୍ସପ୍ରେସରେ ଶବକୁ କଲିକତା ନେଇଗଲେ । ପରଦିନ ୧୫ ସେପ୍ଟେମ୍ବର ସନ୍ଧ୍ୟା ୭ଟା ୫୦ ମିନିଟରେ ଶବ ହାଓଡ଼ାରେ ପହଞ୍ଚିଲା । କଲିକତା ରେଲୱେ ଷ୍ଟେସନରେ ନିଜର ଏହି ପ୍ରିୟ କ୍ରାନ୍ତିକାରୀଙ୍କ ଶେଷ ଦର୍ଶନ ନିମନ୍ତେ ଲକ୍ଷ ଲକ୍ଷ ଲୋକ ଷ୍ଟେସନ ବାହାରେ ଏବଂ ଭିତରେ ଅପେକ୍ଷା କରି ରହିଥିଲେ । ଶ୍ମଶାନ ଘାଟ ପର୍ଯ୍ୟନ୍ତ ଶବଯାତ୍ରାରେ ଛ' ଲକ୍ଷ ଲୋକ ଭାଗ ନେଇଥିଲେ ।

ଜତୀନ ଦାସଙ୍କ ଏହି ପ୍ରାଣବଳୀରେ ସମଗ୍ର ଦେଶରେ ଅସନ୍ତୋଷର ଲହରୀ ଖେଳିଗଲା । ଇଂରେଜମାନଙ୍କ ଏହି କଳଙ୍କିତ କାର୍ଯ୍ୟ ବିରୁଦ୍ଧରେ ସ୍ଥାନେ ସ୍ଥାନେ ସଭା କରାଗଲା । ଲୋକମାନେ ଜତୀନ ଦାସଙ୍କୁ ଶ୍ରଦ୍ଧାଞ୍ଜଳି ଦେଲେ । ଦାସଙ୍କ ମୃତ୍ୟୁରେ ସବୁଠାରୁ ଅଧିକ ଦୁଃଖ ଭଗତ ସିଂହଙ୍କୁ ହୋଇଥିଲା । କାରଣ ସେ ତାଙ୍କୁ କଲିକତାରୁ ପଞ୍ଜାବ ଆଣିଥିଲେ । ସେ ଜତୀନ ଦାସଙ୍କ ମୃତ୍ୟୁରେ ଏକ କବିତା ବି ଲେଖିଥିଲେ ଯାହାକୁ ସେ ଅନ୍ୟ ସାଥୀମାନଙ୍କୁ ଶୁଣାଇ ଥିଲେ ।

ପଣ୍ଡିତ ମୋତିଲାଲ ନେହେରୁ କଏଦୀମାନଙ୍କ ପ୍ରତି ଦୁର୍ବ୍ୟବହାର ତଥା ଜତୀନ ଦାସଙ୍କ ବଳିଦାନ ପ୍ରତି ଧ୍ୟାନ ଆକୃଷ୍ଟ କରିବା ପାଇଁ ୧୪ ସେପ୍ଟେମ୍ବର ୧୯୨୯ରେ ବିଧାନ ସଭାରେ ଏକ ସ୍ଥଗିତ ପ୍ରସ୍ତାବ ରଖିଲେ, ଯେଉଁଥିରେ ସେ କହିଥିଲେ ଯେ ସରକାରଙ୍କ ଠାରେ ମାନବୀୟ ତତ୍ତ୍ୱର ପୂର୍ଣ୍ଣ ଅଭାବ ଥିଲା । ଦାସଙ୍କ ମୃତ୍ୟୁର ଶେଷ ପର୍ଯ୍ୟନ୍ତ ସରକାରଙ୍କ ବସି ରହିବା, ରୋମ୍ ଜଳି ସାରିବା ପରେ ପାଣିର ବଂଶୀ ବଜାଇବା ସଙ୍ଗେ ସମାନ ଥିଲା । ଏହି ବିଷୟରେ କହିବାକୁ ଯାଇ ପଣ୍ଡିତ ମଦନ ମୋହନ ମାଳବ୍ୟ, ଭଗତ ସିଂହ ତଥା ଅନ୍ୟ କ୍ରାନ୍ତିକାରୀମାନଙ୍କ କାର୍ଯ୍ୟକୁ ପ୍ରଶଂସା କରିଥିଲେ । ଏହି ପ୍ରସ୍ତାବର ସମର୍ଥନରେ ବିଧାନସଭାର ଜଣେ ଅନ୍ୟ ସଦସ୍ୟ ଶ୍ରୀ

ଅମରନାଥ ଦତ୍ତ କହିଥିଲେ-

"ଇଂରେଜମାନଙ୍କର ନାଶ ହେବ। ଏ କଥାକୁ ତାଙ୍କ ଦ୍ୱାରା ବୁହା ଯାଇଥିବା ରକ୍ତରେ ଶବ୍ଦରେ ଲେଖିଦିଅ। ନିରାଶା ଏବଂ ଘୃଣା ଲିଭିଯିବ। ସେତେ ଅଧିକ ନଷ୍ଟ ହେବ, ଯେତେ ସେମାନେ ଅତ୍ୟାଚାର କରିବେ।"

ନିଜ ଭାଷଣ ଶେଷରେ ରବୀନ୍ଦ୍ରନାଥ ଟାଗୋରଙ୍କ କବିତାର ନିମ୍ନ ଲିଖିତ ପଂକ୍ତି ପଢ଼ିଥିଲେ-"ବୋଝ ତୋର ଭାରି ହେଲେ ତରୀ ବୁଡ଼ିଯାଏ।" ଅର୍ଥାତ୍ ତୁମ ପାପର ବୋଝ ଅଧିକ ଭାରି ହେଲେ ତୁମର ଜାହାଜ ବୁଡ଼ିଯିବ।

କେନ୍ଦ୍ରୀୟ ଆସେମ୍ବ୍ଲିରେ ମହମ୍ମଦ ଅଲୀ ଜିନ୍ନା ବି ଜତୀନ ଦାସଙ୍କୁ ଶ୍ରଦ୍ଧାଞ୍ଜଳି ଦେଲେ। ଏହି ଅବସରରେ ବିଧି ସଦସ୍ୟ ସାର ବି.ଏଲ. ମିତ୍ତଲଙ୍କୁ ସମ୍ବୋଧିତ କରି ସେ କହିଥିଲେ-

"ଏହା କୌଣସି ମଜାକ୍ ନୁହେଁ। ମୁଁ ମାନନୀୟ ବିଧି ସଦସ୍ୟଙ୍କୁ ଏହା ବୁଝାଇବାକୁ ଚାହୁଁଛି, ଆପଣ ପରୀକ୍ଷା କରି ଦେଖିଲେ ଜାଣି ପାରିବେ। ଅନଶନ ଧର୍ମଘଟର ବି ଆତ୍ମା ଅଛି। ତାହା ସେହି ଆତ୍ମା ଦ୍ୱାରା ପ୍ରେରିତ ହୋଇଥାଏ ଏବଂ ନିଜର ଉଦ୍ଦେଶ୍ୟରେ ଔଚିତ୍ୟରେ ବିଶ୍ୱାସ କରାଏ। ମୁଁ ଦୁଃଖିତ ଯେ ଭୁଲ ହେଉ ବା ଠିକ୍, ଆଜିର ଯୁବଶ୍ରେଣୀ ଉତ୍ତେଜିତ ଅଟନ୍ତି ତଥା ଆପଣଙ୍କ ପାଖରେ ତିରିଶ କୋଟି ଲୋକ ଅଛନ୍ତି ଆପଣ ସେମାନଙ୍କୁ ଏପରି ରୋକି ପାରିବେ ନାହିଁ- ବିଲକୁଲ ରୋକି ପାରିବେ ନାହିଁ। ଆପଣ ସେମାନଙ୍କୁ ବୁଝାନ୍ତୁ ଏବଂ କୁହନ୍ତୁ ସେମାନଙ୍କୁ ଭୁଲ ରାସ୍ତାକୁ ଠେଲି ଦିଆ ଯାଇଛି। ଆପଣଙ୍କ କାର୍ଯ୍ୟବାହୀ ନୀତି ବିରୁଦ୍ଧ ଏବଂ ମନେ ରଖନ୍ତୁ ଜେଲ ବାହାରେ ବି ହଜାର ହଜାର ନୌଜବାନ ଅଛନ୍ତି।"

ଜତୀନ ଦାସଙ୍କ ମୃତ୍ୟୁରେ ଶ୍ରୀ ଏମ୍. ଆର. ଜୟକର ମୃତ୍ୟୁର ମର୍ମସ୍ପର୍ଶୀ ବର୍ଣ୍ଣନା କରି କହିଥିଲେ-

"ସେ ଧୀରେ ଧୀରେ, ତିଳ ତିଳ କରି ଗୋଟିଏ ହାତ ଖାଦ୍ୟ ବିନା ପକ୍ଷାଘାତ ହେଲା, ଅନ୍ୟହାତ ପୋଷଣହୀନତାରେ ବେକାର ହୋଇ ଯାଇଥିଲା। ପ୍ରଥମେ ଗୋଡ଼ ବେକାର ହେଲା ପୁଣି ଅନ୍ୟଟି, ତଥା ପୁଣି ମନୁଷ୍ୟଙ୍କୁ ମିଳିଥିବା ଅମୂଲ୍ୟ ଦୃଷ୍ଟିଶକ୍ତି ଚାଲିଗଲା। ଆଖିର ଚମକ ଧୀରେ ଧୀରେ ଲିଭିବା ଆରମ୍ଭ ହେଲା। ତିଳତିଳ କରି ଫାଶୀ ଫାନ୍ଦର ଶୀଘ୍ର ମୃତ୍ୟୁ ନୁହେଁ ଧୀର ଗତିରେ ଯେପରି ପ୍ରକୃତିର ସାମାନ୍ୟ ନିର୍ମାଣ ଏବଂ ନିର୍ଦ୍ଦିଷ୍ଟତାକୁ ଆପଣାଇ ନିଆଗଲା।"

ଏହି ଶୋକାକୁଳ ବାତାବରଣରେ ଦେଶର ଅନେକ ରାଷ୍ଟ୍ରପ୍ରେମୀ, ସମାଚାର ପତ୍ରମାନେ ନିଜର ସଂପାଦକୀୟ ଲେଖାରେ ଜତୀନ ଦାସଙ୍କୁ ଶ୍ରଦ୍ଧାଞ୍ଜଳି ଦେଲେ ତଥା ତାଙ୍କୁ ଏକ ପରମ ଦେଶଭକ୍ତ ଶୂରବୀର ଶହୀଦ ବୋଲି ବର୍ଣ୍ଣନା କଲେ। ଲାହୋରରୁ ପ୍ରକାଶିତ ହେଉଥିବା

ଦୈନିକ ସମାଚାର ପତ୍ର 'ଟ୍ରିବ୍ୟୁନ' ନିଜର ସଂପାଦକୀୟରେ ଲେଖିଲେ-

"ଯଦି କୌଣସି ବ୍ୟକ୍ତି ଉଚ୍ଚ ଆଦର୍ଶ ପାଇଁ ଶୂରବୀର ହେଲେ, ତେବେ ସେହି ବ୍ୟକ୍ତି ଜତୀନ୍ଦ୍ରନାଥ ଦାସ ଏବଂ ଜଣେ ଶହୀଦଙ୍କ ରକ୍ତ ସମଗ୍ର ପୀଢ଼ିକୁ ଏବଂ ଦେଶରେ ଉତ୍ତମ ଜୀବନର ବୀଜ ସିଦ୍ଧ ହେଲା, ଯିଏ ସାମାଜିକ ଏବଂ ରାଜନୈତିକ ସ୍ଥିତିକୁ ସୁଧାରିଛି।"

ଜତୀନ ଦାସଙ୍କୁ ଲାହୋର ଷଡ଼ଯନ୍ତ୍ର କେସରେ ଗିରଫ କରା ଯାଇଥିଲା। ଏହି କେସ୍‌ରେ ସରକାରଙ୍କୁ ପରାମର୍ଶ ଦେବାବାଲା ସରକାରୀ ପରାମର୍ଶଦାତା ମଧ୍ୟ ଜତୀନ ଦାସଙ୍କୁ ଶ୍ରଦ୍ଧାଞ୍ଜଳି ଦେଇଥିଲେ। ଜତୀନ ଦାସଙ୍କ ମୃତ୍ୟୁ ପରେ ୨୪ ସେପ୍ଟେମ୍ବର ଦିନ ଏହି କେସ୍‌ର ପ୍ରଥମ ଶୁଣାଣି ହେଲା। ସେ ଅଦାଲତରେ କହିଥିଲେ-

"ଅଦାଲତର ଆଜ୍ଞାରେ ମୁଁ ମୋ ତରଫରୁ ତଥା ସହଯୋଗୀଙ୍କ ତରଫରୁ ଏହି ଦୁଃଖଦ ଘଟଣା ପାଇଁ କିଛି ଶ୍ରଦ୍ଧାର କଥା କହୁଛି, ଯାହା ଅଦାଲତର ବୈଠକରେ ଘଟିଥିଲା- ମୁଁ ସମସ୍ତଙ୍କ ତରଫରୁ ଜତୀନ୍ଦ୍ର ନାଥ ଦାସଙ୍କ ମୃତ୍ୟୁ ଉପରେ ସଦ୍‌ଭାବନାପୂର୍ଣ୍ଣ ଶୋକ ପ୍ରକଟ କରିବାର ଇଚ୍ଛା ରଖୁଛି।

ସେହି ବ୍ୟକ୍ତିତ୍ୱରେ ଏପରି କିଛି ବିଶେଷତା ଥିଲା, ଯାହାକୁ ପ୍ରଶଂସା କରିବା ବିନା ରହିହେବ ନାହିଁ ଏବଂ ସେ ଥିଲେ- ଏକ ଆଦର୍ଶ ପୂର୍ତ୍ତି ପାଇଁ, ମାତ୍ର ଆମେ ତାଙ୍କ ଦ୍ୱାରା ଆପଣାଇ ନିଆଯାଇଥିବା ବିଚାରର ଭାଗୀଦାର ହୋଇ ପାରିଲୁ ନାହିଁ। ଆମେ ତାଙ୍କ ଦୃଢ଼ ସାହସ, ଉଦ୍ଦେଶ୍ୟ ପୂର୍ତ୍ତି ପାଇଁ ତାଙ୍କୁ ପ୍ରଶଂସା କରୁଛୁ।"

ଭଗତ ସିଂହଙ୍କ ଦ୍ୱାରା ଗଢ଼ା ଯାଇଥିବା ନୌଜବାନ ସଭା ୨୬ ଓ ୨୭ ସେପ୍ଟେମ୍ବରକୁ ଲାହୋରରେ ଅଖିଳ ଭାରତୀୟ ସଭା କଲେ। ଏହି ସଭାରେ କମ୍ରେଡ଼୍ ସୁହାସିନୀ ନାମ୍ବୟାର ଅଧ୍ୟକ୍ଷତା କରିଥିଲେ। ଏଥିରେ ନିମ୍ନଲିଖିତ ପ୍ରସ୍ତାବ ପାସ୍ କରାଗଲା-

"ଏହି ସଭା ଶହୀଦ ଜତୀନ୍ଦ୍ର ଦାସଙ୍କ ଆଦର୍ଶ ଆତ୍ମ ବଳିଦାନ ପାଇଁ ଶ୍ରଦ୍ଧାଞ୍ଜଳି ଅର୍ପଣ କରୁଛି ଏବଂ ତାଙ୍କର ଉତ୍ତର ଦାୟିତ୍ୱ ସରକାରଙ୍କ ଉପରେ ପକାଉଛି।"

ଆୟାରଲ୍ୟାଣ୍ଡରେ ଏହି ପ୍ରକାର ଶ୍ରୀ ଟେରେସ ମେକ୍‌ସିଓ୍ୱନେହ ବି ମାତୃଭୂମୀ ପାଇଁ ଶହୀଦ ହୋଇଥିଲେ। ଜତୀନ ଦାସଙ୍କ ମୃତ୍ୟୁରେ ଶ୍ରୀ ମେକ୍‌ସିଓ୍ୱନେହଙ୍କ ପତ୍ନୀ ଶ୍ରୀମତୀ ମେରୀ ଜତୀନ୍ଦ୍ର ଦାସଙ୍କ ପରିବାରରୁ ନିଜର ସମ୍ବେଦନା ସନ୍ଦେଶ ତାର ଦ୍ୱାରା ପଠାଇଥିଲେ। ଯାହା ଏହି ପ୍ରକାର ଥିଲା-

"ଟେରେସ ମେକ୍‌ସିଓ୍ୱନେହଙ୍କ ପରିବାର ଯତୀନ୍ଦ୍ର ନାଥ ଦାସଙ୍କ ମୃତ୍ୟୁରେ ଦେଶଭକ୍ତ ଭାରତବାସୀଙ୍କ ଦୁଃଖ ଏବଂ ଗର୍ବରେ ମୁଁ ସାମିଲ ହେଉଛି। ସ୍ୱତନ୍ତ୍ରତା ଆସିବ।"

ଗୋଟିଏ ଦିଗରେ ଜତୀନ୍ଦ୍ର ଦାସଙ୍କ ମୃତ୍ୟୁରେ ସାରା ଦେଶ ଶୋକ ସାଗରରେ ବୁଡି ରହିଥିଲା । ଅନ୍ୟ ଦିଗରେ ପଞ୍ଜାବ ଗଭର୍ଣ୍ଣର ଅତ୍ୟାଚାରର ପରାକାଷ୍ଠା ଦେଖାଇ ଦେଲେ । ଦାସଙ୍କ ମୃତ୍ୟୁ ୧୩ ସେପ୍ଟେମ୍ବର ୧୯୨୯ ଦ୍ୱିପ୍ରହର ଗୋଟାଏ ବାଜି ପନ୍ଦର ମିନିଟ୍‌ରେ ହୋଇଥିଲା । ସେହି ଦିନ ପଞ୍ଜାବର ଗଭର୍ଣ୍ଣର ଶିମଳାରୁ ଫେରିଲେ ଏବଂ ସନ୍ଧ୍ୟାକୁ ଏକ ପାର୍ଟି ଦେଲେ । ଅଧିକତର ଭାରତୀୟ ସଦସ୍ୟ ତାଙ୍କ ନିମନ୍ତ୍ରଣକୁ ଅସ୍ୱୀକାର କରିଦେଲେ । ଏ ପ୍ରକାର ନୀଚ ବ୍ୟବହାରକୁ କ'ଣ ବା କୁହାଯାଇପାରେ ?

ଏବେ ସାରା ଦେଶ ଚାହୁଁଥିଲା ଯେ ଅନଶନ ଧର୍ମଘଟ ଅତିଶୀଘ୍ର ସମାପ୍ତ ହୋଇଯାଉ । ଜନତା ଏବଂ ନେତା ଦୁହେଁ ନିଜ ନିଜ ଢଙ୍ଗରେ ଏହାକୁ ସମାପ୍ତ କରିବାକୁ ଚେଷ୍ଟା କରୁଥିଲେ । ସେତିକିବେଳେ ସରକାରଙ୍କ ଦ୍ୱାରା ପ୍ରସ୍ତୁତ କରାଯାଇଥିବା ଜେଲ ସୁଧାର ସମିତି ନିଜର ସୁପାରିଶ ସରକାରଙ୍କ ପାଖକୁ ପଠାଇ ଦେଲେ । ଭଗତ ସିଂହ ବୁଝିଗଲେ ଯେ ଏଥିରେ ଅଧିକାଂଶ ପ୍ରାର୍ଥନା ମାନି ଦିଆଯିବ । ଅତଃ ସେ ନିଜର ସାଥୀମାନଙ୍କୁ କହିଲେ- "ବେଶ ଏଥର ଏତିକି ହିଁ ବହୁତ ଅଟେ । ଏବେ ଆମକୁ ଦେଖିବାକୁ ହେବ ଯେ ସରକାର ଏହି ସୁପାରିଶ ଉପରେ କ'ଣ କରୁଛନ୍ତି ।" ସେମାନେ ତାଙ୍କର ଧର୍ମଘଟ ସମାପ୍ତ କରିବାକୁ ରାଜି ହୋଇଗଲେ । ଜେଲର ଅଧିକାରୀମାନଙ୍କୁ ଏହାଦ୍ୱାରା ରକ୍ଷା ମିଳିଲା । ସମସ୍ତଙ୍କ ପାଇଁ ଫଳରସ ପ୍ରସ୍ତୁତ କରାଗଲା । କିନ୍ତୁ ଭଗତ ସିଂହ ଫୁଲକା ଏବଂ ତଡ଼କା ଦ୍ୱାରା ଅନଶନ ଭାଙ୍ଗିବାକୁ ଚାହୁଁଥିଲେ । ଯଦିଓ ଡାକ୍ତର ବୁଝାଇଲେ ଯେ ଏତେଦିନ ପର୍ଯ୍ୟନ୍ତ ପେଟ ଖାଲି ରହିଥିବାରୁ ଫୁଲକା ଏବଂ ତଡ଼କା ଖାଇବା ଠିକ୍ ନୁହେଁ, ତଥାପି କ୍ରାନ୍ତିକାରୀ ନିଜ ଜିଦ୍‌ରେ ଅଟଳ ରହିଲେ । ଏଥିପାଇଁ ଜେଲ ଅଧିକାରୀଙ୍କୁ ବାଧ୍ୟହୋଇ ତାଙ୍କ କଥା ମାନିବାକୁ ପଡ଼ିଲା । ଶେଷରେ ୧୫ ଅକ୍ଟୋବର ୧୯୨୯କୁ ଏହି ଧର୍ମଘଟ ସମାପ୍ତ ହେଲା ।

ସରକାର ଜାଞ୍ଚ ସମିତିର ସୁପାରିଶକୁ ଲାଗୁ କରିବା ପାଇଁ ଟାଳଟୁଳ କରିବାକୁ ଲାଗିଲେ । ଭଗତ ସିଂହ ସରକାରଙ୍କ ଏହି କାର୍ଯ୍ୟକୁ ପ୍ରବଳ ବିରୋଧ କଲେ ଏବଂ ସେ ବିଶେଷ ମାଜିଷ୍ଟ୍ରେଟଙ୍କ ମାଧ୍ୟମରେ ଭାରତ ସରକାରଙ୍କ ଗୃହମନ୍ତ୍ରୀଙ୍କୁ ତାର ପଠାଇଲେ । ଏଥିରେ ସରକାରଙ୍କୁ ଚେତାବନୀ ଦିଆଗଲା ଯେ ସେ ସମିତିଙ୍କ ସୁପାରିଶରୁ ପଛକୁ ହଟି ଯାଉଛନ୍ତି । ଅତଃ ଏହାକୁ ଅନ୍ତିମ ନିର୍ଣ୍ଣୟ ପାଇଁ ସମୟ ଦିଆଗଲା । ଭଗତ ସିଂହ ସତ୍ୟକଥାରୁ ପଛକୁ ହଟିବା ବ୍ୟକ୍ତି ନଥିଲେ ।

"ଆମେ ଅନଶନ ଧର୍ମଘଟ ଜେଲ ସମିତିଙ୍କ କହିବାରେ ବିଶ୍ୱାସ କରି ସମାପ୍ତ କଲୁ ଯେ ରାଜନୈତିକ କଏଦୀଙ୍କ ସହିତ ବ୍ୟବହାର ପ୍ରଶ୍ନ ଆମର ସନ୍ତୁଷ୍ଟି ଅନୁସାରେ ଶୀଘ୍ର ହିଁ ଅନ୍ତିମ ସ୍ତରରେ ଶେଷ କରାଯାଉଛି । ଅଖିଳ ଭାରତୀୟ କଂଗ୍ରେସ କମିଟିର ଅନଶନ ଧର୍ମଘଟ ସହିତ ସମ୍ବନ୍ଧିତ ପ୍ରସ୍ତାବକୁ ଜେଲର ଅଧିକାରୀମାନେ ରୋକି ନେଇଛନ୍ତି । କଂଗ୍ରେସକୁ କଏଦୀମାନଙ୍କୁ ସାକ୍ଷାତ କରିବାକୁ ମନା କରାଯାଇଛି । ଷଡ଼ଯନ୍ତ୍ର କେସ (ଅଣ୍ଡର ଟ୍ରାଏଲ) ସହିତ ସମ୍ବନ୍ଧିତ ବ୍ୟକ୍ତିମାନଙ୍କୁ ଉଚ୍ଚ ପୋଲିସ ଅଧିକାରୀଙ୍କ ଆଜ୍ଞାରେ ୨୩-୨୪ ଅକ୍ଟୋବରରେ

ନିର୍ଦ୍ଦୟତାର ସହିତ ପିଟା ଯାଇଛି ।"

—ଭଗତ ସିଂହ ଏବଂ ଅନ୍ୟମାନେ

ଏହି ପ୍ରାର୍ଥନା ପତ୍ର ସରକାରଙ୍କ ପାଖରେ ପହଞ୍ଚିଲା । ମାତ୍ର ସରକାର ବୁଝିଗଲେ ଯେ ବୋଧହୁଏ ଏହା ବାହାର ରାଜନୀତିଜ୍ଞଙ୍କ ଉପରେ ଲେଖା ଯାଇଛି । ଷଡ଼ଯନ୍ତ୍ର କେସ୍‌ର କଏଦୀଙ୍କ ସହିତ ମାଡ଼ପିଟ ବିଷୟରେ ବି ସରକାର ପୁଲିସଙ୍କୁ କେବଳ ଜବରଦସ୍ତି ଅଦାଲତକୁ ଅଣାଯାଇଥିଲା । କାହା ସହିତ କୌଣସି ମାଡ଼ପିଟ କରାଯାଇନାହିଁ । ଭଗତ ସିଂହ ଏବଂ ତାଙ୍କ ସାଥୀ ଏହି କମ୍‌ଜୋର ଦଲିଲରେ ବିଲକୁଲ ଅସନ୍ତୁଷ୍ଟ ଥିଲେ । ଅତଃ ତାଙ୍କୁ ସାଥୀମାନଙ୍କ ସହିତ ଫେବୃୟାରୀ ୧୯୩୦ରେ ଦୁଇ ସପ୍ତାହ ପାଇଁ ପୁଣି ଅନଶନ ଧର୍ମଘଟ କରିବାକୁ ପଡ଼ିଲା । ଏଥିପାଇଁ ଶେଷରେ ସରକାରଙ୍କୁ ନାକ ରଗଡ଼ି ହୋଇ ସମିତିର ମୁଖ୍ୟ ମୁଖ୍ୟ ସୁପାରିଶ ପାଇଁ ନିୟମ କରିବାକୁ ପଡ଼ିଲା । ଏହିପରି ଜତୀନ ଦାସଙ୍କ ବଳିଦାନ ଏବଂ ଯାତନାକୁ ସହିବା ପରେ ଏ ସୁବିଧା ମିଳି ପାରିଲା ।

# 7

# ଲାହୋର ଷଡ଼ଯନ୍ତ୍ର କେସ୍

ପୂର୍ବ ଅଧ୍ୟାୟରେ କୁହାଯାଇଛି ଯେ ସାଣ୍ଡର୍ସ ହତ୍ୟାକାଣ୍ଡ ମାମଲାର ଶୁଣାଣୀ ୧୦ ଜୁଲାଇରୁ ଲାହୋରର ମାଜିଷ୍ଟ୍ରେଟ ଶ୍ରୀକୃଷ୍ଣଙ୍କ ଅଦାଲତରେ ଆରମ୍ଭ ହୋଇଥିଲା । ଏବଂ ଜେଲରେ ଅଦାଲତ ଲାଗିଥିଲା । ସେତେବେଳେ ଭଗତ ସିଂହ ଏବଂ ବଟୁକେଶ୍ୱର ଦତ୍ତ ଅନଶନ ଧର୍ମଘଟରେ ଥିଲେ । ମୋଟ ୨୪ ଜଣ ବ୍ୟକ୍ତି ଏ ମାମଲା ସହିତ ସମ୍ବନ୍ଧିତ ଥିଲେ, ଯେଉଁମାନଙ୍କ ମଧ୍ୟରେ ଚନ୍ଦ୍ରଶେଖର ଆଜାଦ, ଭଗବାନ ଦାସ, କୈଳାଶ ପତି, ଭଗବତୀ ଚରଣ ବୋହରା, ଯଶପାଲ ଏବଂ ସତଗୁରୁ ଦୟାଲ- ଏହି ଛଅ ଜଣ ଧରା ନପଡ଼ିବାରୁ ଫେରାର ଘୋଷଣା କରା ଯାଇଥିଲା । ଅଜୟ ଘୋଷ, ଜତୀନ୍ଦ୍ର ନାଥ ସାନ୍ୟାଲ ତଥା ଦେବରାଜ- ଏହି ତିନିଜଣଙ୍କୁ ବିଭିନ୍ନ ଧାରା ଆଧାରରେ ଛାଡ଼ି ଦିଆ ଯାଇଥିଲା । ଅବଶେଷ ପନ୍ଦରଜଣଙ୍କ ଉପରେ ମକଦ୍ଦମା ଚଳାଗଲା । ଏମାନଙ୍କ ବ୍ୟତୀତ ସାତଜଣ ଅନ୍ୟ ବ୍ୟକ୍ତି ସରକାରୀ ସାକ୍ଷୀ ହୋଇଥିଲେ । ଯାହାଙ୍କ ନାମ ରାମଶରଣ ଦାସ, ବ୍ରହ୍ମଦତ୍ତ, ଜୟଗୋପାଳ, ଫଣୀନ୍ଦ୍ର ନାଥ ଘୋଷ, ମନମୋହନ ବାନାର୍ଜୀ, ହଂସରାଜ ବୋହରା ତଥା ଲଳିତ କୁମାର ମୁଖାର୍ଜୀ । ଏମାନଙ୍କ ମଧ୍ୟରେ ରାମଶରଣ ଦାସ ଏବଂ ବ୍ରହ୍ମଦତ୍ତଙ୍କୁ ବିଶ୍ୱାସ ଯୋଗ୍ୟ କରାଗଲା ନାହିଁ । ଅନ୍ୟ ପାଞ୍ଚଜଣ ସାକ୍ଷୀଙ୍କୁ ହିଁ ମକଦ୍ଦମାକୁ ଡକା ଗଲା ।

ସମସ୍ତ ଯୁବକଙ୍କ ବିଶ୍ୱାସ ଥିଲା ଯେ ମକଦ୍ଦମାରେ ସେଇଆ ହେବ ଯାହା ଇଂରେଜ ସରକାର ଚାହିଁବେ, ନ୍ୟାୟର ନାଟକ ଯେତେ କଲେ ମଧ୍ୟ । ସେଥିପାଇଁ ସେମାନେ ଏହି କେସ୍‌ରେ ଆଗ୍ରହ କରିବା ଛାଡ଼ି ଦେଲେ । ଭଗତ ସିଂହ ଏବଂ ତାଙ୍କର ସାଥୀମାନେ ଅଦାଲତର କାର୍ଯ୍ୟବାହୀକୁ ରୋକିବା ପାଇଁ ଅନ୍ୟ ଏକ ରାସ୍ତା ବାହାର କରିଦେଲେ । ସେମାନେ ଅଦାଲତରେ ପହଞ୍ଚିଲା ପରେ ହିଁ ଗରିଆଡ଼କୁ ଦେଖିବାକୁ ଲାଗିଲେ ଏବଂ ପୁଣି ସ୍ଲୋଗାନ ଦେଲେ- 'ଇନ୍‌କିଲାବ ଜିନ୍ଦାବାଦ', ତାପରେ 'ବନ୍ଦେ ମାତରମ୍' । ଏହାପରେ ସେମାନେ ଝୁମି-ଝୁମି ଗାଇବାକୁ ଲାଗିଲେ-

'ସରଫରୋଶୀ କୀ ତମନ୍ନା ଅବ ହମାରେ ଦିଲ ମେଁ ହେ,<br>
ଦେଖାନା ହେ ଜୋର କିତ୍‌ନା ବାଜୁ-ଏ-କାତିଲ ମେଁ ହେ ।

ଓ୍ୱକ୍ତ ଆନେ ଦେ ବତା ଦେଙ୍ଗେ ତୁଝେ ଏ ଆସମାଁ,

ହମ୍ ଅଭୀ ସେ କ୍ୟା ବତ୍ତାଏଁ କ୍ୟା ହମାରେ ଦିଲ ମେଁ ହୈ।

ଏ ଶହୀଦେ ମୁଲକୋ ମିଲ୍ଲତ ମେଁ ତେରେ ଉପର ନିସାର,

ଅବ ମେରୀ କିସ୍ମତ କୀ ଚର୍ଚ୍ଚା ଗୈର କୀ ମହଫିଲ ମେଁ ହୈ।

ସରଫରୋଶୀ କୀ ତମନ୍ନା ଅବ ହମାରେ ଦିଲ ମେଁ ହୈ।'

'ଇନ୍‌କିଲାବ ଜିନ୍ଦାବାଦ !' କ୍ରାନ୍ତିକାରୀମାନଙ୍କର ଏ ପ୍ରକାର ବ୍ୟବହାରରେ ମାଜିଷ୍ଟ୍ରେଟ ଶ୍ରୀକୃଷ୍ଣ ବର୍ମା ରାଗ ଜର୍ଜର ହୋଇ ରହିଗଲେ। ସେଦିନ ଏହି ଅଦାଲତ ଲାହୋରର ସବୁଠାରୁ ମୁଖ୍ୟ ସ୍ଥାନ ପାଲଟି ଯାଇଥିଲା। ଅଦାଲତର ମୁଖ୍ୟ ଗେଟ ରାସ୍ତା ଉପରେ ଥିଲା। ସ୍କୁଲ ଏବଂ କଲେଜମାନଙ୍କର ଛାତ୍ର ସୁବିଧା ମିଳିଲା ମାତ୍ରେ ସେଠି ଆସି ଜମାହୋଇ ଯାଉଥିଲେ। ଅଦାଲତ ବାହାରେ ବହୁଲୋକଙ୍କ ସମାଗମ ହୋଇଥିଲା। ଭଗତ ସିଂହଙ୍କ ଉଚ୍ଚ ସ୍ୱର ଶୁଣା ଯାଉଥାଏ। ବାହାର ଜନ ସମାଗମ ଏ କଥା ଶୁଣିବା ପାଇଁ ସେ ଏପରି କରୁଥିଲେ। ଏହି ବୀରମାନଙ୍କ ରାଷ୍ଟ୍ରଗୀତ ବା ଅନ୍ୟ କ୍ରାନ୍ତିକାରୀ ଗୀତ ଶୁଣି ବାହାରେ ଠିଆ ହୋଇଥିବା ଲୋକମାନେ ବି ଦୋହରାଉ ଥିଲେ। ସେ ଦିନ କବି ଓମ୍ ପ୍ରକାଶ ଶର୍ମାଙ୍କ ନିମ୍ନଲିଖିତ ଗୀତ ଅତ୍ୟଧିକ ଲୋକପ୍ରିୟ ଥିଲା। ଘରେ ଘରେ ଲୋକେ ଏହାକୁ ଗାଉଥିଲେ-

'କଭୀ ଓ ଦିନ ଭୀ ଆୟେଗା କି ଆଜାଦ ହମ୍ ହୋଙ୍ଗେ,

ୟେ ଅପନୀ ହୀ ଜମୀ ହୋଗୀ ୟହ ଅପନା ଆସମାଂ ହୋଗା।

ଶହୀଦୋଁ କୀ ଚିତାଓଁ ପର ଜୁଡ଼େଙ୍ଗେ ହର ବରଷ ମେଲେଁ,

ଓ୍ୱତନ ପର ମରନେୱାଲୋଁକା ୟସୀ ବାକୀ ନିଶାଁ ହୋଗା।'

ନ୍ୟାୟାଧୀଶଙ୍କୁ ଅଦାଲତର କୋଠରୀ ଆସିଲା ମାତ୍ରେ ହିଁ ରାଷ୍ଟ୍ରୀୟ ଏବଂ କ୍ରାନ୍ତିକାରୀ ଗୀତର ସ୍ୱରଲହରୀ ଗୁଞ୍ଜରିତ ହେବାରେ ଲାଗୁଥିଲା, ଏକ ଆଶ୍ଚର୍ଯ୍ୟ ଧରଣର ନୀରବତା ଛାଇ ଯାଉଥିଲା। ସମସ୍ତ ଲୋକ ଚୁପ ହୋଇ ଯାଉଥିଲେ। ଜଜ ତଳକୁ ମୁହଁ କରି ଚୌକି ଉପରେ ବସି ରହିଥିଲେ। ଓକିଲମାନେ ନୀରବ ହୋଇ ଯାଇଥିଲେ। ଅଦାଲତର ଚପରାସୀ ଓ ଅନ୍ୟ କର୍ମଚାରୀ ନିଜ ନିଜର ସ୍ଥାନରେ ମୁଣ୍ଡ ନୁଆଇଁ ଠିଆ ହୋଇଥିଲେ। କ୍ରାନ୍ତିକାରୀମାନଙ୍କ ଯେଉଁ ସଂପର୍କୀୟମାନେ ଅଦାଲତକୁ ଆସିଥିଲେ, ସେମାନଙ୍କ ଚେହେରାରେ ଏକ ଆଶ୍ଚର୍ଯ୍ୟଜନକ ଗମ୍ଭୀରତା ଖେଳି ଯାଇଥିଲା। ଭଗତ ସିଂହ ଏବଂ ତାଙ୍କର ସାଥୀ ଏହି ଅଦାଲତର କୋଠରୀରେ ଯେପରି ବିଭୋର ହୋଇ ଯାଇଥିଲେ। ସମଗ୍ର କୋଠରୀ ଦେଶଭକ୍ତିର ରଙ୍ଗରେ ରଙ୍ଗେଇ ହୋଇ ଯାଇଥିଲା।

୧ ମଇ ୧୯୩୦ ଠାରୁ ଅର୍ଡ଼ିନାନ୍‌ସ ଲାଗୁ କରାଗଲା । ଏହା ଅଧୀନରେ ବିଶେଷ ପ୍ରକାରର ନ୍ୟାୟାଧୀକରଣର ଗଠନ କରାଗଲା । ଅତଃ ଏହି ଲାହୋର କେସ୍ ବି ଏହି ଅର୍ଡ଼ିନାନ୍‌ସ ଅଧୀନରେ ଚାଲିଲା । ଏଥିରେ ନ୍ୟାୟମୂର୍ତ୍ତୀ ଜେ. କୋଲଡ଼ ଷ୍ଟ୍ରିମ୍ ଅଧ୍ୟକ୍ଷ ଥିଲେ ତଥା ଆଗା ହୈଦର ଏବଂ ଜି.ସି. ହିଲଟନ୍ ଏହାର ଅନ୍ୟ ଦୁଇ ଅଧ୍ୟକ୍ଷ ଥିଲେ । ବସ୍ତୁତଃ ଏହିପ୍ରକାର ଟ୍ରିବ୍ୟୁନାଲକୁ ମାମଲା ପ୍ରଥମ ମହାଯୁଦ୍ଧ ସମୟରେ ସମର୍ପି ଦିଆ ଯାଇଥଲା । ଏଠାରେ ଏହି ତିନି ଜଜଙ୍କ ନିଯୁକ୍ତି ଲାହୋର ଉଚ୍ଚ ନ୍ୟାୟାଳୟର ମୁଖ୍ୟ ନ୍ୟାୟାଧୀଶଙ୍କ ଦ୍ୱାରା କରାଯାଇଥିଲା । ସରକାରଙ୍କର ଭୟ ଥିଲା ଯେ ଏହି କ୍ରାନ୍ତିକାରୀମାନେ ଜାଣିଶୁଣି ଅଦାଲତକୁ ପଥଭ୍ରଷ୍ଟ କରିବାକୁ ଚେଷ୍ଟା କରୁଛନ୍ତି, ଅତଃ ଏହି ଟ୍ରିବ୍ୟୁନାଲକୁ ବିଶେଷ ପ୍ରକାର ଅଧିକାର ଦିଆଯାଇ ଥିଲା । ଯାହାଦ୍ୱାରା ସେମାନେ ଏ ପ୍ରକାର ମାମଲାକୁ ପୂର୍ଣ୍ଣ କରି ପାରିବେ । ୫ ମଇ, ୧୯୩୦ କୁ ପୁଂଛହାଉସ୍ ଲାହୋରରେ ମାମଲାର ଶୁଣାଣୀ ଆରମ୍ଭ ହୋଇଥିଲା । ଭଗତ ସିଂହଙ୍କ ମତରେ ଏ ପ୍ରକାରର ନ୍ୟାୟାଧିକରଣଙ୍କ ମାମଲା ଆଇନବିରୁଦ୍ଧ ଥିଲା । ସେମାନେ ଏହାକୁ ଆଇନବିରୁଦ୍ଧ ସିଦ୍ଧ କରିବା ପାଇଁ ପନ୍ଦର ଦିନ ସମୟ ମାଗିଲେ, ମାତ୍ର ତାଙ୍କର ମାଗୁଣୀକୁ ସ୍ୱୀକାର କରାଗଲା ନାହିଁ । ସରକାରୀ ଓକିଲ କାର୍ଡ଼ିନ ନୋଡ଼ ତର୍କ ଆରମ୍ଭ କଲେ ଏବଂ ଏହା ଉପରେ ନିମ୍ନଲିଖିତ ଅଭିଯୋଗ ଲଗାଇଲେ-

(୧) ଷଡ଼ଯନ୍ତ୍ର ଏବଂ ହତ୍ୟା

(୨) ଡକାୟତି ତଥା ବମ୍ ତିଆରି ।

(୩) ବମ୍ ପ୍ରୟୋଗ ତଥା ଅନ୍ୟପ୍ରକାର ଢଙ୍ଗରେ ବ୍ରିଟେନର ସମ୍ରାଟଙ୍କ ବିରୁଦ୍ଧରେ ଯୁଦ୍ଧ ।

ଭଗତ ସିଂହ ଓକିଲ ରଖିବାକୁ ମନା କରିଦେଲେ । କିନ୍ତୁ କାର୍ଯ୍ୟକୁ ନିରୀକ୍ଷଣ ତଥା ଅଦାଲତରେ ତର୍କ ସମୟରେ ଉପଦେଶ ଦେବା ପାଇଁ ଲାଲା ଦୁନୀଚନ୍ଦଙ୍କୁ ନିଜର ଆଇନ ଉପଦେଷ୍ଟା କରିବା ସ୍ୱୀକାର କରିନେଲେ ।

୧୨ ମଇ, ୧୯୩୦ କୁ ଭଗତ ସିଂହଙ୍କୁ ତାଙ୍କର ଅନ୍ୟ କ୍ରାନ୍ତିକାରୀ ମିତ୍ରଙ୍କ ସହିତ ହାତକଡ଼ା ଲଗାଇ ଅଦାଲତକୁ ଅଣାଗଲା । ସେମାନେ ଏହାର ଘୋର ବିରୋଧ କଲେ । ଯେ ପର୍ଯ୍ୟନ୍ତ ସେମାନଙ୍କ ହାତକଡ଼ି ଖୋଲା ନଯାଇଛି ସେ ପର୍ଯ୍ୟନ୍ତ ସେମାନେ ଜୀପରୁ ଓହ୍ଲାଇବାକୁ ମନା କରିଦେଲେ । ନ୍ୟାୟାଧିକରଣର ଅଧ୍ୟକ୍ଷ ଜେ. କୋଲଡ଼ ଷ୍ଟ୍ରିମ୍ ପୁଲିସକୁ ଆଦେଶ ଦେଲେ ସେମାନଙ୍କୁ ଜବରଦସ୍ତ ଜୀପରୁ ଓହ୍ଲାଇ ଦିଆଯାଉ । ଏପରି କରାଯିବା ଦ୍ୱାରା ସେମାନେ ଅଦାଲତର କାର୍ଯ୍ୟବାହୀକୁ ବହିଷ୍କାର କରିଦେଲେ ଏବଂ କାର୍ଯ୍ୟବାହୀରେ କୌଣସି ଭାଗ ନେଲେ ନାହିଁ । ଦ୍ୱିପହର ଲଞ୍ଚ୍ ସମୟରେ ସେମାନଙ୍କର ହାତକଡ଼ି ଓହ୍ଲାଇ ଦିଆଗଲା । ମାତ୍ର ଅଦାଲତର କାର୍ଯ୍ୟବାହୀ ଲଞ୍ଚ୍ ପରେ ଆରମ୍ଭ ହେବାବେଳକୁ ପୁଲିସ୍ ସେମାନଙ୍କୁ ପୁଣି ହାତକଡ଼ି ପିନ୍ଧାଇବାକୁ ଚାହିଁଲେ । କ୍ରାନ୍ତିକାରୀମାନେ ତାର ବିରୋଧ କଲେ । ଏହା ଉପରେ ହାତାହାତି ହେବା ଅବସ୍ଥା

ଆସିଗଲା। ପୁଲିସକୁ ଲାଠି ଏବଂ ଜୋତା ଦ୍ୱାରା ପିଟିବା ପାଇଁ ଆଦେଶ ଦିଆଗଲା। ଏହି ପିଟିବା ସମୟରେ ପତ୍ରକାର ତଥା ଅନ୍ୟ ଦର୍ଶକ ମଧ୍ୟ ସେଠାରେ ଉପସ୍ଥିତ ଥିଲେ। ନ୍ୟାୟାଧୀକରଣଙ୍କ ଭାରତୀୟ ସଦସ୍ୟ ଆଗା ହୈଦରଙ୍କୁ ଏ ଘଟଣାରେ ବହୁତ ଦୁଃଖ ହେଲା। ଏଥିପାଇଁ ସେ ଅଦାଲତର ସେଦିନର କାର୍ଯ୍ୟବାହୀ ଉପରେ ଦସ୍ତଖତ କରିବାକୁ ମନା କରିଦେଲେ। ଜନତା ବି ଏହି କାର୍ଯ୍ୟବାହୀରେ ଅତ୍ୟନ୍ତ ଖିନ୍ନ ହେଲେ। ଅତଃ ଜନତାଙ୍କ ଉପରେ କୋଲଡ଼ ଷ୍ଟ୍ରିମ୍‌ଙ୍କୁ ଲମ୍ବା ଛୁଟିରେ ପଠାଇ ଦିଆଗଲା।

୨୧ ଜୁନ୍, ୧୯୩୦କୁ ଅନ୍ୟ ବିଶେଷ ନ୍ୟାୟାଧିକରଣ ତିଆରି ହେଲା। ଏଥିରେ ପୂର୍ବର ଦୁଇ ସଦସ୍ୟ କୋଲଡ଼ ଷ୍ଟ୍ରିମ ତଥା ଆଗା ହୈଦରଙ୍କୁ ବଦଳାଇ ଦିଆଗଲା। ତାଙ୍କ ସ୍ଥାନରେ ଜଷ୍ଟିସ୍ ଜେ.କେ.କୈପ୍ ତଥା ଜଷ୍ଟିସ ଅବଦୁଲ କାଦିର, ଏହି ଦୁଇ ନୂଆ ସଦସ୍ୟଙ୍କୁ ନିଯୁକ୍ତ କରାଗଲା। ଅନ୍ୟ ସଦସ୍ୟ ଜି.ସି. ହିଲଟନ ନିଜ ପଦରେ ରହିଲେ।

ଭଗତ ସିଂହଙ୍କୁ ପିଟିବାକୁ ଅଦାଲତ ଅନୁଶାସନର କାର୍ଯ୍ୟବାହୀ ବୋଲି କହିଲେ। ଅଦାଲତରେ ଏହି ବର୍ବର ଜଙ୍ଗଲୀ ବ୍ୟବହାରକୁ ସର୍ବତ୍ର ନିନ୍ଦା କରାଗଲା। ଏହି ସମାଚାର ସମଗ୍ର ବିଶ୍ୱରେ ବ୍ୟାପିଗଲା। ପୋଲାଣ୍ଡ, କାନାଡ଼ା, ଜାପାନ ତଥା ଦକ୍ଷିଣ ଆମେରିକାରୁ ଏହି କ୍ରାନ୍ତିକାରୀମାନଙ୍କ ସହାୟତା ନିମନ୍ତେ ଆର୍ଥିକ ସହାୟତା ବି ଦିଆଗଲା। ଏହି କାର୍ଯ୍ୟବାହୀ ବିରୁଦ୍ଧରେ ସାରା ଦେଶରେ ଭଗତ ସିଂହ ଦିବସ ପାଳନ କରାଗଲା। ପଣ୍ଡିତ ମୋତିଲାଲ ନେହେରୁ, ପଣ୍ଡିତ ଜବାହାରଲାଲ ନେହେରୁ, ରଫୀ ଅହମଦ କିଦୱର, ସୁଭାଷ ଚନ୍ଦ୍ର ବୋଷ୍, ବାବା ଗୁରୁଦ ସିଂହ, କାଲାକାଂକାର, କେ.ରାଜା, ମୋହନ ଲାଲା ସକ୍‌ସେନା ତଥା ନରୀମନ ଆଦି ସ୍ୱତନ୍ତ୍ରତା ସେନାନୀ କ୍ରାନ୍ତିକାରୀଙ୍କ ସହିତ ସାକ୍ଷାତ ପାଇଁ ଜେଲରେ ପହଞ୍ଚିଲେ।

ସେହି କ୍ରାନ୍ତିକାରୀମାନଙ୍କ ମଧ୍ୟରେ ଜଣେ ଯତୀନ୍ଦ୍ରନାଥ ସାନ୍ୟାଲ ବି ଥିଲେ। ସେ ନିଜର ତଥା ମହାବୀର ସିଂହ, ବଟୁକେଶ୍ୱର ଦତ୍ତ, ଡା. ଗୟା ପ୍ରସାଦ ନିଗମ ତଥା କୁନ୍ଦନ ଲାଲଙ୍କ ତରଫରୁ ଅଦାଲତକୁ କିଛି କହିବା ପାଇଁ ଉଠିଲେ। ସେ ତାଙ୍କର ଭାଷଣ ଲେଖି ରଖିଥିଲେ, ଯାହାକୁ ସେ ପଢ଼ିବାକୁ ଆରମ୍ଭ କଲେ। ଏଥିରେ ଇଂରେଜ ସରକାରଙ୍କ ରାଜନୀତିକୁ କଡ଼ା ଆଲୋଚନା କରା ଯାଇଥିଲା। ତାଙ୍କୁ ତାଙ୍କର ଏହି ଭାଷଣ ପୂର୍ଣ୍ଣରୂପେ ପଢ଼ିବାକୁ ଦିଆଗଲା ନାହିଁ। ତତ୍‌ସହିତ ତାଙ୍କ ହାତରୁ ଭାଷଣ ଲେଖା ହୋଇଥିବା କାଗଜ ମଧ୍ୟ ଛଡ଼ାଇ ନିଆଗଲା। ନିଜ ଭାଷଣର ଶେଷ ଆଡ଼କୁ ସେ ବିଶେଷ ରୂପେ ଅଦାଲତର ଧ୍ୟାନ ଆକର୍ଷଣ କରିବାକୁ ଚାହିଁଥିଲେ। ସେହି ଧାଡ଼ିଗୁଡ଼ିକ ନିମ୍ନ ଲିଖିତ ରୂପରେ ଥିଲା-

"..... ଏହି କାରଣରୁ ଆମେ ଏହି ଶଠତା ଦେଖାଇବାକୁ ଏକ ତରଫା ହୋଇଥିବାରୁ ମାନିବାକୁ ରାଜିନୋହୁଁ, ଏବଂ ଏହାପରେ ଆମେ ଏହି ଅଦାଲତରେ କୌଣସି କାର୍ଯ୍ୟବାହୀରେ ଭାଗ ନେବୁ ନାହିଁ।"

ଏହି ମକଦ୍ଦମାରେ ଅଦାଲତର କାର୍ଯ୍ୟବାହୀ ତଥା କ୍ରାନ୍ତିକାରୀଙ୍କ ସହିତ ଜେଲରେ ଅନ୍ୟ ବ୍ୟବହାର ମଧ୍ୟ ଆରମ୍ଭରୁ ହିଁ ଅସନ୍ତୋଷଜନକ ଥିଲା । ଏହା ବାବଦରେ ଭଗତ ସିଂହ ମାଜିଷ୍ଟ୍ରେଟଙ୍କୁ ଲେଖିଥିଲେ-

"ଅନ୍ୟ ସାଥୀ ଅଭିଯୁକ୍ତ ହିନ୍ଦୁସ୍ତାନର ଅଲଗା-ଅଲଗା ଏବଂ ଦୂର-ଦୂର ରାଜ୍ୟରେ ରହିବା ଲୋକ ଅଟନ୍ତି । ଅତଃ ସେମାନଙ୍କୁ ନିଜର ପରିଚିତଙ୍କ ସହିତ ସାକ୍ଷାତର ସୁବିଧା ମିଳିବା ଉଚିତ । ଶ୍ରୀ ବଟୁକେଶ୍ୱର ଦତ୍ତ ଏବଂ କମଳନାଥ ତିୱାରୀ କୁମାରୀ ଲଜ୍ଜାବତୀଙ୍କ ସହିତ ସାକ୍ଷାତ୍ କରିବାକୁ ଇଛା ପ୍ରକଟ କରିଥିଲେ, କିନ୍ତୁ ତାଙ୍କୁ ଏହି ଆଧାରରେ ସାକ୍ଷାତର ସୁବିଧା ଦିଆଗଲା ନାହିଁ ଯେ ସେ ଏହି ଦୁଇଜଣଙ୍କ ସଂପର୍କୀୟ ନୁହଁନ୍ତି କି ଓକିଲ ନୁହଁନ୍ତି । ପରେ ଏ ଦୁଇଜଣଙ୍କର ମୁଖତାରନାମା ପାଇଲା ପରେ ମଧ୍ୟ ତାଙ୍କୁ ସାକ୍ଷାତ କରିବାର ସୁବିଧା ଦେଲେ ନାହିଁ । ଏହାଦ୍ୱାରା ପରିଷ୍କାର ଜଣାଯାଏ ଯେ ଅଭିଯୁକ୍ତମାନଙ୍କୁ ନିଜର ସଫେଇ ଦେବାପାଇଁ ପୂର୍ଣ୍ଣ ସୁବିଧା ଦିଆଯାଉନାହିଁ । ତତ୍‌ସହିତ କ୍ରାନ୍ତିକାରୀଙ୍କୁ, ଯିଏ ଆମର ଉଦ୍ଧାର ନିମନ୍ତେ ବହୁ ଉପଯୋଗୀ କାମ କରୁଛନ୍ତି, ଏକ ମିଥ୍ୟା ମକଦ୍ଦମାରେ ଜେଲରେ ପକାଇ ଦିଆଯାଇଛି । ଏତିକି ନୁହେଁ ଯେତେବେଳେ ତାଙ୍କ ନାମରେ ମିଥ୍ୟା ମକଦ୍ଦମା ହୋଇ ପାରିଲା ନାହିଁ, ଗୁରୁଦାସପୁରରେ ତାଙ୍କ ବିରୁଦ୍ଧରେ ୧୨୪-ଏ ରେ ଏକ ନୂଆ ମକଦ୍ଦମା ଠିଆ କରି ଦିଆଗଲା ।

ମୁଁ ନିଜେ ସବୁ ସମୟ ପାଇଁ ଓକିଲ ରଖି ପାରୁନଥିଲି । ଅତଃ ମୁଁ ଚାହୁଁଥିଲି ଯେ ମୋ ଲୋକ ଅଦାଲତରେ ରୁହନ୍ତୁ । ମାତ୍ର କୌଣସି କାରଣ ନ ଜଣାଇ ଏହାକୁ ସ୍ୱୀକୃତି ନଦେଇ ଲାଲା ଅମର ଦାସଙ୍କୁ ଓକିଲ ସ୍ଥାନରେ ଦେଇ ଦିଆଗଲା । ନ୍ୟାୟ ନାମରେ ଖେଳାଯାଉଥିବା ନାଟକକୁ ଆମେ କେବେହେଲେ ପସନ୍ଦ କରୁ ନାହିଁ । କାରଣ ଏହାଦ୍ୱାରା ଆମକୁ ସଫେଇ ଦେବାକୁ କୌଣସି ସୁବିଧା ବା ଲାଭ ହୁଏନାହିଁ ।

ଜେଲରେ ଖବର କାଗଜ ନ ପହଞ୍ଚିବା ଏକ ଅସନ୍ତୋଷର କାରଣ । କାରାଗାରରେ ରଖାଯାଇଥିବା କଏଦୀଙ୍କ ସହିତ ଭଲ ବ୍ୟବହାର କରାଯାଉନାହିଁ । ସେମାନଙ୍କୁ ପ୍ରତିଦିନ କମ୍‌ସେ କମ୍ ଖଣ୍ଡିଏ ସମାଚାର ପତ୍ର ମିଳିବା ଦରକାର । ଇଂରାଜୀ ନ ଜାଣିଥିବା କଏଦୀଙ୍କ ପାଇଁ ଏକ ହିନ୍ଦୀ ଦୈନିକ ଚାହୁଁଛୁ । ସେଥିପାଇଁ ବିରୋଧ କରିବା ନିମନ୍ତେ ଆମେ ଟ୍ରିବ୍ୟୁନ୍ ବି ଫେରାଇ ଦେଉଛୁ । ଏହି କାରଣରୁ ଆମ୍ଭେମାନେ ୨୯ ଜାନୁୟାରୀ, ୧୯୩୦କୁ ଅଦାଲତ ନଯିବା ପାଇଁ ଘୋଷଣା କରି ଦେଇଛୁ । ଏହି ଅସୁବିଧା ଦୂର ହେଲା ପରେ ଆମେ ଅଦାଲତକୁ ଯିବାକୁ ଆପତ୍ତି କରିବୁ ନାହିଁ ।"

ସ୍ପଷ୍ଟ କହିବାକୁ ଗଲେ ଭଗତ ସିଂହ ଏହି ମକଦ୍ଦମାରେ ସମସ୍ତ କାର୍ଯ୍ୟବାହୀକୁ ଇଂରେଜଙ୍କ ଏକ ଦେଖାଇ ହେବା ବୋଲି ମାନୁଥିଲେ । କାନୁନ ଏବଂ ସମ୍ବିଧାନର ସମସ୍ତ ବିଶେଷଜ୍ଞମାନେ ଭଗତ ସିଂହଙ୍କ ଏହି ମକଦ୍ଦମାକୁ ଏକ ନାଟକ ବୋଲି ଅନୁଭବ କଲେ । ଯାହାକୁ ନ୍ୟାୟର

ଏକ ପୋଷାକ ପିନ୍ଧାଇ ଦିଆ ଯାଇଥିଲା । ଏଥିପାଇଁ ଭଗତ ସିଂହ ନିଜର ମସ୍ତିଷ୍କକୁ ଏକପ୍ରକାର ଏ ମାମଲାରୁ ହଟାଇ ନେଇଥିଲେ ତଥା ନିଜକୁ ପୁସ୍ତକ ପଢ଼ିବାରେ ନିମଗ୍ନ କରିଥିଲେ । ପୁସ୍ତକ ପଢ଼ିବା ତାଙ୍କର ଏକ ପ୍ରିୟ ସଉକ ଥିଲା । ସେ ଏତେ ଅଧିକ ଏବଂ ଶୀଘ୍ର ପୁସ୍ତକ ପଢୁଥିଲେ ଯେ ଏତେ ପୁସ୍ତକ ଯୋଗାଇବା ଏବଂ ତା ଉପରେ ସେନସର କରିବା ଜେଲ ଅଧିକାରୀଙ୍କ ପାଇଁ ଏକ ବ୍ୟସ୍ତତାର କାରଣ ହୋଇ ଯାଇଥିଲା । ଏଥିପାଇଁ ଜେଲରେ ଥିବା ତାଙ୍କର ସାଥୀମାନେ ତାଙ୍କୁ 'ପୁସ୍ତକ କୀଟ' ବୋଲି କହୁଥିଲେ । ସେ ଜୟଦେବ ଗୁପ୍ତଙ୍କ ପାଇଁ ଜେଲରୁ ୨୪ ଜୁଲାଇ, ୧୯୩୦ ରେ ଏକ ପତ୍ର ଲେଖିଥିଲେ ଯେଉଁଥିରେ ସେ ଶ୍ରୀ ଗୁପ୍ତଙ୍କୁ ସାନ ଭାଇ କୁଲବୀର ସିଂହ ହାତରେ ନିମ୍ନଲିଖିତ ପୁସ୍ତକ ପଠାଇବା ପାଇଁ ଅନୁରୋଧ କରିଥିଲେ-

୧. ମିଲିଟେରିଜିମ୍

୨. ହ୍ୱାଇ ମେନ ଫାଇଟ୍

୩. ସୋବିୟତ ଆର୍ଟ ଓ୍ୱାର୍କ

୪. କୁଲେିପ୍ସ ଅଫ୍ ସେକିଣ୍ଡ ଇଣ୍ଟରନ୍ୟାସନାଲ

୫. ଲେଫ୍ଟ ଓ୍ୱିଙ୍ଗ କମ୍ୟୁନିଜମ୍

୬. ମ୍ୟୁଚୁଏଲ ଏଣ୍ଡ

୭. ଫିଲ୍ଡ଼ ଫେକ୍ଟ୍ରିଜ ଆଣ୍ଡ ଓ୍ୱାର୍କସପ

୮. ସିଭିଲ ଓ୍ୱାର ଇନ୍ ଫ୍ରାନ୍ସ

୯. ଲ୍ୟାଣ୍ଡ ରିଭଲ୍ୟୁସନ ଇନ୍ ରଷିଆ

୧୦. ଥିଓରୀ ଆଫ୍ ହିଷ୍ଟୋରିକାଲ ମିଲିଟେରିଜିମ୍

୧୧. ପିଜେଣ୍ଟ୍ ଇନ୍ ପ୍ରୋସେପିରିଟ୍ ଆଣ୍ଡ ଡେବ୍ଟ

ଏହି ପୁସ୍ତକ ଅଧ୍ୟୟନରୁ ପରିଚୟ ମିଳେ ଯେ ଭଗତ ସିଂହ କାର୍ଲମାର୍କ୍ସ ତଥା ରଷ୍ କ୍ରାନ୍ତି ଦ୍ୱାରା ଅଧିକ ପ୍ରଭାବିତ ଥିଲେ । ଅଧ୍ୟୟନରେ ତାଙ୍କର ପ୍ରେମର ଏହାଠାରୁ ବଡ଼ ପ୍ରମାଣ କ'ଣ ହୋଇପାରେ ଯେ ଫାଶୀରେ ଚଢ଼ିବାର କିଛି ସମୟ ପୂର୍ବରୁ ସେ ପୁସ୍ତକ ପଢ଼ାରେ ବୁଡି ରହିଥିଲେ । ତାଙ୍କୁ ପଚରା ଯାଇଥିଲା ଯେ "ତୁମେ କଣ ସତରେ ଏହି ପୁସ୍ତକକୁ ପଢ଼ିଛ ? ମୋ ପାଇଁ ତ ଏହାକୁ ଖୋଜିବା ବି ମୁସ୍କିଲ କାମ ହୋଇଯାଉଛି ।" ଏହା ଉପରେ ଭଗତ ସିଂହ କହିଥିଲେ, "ମୁଁ ଏହାକୁ ପଢୁଛି । ଆପଣ ଯେ କୌଣସି ପୁସ୍ତକ ନେଇ ସେଥିରୁ ଯେକୌଣସି ପୃଷ୍ଠାରୁ ପ୍ରଶ୍ନ ପଚାରନ୍ତୁ । ମୁଁ ଆପଣଙ୍କୁ କହିଦେବି କେଉଁଠାରେ କ'ଣ ଲେଖା ହୋଇଛି ।"

## ଭଗତ ସିଂହଙ୍କୁ ମୁକ୍ତ କରାଇବା ପାଇଁ ଆଜାଦଙ୍କ ପ୍ରୟନ୍ତ:

ଯେଉଁଦିନ ଭଗତ ସିଂହଙ୍କ ଉପରେ ମକଦ୍ଦମା ଚାଲୁ ରହିଥିଲା, 'ହିନ୍ଦୁସ୍ଥାନ ସମାଜବାଦୀ ଗଣତନ୍ତ୍ର ସଂଘ'ର ବୈଠକ ବସିଲା, ଯେଉଁଥିରେ କ୍ରାନ୍ତିକାରୀମାନେ ନିଜର କାର୍ଯ୍ୟକୁ ଆହୁରି ଅଧିକ ତୀବ୍ର କରିବା ତଥା ଭଗତ ସିଂହଙ୍କୁ ଜେଲରୁ ମୁକୁଳାଇବା ପାଇଁ ସ୍ଥିର କଲେ। ଡିସେମ୍ବର, ୧୯୩୦ରେ ଦିଲ୍ଲୀ ରେଲୱେ ଷ୍ଟେସନ ଉପରେ ଭାଇସ ରାୟଙ୍କୁ ନେଇ ଯାଉଥିବା ବିଶେଷ ରେଳଗାଡ଼ିକୁ ଉଡାଇ ଦେବାକୁ ଚେଷ୍ଟା କରାଗଲା। ରେଲର ଆରମ୍ଭରୁ ଦୁଇଟି ବଗି (ନମ୍ବର ୮ ଓ ୯)କୁ କ୍ଷତି ପହଞ୍ଚିଲା। ମାତ୍ର ଭାଇସରାୟ ଘାୟଲ ହେବାରୁ ବଞ୍ଚି ଗଲେ। ଏହାପରେ ଫଏସଲା କରାଗଲା ଯେ, ଯେତେବେଳେ ଭଗତ ସିଂହ ତଥା ବଟୁକେଶ୍ୱର ଦତ୍ତ ପୁଲିସ ଗାଡ଼ିରେ ବସିବା ପାଇଁ ଜେଲରୁ ବାହାରକୁ ଆସିବେ ସେତେବେଳେ ତାଙ୍କୁ ଛଡ଼ାଇବା ପାଇଁ ଆକ୍ରମଣ କରାଯିବ। ଏହି ଯୋଜନା ଜୁନ୍ ୧୯୩୦ ମସିହାରେ ସ୍ଥିର ହୋଇଥିଲା। ଏହି ଯୋଜନାର ଅଭ୍ୟାସ କରିବା ପାଇଁ କ୍ରାନ୍ତିକାରୀ ୨୮ ମଇକୁ ରାବୀ ନଦୀ କୂଳରେ ପହଞ୍ଚିଲେ। ସେଠାରେ ବମ୍ ପରୀକ୍ଷା କଲେ। କିନ୍ତୁ ଏହି ପରୀକ୍ଷା ଦୁର୍ଭାଗ୍ୟପୂର୍ଣ୍ଣ ସିଦ୍ଧ ହେଲା। କାରଣ ବମ୍ ହଠାତ୍ ଭଗବତୀ ଚରଣ ବୋହରାଙ୍କ ଏକଦମ୍ ପାଖରେ ଫୁଟି ଗଲା, ଯେଉଁଥିରେ ତାଙ୍କର ସେହି ସମୟରେ ମୃତ୍ୟୁ ହେଲା। ନିଜର ସାଥୀଙ୍କ ମୃତ୍ୟୁରେ ମଧ୍ୟ ଚନ୍ଦ୍ରଶେଖର ଆଜାଦ ସାହସ ହାରିଲେ ନାହିଁ। ସେ ଭଗତ ସିଂହଙ୍କୁ ମୁକ୍ତ କରିବାକୁ ନିଶ୍ଚିତ କରି ସାରିଥିଲେ। ଯୋଜନା ଅନୁସାରେ ସେ ଜୁନ୍ ୧୯୩୦ରେ ଲାହୋର ପହଞ୍ଚିଗଲେ ଏବଂ ସେହି ମାସର ୨୩ ତାରିଖକୁ ସେଣ୍ଟ୍ରାଲ ଜେଲ ପାଖରେ ପହଞ୍ଚିଲେ ଏବଂ ସେଠାରେ ପହଞ୍ଚି ସୁଯୋଗକୁ ଅପେକ୍ଷା କରିବାକୁ ଲାଗିଲେ। ପ୍ରଥମେ ପୁଲିସ ଜୀପ୍ ଜେଲ ଫାଟକର କିଛି ଦୂରରେ ସଡ଼କ ଉପରେ ଠିଆ ହେଉଥିଲେ। ସେହିଠାରେ ଅଭିଯୁକ୍ତଙ୍କୁ ଆଣି ବସା ଯାଉଥିଲା। ମାତ୍ର ସେଦିନ ପୁଲିସ ଗାଡ଼ିକୁ ଫାଟକର ଏକଦମ ପାଖରେ ଠିଆ କରାଗଲା। ଏଥିପାଇଁ ସମସ୍ତ ଯୋଜନା ପଣ୍ଡ ହୋଇଗଲା।

ଏହା ଏଠାରେ ଉଲ୍ଲେଖ କରିବା ଅନୁଚିତ ହେବ ନାହିଁ ଯେ, ସରକାରଙ୍କ ଆଖିରେ ଧୂଳିଛାଟି ଚନ୍ଦ୍ରଶେଖର ଆଜାଦ, ପଣ୍ଡିତ ମୋତିଲାଲ ନେହେରୁଙ୍କ ସହିତ ସାକ୍ଷାତ୍ କରୁଥିଲେ। ଏହା ପୂର୍ବରୁ ସାଣ୍ଡର୍ସଙ୍କୁ ହତ୍ୟା କରିବାପରେ ଯେତେବେଳେ ଭଗତ ସିଂହ ଲାହୋରରୁ ଖସି ଯାଇଥିଲେ, ସେତେବେଳେ ବି ସେ ମୋତିଲାଲ ନେହେରୁଙ୍କ ସହିତ ସାକ୍ଷାତ କରୁଥିଲେ। ବୋଧହୁଏ ସେ କେତେଥର ଭଗତ ସିଂହଙ୍କୁ ଆର୍ଥିକ ସହାୟତା ବି କରିଥିଲେ।

ଏହି ମକଦ୍ଦମାକୁ ଭଗତ ସିଂହ ଦେଶର ଆଜାଦୀ ପାଇଁ ନିଜ ବିଚାରକୁ ପ୍ରସାରର ସାଧନ ମାନୁଥିଲେ, ଏହାଛଡ଼ା ଅଧିକ କିଛି ନୁହେଁ ଏବଂ ତାଙ୍କର ଇଂରେଜଙ୍କ ଠାରୁ ନ୍ୟାୟ ମିଳିବାର କୌଣସି ଆଶା ନଥିଲା। ସେଥିପାଇଁ ସେ ସେଥିରେ କୌଣସି ସଫେଇ ଦେଲେନାହିଁ।

ଅଦାଲତରେ କାର୍ଯ୍ୟବାହୀ ପ୍ରାୟ ତିନି ମାସ ପର୍ଯ୍ୟନ୍ତ ଚାଲିଲା । ୨୬ ଅଗଷ୍ଟ, ୧୯୩୦କୁ ଅଦାଲତର କାର୍ଯ୍ୟ ପ୍ରାୟତଃ ପୂର୍ଣ୍ଣହୋଇ ଯାଇଥିଲା । କେବଳ କାଗଜପତ୍ର କାର୍ଯ୍ୟବାହୀ ଆଗକୁ ଚାଲିଲା । ତା' ପରଦିନ ଅଭିଯୁକ୍ତଙ୍କ ପାଖକୁ ସୂଚନା ପଠାଗଲା ଯେ ସେମାନେ ତାଙ୍କ ମୁକ୍ତି ପାଇଁ ଯାହା କିଛି କହିବାକୁ ଚାହିଁବେ, ଆବଶ୍ୟକ ହେଲେ ଓକିଲ ରଖିପାରିବେ ବା ନିଜର ସାକ୍ଷୀ ବି ରଖି ପାରିବେ । ମାତ୍ର ସମସ୍ତ ଅଭିଯୁକ୍ତ ଏହାକୁ ଅଗ୍ରାହ୍ୟ କରିଦେଲେ । କାରଣ ସେମାନେ ଜାଣିଥିଲେ ଯେ ଏସବୁ କରିବା ନକରିବା ସମାନ କଥା । ବୋଧହୁଏ ଟ୍ରିବ୍ୟୁନାଲ ନିଜର ଫଏସଲା ଦେବା ପ୍ରସ୍ତୁତି କରୁଥିଲା । ଭଗତ ସିଂହ ନିଜ ଭାଇ କୁଲବୀର ସିଂହକୁ ୧୬ ସେପ୍ଟେମ୍ବରରେ ଏକ ପତ୍ର ଲେଖିଥିଲେ-

ସ୍ନେହର ଭାଇ କୁଲବୀରଜୀ ସତଶ୍ରୀ ଅକାଲ,

ତୁମକୁ ଜଣାଥିବ ମୋର ସାକ୍ଷାତ କମ୍ କରିଦିଆ ଯାଇଛି । ଏପରି ସ୍ଥିତିରେ ମୋ ସହିତ ଆଉ ସାକ୍ଷାତ ହୋଇ ନପାରେ ଏବଂ ମୋର ଧାରଣା ଏବେ ନିକଟରେ ଫଏସଲା କରି ଦିଆଯିବ । ଏହାର ଅଳ୍ପଦିନ ପରେ ଅନ୍ୟ କୌଣସି ଜେଲକୁ ଚାଲାଣ ହୋଇଯିବ । ତେଣୁ କୌଣସି ଦିନ ଜେଲକୁ ଆସି ମୋର ବ୍ୟବହୃତ ଜିନିଷପତ୍ର ନେଇଯିବୁ ।

କାଗଜପତ୍ର ଜେଲର ସୁପରିଟେଣ୍ଡେଣ୍ଟଙ୍କ ଦପ୍ତରକୁ ପଠାଇଦେବି, ଆସି ନେଇଯିବୁ । ଜାଣିନି ମୋର କାହିଁକି ବାରମ୍ବାର ଖିଆଲ ଆସୁଛି ଯେ ଏହି ସପ୍ତାହ ମଧ୍ୟରେ ବା ଅଧିକରୁ ଅଧିକ ଏହି ମାସ ମଧ୍ୟରେ ଫଏସଲା ଏବଂ ଚାଲାଣ ହୋଇଯିବ । ଏ ଅବସ୍ଥାରେ ଏବେ ଅନ୍ୟ କୌଣସି ଜେଲରେ ସାକ୍ଷାତ ହେବକି ନହେବ ଆଶା ନାହିଁ ।

ଓକିଲକୁ ପଠାଇ ପାରିବୁ ତ ପଠା । ମୁଁ ପ୍ରି.ବି. କାଉନସିଲ ଜରିଆରେ ଏକ ଅପିଲ କରିବାକୁ ଚାହୁଁଛି । ବାଲିଦା ସାହିବାଙ୍କୁ ଧୈର୍ଯ୍ୟ ଦେବୁ । ବ୍ୟସ୍ତ ହେବୁ ନାହିଁ ।

-ତୋର ଭାଇ, ଭଗତ ସିଂହ

ଭଗତ ସିଂହ ତଥା ତାଙ୍କର ସାଥୀମାନଙ୍କୁ ଜେଲରେ ଫାଶୀ ଦିଆଯିବାକୁ ଥିବା କଏଦୀମାନଙ୍କ କୋଠରୀରେ ରଖାଯାଇଥିଲା । ତାଙ୍କୁ ସାଧାରଣ କଏଦୀଙ୍କୁ ମିଳୁଥିବା ସୁବିଧା ଦେବାପାଇଁ ମନା କରି ଦିଆଗଲା । ପଣ୍ଡିତ ମୋତିଲାଲ ନେହେରୁ ଭଗତ ସିଂହଙ୍କୁ ଅପାର ସ୍ନେହ କରୁଥିଲେ । ସେ ସମୟରେ ସେ ଖୁବ୍ ବେମାର ଥିଲେ । ତଥାପି ସେ ନିଜର ଜଣେ ଲୋକଙ୍କୁ ଜେଲରେ ଭଗତ ସିଂହଙ୍କ ସହ ଭେଟ କରିବାକୁ ପଠାଇଥିଲେ । ତାଙ୍କ ହାତରେ ସେ ଭଗତ ସିଂହଙ୍କୁ କହିଥିଲେ ଯେ ସେ ରାସ୍ତାରେ ବାଧକ ହୁଅନ୍ତୁ ନାହିଁ । ସେ କିଛି ସମୟ ଚାହୁଁଥିଲେ । ସେ ବୁଝିପାରି ଥିଲେ ରାଜିନାମା ପାଇଁ ଯେଉଁ କଥାବାର୍ତ୍ତା ଚାଲିଛି, ହୁଏତ ସେଥିରେ ଭଗତ ସିଂହଙ୍କ ଜୀବନ ବଞ୍ଚିଯିବ । ମାତ୍ର ଭଗତ ସିଂହ ଏହି ମାମଲାକୁ ଅନ୍ୟ

ଢଙ୍ଗରେ ଦେଖୁଥିଲେ । ସେ ଭାବୁଥିଲେ ତାଙ୍କୁ ଫାଶୀ ସଜା ମିଳିବା ଦେଶପାଇଁ ହିତକର ହେବ । ଏଥିରେ ଦେଶର ଲୋକଙ୍କୁ ଏକ ଶିକ୍ଷା ମିଳିବ, ଯାହାଦ୍ୱାରା ଲୋକେ ସ୍ୱତନ୍ତ୍ରତା ପାଇଁ ଅଧିକ ପ୍ରଯତ୍ନ କରିବେ । ଗୋଟିଏ ଦିଗରେ ସରକାର କଂଗ୍ରେସମାନଙ୍କ ସହିତ ଦୋସ୍ତିର ହାତ ବଢ଼ାଉଛନ୍ତି, ଅନ୍ୟ ଦିଗରେ କ୍ରାନ୍ତିକାରୀମାନଙ୍କୁ ଦବେଇବା ପାଇଁ ଅଣ୍ଟାଭିଡ଼ି ପ୍ରସ୍ତୁତ ହେଉଛନ୍ତି । ଅତଃ ଫାଶୀ ମିଳିବା ପ୍ରାୟତଃ ନିଶ୍ଚିତ ଥିଲା । ଭଗତ ସିଂହଙ୍କୁ କେତେକ ଲୋକ ଅନେକ ପ୍ରକାର ବୁଝାଉଥିଲେ ଅପିଲ କରିବା ପାଇଁ । ଏଥିରେ ସଜା କିଛି କମ୍ ହୋଇପାରେ । ନହେଲେ ଫାଶୀକୁ କିଛି ଦିନ ପାଇଁ ଘୁଞ୍ଚାଇ ଦିଆଯାଇପାରେ । ଏଥିରେ ତାଙ୍କୁ ନିଜର ବିଚାରକୁ ପ୍ରଚାର କରିବା ପାଇଁ କିଛି ସମୟ ମିଳିଯିବ । ଅନେକ ବାଧ କଲାପରେ ସେ ଅପିଲରେ ହସ୍ତଖତ କରିବାକୁ ରାଜି ହେଲେ । ଅପିଲରେ ମକଦ୍ଦମା ଖାରଜ କରିବା ପାଇଁ ପ୍ରାର୍ଥନା କରାଗଲା । ଏଥିପାଇଁ ଯୁକ୍ତି ଦିଆଗଲା ଯେ ଏହି ମକଦ୍ଦମା ଅର୍ଡ଼ିନେନ୍ସ ଅଧୀନରେ ଚଳାଗଲା । ଅତଃ ଏହାକୁ ଅଧିକାରରୁ ବାହାର ବୋଲି ମାନି ନିଆଯାଉ । ସାରା ଦେଶ ତାଙ୍କର ଜୀବନ ବଞ୍ଚାଇବା ପାଇଁ ଆହ୍ୱାନ ଦେଉଥାନ୍ତି । ଭଗତ ସିଂହ ତଥା ତାଙ୍କର ସାଥୀମାନଙ୍କୁ ଅଦାଲତରୁ ବହିଷ୍କାର କରି ରଖିଥିଲେ । ଅତଃ ତାଙ୍କ ଅନୁପସ୍ଥିତିରେ ହିଁ ଅଦାଲତରେ ସମସ୍ତ କାର୍ଯ୍ୟବାହୀ ଚାଲୁଥିଲା ।

୨୦ ସେପ୍ଟେମ୍ବର ୧୯୩୦ ସ୍ପଷ୍ଟ ହୋଇଗଲା ଯେ ଭଗତ ସିଂହଙ୍କୁ ଫାଶୀ ସଜା ହିଁ ମିଳିବ । ସେତେବେଳେ ସେ ସାନଭାଇ କୁଲବୀର ସିଂହଙ୍କୁ ଏକ ପତ୍ର ୨୫ ସେପ୍ଟେମ୍ବର, ୧୯୩୦ରେ ଲେଖିଥିଲେ–

ସ୍ନେହର ଭାଇ କୁଲବୀରଜୀ, ସତ୍ ଶ୍ରୀ ଅକାଲ,

ମୁଁ ଜାଣିବାକୁ ପାଇଲି ଯେ ତୁ ବାଲଦାଙ୍କୁ ସାଙ୍ଗରେ ନେଇ ଆସିଥିଲୁ ଏବଂ ସାକ୍ଷାତକାରର ଅନୁମତି ନମିଳିବାରୁ ନିରାଶ ହୋଇ ଫେରିଗଲୁ । ବହୁତ ଦୁଃଖ ଲାଗିଲା । ତୁ ତ ଜାଣିଥିଲୁ ଜେଲବାଲା ସାକ୍ଷାତ ପାଇଁ ଅନୁମତି ଦେଉ ନାହାନ୍ତି । ପୁଣି ବାଲଦାଙ୍କୁ କାହିଁକି ସାଙ୍ଗରେ ଆଣିଲୁ ? ମୁଁ ଜାଣିପାରୁଛି ସେ ଏଥର ବହୁ ବ୍ୟସ୍ତ ହୋଇ ପଡ଼ିଛି । ମାତ୍ର ବ୍ୟସ୍ତତା ଓ ବିବ୍ରତତାରେ ଫାଇଦା କ'ଣ । ଲୋକସାନ ନିଶ୍ଚିତ । କାରଣ ଯେବେଠାରୁ ଜଣାପଡ଼ିଲା ସେ ବହୁତ କାନ୍ଦୁଛି । ମୋତେ ବି ଅଶାନ୍ତି ଲାଗୁଛି । ବ୍ୟସ୍ତ ହେବାର କିଛି କାରଣ ନାହିଁ ଏବଂ ଏହାଦ୍ୱାରା କୌଣସି ହାସଲ ହେବ ନାହିଁ । ସବୁ ଅବସ୍ଥାରେ ପରିସ୍ଥିତିକୁ ସାମନା କର । ଦୁନିଆରେ ତ ପୁଣି ଅନେକ ଲୋକ ହଜାର ପ୍ରକାର ବିପଦରେ ପଡ଼ିଛନ୍ତି । ମୋର ଧାରଣା ଫଏସଲା ଏବଂ ଚାଲାଣ ପରେ ସାକ୍ଷାତ ହୋଇ ପାରିବ । ଯଦି ସାକ୍ଷାତ ନ ମିଳେ ତେବେ ବ୍ୟସ୍ତ ହେବାରେ ଲାଭ କ'ଣ ?

–ତୋର ଭାଇ ଭଗତ ସିଂହ

ଫାଶୀର ସଜା ମିଳିବା ନିଶ୍ଚିତ ହୋଇଯିବା ପରେ ତାଙ୍କର ପିତା ସର୍ଦ୍ଦାର କିଶନ ସିଂହ ତାଙ୍କୁ ବଞ୍ଚାଇବା ପାଇଁ ମାମଲାର ଶୁଣାଣୀ କରୁଥିବା ନ୍ୟାୟାଧିକରଣଙ୍କୁ ଏକ ପ୍ରାର୍ଥନା ପତ୍ର

ଦେଇ ଥିଲେ । ଏହି ପତ୍ର ଦ୍ୱାରା ସେ ସିଦ୍ଧ କରିବାକୁ ଚାହୁଁଥିଲେ ଯେ ଘଟଣା ଦିନ ଭଗତ ସିଂହ ଲାହୋରରେ ନଥିଲେ, କଲିକତାରେ ଥିଲେ । ତାର କେତେକ ଧାଡ଼ି ଏହିପରି ଅଟେ-

"ଘଟଣା ଦିନ ଭଗତ ସିଂହ କଲିକତାରେ ଥିଲେ । ସେ ସେହିଦିନ ଖଦୀ ଭଣ୍ଡାରର ମ୍ୟାନେଜରଙ୍କୁ ଏକ ପତ୍ର ବି ଲେଖିଥିଲେ, ଯାହା ଡାକ ବିଭାଗ ଦ୍ୱାରା ତାଙ୍କୁ ମିଳିଥିଲା । ମୁଁ ଶପଥ ଦେବାକୁ ବି ପ୍ରସ୍ତୁତ ଯେ ଭଗତ ସିଂହ ଘଟଣା ଦିନ କଲିକତାରେ ଥିଲେ । ଯଦି ମୋତେ ନ୍ୟାୟ ଅନୁସାରେ ସୁଯୋଗ ଦିଆଯାଏ, ତେବେ ମୁଁ ଏହାକୁ ଦାଖଲ କରି ପାରିବି । ତାଙ୍କୁ ନ୍ୟାୟ, ସମାନତା ଏବଂ ବିବେକ ଦୃଷ୍ଟିରୁ ଅଦାଲତକୁ ସାକ୍ଷୀ ରୂପେ ଡକାଯାଉ । ଏହି ମକଦ୍ଦମାରେ ଜୀବନ ଏବଂ ମୃତ୍ୟୁର ପ୍ରଶ୍ନ ନିହିତ ଅଟେ । ଅପରାଧୀ ନିଜକୁ ବଞ୍ଚାଇବା ପାଇଁ ପୂର୍ଣ୍ଣ ଅଧିକାର ପ୍ରୟୋଗ କରିବାର ଅଧିକାର ଦିଆଯିବା ଆବଶ୍ୟକ । ଯଦି ବଞ୍ଚାଇବାର ଅବସର ଦିଆଯାଏ ମୁଁ ସାକ୍ଷ୍ୟ ଆଇନର ଧାରା ୧୫୫ ଅନୁସାରେ ଏହା ଜଣାଇବି ଯେ ସରକାରୀ ସାକ୍ଷୀ କିଏ ? ସମାଜରେ ତାଙ୍କର ସ୍ଥାନ କ'ଣ ତଥା ସାକ୍ଷ୍ୟ ଦେବାରେ ତାଙ୍କର ଉଦ୍ଦେଶ୍ୟ କ'ଣ ଥିଲା ? ସେ କେବେ ଏବଂ କିପରି ସାକ୍ଷୀ ହେଲେ । ମୁଁ ନମ୍ରତାପୂର୍ବକ ନିବେଦନ କରୁଅଛି ଯେ ଭଗତ ସିଂହଙ୍କୁ ନିଜକୁ ରକ୍ଷା କରିବାର ଅବସର ଦିଆଯାଉ ।"

ଯେତେବେଳେ ଜେଲରେ ଭଗତ ସିଂହଙ୍କୁ ପିତାଜୀଙ୍କର ଏହି କାର୍ଯ୍ୟର ସୂଚନା ମିଳିଲା, ସେ ଏ କାର୍ଯ୍ୟପାଇଁ ନାରାଜ ହେଲେ । ଏହି କାର୍ଯ୍ୟକୁ ବିରୋଧ କଲେ । ସେ ପିତାଜୀଙ୍କୁ ତୁରନ୍ତ ଏକ ପତ୍ର ପଠାଇଥିଲେ ଯଦ୍ୱାରା ସମସ୍ତ ଲୋକ ଏହା ଜାଣି ପାରିବେ ଯେ ତାଙ୍କର ରକ୍ଷା ପାଇଁ ତାଙ୍କ ପିତାଜୀ ଯେଉଁ ପ୍ରାର୍ଥନା ପତ୍ର ଦେଇଛନ୍ତି ସେଥିରେ ତାଙ୍କର କୌଣସି ସମ୍ବନ୍ଧ ନାହିଁ । ଏହି ପତ୍ର 'ଟ୍ରିବ୍ୟୁନାଲ'ରେ ୪ ଅକ୍ଟୋବର ୧୯୩୦ରେ ପ୍ରକାଶିତ ହେଲା, ଯାହାର କେତେକ ଗୁରୁତ୍ୱପୂର୍ଣ୍ଣ ଅଂଶ ନିମ୍ନଲିଖିତ ପ୍ରକାର ଅଟେ-

"ଏହାଶୁଣି ମୋତେ ଆଶ୍ଚର୍ଯ୍ୟ ଲାଗିଲା ଯେ ମୋର ରକ୍ଷା ପାଇଁ ବିଶେଷ ନ୍ୟାୟାଧିକରଣଙ୍କୁ ପ୍ରାର୍ଥନା ପତ୍ର ଦିଆ ଯାଇଛି । ଏହି ସମାଚାର ଏତେ ଦୁଃଖଦାୟକ ଥିଲା ଯେ ମୁଁ ଏହାକୁ ଶାନ୍ତ ଭାବରେ ସହିପାରିଲି ନାହିଁ । ଏହା ମୋ ମସ୍ତିଷ୍କର ସନ୍ତୁଳନକୁ ବିଗାଡ଼ି ଦେଲା । ମୁଁ ଏହା ଭାବିବାକୁ ଅସମର୍ଥ ଯେ ଆପଣ ଏ ସ୍ତରରେ ତଥା ଏପରି ପରିସ୍ଥିତିରେ ଏପରି କେମିତି ଭାବିଲେ । ଆପଣଙ୍କ ପୁତ୍ର ହୋଇଥିବାରୁ ମୁଁ ଆପଣଙ୍କ (ପିତାଙ୍କ) ଭାବନା ଏବଂ ଇଚ୍ଛାକୁ ପୂର୍ଣ୍ଣ ସମ୍ମାନ କରୁଛି, କିନ୍ତୁ ତତ୍‌ସହିତ ମୁଁ ଭାବୁଛି ଯେ ଆପଣ ମୋ ସହିତ କଥାବାର୍ତ୍ତା ବିନା ମୋ ବିଷୟରେ ପ୍ରାର୍ଥନା ପତ୍ର ଦେବାର କୌଣସି ଅଧିକାର ନଥିଲା । ଆପଣ ଜାଣନ୍ତି ଯେ ରାଜନୈତିକ କ୍ଷେତ୍ରରେ ଆପଣଙ୍କର ଏବଂ ମୋର ବିଚାର ମଧ୍ୟରେ ସବୁବେଳେ ମୁକାବିଲା ଭାବ ରହିଛି । ମୁଁ ସବୁବେଳେ ସ୍ୱତନ୍ତ୍ରତାର ସହିତ ଆପଣଙ୍କ ସ୍ୱୀକୃତି ଅସ୍ୱୀକୃତି ଚିନ୍ତା ନକରି କାର୍ଯ୍ୟ କରୁଛି ।

ମୋର ବିଶ୍ୱାସ ଯେ ଆପଣଙ୍କର ମନେଥିବ, ଆପଣ ଆରମ୍ଭରୁ ହିଁ ମୋତେ ଏହି କଥା ମନାଇବାକୁ ଚେଷ୍ଟା କରି ଆସିଛନ୍ତି ଯେ ମୁଁ ମୋର ମକଦ୍ଦମା ବୁଝିସୁଝି ଲଢ଼େଁ ତଥା ମୋର ରକ୍ଷା ପାଇଁ ସଠିକ୍ ଢଙ୍ଗରେ ପ୍ରସ୍ତୁତ କରେ। ଏକଥା ମଧ୍ୟ ଆପଣ ଜାଣନ୍ତି ମୁଁ ସବୁବେଳେ ଏହାକୁ ବିରୋଧ କରିଆସୁଛି। ମୁଁ କେବେ ବି ଏ ବିଷୟରେ ଗମ୍ଭୀରତାର ସହିତ ଚିନ୍ତା କରିନାହିଁ। ମୋ ପାଖରେ ଏକ ନିଶ୍ଚିତ ଧାରଣା ଥିଲା ଯେ ମୋ ପାଖରେ ମୋ ସ୍ଥିତିକୁ ସ୍ପଷ୍ଟ କରିବାକୁ ଦୃଢ଼ ପ୍ରଶ୍ନ ଥିଲା- ଏହା ଅଲଗା ପ୍ରଶ୍ନ ତଥା ତାହା ଏଠାରେ ଉଠାଯାଇ ପାରିବ ନାହିଁ।

ଆପଣ ଜାଣନ୍ତି ଯେ ଆମେ ଏହି ମକଦ୍ଦମାରେ ଏକ ବିଶେଷ ନୀତି ଉପରେ ଚାଲିଛୁ। ମୋର ପ୍ରତ୍ୟେକ ପଦକ୍ଷେପ ସେହି ନୀତି, ମୋର ନିୟମ ତଥା କାର୍ଯ୍ୟକ୍ରମର ଅନୁକୂଳ ହେବା ଆବଶ୍ୟକ ଥିଲା। ଏ ସମୟରେ ସ୍ଥିତି ସଂପୂର୍ଣ୍ଣ ଭିନ୍ନ। ଯଦି ଏହା ତା'ର ବିପରୀତ ହୁଏ, ତେବେ ବି ମୁଁ ଶେଷ ବ୍ୟକ୍ତି ଯିଏ ସଫେଇ ଉପସ୍ଥାପନ କରୁଛି। ଏହି ମକଦ୍ଦମା ଅବସରରେ ମୋ ସାମନାରେ ଗୋଟିଏ ମାତ୍ର ବିଚାର ଥିଲା ଏବଂ ତାହା ଥିଲା- ମୋ ବିରୁଦ୍ଧରେ ଅପରାଧର ଗମ୍ଭୀର ପ୍ରକୃତିର ମକଦ୍ଦମା ପ୍ରତି ଉପେକ୍ଷା ଭାବ ଦେଖାଇବା। ସର୍ବଦା ମୋର ଏହି ଦୃଷ୍ଟିକୋଣ ରହିଛି ଯେ ରାଜନୈତିକ  କାର୍ଯ୍ୟକର୍ତ୍ତାମାନଙ୍କୁ ନିର୍ଲିପ୍ତ ରହିବା ଆବଶ୍ୟକ ତଥା କେବେ ବି କାନୁନୀ ଅଦାଲତରେ କାନୁନୀ ଲଢ଼ାଇ ସମ୍ବନ୍ଧୀ କୌଣସି ଚିନ୍ତା କରିବା ଉଚିତ୍ ନୁହେଁ। ସେମାନେ ନିଜେ ନିଜର ରକ୍ଷା କରି ପାରିବେ, ମାତ୍ର ସବୁବେଳେ ଶୁଦ୍ଧ ରାଜନୈତିକ ଧରାତଳ ଉପରେ, ବ୍ୟକ୍ତିଗତ ଦୃଷ୍ଟିକୋଣରେ ନୁହେଁ। ଏହି ମକଦ୍ଦମାରେ ଆମର ନୀତି ସର୍ବଦା ଏହି ସିଦ୍ଧାନ୍ତର ଅନୁକୂଳ ରହିଛି ଆମେ ଏଥିରେ ସଫଳ ରହେ ବା ନ ରହେ, ଏ ନିର୍ଣ୍ଣୟ ମୁଁ ଦେଇ ପାରିବି ନାହିଁ। ଆମେ ଆମର ଧର୍ମ ପୂର୍ଣ୍ଣ ନିସ୍ୱାର୍ଥ ଭାବନାରେ ପାଳନ କରି ଆସୁଛୁ।

ଲାହୋର ଷଡ଼ଯନ୍ତ୍ର କେସ୍ ଅଭିନୟର ସହାୟକ ବକ୍ତବ୍ୟରେ ଭାଇସରାୟ ଏହା କହିଥିଲେ ଯେ ଅପରାଧୀ ଏହି ମକଦ୍ଦମାରେ କାନୁନ ତଥା ନ୍ୟାୟ ଦୁହିଁଙ୍କର ଅପମାନ କରୁଛନ୍ତି। ଏହି ସ୍ଥିତି ଆମକୁ ଏହି ଅବସର ପ୍ରଦାନ କରୁଛି ଯେ ଜନତାକୁ ଦେଖାଇ ପାରିବେ ଯେ ଆମେ କାନୁନକୁ ଅପମାନ କରୁଛୁ। ଏହି ଦୃଷ୍ଟିରୁ ଲୋକେ ଆମ ସହିତ ଅସହମତ ହୋଇ ପାରନ୍ତି। ଆପଣ ସେମାନଙ୍କ ମଧ୍ୟରୁ ଜଣେ ହୋଇ ପାରନ୍ତି। କିନ୍ତୁ ଏହାର ଅର୍ଥ ନୁହେଁ ଯେ ଆପଣ ମୋର ଇଚ୍ଛା ବା ମୋର ଅଜଣାରେ ମୋ ତରଫରୁ ଏପରି ପଦକ୍ଷେପ ଉଠାଇବେ। ମୋ ଜୀବନ ଏତେ ମୂଲ୍ୟବାନ ନୁହେଁ, ଯାହା ଆପଣମାନେ ଭାବୁଛନ୍ତି। କମ୍ ସେ କମ୍ ମୋ ପାଇଁ ଜୀବନ ଏତେ ମହତ୍ତ୍ୱବାନ ନୁହେଁ ତାହାକୁ ସିଦ୍ଧାନ୍ତର ଅମୂଲ୍ୟନିଧି ବଳିଦାନ ଦେଇ ବଞ୍ଚାଯିବ। ମୋର ଆହୁରି ବି ସାଥୀ ଅଛନ୍ତି ଯାହାଙ୍କ ମକଦ୍ଦମା ମୋ ମକଦ୍ଦମା ସମାନ ଗମ୍ଭୀର ଅଟେ। ଆମେ ଏକ ସଂଯୁକ୍ତ ନୀତି ଆପଣାଇ କରି ଠିଆ ହୋଇ ରହିଛୁ, ଏବଂ ଏଥିପାଇଁ ଆମକୁ ନିଜ ସ୍ତରରେ ଯେତେ ମୂଲ୍ୟ ଦେବାକୁ ପଡୁ ପଛକେ।

ପିତାଜୀ ! ମୁଁ ବଡ଼ ସମସ୍ୟାରେ ଅଛି । ମୋତେ ଭୟ ଲାଗୁଛି, ଆପଣଙ୍କ ଉପରେ ଦୋଷ ଦେଇ ବା ଏହାଠାରୁ ବି ଅଧିକ ଆପଣଙ୍କ କାର୍ଯ୍ୟକୁ ନିନ୍ଦା କରି ମୁଁ ସଭ୍ୟତା ପରିଧିକୁ ଡେଇଁ ନଯାଉ ଏବଂ ମୋର ଶବ୍ଦ ଅଧିକ କଠୋର ହୋଇ ନ ଯାଉ । ତଥାପି ମୁଁ ସ୍ପଷ୍ଟ ଶବ୍ଦରେ ଏତିକି ଅବଶ୍ୟ କହିବି ଯେ ଯଦି କୌଣସି ଅନ୍ୟ ବ୍ୟକ୍ତି ମୋ ପ୍ରତି ଏ ପ୍ରକାର ବ୍ୟବହାର କରିଥାଆନ୍ତା, ତେବେ ମୁଁ ତାଙ୍କୁ ଦେଶଦ୍ରୋହୀ ଠାରୁ କମ୍ ଭାବିବି ନାହିଁ । କିନ୍ତୁ ଆପଣଙ୍କ ପରିସ୍ଥିତି ମୁଁ ଅନୁଭବ କରୁଛି ଯେ ମୋ ପିଠିରେ ଛୁରୀ ଭୁଷା ଯାଇଛି । ଆପଣଙ୍କ ପ୍ରସଙ୍ଗରେ ଏହାକୁ ମୁଁ ଏକ ଦୁର୍ବଳତା କହିବି– ନିମ୍ନ ଧରଣର ଦୁର୍ବଳତା ।

ତାହା ଏକ ଏପରି ସମୟ ଥିଲା ଯେତେବେଳେ ଆମ ସମସ୍ତଙ୍କର ପରୀକ୍ଷା ହେଉଥିଲା । ପିତାଜୀ ! ମୁଁ ଏହା କହିବାକୁ ଚାହୁଁଛି ଯେ ଆପଣ ଏ ପରୀକ୍ଷାରେ ଅସଫଳ ରହୁଛନ୍ତି । ମୁଁ ଜାଣିଛି ଆପଣ ଏତେ ସଚ୍ଚା ଦେଶଭକ୍ତ, ଯାହା କେହିବି ହୋଇ ପାରିବେ ନାହିଁ । ମୁଁ ଜାଣୁଛି ଆପଣ ଆପଣଙ୍କର ସମସ୍ତ ଜୀବନ ଭାରତର ସ୍ୱତନ୍ତ୍ରତା ପାଇଁ ତ୍ୟାଗ କରି ଦେଇଛନ୍ତି । ମାତ୍ର ଏହି ମହତ୍ତ୍ୱପୂର୍ଣ୍ଣ ସମୟରେ ଆପଣ ଏପରି ଦୁର୍ବଳତା କାହିଁକି ଦେଖାଇଲେ, ମୁଁ ଏକଥା ବୁଝିପାରୁନାହିଁ ।

ଅନ୍ତତଃ ମୁଁ ଆପଣଙ୍କୁ, ଆପଣଙ୍କ ମିତ୍ର ତଥା ସେମାନଙ୍କୁ ଯେଉଁମାନେ ମୋ ମକଦ୍ଦମାରେ ରୁଚି ରଖୁଥିଲେ ସୂଚୀତ କରିବାକୁ ଚାହୁଁଛି ଯେ ମୁଁ ଆପଣଙ୍କ ଉଠା ଯାଇଥିବା ପଦକ୍ଷେପକୁ ସ୍ୱୀକାର କରି ପାରୁନାହିଁ । ମୁଁ ଏବେ ବି ମୋର ସଫେଇ ପେଶ କରିବାକୁ ଚାହୁଁ ନାହିଁ, ଯଦି ଭଲରେ ଅଦାଲତ ମୋର ସାଥୀ ଅଭିଯୁକ୍ତମାନଙ୍କ ଦ୍ୱାରା ଦିଆ ଯାଇଥିବା କୌଣସି ପ୍ରାର୍ଥନ ପତ୍ରକୁ ସ୍ୱୀକାର କରି ନିଅନ୍ତି, ତେବେ ବି ମୁଁ ମୋର ରକ୍ଷାପାଇଁ ଚେଷ୍ଟା କରିବି ନାହିଁ । ଅନଶନ ଧର୍ମଘଟରେ ସାକ୍ଷାତ ସମ୍ବନ୍ଧୀ ଟ୍ରିବ୍ୟୁନାଲକୁ ପଠାଇବାକୁ ମୋର ପ୍ରାର୍ଥନା ପତ୍ରକୁ ଭୁଲ ବୁଝାଗଲା ।

କ୍ରାନ୍ତିକାରୀମାନେ ଏହା ଜାଣିବା ପରେ ଏ ମକଦ୍ଦମାର କ'ଣ ଫଏସଲା ହେବ ବିଲକୁଲ ନିଶ୍ଚିନ୍ତ ସ୍ତରରେ ବେପରୁଆ ଜୀବନ ବିତାଉ ଥିଲେ । ଥରେ ସେପ୍ଟେମ୍ବର ୧୯୩୦ରେ ରାତ୍ରିରେ କଏଦୀମାନଙ୍କୁ ଏକ ସ୍ୱତନ୍ତ୍ର ଡିନର ଦିଆଗଲା । ଏ ପ୍ରକାର ଡିନର ସେମାନଙ୍କ ଜୀବନରେ ଶେଷ ଡିନର ଥିଲା । ଏଥିରେ ଅଭିଯୁକ୍ତଙ୍କ ସହିତ ଜେଲର କିଛି ଅଧିକାରୀ ବି ସାମିଲ ହୋଇଥିଲେ । ଏହି ବୀରମାନଙ୍କ ଚେହେରାରେ ଚିନ୍ତାର ଏକ ରେଖା ବି ଦେଖା ଯାଉ ନଥିଲା । ସେମାନେ ମନଖୋଲି ହସୁଥିଲେ । ଜଣେ ଅନ୍ୟ ଜଣଙ୍କ ସହିତ ପରିହାସ କରୁଥିଲେ । ହସକଥା ଶୁଣାଉଥିଲେ । ଜେଲର ଅଧିକାରୀମାନଙ୍କ ସହିତ ସେମାନଙ୍କର ବ୍ୟବହାର ଏକଦମ ଭଦ୍ର, ଶାନ୍ତ ଏବଂ ପରିବାରର ସଦସ୍ୟଙ୍କ ପରି ଥିଲା । ସେମାନଙ୍କର ସେହି ବ୍ୟବହାରରେ ଜେଲ ଅଧିକାରୀମାନେ ବହୁ ପ୍ରଭାବିତ ହୋଇଥିଲେ ।"

ଏହି ମକଦ୍ଦମାରେ ଭଗତ ସିଂହଙ୍କ ଉପରେ ଯେଉଁ ଆରୋପ ଲାଗିଥିଲା, ସେଥିରେ ତିନି ପ୍ରକାର ସାକ୍ଷୀ ଥିଲେ ।

୧. ସୁଯୋଗ ସାକ୍ଷୀ, ଯେଉଁମାନେ ତାଙ୍କୁ ସାଣ୍ଡର୍ସଙ୍କୁ ହତ୍ୟା କରି ଫେରାର ହେବା ସମୟରେ ଦେଖିଥିଲେ ଏବଂ ଚିହ୍ନିଥିଲେ।

୨. ସ୍ୱୀକୃତି ସାକ୍ଷ- ଜୟଗୋପାଲ ତଥା ହଂସରାଜ ବୋହରା, ଯିଏ ସ୍ୱୟଂ ହତ୍ୟା କରିବାରେ ସାହାଯ୍ୟକାରୀ ଥିଲେ।

୩. ଭଗତ ସିଂହ ଦ୍ୱାରା ଲେଖା ଯାଇଥିବା ବିଜ୍ଞାପନ ଯାହା 'ରାଇଟିଙ୍ଗ ସ୍ପେସିଆଲିଷ୍ଟ' ଦ୍ୱାରା ଯାଞ୍ଚ କରାଯାଇଥିଲା।

ଜୟଗୋପାଲ ସ୍ୱୟଂ ସାଣ୍ଡର୍ସ ହତ୍ୟାରେ ସାମିଲ ଥିଲେ। କିନ୍ତୁ ଏବେ ସେ ସରକାରୀ ସାକ୍ଷୀ ହୋଇ ଯାଇଥିଲେ। ଦିନେ ଯେତେବେଳେ ସେ ସାକ୍ଷ୍ୟ ପ୍ରଦାନକାରୀ ଅଡ଼ାରେ ଠିଆ ହୋଇଥିଲେ ଏବଂ ନିଜର ସାଥୀଙ୍କ ଆଡ଼କୁ ଦେଖି ନିଜ ମୁଞ୍ଛରେ ହାତ ବୁଲାଉଥିଲେ, ତାଙ୍କର ଏ ପ୍ରକାର ବ୍ୟବହାରରେ କ୍ରାନ୍ତିକାରୀଙ୍କ ରକ୍ତ ତାତି ଗଲା। ପ୍ରେମଦତ୍ତ ସବୁଠାରୁ କମ୍ ବୟସର କ୍ରାନ୍ତିକାରୀ ଥିଲା। ସେ ସହି ପାରିଲା ନାହିଁ। ସେ ନିଜ ଜୋତା ଓହ୍ଲାଇଲା ଏବଂ ଖୁବ୍ ଜୋରରେ ଜୟଗୋପାଲ ଉପରକୁ ପକାଇଲା। ଅଦାଲତରେ ହଇଚଇ ବ୍ୟାପିଗଲା। ମାଜିଷ୍ଟ୍ରେଟ୍ କ୍ରାନ୍ତିକାରୀମାନଙ୍କୁ ହାତକଡ଼ି ପିନ୍ଧାଇବାକୁ ଆଦେଶ ଦେଲେ। କ୍ରାନ୍ତିକାରୀ କ'ଣ ମାନିଲାବାଲା ଥିଲେ ? ଅଦାଲତରେ ଭୂମିକମ୍ପ ପରି ପରିସ୍ଥିତି ଆସିଗଲା। ଫଳତଃ ଅଦାଲତ ବନ୍ଦ କରିବାକୁ ପଡ଼ିଲା।

## ଫଏସଲା:

ଶେଷରେ ବ୍ରିଟିଶ ଅଦାଲତ ନାଟକର ଅନ୍ତ ହେଲା। ଏ ପ୍ରକାର ଅଦାଲତ ଭଗତ ସିଂହଙ୍କୁ ଭାରତୀୟ ଦଣ୍ଡ ସଂହିତାର ଧାରା ୧୨୯, ୩୦୨ ତଥା ବିସ୍ଫୋଟକ ପଦାର୍ଥ ନିୟମର ଧାରା ୪ ତଥା ୬ ଏଫ୍ ତଥା ଭାରତୀୟ ଦଣ୍ଡ ସଂହିତାର ଧାରା ୧୨୦ ଅନ୍ତର୍ଗତ ଅପରାଧୀ ସିଦ୍ଧ କଲେ ତଥା ୭ ଅକ୍ଟୋବର, ୧୯୩୦ରେ ତାଙ୍କ ପାଇଁ ଏହି ଦଣ୍ଡ ଶୁଣାଇ ଦିଆଗଲା -

"ଷଡ଼ଯନ୍ତ୍ରର ପ୍ରମୁଖ ସଦସ୍ୟଙ୍କ ସାମର୍ଥ୍ୟ ଦ୍ୱାରା ତଥା ଜାଣିଶୁଣି ଏବଂ ମନ୍ଦ ଉଦ୍ଦେଶ୍ୟ ରଖାଯାଇ କରାଯାଇ ଥିବା ହତ୍ୟାକୁ ଦୃଷ୍ଟିରେ ରଖି ଯେଉଁଥିରେ ସେ ଭାଗ ନେଇଥିଲେ, ତାଙ୍କୁ ଫାଶୀ ସଜା ଦିଆ ଯାଉଛି।"

ଯେପରି ମନେରହେ ଏ କେସ୍‌ର ସମସ୍ତ ବୀରଙ୍କୁ ଅଦାଲତରୁ ବହିଷ୍କାର କରି ରଖାଯାଇ ଥିଲା। ଅତଃ ଅଦାଲତରେ ଏ ଫଏସଲା ସେମାନଙ୍କ ଅନୁପସ୍ଥିତିରେ ଶୁଣାଇ ଦିଆଗଲା। ଏହି ଅଦାଲତର ଜଣେ ସନ୍ଦେଶ ବାହକ ଜେଲରେ ପହଞ୍ଚିଲେ। ସେ ସେମାନଙ୍କୁ ଏହି ଫଏସଲା ଶୁଣାଇଲେ। ଫଏସଲାର ଦିନକ ପୂର୍ବରୁ ଜେଲର ଚତୁର୍ଦ୍ଦିଗରେ ସଶସ୍ତ୍ର ପୋଲିସ ବାହିନୀ

ଜଗାଇ ଦିଆ ଯାଇଥିଲା । ପ୍ରତ୍ୟେକ କାର୍ଯ୍ୟ ପ୍ରତି ସାବଧାନତା ରଖା ଯାଇଥିଲା । ଏହି ମକଦ୍ଦମାରେ ଭଗତ ସିଂହ ସହିତ ଅନ୍ୟ ପନ୍ଦର ଜଣ ଅଭିଯୁକ୍ତଙ୍କ ଉପରେ ମକଦ୍ଦମା ଚାଲୁଥିଲା । ଯେଉଁମାନଙ୍କୁ ନିମ୍ନଲିଖିତ ସଜା ମିଳିଥିଲା-

ଭଗତ ସିଂହ, ସୁଖଦେବ ତଥା ରାଜଗୁରୁଙ୍କୁ ଫାଶୀ ସଜା ଦିଆଗଲା । ଶିବ ବର୍ମା, କିଶୋରୀ ଲାଲ, ଗୟା ପ୍ରସାଦ, ଜୟଦେବ କପୁର, ବିଜୟ କୁମାର ସିହ୍ନା, ମହାବୀର ସିଂହ ତଥା କମଳ ନାଥ ତିୱାରୀ - ଏହି ସାତ ଜଣଙ୍କୁ ଆଜୀବନ କଳାପାଣି ସଜା ମିଳିଲା । ଅଜୟ ଘୋଷ, ଜିତେନ୍ଦ୍ର ଲାଲ ସିହ୍ନା ତଥା ଦେଶରାଜଙ୍କ ଉପରେ କୌଣସି ଆରୋପ ସିଦ୍ଧ ହୋଇ ପାରିଲା ନାହିଁ । ଅତଃ ସେମାନଙ୍କୁ ମୁକ୍ତ କରି ଦିଆଗଲା ।

ଏହି କଥାକୁ ପୂର୍ଣ୍ଣ ସାବଧାନୀ ରଖାଗଲା ଯେ ଏହି ଫଏସଲାର ସନ୍ଧାନ ଜନତାଙ୍କୁ ଜଣା ନପଡ଼େ । ମାତ୍ର ଏହା କିପରି ହୋଇ ପାରିଥାନ୍ତା ? ଏହି ଖବର ପବନ ପରି ଶୀଘ୍ର ସାରା ଦେଶରେ ବ୍ୟାପିଗଲା । ଅଦାଲତ ଦ୍ୱାରା ନିଜର ଏହି ୬୮ ପୃଷ୍ଠାର ଫଏସଲା ଦିଆଯିବା ପରେ ସରକାର କୌଣସି ପ୍ରକାରର ସଭା ଅଥବା ଶୋଭାଯାତ୍ରା ଉପରେ ନିଷେଧାଜ୍ଞା ପାଇଁ ଲାହୋରରେ ୧୪୪ ଧାରା ଜାରି କରିଦେଲେ । ଏହା ସତ୍ତ୍ୱେ ବି ଏହି ଘଟଣାକୁ ପ୍ରକାଶ କରାଗଲା ନାହିଁ ଏବଂ ପୋଷ୍ଟର ଲଗା ଗଲା ନାହିଁ । ମ୍ୟୁନିସିପାଲଟି ମଇଦାନରେ ବହୁଲୋକ ଜମା ହୋଇଗଲେ । ଏହି ସଭାରେ ଭାଇସରାୟଙ୍କ ଅଧ୍ୟାଦେଶର, ତା ଅଧୀନରେ ଚାଲୁଥିବା ଏହି ଏକତରଫା ମକଦ୍ଦମାର, ତଥା କ୍ରାନ୍ତିକାରୀମାନଙ୍କୁ ଦିଆଯାଇଥିବା ଏହି କଠୋର ସଜାକୁ କଟୁ ସମାଲୋଚନା କରାଗଲା । ଯଦିଓ ଜେଲରେ ସଶସ୍ତ୍ର ପୁଲିସର ଦୃଢ଼ ପହରା ଥିଲା, ତଥାପି ଭଗତ ସିଂହ ଏବଂ ତାଙ୍କ ସାଥୀମାନଙ୍କର ନୂଆ ଫଟୋ ପତ୍ରକାରଙ୍କ ହାତରେ ପଡ଼ିଗଲା । ତାକୁ ସମାଚାର ପତ୍ରମାନେ ପ୍ରମୁଖତାର ସହିତ ଛାପି ଦେଲେ । ସରକାର ବ୍ୟସ୍ତ ହୋଇ ଉଠିଲେ । ସେମାନଙ୍କର ସମସ୍ତ ଗୁପ୍ତଚର ବ୍ୟବସ୍ଥା ବ୍ୟସ୍ତ ହୋଇ ଉଠିଲେ । ସମଗ୍ର ଦେଶରେ ସଭା ଓ ଶୋଭାଯାତ୍ରା ବାହାରିଲା । ପରଦିନ ୮ ଅକ୍ଟୋବରକୁ ଦେଶର ଜନତା ଏ ପ୍ରକାର ଫଏସଲାରେ ସରକାରଙ୍କ ବିରୁଦ୍ଧରେ ରାଗରେ ପାଗଳ ହୋଇଗଲେ । ସ୍କୁଲ, କଲେଜ ମନକୁ ମନ ବନ୍ଦ ହୋଇଗଲା । ଯେଉଁ ସ୍କୁଲ, କଲେଜଗୁଡ଼ିକ ବନ୍ଦ ହୋଇ ନଥିଲା, ଲୋକମାନେ ତାକୁ ଜବରଦସ୍ତ ବନ୍ଦ କରାଇଲେ । ସରକାର ଖୁବ୍ ଶୀଘ୍ର ଗିରଫଦାରୀ ଆରମ୍ଭ କରି ଦେଲେ । ଅନେକ ଛାତ୍ର ଗିରଫ ହେଲେ । ଡି.ଏ.ଭି. କଲେଜ, ଲାହୋର କିଛି ଛାତ୍ର ତଥା ଜଣେ ଅଧ୍ୟାପକ ରାଗରେ ଯେମିତି ପାଗଳ ହୋଇ ଉଠିଲେ । ସେମାନେ ପୁଲିସ ଉପରେ ଆକ୍ରମଣ ଆରମ୍ଭ କରିଦେଲେ । ସାରା ଦେଶରେ ପ୍ରଦର୍ଶନ ଉପରେ ଲାଠି ଚାର୍ଜ ହେଲା ।

ଗୋଟିଏ ପଟେ ସାରା ଦେଶର ଲୋକେ ସରକାରଙ୍କ ଉପରେ ଆକ୍ରୋଶରେ ଥିଲେ । ଅନ୍ୟ ପଟେ ଭଗତ ସିଂହଙ୍କ ପାଇଁ ଯେପରି କିଛି ହୋଇ ନାହିଁ । ସେ ଏକଦମ ଶାନ୍ତ ଓ

ନିର୍ବିକାର ଥିଲେ। ପ୍ରଥମରୁ କୁହାଯାଇଛି ଏହି ମକଦ୍ଦମାରୁ କ୍ରାନ୍ତିକାରୀମାନଙ୍କୁ ଦୂରେଇ ରଖା ଯାଇଥିଲା। ଅତଃ ସରକାରୀ ଓକିଲ ନିଜେ ଜେଲ କୋଠରୀକୁ ଗଲେ ଯେଉଁଠି ଭଗତ ସିଂହ ତଥା ତାଙ୍କର ସାଥୀମାନଙ୍କୁ ରଖା ଯାଉଥିଲା। ସେ ସେଠାରେ ଅଦାଲତର ଫଏସଲା ଶୁଣାଇଲେ-

"ଭଗତ ସିଂହ ! ଅତ୍ୟନ୍ତ ଦୁଃଖର ସହିତ କହିବାକୁ ପଡୁଛି ଯେ ଅଦାଲତ ଆପଣଙ୍କୁ ମୃତ୍ୟୁଦଣ୍ଡ ସଜା ଦେଇଛନ୍ତି।"

ଭଗତ ସିଂହ ଏହା ଉପରେ କୌଣସି ଦୁଃଖ ବ୍ୟକ୍ତ କଲେ ନାହିଁ। କାରଣ ଏହା ହେବ ବୋଲି ସେ ଆଗରୁ ଜାଣିଥିଲେ। ଇଂରେଜଙ୍କ ଶାସନରୁ ଆଉ ବା ଅଧିକ କ'ଣ ଆଶା କରାଯାଇପାରେ ? ଏହି ଫଏସଲା ଶୁଣାଇବା ବେଳେ ହୁଏତ ସରକାରୀ ଓକିଲଙ୍କ ଆତ୍ମା ମଧ୍ଯ କାନ୍ଦି ଉଠିଥିଲା। ଭାବୁକ ହୋଇ ସେ କହି ଉଠିଥିଲେ- "ଆପଣ ଜଣେ ବୀର ପୁରୁଷ। ମୁଁ ଆପଣଙ୍କ ଏହି ବୀରତାକୁ ପ୍ରଶଂସା କରୁଛି। ଆପଣଙ୍କ ଏ ଯୁବାବସ୍ଥା ଏ ଦଣ୍ଡ ପାଇବା ପାଇଁ ଯୋଗ୍ୟ ନୁହେଁ। ଦିନେ ତୁମେ ଜଣେ ଭଲ ରାଜନୈତିକ ନେତା ହୋଇ ପାରିଥାନ୍ତ।"

ମାତ୍ର ଭଗତ ସିଂହ ତ ଭଗତ ସିଂହ ହିଁ ଥିଲେ। ସରକାରୀ ଓକିଲ ଏ କଥା କହିଲା ପରେ ବି ସେ ଅବିଚଳିତ ରହିଲେ। ତାଙ୍କ ଦୃଷ୍ଟିରେ ମୃତ୍ୟୁ ଥିଲା ପରମ ଆନନ୍ଦ ପ୍ରାପ୍ତ କରିବାର ଏକମାତ୍ର ସାଧନ। ବୃଦ୍ଧାବସ୍ଥାରେ ଦୟନୀୟ ଭାବେ ମରିବା ଅପେକ୍ଷା ଯୁବାବସ୍ଥାରେ ନିଜର କର୍ତ୍ତବ୍ୟ ପାଳନ କରି ଦେଶପାଇଁ ବଳିଦାନ ଦେବା ସବୁଠାରୁ ଉତ୍ତମ ମୃତ୍ୟୁ। ଏଥିପାଇଁ ସେ ସରକାରୀ ଓକିଲଙ୍କୁ କହିଲେ- "ଜୀବନରେ ଏପରି ସଜା ମିଳିବା ସବୁଠାରୁ ଭଲ। ମୋର ପୂର୍ବଜମାନେ କହିଥିଲେ-

ଜିସ୍ ମରନେ ସେ ଜଗ ଡରେ ମେରେ ମନ ଆନନ୍ଦ।

ମରନେ ହୀତେ ପାଇୟେ ପୂରନ ପରମାନନ୍ଦ।।

(ଯେଉଁ ମୃତ୍ୟୁକୁ ସାରା ସଂସାର ଡରେ, ତାକୁ ଗଳାରେ ଲଗାଇବାକୁ ମୋତେ ଆନନ୍ଦ ମିଳୁଛି। କାରଣ ମୃତ୍ୟୁ ହେବା ପରେ ହିଁ ପରମ ଆନନ୍ଦ ଅର୍ଥାତ୍ ପରମାତ୍ମାଙ୍କୁ ପ୍ରାପ୍ତ ହୁଏ।)"

ଏହାପରେ ସରକାରୀ ଓକିଲ ତାଙ୍କୁ ଅପିଲ କରିବାକୁ ପରାମର୍ଶ ଦେଲେ। କିନ୍ତୁ ଭଗତ ସିଂହ ତା ବିରୁଦ୍ଧରେ ଥିଲେ। ତାଙ୍କୁ ସରକାରଙ୍କ ଠାରୁ କୌଣସି ନ୍ୟାୟ ମିଳିବାର ଆଶା ନଥିଲା। ପୁନଃ ଅପିଲ କରିବାକୁ ସେ ଭିକ୍ଷା ମାଗିବା ସଙ୍ଗେ ସମାନ ବୋଲି ଭାବୁଥିଲେ। ଏ ପ୍ରକାର ଭିକ୍ଷା ମାଗିବା ଅପେକ୍ଷା ମରିବା ଭଲ। ତେଣୁ ସେ କହିଲେ-

"ଏଥିରେ କୌଣସି ଲାଭ ନାହିଁ। ଆମେ ଏହି ସାମ୍ରାଜ୍ୟବାଦୀ ଅଦାଲତରୁ ନ୍ୟାୟର ଆଶା କରୁନାହୁଁ। ଆଜିକାଲି ଇଂରେଜ ଅଧିକାରୀ ଭାରତୀୟ ନବଯୁବକଙ୍କୁ ନିର୍ଯ୍ୟାତନା ଦେବାରେ

ଲାଗିଛନ୍ତି । ଏଠାରେ କୌଣସି ଦୟାନାହିଁ । ଶତ୍ରୁଙ୍କୁ ଭିକ୍ଷା ମାଗିବା ଅପେକ୍ଷା ବାହାଦୂରୀ ସହିତ ମରିବା ଭଲ । ମୁଁ ସ୍ୱତନ୍ତ୍ରତା ସେନାନୀର ଅଗ୍ରଦୂତ ।"

ଏହାପରେ ଭଗତ ସିଂହଙ୍କୁ ଅନ୍ୟ ଦୁଇଜଣ ଅଭିଯୁକ୍ତ ରାଜଗୁରୁ ଏବଂ ସୁଖଦେବଙ୍କ ସହିତ ୧୪ ନମ୍ବର କୋଠରୀକୁ ପଠାଇ ଦିଆଗଲା । ଫାଶୀ ସଜା ପାଇବାକୁ ଥିବା କଏଦୀମାନଙ୍କୁ ଫାଶୀ ଦିଆଯିବା ପର୍ଯ୍ୟନ୍ତ ଏହିଠାରେ ରଖାଯାଏ ।

# ୪

# ଫଏସଲା ପରେ

କୋଠରୀ ନଂ ୧୪କୁ ପଠାଯିବା ପୂର୍ବରୁ ଭଗତ ସିଂହ, ରାଜଗୁରୁ ତଥା ସୁଖଦେବ ନିଜ ନିଜର ସାଥୀମାନଙ୍କ ସହିତ ସାକ୍ଷାତ ହେଲେ। ସମସ୍ତ ସାଥୀ ଜଣେ ଅନ୍ୟଜଣଙ୍କୁ କୋଳାଗ୍ରତ କଲେ। ବିଦା ହେବା ପୂର୍ବରୁ ସେମାନେ ପରସ୍ପର ମଧ୍ୟରେ କିଛି ସମୟ କଥା ହେଲେ। ଭଗତ ସିଂହ ସେମାନଙ୍କୁ ନିଜର ଶେଷ ସନ୍ଦେଶ ଦେଲେ-

"ସାଥୀଗଣ! ମିଳନ ଏବଂ ବିଚ୍ଛେଦ ଲାଗି ରହିଥାଏ। ହୋଇପାରେ ଆମେ ପୁଣି ମିଳିତ ହେବା। ତେବେ ଘରେ ପହଞ୍ଚି ସାଂସାରିକ କାର୍ଯ୍ୟରେ ଲିପ୍ତ ହୋଇଯିବେ ନାହିଁ। ଯେ ପର୍ଯ୍ୟନ୍ତ ଆପଣମାନେ ଭାରତରୁ ଇଂରେଜଙ୍କୁ ବିତାଡ଼ିତ କରି ସମାଜବାଦୀ ଗଣତନ୍ତ୍ର ସ୍ଥାପନ କରିନାହାନ୍ତି, ଆରାମରେ ବସିବେ ନାହିଁ। ଆପଣଙ୍କ ପାଇଁ ଏହା ମୋର ଶେଷ ସନ୍ଦେଶ।"

## ପ୍ରିବୀ ପରିଷଦରେ ଅପିଲ:

ଏହି ଫଏସଲା ପରେ ରକ୍ଷା କମିଟି ପ୍ରିବୀ ପରିଷଦରେ ଅପିଲ କରିବାକୁ ବିଚାର କଲେ। ପ୍ରିବୀ ପରିଷଦ ବ୍ରିଟିଶ ସାମ୍ରାଜ୍ୟର ସବୁଠାରୁ ବଡ଼ ଅଦାଲତ। ଭଗତ ସିଂହ ଏହା ସପକ୍ଷରେ ନଥିଲେ। ତେଣୁ କୌଣସି ଅଭିଯୁକ୍ତ ଏଥିରେ ଆଗ୍ରହୀ ନଥିଲେ। ସେମାନେ ଓକିଲ ପଠାଇଲେ ନାହିଁ। ଏଥିରେ କୌଣସି ବାଦବିବାଦ ବା ଯୁକ୍ତିତର୍କ ହେଲା ନାହିଁ। କେବଳ ସରକାରଙ୍କ ଦ୍ୱାରା ଲଗା ଯାଇଥିବା ଆରୋପର ଉତ୍ତର ଦିଆଗଲା। ଭଗତ ସିଂହଙ୍କର ଇଚ୍ଛାଥିଲା, ଦେଶର ଯାହା ଅବସ୍ଥା, ତାକୁ ଦେଖି ଫାଶୀ ହିଁ ହେଉ। ଏଥିରୁ କମ୍‌ସେ କମ୍ ଭାରତୀୟମାନଙ୍କୁ ଶିକ୍ଷା ମିଳିବ। ଗୋଲାମ ଦେଶର ନାଗରିକମାନଙ୍କର ଦଶା କ'ଣ ହୁଏ ସେମାନେ ଜାଣିବେ। ପ୍ରିବୀ ପରିଷଦରେ କାଳେ ସଜା ବଦଳି ଯାଇ ଆଜୀବନ ସଜା ହୋଇଯିବ, ସେଥିପାଇଁ ଭଗତ ସିଂହ ଭୟ କରୁଥିଲେ। ଏହାକୁ ସେ ଦେଶ ପାଇଁ ହାନୀକାରକ ଭାବୁଥିଲେ। ବାସ୍ତବରେ ଯଦି ପ୍ରିବୀ ପରିଷଦ ନିରପେକ୍ଷ ଫଏସଲା ଦେବ ତେବେ ଏପରି ହୋଇଯାଇଥାନ୍ତା।

ତାଙ୍କର ସାଥୀ ବଟୁକେଶ୍ୱର ଦତ୍ତଙ୍କୁ ଆଜୀବନ କାରାଦଣ୍ଡର ସଜା ହୋଇଥିଲା। ସେ

ସମୟରେ ସେ ସୁଲତାନ ଜେଲରେ ଥିଲେ । ଭଗତ ସିଂହ ନଭେମ୍ବର, ୧୯୩୦ରେ ତାଙ୍କୁ ଏକ ପତ୍ର ଲେଖିଥିଲେ-

"ମୋତେ ସଜା ଶୁଣାଇ ଦିଆଯାଇଛି । ଫାଶୀ ଆଦେଶ ଦିଆଯାଇଛି । ଏହି କୋଠରୀରେ ମୋ ବ୍ୟତୀତ ବହୁ ଅପରାଧୀ ଅଛନ୍ତି । ସେମାନେ ଫାଶୀକୁ ଅପେକ୍ଷା କରିଛନ୍ତି । ଏମାନେ ପ୍ରାର୍ଥନା କରୁଛନ୍ତି ଯେପରି ଏ ଫାଶୀ ସ୍ଥଗିତ ହୋଇଯାଉ । ଏମାନଙ୍କ ମଧ୍ୟରୁ ମୁଁ ହିଁ ଏକମାତ୍ର ଏପରି ବ୍ୟକ୍ତି ଯିଏ ଉତ୍‌କଣ୍ଠାର ସହିତ ସେହି ଦିନକୁ ଅପେକ୍ଷା କରିଛି । ମୋତେ ଆଦର୍ଶ ପାଇଁ ଫାଶୀର ଫନ୍ଦାରେ ଝୁଲିବାର ସୌଭାଗ୍ୟ ମିଳିବ । ମୁଁ ଖୁସିର ସହିତ ଫାଶୀର ଫନ୍ଦାରେ ଚଢ଼ି ଦୁନିଆକୁ ଦେଖାଇ ଦେବି ଯେ କ୍ରାନ୍ତିକାରୀ ନିଜ ଆଦର୍ଶ ପାଇଁ କିପରି ବୀରତାର ସହ ବଳିଦାନ ଦେଇପାରେ ।

ମୋତେ ଫାଶୀ ସଜା ମିଳିଛି । ତୁମକୁ ଆଜୀବନ କାରାଦଣ୍ଡ ମିଳିଛି । ତୁମେ ଜୀବିତ ରହିବ । ଜୀବିତ ରହି ତୁମକୁ ଦେଖାଇବାକୁ ହେବ ଯେ, କ୍ରାନ୍ତିକାରୀ କେବଳ ମରିପାରେ ନାହିଁ, ବରଂ ଜୀବିତ ରହି କଷ୍ଟର ସାମନା କରିପାରେ । ମୃତ୍ୟୁ ସାଂସାରିକ କଠିନତାରୁ ମୁକ୍ତିର ସାଧନ ନୁହେଁ ବରଂ ଯେଉଁ କ୍ରାନ୍ତିକାରୀ ସଂଯୋଗବଶତଃ ଫାଶୀ ଫନ୍ଦାରୁ ମୁକୁଳି ଯାଉଛନ୍ତି, ସେମାନେ ବଞ୍ଚିରହି ଦୁନିଆକୁ ଦେଖାଇ ଦେବାକୁ ପଡ଼ିବ ଯେ କେବଳ ନିଜ ଆଦର୍ଶ ପାଇଁ ଫାଶୀରେ ଝୁଲି ପାରନ୍ତି ନାହିଁ, ବରଂ ଜେଲର ଅନ୍ଧକାର କୋଠରୀରେ ରହି ଅସହ୍ୟ ଯନ୍ତ୍ରଣାକୁ ସହ୍ୟ କରି ପାରନ୍ତି ।"

ଭଗତ ସିଂହ ପି.ବି. ପରିଷଦରେ ଅପିଲ କରିବାକୁ ବିରୋଧ କରୁଥିଲେ । ମାତ୍ର ଶୁଭ ଚିନ୍ତକମାନେ ଅପିଲ କରିବାକୁ ଜରୁରୀ ଭାବୁଥିଲେ । ଉଦ୍ଧାର ସମିତି ନିଜ ତରଫରୁ କୌଣସି ତ୍ରୁଟି କରି ନଥିଲେ । ପଣ୍ଡିତ ମୋତିଲାଲ ନେହେରୁଙ୍କର ହାର୍ଦ୍ଦିକ ଇଚ୍ଛା ଥିଲା, ଏହି ବୀରମାନେ କିପରି ବଞ୍ଚି ଯାଆନ୍ତୁ । ସେତେବେଳେ ସେ କଠିନ ବେମାରରେ ପଡ଼ିଥିଲେ ଏବଂ ମୃତ୍ୟୁର ଦ୍ୱାରଦେଶରେ ଅପେକ୍ଷାରତ ଥିଲେ । ସେ ଭଗତ ସିଂହଙ୍କ ପାଖକୁ ସନ୍ଦେଶ ପଠାଇଲେ । ଓକିଲ ପ୍ରାଣନାଥ ମେହେଟ୍ଟା ନିଜେ ଯାଇ ଜେଲରେ ଭଗତ ସିଂହଙ୍କୁ ଦେଖାକଲେ । ସେ ତାଙ୍କୁ ଅନେକ ପ୍ରକାର ବୁଝାଇଲେ । ପି.ବି. ପରିଷଦରେ ଅପିଲ କଲେ ତାଙ୍କର ଚିନ୍ତାଧାରା ଦେଶ ବିଦେଶରେ ପହଞ୍ଚିବ । ଭାରତରେ ଇଂରେଜମାନଙ୍କ ଅତ୍ୟାଚର ତଥା ଜେଲରେ କଏଦୀମାନଙ୍କ ଦୁର୍ଦ୍ଦଶା ଦୁନିଆ ଲୋକଙ୍କ ସାମନାକୁ ଆସିବ । ଶେଷରେ ଭଗତ ସିଂହ ରାଜି ହେଲେ । ଏହି ଅପିଲରେ ଭଗତ ସିଂହଙ୍କ କେବଳ ଉଦ୍ଦେଶ୍ୟ ଥିଲା, କିଛିଦିନ ପାଇଁ ଫାଶୀ ଅଟକି ଯିବ ଓ ତାଙ୍କ ସାଥୀ କ୍ରାନ୍ତିକାରୀମାନଙ୍କୁ ଲାଭ ହେବ ।

ଅପିଲର ଉଦ୍ଦେଶ୍ୟ ଥିଲା ଏବେ ଆମର ଫାଶୀ ଅଟକି ଯାଉ । ଯେତେବେଳେ କଂଗ୍ରେସର ସରକାରଙ୍କ ସହିତ ରାଜିନାମା ହେବ ତାହା ଅସିଦ୍ଧ ହେବ । ଯୁବକମାନଙ୍କ ମଧ୍ୟରେ ଏହାଦ୍ୱାରା ଅସନ୍ତୋଷ ବ୍ୟାପୀ ଯିବ । ବେଶ୍ ସେହି ସମୟରେ ଆମକୁ ଫାଶୀ ଦିଆଯିବ ଏବଂ ଏଣେ କଂଗ୍ରେସର ଲଗାମ କ୍ରାନ୍ତିକାରୀଙ୍କ ହାତକୁ ଚାଲିଯିବ ।

ତାଙ୍କୁ ଏହି ସଜା କୌଣସି ନିୟମିତ ଅଦାଲତରେ ଦିଆଯାଇ ନଥିଲା। ଏହି ମକଦ୍ଦମା ଏକ ବିଶେଷ ନ୍ୟାୟାଧିକରଣ (ଟ୍ରିବ୍ୟୁନାଲ)ରେ ଚାଲିଥିଲା। ତାହାର ସ୍ଥାପନା ଭାଇସରାୟଙ୍କ ଏକ ଅଧ୍ୟାଦେଶ ଦ୍ୱାରା କରା ଯାଇଥିଲା। ଅତଃ ସେ ଏହି ନ୍ୟାୟାଧିକରଣକୁ ବେଆଇନ ମାନୁଥିଲେ। ତାଙ୍କ ଦୃଷ୍ଟିରେ ଏ ଫଏସଲା ବି ବେଆଇନ। ଏହି ଆଧାରକୁ ଭିତ୍ତିକରି ସେ ଅପିଲ କରିବାକୁ ଉପଦେଶ ଦେଇଥିଲେ। କାରଣ ସେ ଜାଣିଥିଲେ ଏହାଦ୍ୱାରା ଅପିଲ ଖାରଜ ହୋଇଯିବ। ସଜା କାଏମ ରହିବ, ମାତ୍ର କିଛି ଦିନ ପାଇଁ ଫାଶୀ ଜରୁର ଟଳିଯିବ। ଅତଃ ଉଦ୍ଧାର ସମିତିର ସଦସ୍ୟ ଲାଲା ଦୁଲୀଚନ୍ଦ, ଡା. ଗୋପୀଚନ୍ଦ ଭାର୍ଗବ ଆଦି ଏହି ସଜା ବିରୋଧରେ ନଭେମ୍ବର, ୧୯୩୦ ରେ ପ୍ରି.ବି. ପରିଷଦରେ ଅପିଲ ଦାଏର କଲେ। କିନ୍ତୁ ତାହାର ଫଳାଫଳ କିଛି ଆସିଲା ନାହିଁ। ୧୦ ଜାନୁୟାରୀ, ୧୯୩୧କୁ ଏହି ଅପିଲ ରଦ୍ଦ କରି ଦିଆଗଲା।

## ହାଇକୋର୍ଟରେ ଅପିଲ:

ନ୍ୟାୟାଧିକରଣଙ୍କ ଫଏସଲା ଅନୁସାରେ ଭଗତ ସିଂହ ତଥା ତାଙ୍କର ସାଥୀମାନଙ୍କୁ ଅକ୍ଟୋବର ୧୯୩୦ ରେ ଫାଶୀ ଦିଆଯିବାର ଥିଲା। ପ୍ରି.ବି. ପରିଷଦକୁ ଯିବାପରେ ମାମଲା ଟଳି ଯାଇଥିଲା। ଅତଃ ଏହି ଫାଶୀ ସଜା ବିରୁଦ୍ଧରେ ୧୬ ଫେବୃୟାରୀ ୧୯୩୧ ରେ ହାଇକୋର୍ଟରେ ଅପିଲ କରାଯାଇଥିଲା। ସେଥିରେ ତର୍କ ଦିଆଯାଇଥିଲା, ଫାଶୀର ବାସ୍ତବିକ ତାରିଖ ଅକ୍ଟୋବର ୧୯୩୦ ରେ ଥିଲ। ସେ ସମୟ ଏବେ ବିତିଗଲାଣି। ଏ ମାମଲାରେ ଶୁଣାଣୀ କରିଥିବା ନ୍ୟାୟାଧିକରଣର କାର୍ଯ୍ୟକାଳ ବି ସମାପ୍ତ ହୋଇ ଯାଇଛି। ଅତଃ ଅଭିଯୁକ୍ତମାନଙ୍କ ନଜର ବନ୍ଦୀକୁ ଅବୈଧ ସିଦ୍ଧ କରି ଏହି ମାମଲାକୁ ଆଉଥରେ ବିଚାର କରିବାକୁ ଚେତାବନୀ ଦିଆ ଯାଇଥିଲା।

କିନ୍ତୁ ଇଂରେଜଙ୍କ ଠାରୁ ଏଭଳି ଆଶା କିପରି କରା ଯାଇଥାନ୍ତା ? ଆରମ୍ଭରୁ ତ ତାଙ୍କ ଉଦ୍ଦେଶ୍ୟ ସ୍ପଷ୍ଟ ଥିଲା। ଯେପରି ହେଉ ଏହି ବୀରମାନଙ୍କୁ ରାସ୍ତାରୁ ହଟାଇବାକୁ ଚାହୁଁଥିଲେ। ବଞ୍ଚିରହି ଇଂରେଜ ଅତ୍ୟାଚାରର ରହସ୍ୟ ଉନ୍ମୋଚନ ନ କରି ରହି ପାରି ନ ଥାନ୍ତେ। କୋର୍ଟରେ କିପରି ଏହା ଗ୍ରହଣ ହୋଇ ପାରିଥାନ୍ତା ? ସେମାନେ ଅପିଲ ଦାଖଲ କରିବାର ପଞ୍ଚମ ଦିନ ୨୦ ଫେବୃୟାରୀ ୧୯୩୧ରେ ଏହି ଅପିଲକୁ ଖାରଜ କରିଦିଆଗଲା।

## ଭାଇସରାୟଙ୍କୁ ଦୟାର ଅପିଲ:

ମାତୃଭୂମି ପାଇଁ ନିଜ ଜୀବନକୁ ବଳିଦାନ ଦେଉଥିବା ବୀରଙ୍କୁ ଫାଶୀ ସଜା ଶୁଣାଇ ଦିଆଯିବା ପରେ ଦେଶର ଜନତା କିପରି ଚୁପ୍ ରହି ପାରିଥାନ୍ତେ। ପ୍ରତ୍ୟେକ ବ୍ୟକ୍ତି ଚାହୁଁଥିଲେ ତାଙ୍କର ଜୀବନ ରକ୍ଷା ହେଉ। ପ୍ରତ୍ୟେକ ବ୍ୟକ୍ତି ନିଜ ସ୍ତରରେ, ନିଜ ଢ଼ଙ୍ଗରେ ଏହି ଅନ୍ୟାୟ

ବିରୋଧରେ ସ୍ୱର ଉଠାଉଥିଲେ। "ଜବତକ ସାଁସ ତବତକ ଆସ (ଆଶା)" ଦୁନିଆର ଏକ ଅଟଳ ନିୟମ। ଅତଃ ପ୍ରି.ବି. ପରିଷଦରେ ଅପିଲ ଖାରଜ ହୋଇଯିବା ପରେ ପ୍ରସିଦ୍ଧ ସମାଜ ସୁଧାରକ ଏବଂ ନେତା ପଣ୍ଡିତ ମଦନ ମୋହନ ମାଳବ୍ୟ ୧୪ ଫେବୃୟାରୀ, ୧୯୩୧କୁ ଭାଇସରାୟଙ୍କ ପାଖରେ ଅପିଲ କଲେ। ଏହି ଅପିଲରେ ଭାଇସରାୟଙ୍କୁ ଅପିଲ କରାଯାଇଥିଲା ଯେ ସେ ନିଜର ଦୟାର ଅଧିକାରକୁ ପ୍ରୟୋଗ କରି ଭଗତ ସିଂହ, ରାଜଗୁରୁ ତଥା ସୁଖଦେବଙ୍କ ଫାଶୀ ସଜାକୁ ଆଜୀବନ କାରାବାସରେ ବଦଳାଇ ଦିଅନ୍ତୁ।

ପ୍ରି.ବି. ପରିଷଦରେ ଅପିଲ ରଦ୍ଦ କରି ଦିଆଯିବା ପରେ ଭାରତର କୋଣ ଅନୁକୋଣରୁ ଭାଇସରାୟଙ୍କ ପାଖକୁ ଦୟା-ଯାଚନା ପ୍ରାର୍ଥନା ଆସିବାକୁ ଲାଗିଲା। କେବଳ ଭାରତ ନୁହେଁ, ବିଦେଶରୁ ବି ଲୋକେ ଏମାନଙ୍କ ପାଇଁ ସ୍ୱର ଉଠାଇଲେ। ବିଦେଶରେ ଏହି ସଜାକୁ ନିନ୍ଦା କରାଗଲା। ଏହି ମକଦ୍ଦମା ବିଷୟରେ କମ୍ୟୁନିଷ୍ଟ ପାର୍ଟି ନିଜର ବିଚାରକୁ ପ୍ରକଟ କରିବାକୁ ଯାଇ ଲେଖିଲେ-

"ଏହି ମକଦ୍ଦମାର ଇତିହାସ ଯାହାର ରାଜନୈତିକ ମକଦ୍ଦମା ସନ୍ଦର୍ଭରେ ଉଦାହରଣ ମଧ୍ୟ ମିଳେ ନାହିଁ, କଠୋର ହୃଦୟ ତଥା ନିର୍ଦ୍ଦୟତାର ସହିତ କରା ଯାଇଥିବା ଲକ୍ଷଣ ପ୍ରକଟ କରୁଛି। ଏହା ବ୍ରିଟେନର ଶ୍ରମିକ ସାମ୍ରାଜ୍ୟବାଦୀ ସରକାରଙ୍କ ଏକ ଉନ୍ମତ୍ତ ଇଚ୍ଛାର ପରିଣତି ଅଟେ। ଏହାଦ୍ୱାରା ଦବି ରହିଥିବା ଲୋକଙ୍କ ହୃଦୟରେ ଭୟ ଉତ୍ପନ୍ନ କରାଯିବ।"

ଏହି ମକଦ୍ଦମାରେ ଅଦାଲତରେ କ୍ରୁର କାର୍ଯ୍ୟବାହୀକୁ ସାରା ଦୁନିଆରେ ନିନ୍ଦା କରାଗଲା। ବର୍ଲିନର ଏକ ପତ୍ରକାର ଲେଖିଲେ-

"ଲାହୋର ଷଡ଼ଯନ୍ତ୍ର ତଥା ମେରଠ ଷଡ଼ଯନ୍ତ୍ର ରାଜନୀତିକ ଢାଞ୍ଚା, କ୍ରୁର ସାମ୍ରାଜ୍ୟବାଦୀ କାରଣରୁ ଆରମ୍ଭ ହେଲା। ଅଦାଲତୀ ହତ୍ୟାର ସ୍ଲୋଗାନ ଦିଆଗଲା। ଯାହାଦ୍ୱାରା ଇଂରେଜୀ ସାମ୍ରାଜ୍ୟବାଦ ନିଜ ବସ୍ତିରେ ଲୋକଙ୍କ ଉପରେ ନିଜର ଆଧିପତ୍ୟ ବଜାୟ ରଖିବ।"

ପ୍ରି.ବି. ପରିଷଦ ଦ୍ୱାରା ଅପିଲ ରଦ୍ଦ କରି ଦିଆଯିବା ପରେ ଦେଶର ବାତାବରଣ ବର୍ଣ୍ଣନା କରି ଲାହୋରରୁ ବାହାରୁ ଥିବା ସମାଚାର-ପତ୍ର 'ଟ୍ରିବ୍ୟୁନ୍' ଲେଖିଲା-

"ଏ ଆନ୍ଦୋଳନ ସମଗ୍ର ରାଷ୍ଟ୍ରରେ ବ୍ୟାପୀଗଲା ତଥା ଏଥିରେ ପଞ୍ଜାବ ଏବଂ ଅନ୍ୟ ପ୍ରାନ୍ତର ହଜାର ହଜାର ଲୋକ ଭାଗ ନେଲେ।"

ଏହି ପ୍ରକାର ଭଗତ ସିଂହ ଏବଂ ତାଙ୍କର ଦୁଇ ସାଥୀ ରାଜଗୁରୁ ଏବଂ ସୁଖଦେବଙ୍କ ସଜା ରଦ୍ଦ କରିବା ପାଇଁ ଦେଶର ସମାଚାର ପତ୍ରମାନେ ପୂରା ଜୋରରେ ସ୍ୱର ଉଠାଇଲେ। ସମାଚାର ପତ୍ରର ଅନେକ ପୃଷ୍ଠା ସେମାନଙ୍କ ମୁକ୍ତି ପାଇଁ ଲେଖାରେ ପୂର୍ଣ୍ଣ ହେଉଥିଲା। ଲକ୍ଷ ଲକ୍ଷ ଲୋକ ଦସ୍ତଖତ ଅଭିଯାନ ଚଳାଇଲେ। ଏହି ଦସ୍ତଖତ ହୋଇଥିବା ନିବେଦନ-ପତ୍ର ଭାରତର ଭାଇସରାୟ ତଥା ଭାରତ ସରକାରଙ୍କ ପାଖକୁ ପଠାଗଲା। ସେହି ନିବେଦନ-

ପତ୍ରରେ ତିନି ବୀରଙ୍କ ମୃତ୍ୟୁ ଦଣ୍ଡ ସଜାକୁ ବଦଳାଇବା ପାଇଁ ନିବେଦନ କରାଯାଇଥିଲା, ଇଂଲଣ୍ଡ ସରକାରଙ୍କ ମନ୍ତ୍ରୀମାନେ ତଥା ଭାରତର ଭାଇସରାୟଙ୍କ ପାଖକୁ ଦୁନିଆର କୋଣ ଅନୁକୋଣରୁ ତାର ପଠାଯାଇ ଥିଲା। ଇଂଲାଣ୍ଡର ସଂସଦର ନିମ୍ନସଦନର କେତେକ ସଦସ୍ୟ ବି ସଜାର ବିରୋଧ କରିଥିଲେ। ଏହି ସଦସ୍ୟମାନେ ଭାଇସରାୟଙ୍କ ଏହି ସଜା ବଦଳାଇବା ପାଇଁ ପ୍ରାର୍ଥନା  କରିଥିଲେ-

"ହାଉସ ଅଫ୍ କମନ୍‌ସ କେସ୍‌ର ଅଭିଯୁକ୍ତ ମାନଙ୍କ ପାଇଁ ସଚ୍ଚା ହୃଦୟରେ ନିବେଦନ କରୁଛି।"

ଏହି ନିବେଦନ ତାର ଦ୍ୱାରା କରାଯାଇଥିଲା। ଯାହା ୬ ମାର୍ଚ୍ଚରେ ଭାଇସରାୟଙ୍କୁ ମିଳିଲା। ପ୍ରି.ବି. ପରିଷଦରେ ପ୍ରତ୍ୟାଖ୍ୟାନ ହୋଇଯିବା ପରେ ଭାରତୀୟ ନୌଜବାନଙ୍କର ବହୁତ ରାଗ ଥିଲା। ଏହାକୁ ସେମାନେ ଭାରତର ଅପମାନ ଭାବୁଥିଲେ। 'ଲହୁ ବଦଳରେ ଲୁହ' ଭାବନା ହୃଦୟ ଭିତରେ ଟକମକ ହୋଇ ଫୁଟୁଥିଲା। 'ଲହୁ ବଦଳରେ ଲୁହ' ସେମାନଙ୍କର ଆଦର୍ଶ ହୋଇ ଯାଇଥିଲା। ଏହି ପ୍ରକାର ପୋଷ୍ଟର ପଞ୍ଜାବ ସାରା ମରା ଯାଇଥିଲା ଏବଂ ବିଜ୍ଞାପନ ବାର୍ଣ୍ଟା ଯାଇଥିଲା। ବିଜ୍ଞାପନର ଭାଷା ଏହି ପ୍ରକାର ଥିଲା-

"ଭାରତର ନିର୍ଭିକ ନୌଜବାନ, ଆପଣ କଣ ଦିନ ପ୍ରତିଦିନ ଉତ୍ତେଜକ ଘଟଣାରେ ଲଜ୍ଜିତ ହେଉ ନାହାନ୍ତି ? ଭାରତର ସ୍ୱତନ୍ତ୍ରତା ପାଇଁ ପ୍ରଭାବିତ ନୁହଁନ୍ତି ? ଦେଶ ଭକ୍ତିର ଭାବନା କ'ଣ ଆପଣଙ୍କର ନାହିଁ? ଭଗତ ସିଂହ, ସୁଖଦେବ ତଥା ରାଜଗୁରୁଙ୍କୁ କାଳକୋଠରୀରେ ଦେଖି ମଧ ଆପଣଙ୍କ ହୃଦୟରେ ସ୍ୱାଭିମାନର ଭାବନା ଉତ୍ପନ୍ନ ହେଉନାହିଁ ? ଯଦି ଆପଣଙ୍କର ଭାବିବାର ଶକ୍ତି ବିଲୁପ୍ତ ହୋଇଯାଇଛି ତଥାପି ଭାରତ ସରକାରଙ୍କ ନିର୍ମମ ଆଘାତ ବିରୁଦ୍ଧରେ ସ୍ୱର ଉତ୍ତୋଳନ କରିବା ଆପଣଙ୍କର ଧର୍ମ। ଜଣେ ତୁଚ୍ଛ, ସାଧାରଣ ପୋଲିସ ଅଫିସରଙ୍କ ହତ୍ୟାରେ ସାରା ଇଂରେଜ ଜାତି ଏପରି ଭାବୁଛନ୍ତି ଯେ, ସତେ ଯେପରି ସେମାନଙ୍କର ଜୀବନ ବିପଦପୂର୍ଣ୍ଣ ହୋଇଯାଉଛି। ମାତ୍ର ଦୁଃଖର ବିଷୟ ଆପଣଙ୍କ ଭାଇମାନଙ୍କ ମଧ୍ୟରୁ ତିନିଜଣଙ୍କୁ ଫାଶୀ ଦିଆଯାଇଛି ଏବଂ ଆପଣମାନେ ପ୍ରତିଶୋଧ ନେବା ପାଇଁ ପ୍ରସ୍ତୁତ ହୋଇ ନାହାନ୍ତି।"

ପ୍ରଥମରୁ କୁହାଯାଇଛି ଯେ ଭଗତ ସିଂହ 'ନୌଜବାନ ଭାରତ ସଭା'ର ସ୍ଥାପନା କରିଥିଲେ। ସରକାର ୧୯୩୦ରେ ତାହାକୁ  ବେଆଇନ ଘୋଷିତ କରିଥିଲେ। କିନ୍ତୁ ଏହା ଗୁପ୍ତରୂପରେ ସକ୍ରିୟ ଥିଲା। ଲାହୋର ଷଡ଼ଯନ୍ତ୍ର କେସ୍‌ରେ ଏହି ତିନିଜଣଙ୍କ ଅପିଲ ରଦ୍ଦ କରି ଦିଆଯିବା ପରେ ଏହି ସଭାର ସଦସ୍ୟମାନେ ଦସ୍ତଖତ ଅଭିଯାନରେ ଭାଗ ନେଇଥିଲେ। ଭାଇସରାୟଙ୍କୁ ଯେଉଁ ସଜା କମ୍  କରିବାକୁ ପ୍ରାର୍ଥନା ପତ୍ର ପଠାଯାଇଥିଲା, ଏଥିରେ ଦସ୍ତଖତ କରିବା ପାଇଁ ଏକ ସମିତି ତିଆରି କରା ଯାଇଥିଲା। ଏହି ସମିତିର ସଦସ୍ୟ ବାସ୍ତବରେ 'ନୌଜବାନ ଭାରତ ସଭା'ର ହିଁ ସଦସ୍ୟ ଥିଲେ। ସରକାର ଏହି ତଥ୍ୟକୁ ଜାଣିଥିଲେ। ଏହି

ବିଷୟରେ ସରକାର ନିଜ ରିପୋର୍ଟରେ ଲେଖିଲେ-

"ଷଡ଼ଯନ୍ତ୍ର କେସ୍‌ର ଅଭିଯୁକ୍ତଙ୍କ ଅପିଲ ପ୍ରାର୍ଥନା ପତ୍ର ରଦ୍ଦ ହେବା ପରେ ମୃତ୍ୟୁ ସଜାକୁ କୋହଳ କରାଯିବା ପାଇଁ ଅନୁସ୍ମାରକରେ ଦସ୍ତଖତ କରାଇବା ଅଭିଯାନ ଜୋରଦାର ହୋଇଛି। ଯେଉଁ ସମିତି ଏ ଅଭିଯାନ ଚଳାଉଛି ତାହା 'ନୌଜବାନ ଭାରତ ସଭାର' ପରିବର୍ତ୍ତିତ ରୂପ। ଏହି ସମିତି ପୁଣି ଜୀବିତ ହୋଇ ଉଠିଛି।"

ଘୋଷିତ ଦଣ୍ଡ ଉପରେ ସାରା ଦେଶରେ ପ୍ରତିକ୍ରିୟା ଦେଖା ଦେଇଥିଲା। କଂଗ୍ରେସ ଏହି ଦଣ୍ଡକୁ ପରିବର୍ତ୍ତନ ପାଇଁ ଦେଶସାରା ବ୍ୟାପିଥିବା ସଦ୍‌ଭାବନାରୁ କୌଣସି ଅବସର ଖୋଜି ନେବାକୁ ଋହୁଁଥିଲେ।

## ଏ ବିଷୟରେ ଗାନ୍ଧୀଜୀଙ୍କ ଭୂମିକା:

ସେତେବେଳେ ମହାତ୍ମାଗାନ୍ଧୀ କଂଗ୍ରେସର ଏକଛତ୍ର ନେତା ଥିଲେ। ତାଙ୍କର ସେ ସମୟର ଭାଇସରାୟଙ୍କ ସହିତ ଏକ ରାଜିନାମା ହୋଇଥିଲା। ଏହି ରାଜିନାମାକୁ "ଗାନ୍ଧୀ-ଇରଓ୍ୱିନ୍ ଚୁକ୍ତି" କୁହାଯାଏ। ଏହା ଫେବୃୟାରୀ-ମାର୍ଚ୍ଚ, ୧୯୩୧ରେ ସମ୍ପନ୍ନ ହୋଇଥିଲା। ଲର୍ଡ଼ ଇରଓ୍ୱିନ୍ ଭାରତର ତତ୍‌କାଳୀନ ଭାଇସରାୟ ଥିଲେ। ତେଣୁ ଭଗତ ସିଂହ, ରାଜଗୁରୁ ତଥା ସୁଖଦେବଙ୍କୁ ମିଳିଥିବା ଫାଶୀ ସନ୍ଦର୍ଭରେ ମହାମାଗାନ୍ଧୀଙ୍କ ଭୂମିକା କ'ଣ ଥିଲା, ସେ ବିଷୟରେ ଏକ ସଂକ୍ଷିପ୍ତ ତଥା ତୀକ୍ଷଣ ଦୃଷ୍ଟି ପକାଯାଉଛି।

ଗାନ୍ଧୀ-ଇରଓ୍ୱିନ୍ ଚୁକ୍ତି ବାର୍ତ୍ତା ୧୭ ଫେବୃୟାରୀରୁ ୪ ମାର୍ଚ୍ଚ, ୧୯୩୧ ପର୍ଯ୍ୟନ୍ତ ମୋଟ ଷୋହଳ ଦିନ ପର୍ଯ୍ୟନ୍ତ ଋଲିଲା। ଏହି ବାର୍ତ୍ତା ଦିଲ୍ଲୀରେ ଭାଇସରାୟଙ୍କ ନିବାସ ସ୍ଥାନରେ ହୋଇ ଥିଲା। ସେଥିରେ ଏ ଦୁହିଁଙ୍କ ବ୍ୟତୀତ ଅନ୍ୟ କେହି ସହାୟକ ନଥିଲେ। ଏହା ଏକ ପ୍ରକାର ଗୁପ୍ତ ବାର୍ତ୍ତା ଥିଲା। ଲର୍ଡ଼ ଇରଓ୍ୱିନ୍ ସମସ୍ତ କଥାକୁ ନିଜ ଫାଇଲରେ ଲେଖିଥିଲେ। କିନ୍ତୁ ଗାନ୍ଧିଜୀ ଏହା ଉପରେ କୌଣସି ଠାରେ କିଛି କହି ନାହାନ୍ତି। ଏହି ସଜା କଥା ଗାନ୍ଧିଜୀ ୧୮ ଫେବୃୟାରୀ, ୧୯୩୧ରେ ଉଠାଇଥିଲେ। କିନ୍ତୁ ତାଙ୍କ ସଜା କମ୍ କରିବା କଥା କହି ନଥିଲେ। ଏହି ରାଜିନାମା ଉପରେ ୭ ମାର୍ଚ୍ଚ, ୧୯୩୧ରେ ଦସ୍ତଖତ ହେଲା ତଥା ୭ ମାର୍ଚ୍ଚରେ ଏହାକୁ ଭାରତ ସରକାରଙ୍କ ବଜେଟରେ ପ୍ରକାଶିତ କରିଦିଆଗଲା। ସାରାଦେଶ ଏହି ରାଜିନାମା ଉପରେ ଦୃଷ୍ଟି ନିବଦ୍ଧ କରି ବସିଥିଲେ। ହୁଏତ ଏଥିରେ ଭଗତ ସିଂହ ତଥା ତାଙ୍କର ଦୁଇ ସାଥୀଙ୍କ ସଜା କମ କରିବା ବିଷୟରେ କିଛି ହେବ। ମାତ୍ର ଏଥିରେ ଏହି ମାମଲାର କୌଣସି ବି ଚର୍ଚ୍ଚା ହୋଇ ନଥିଲା।

କେବଳ ସେତିକି ନୁହେଁ କଂଗ୍ରେସୀ ମଧ୍ୟ ଏ ପ୍ରକାର ରାଜିନାମାରେ ସନ୍ତୁଷ୍ଟ ନଥିଲେ। ଏହା ପୂର୍ବରୁ ୪ ମାର୍ଚ୍ଚ ରାତି ସାଢ଼େ ଦୁଇଟାରେ ଗାନ୍ଧୀଜୀ ଭାଇସରାୟଙ୍କ ଭବନରୁ ଫେରିଲେ।

କଂଗ୍ରେସ କାର୍ଯ୍ୟକାରିଣୀର ସମସ୍ତ ସଭ୍ୟ ଉତ୍କଣ୍ଠାର ସହିତ ତାଙ୍କୁ ଅପେକ୍ଷା କରିଥିଲେ। ଗାନ୍ଧୀଜୀ ପ୍ରସନ୍ନ ଦେଖା ଯାଉଥିଲେ। ସେ ରାଜିନାମାର ସମସ୍ତ କଥା କହିଲେ। ଏହି ରାଜିନାମାର ଧାରା ୫ ଉପରେ କେହି ଖୁସି ନଥିଲେ। ଏହି ଧାରା ରାଜନୈତିକ ବନ୍ଦୀମାନଙ୍କ ସମ୍ପର୍କରେ ଥିଲା। ଭଗତ ସିଂହ ବା ଅନ୍ୟ ଦେଶଭକ୍ତ ରାଜନୈତିକ ବନ୍ଦୀମାନଙ୍କ ଚର୍ଚ୍ଚା ହୋଇ ନଥିଲା। କେବଳ ସତ୍ୟାଗ୍ରହୀ ବନ୍ଦୀମାନଙ୍କ କଥା କୁହା ଯାଇଥିଲା। ସାଥୀମାନଙ୍କ ଫାଶୀ କଥା ପୂରାପୁରି ଗୁପ୍ତ ରଖାଯାଇଥିଲା। କେବଳ ଏତିକି କଥା ସମସ୍ତେ ଜାଣି ପାରିଲେ ଯେ ଏହି ଫାଶୀ ୨୩ ମାର୍ଚ୍ଚକୁ ଦିଆଯିବ। ଅତଃ ୫ ମାର୍ଚ୍ଚକୁ ଯେଉଁ ଦିନ ଗାନ୍ଧୀ-ଇରୱିନ୍-ଚୁକ୍ତିରେ ସ୍ୱାକ୍ଷର ହେଲା, ସେଇଦିନ ସଂଧ୍ୟାରେ ଗାନ୍ଧୀଜୀ ପତ୍ରକାରମାନଙ୍କୁ ସମ୍ବୋଧନ କରିଥିଲେ। ଏହି ପତ୍ରକାରମାନଙ୍କ ମଧ୍ୟରେ ଇଂଲଣ୍ଡ, ଆମେରିକା ତଥା ଭାରତର ପ୍ରତିନିଧିମାନେ ଉପସ୍ଥିତି ଥିଲେ। ଏହି ଅବସରରେ ମହାତ୍ମାଗାନ୍ଧୀ ଭାଇସରାୟ ଲର୍ଡ଼ ଇରୱିନ୍‌ଙ୍କୁ ମୁକ୍ତ କଣ୍ଠରେ ପ୍ରଶଂସା କରିଥିଲେ। ଏଥି ସହିତ ଏକବର୍ଷ ପୂର୍ବରୁ ରାଜନୈତିକ କାରଣରୁ କଷ୍ଟ ସହୁଥିବା ବ୍ୟକ୍ତିଙ୍କୁ ସେ କହିଥିଲେ-

"ପୀଡ଼ାର ଏକ ନିର୍ଦ୍ଦିଷ୍ଟ ସୀମାଥାଏ। ଦୁଃଖ ଉଚିତ୍ ବି ହୋଇଥାଏ ଏବଂ ଅନୁଚିତ ବି। କିନ୍ତୁ ଯେତେବେଳେ ତାର ସୀମା ଶେଷ ହୋଇଥାଏ ଏହାକୁ ସହିବା ବୁଦ୍ଧିମତ୍ତା ନୁହେଁ, ବରଂ ମୂର୍ଖତା ହୁଏ। ଯେତେବେଳେ ଆପଣଙ୍କ ବିରୋଧୀ ଆପଣଙ୍କ ଇଚ୍ଛା ଉପରେ ଆପଣଙ୍କ ପାଇଁ ବିଚାର ବିମର୍ଶର ଅବସର ଉପଲବ୍ଧ କରାଉଛି, ତେବେ ପୀଡ଼ା ସହିଯିବା ମୂର୍ଖତା ଅଟେ। ଯଦି କୌଣସି ବାସ୍ତବିକ ମାର୍ଗ ଖୋଲୁଥାଏ, ତେବେ ପ୍ରତ୍ୟେକ ବ୍ୟକ୍ତିର ଏହା କର୍ତ୍ତବ୍ୟ ହୋଇଯାଏ ଯେ ସେ ତାହାର ଲାଭ ଉଠାଉ। ମୋର ତୁଚ୍ଛ ମତ ଦ୍ୱାରା ଏହି ସମାଧାନ ବାସ୍ତବିକ ରାସ୍ତା ଖୋଲି ଦେଲା।"

ସତ୍ୟାଗ୍ରହୀମାନଙ୍କ ବ୍ୟତୀତ ଅନ୍ୟ କଏଦୀଙ୍କ ପାଇଁ ସେ କିଛି ବି କରି ପାରି ନଥିଲେ। ଅତଃ ଯେତେବେଳେ ଜଣେ ପତ୍ରକାର ଏ ବିଷୟରେ ତାଙ୍କର ବିଚାର ଜାଣିବାକୁ ଚାହିଁଲେ ସେତେବେଳେ ସେ କହିଲେ-

"ହଜାରେ ନ ହେଲେ ବି ଶହେ ଲୋକଙ୍କ ପ୍ରତି କିଛି କହିବା ମୋର ଦାୟିତ୍ୱ। ଯେଉଁମାନେ ମୋର ଭୂତପୂର୍ବ ବନ୍ଦୀ ସାଥୀ ଥିଲେ ଏବଂ ଯେଉଁମାନଙ୍କ ପକ୍ଷରେ ମୋତେ ତାର ମିଳିଛି ତଥା ଯେଉଁମାନେ ଏବେ ବି ଜେଲରେ ସଢୁଛନ୍ତି କିନ୍ତୁ ସତ୍ୟାଗ୍ରହୀ ବନ୍ଦୀ, ଯେଉଁମାନେ ପୂର୍ବ ବାରମାସ ହେଲା ଗିରଫ ହୋଇଛନ୍ତି ସେମାନଙ୍କୁ ମୁକ୍ତ କରି ଦିଆଯିବ। ବ୍ୟକ୍ତିଗତ ରୂପେ ମୁଁ ଦଣ୍ଡ ପାଇଁ କାହାକୁ ବନ୍ଦୀ କରିବାରେ ବିଶ୍ୱାସ କରେ ନାହିଁ। ଯେଉଁମାନେ ରାଜନୈତିକ ଉଦ୍ଦେଶ୍ୟ ପାଇଁ ହିଂସା କରୁଛନ୍ତି, ସେମାନେ ସେତିକି ପ୍ରେମ ଏବଂ ବଳିଦାନର ନ୍ୟାଯ୍ୟ ଅଧିକାରୀ ଅଟନ୍ତି, ଯେତିକି ମୁଁ କରିପାରିବି। ମୁଁ ନିଜେ ବା ନିଜର ସତ୍ୟାଗ୍ରହୀ ସାଥୀମାନଙ୍କ ବଦଳରେ ସେମାନଙ୍କୁ ସ୍ୱତନ୍ତ୍ରତା ପ୍ରାପ୍ତ କରାଉଛି। ସେମାନେ ନିଶ୍ଚୟ ବିଶ୍ୱାସ କରିବେ ଯେ ମୋ ପାଖରେ ସେମାନଙ୍କୁ ମୁକ୍ତି ମାଗିବା ମୋ ପକ୍ଷେ ଉଚିତ ନଥିଲା। କିନ୍ତୁ

ଏହାର ଅର୍ଥ ନୁହେଁ ଯେ ମୋର ବା କାର୍ଯ୍ୟକାରିଣୀଙ୍କ ସଦସ୍ୟଙ୍କ ମସ୍ତିଷ୍କରେ ସେମାନଙ୍କର ବିଚାର ନଥିଲା । ଯଦିଓ କଂଗ୍ରେସ ସମାଧାନ ପାଇଁ ନିଜ ସହିତ ଜଡ଼ିତ ସର୍ତ୍ତକୁ ସଚ୍ଚୋଟତାର ସହିତ ପୂର୍ଣ୍ଣ କରନ୍ତି, ତେବେ ଯାଇ ପୂର୍ଣ୍ଣ ପ୍ରତିଷ୍ଠା ପ୍ରାପ୍ତ ହେବ । ଏହାଦ୍ୱାରା ସରକାରଙ୍କ ବିଶ୍ୱାସ ହେବ କଂଗ୍ରେସ ଶାନ୍ତି ବଜାୟ ରଖିବାରେ ସମର୍ଥ । ଯଦି ଜନତା କଂଗ୍ରେସକୁ ଏହି ଅଧିକାର ଏବଂ ଆଦର ପ୍ରଦାନ କରେ ତେବେ ନଜର ବନ୍ଦୀ ତଥା ଅନ୍ୟ ସମସ୍ତ ରାଜନୈତିକ କଏଦୀଙ୍କ ସହିତ ସମସ୍ତ ବନ୍ଦୀଙ୍କୁ ମୁକ୍ତ କରିବାରେ ଅଧିକ ସମୟ ଲାଗିବ ନାହିଁ ।"

କ୍ରାନ୍ତିକାରୀମାନଙ୍କ ବିଶେଷ ଉଲ୍ଲେଖ କରିବାକୁ ଯାଇ ସେ କହିଥିଲେ-

"ଭାରତରେ ନିଃସନ୍ଦେହରେ ଏକ ଲଘୁ କିନ୍ତୁ ଗତିଶୀଳ ସଂଗଠନ ଅଛି, ଯେଉଁମାନେ ହିଂସା ପ୍ରୟୋଗ କରି ଭାରତକୁ ସ୍ୱତନ୍ତ୍ର କରିବାକୁ ଚାହୁଁଛନ୍ତି । ମୁଁ ପୂର୍ବପରି ଏହି ସଂଗଠନକୁ ପ୍ରାର୍ଥନା କରୁଛି ଯେ ସେମାନେ ତାଙ୍କର ଗତିବିଧି ବନ୍ଦ କରି ଦିଅନ୍ତୁ । ବିଶ୍ୱାସର ସହିତ ପରିସ୍ଥିତିକୁ ଦେଖି ଅହିଂସାର କେତେ ଶକ୍ତି ଅଛି ବୁଝିବାକୁ ଚେଷ୍ଟା କରନ୍ତୁ । ମୁଁ ଅସ୍ୱୀକାର କରିପାରିବି ନାହିଁ ଯେ ଅହିଂସାର ରହସ୍ୟାତ୍ମକ ଏବଂ ନିଶ୍ଚିତ କାରଣ ଯୋଗୁଁ ଜନତାଙ୍କୁ ସଜାଗ କରିବାରେ ଆଶ୍ଚର୍ଯ୍ୟଜନକ କାର୍ଯ୍ୟ ସମ୍ଭବ ହେଲା । ମୁଁ ସେମାନଙ୍କ ମଧ୍ୟରେ ଧୈର୍ଯ୍ୟ ଏବଂ ସତ୍ୟ ଓ ଅହିଂସା ଯୋଜନାକୁ କାର୍ଯ୍ୟାନ୍ୱିତ କରିବାର ଅବସରକୁ ଅପେକ୍ଷା କରିବି । ଦାଣ୍ଡୀଯାତ୍ରାକୁ ଏବେ ଏକ ବର୍ଷ ହେଲା । ତିରିଶ କୋଟି ଲୋକଙ୍କ ଜୀବନକୁ ପ୍ରଭାବିତ କରିଥିବା ପ୍ରୟୋଗର ଏକବର୍ଷ କାଳଚକ୍ରରେ ଏକ ସେକେଣ୍ଡ ସମାନ ଅଟେ । ସେମାନଙ୍କୁ ନିଜର ଜୀବନକୁ ମାତୃଭୂମିର ସେବାପାଇଁ ସୁରକ୍ଷିତ ରଖିବା ଆବଶ୍ୟକ ଅଟେ । ସେଥିପାଇଁ ସମସ୍ତଙ୍କ ଆବଶ୍ୟକତା ହେବ । ସେମାନେ କଂଗ୍ରେସକୁ ଏକ ଅବସର ଦେବା ଉଚିତ । କଂଗ୍ରେସ ଅନ୍ୟ ସମସ୍ତ ରାଜନୈତିକ ବନ୍ଦୀମାନଙ୍କୁ ମୁକ୍ତ କରି ପାରିବ ଏବଂ ସେମାନଙ୍କୁ ଫାଶୀର ଫନ୍ଦାରୁ ବଞ୍ଚାଇ ପାରିବ, ଯେଉଁମାନଙ୍କୁ ହତ୍ୟା ଅପରାଧରେ ଦୋଷୀ ଯୋଗୁଁ ଏହି ଦଣ୍ଡ ଦିଆଯାଉଛି । ମୁଁ ମିଥ୍ୟା ଆଶା ବାନ୍ଧିବାକୁ ଚାହୁଁନାହିଁ । ମୁଁ ସମସ୍ତଙ୍କ ସାମନାରେ ମୋ ତରଫରୁ କଂଗ୍ରେସର କଥା ଆପଣଙ୍କୁ କହି ପାରିବି । ଚେଷ୍ଟା କରିବା ଆମର କାମ କିନ୍ତୁ ପରିଣାମ ସର୍ବଦା ଈଶ୍ୱରଙ୍କ ହାତରେ ।"

୬ ମାର୍ଚ୍ଚକୁ ଗାନ୍ଧୀଜୀ ଦରିୟାଗଞ୍ଜ ଦିଲ୍ଲୀରେ ଏକ ପତ୍ରକାର ସମ୍ମେଳନ ଡକାଇ ଥିଲେ । ଏଥିରେ ଭାରତ ସହିତ ପଶ୍ଚିମ ଦେଶର ବିଖ୍ୟାତ ପତ୍ରକାରମାନେ ଆସିଥିଲେ । ଭଗତ ସିଂହଙ୍କ ଫାଶୀ ସଜାକୁ କମ୍ କରିବା ବିଷୟରେ ପଚାରିବାରୁ ଗାନ୍ଧୀଜୀ କୌଣସି ସନ୍ତୋଷଜନକ ଉତ୍ତର ଦେଇନଥିଲେ । ଲର୍ଡ୍-ଇରୱିନ୍ ନିଜର ୧୯ ମାର୍ଚ୍ଚ ୧୯୩୧ ଫାଇଲରେ ଲେଖିଥିଲେ- "ଯିବା ସମୟରେ ଗାନ୍ଧିଜୀ ମୋତେ ପଚାରିଥିଲେ, 'ମୁଁ ଭଗତ ସିଂହଙ୍କ ମକଦ୍ଦମା ବିଷୟରେ କଥା ହୋଇ ପାରେ କି ? କାରଣ ୨୪ ମାର୍ଚ୍ଚକୁ ତାଙ୍କୁ ଫାଶୀ ଦିଆଯିବାର ସୂଚନା ଅଛି । ସେଦିନ କରାଚୀରେ କଂଗ୍ରେସର ନୂତନ ଅଧ୍ୟକ୍ଷଙ୍କର ପହଞ୍ଚିବାର ଥିଲା । ସେଠାରେ

ଅଧିକ ଜନଗହଳି ହେବ।' ମୁଁ ତାଙ୍କୁ ବୁଝାଇଲି, 'ମୁଁ ଏ ବିଷୟରେ ବହୁ ସାବଧାନତା ସହକାର ଭାବିଛି। ମାତ୍ର ମୋତେ କୌଣସି ଆଧାର ମିଳିଲା ନାହିଁ। ଯାହାଦ୍ୱାରା ମୁଁ ସଜା ବଦଳାଇବା ପାଇଁ ନିଜକୁ ବୁଝାଇ ପାରିବି।' ଏପରି ଲାଗିଲା ତାଙ୍କୁ ମୋ ତର୍କରେ ଓଜନ ଥିବାର ପ୍ରତୀତ ହେଲା।"

ହର୍ବେଟ ଇମରସନ ଲର୍ଡ଼ ଇରୱିନ୍‌ଙ୍କ ସମୟରେ ଭାରତର ଗୃହ ସଚିବ ଥିଲେ। ଯେତେବେଳେ ଗାନ୍ଧୀ-ଇରୱିନ୍-ଚୁକ୍ତି ଚାଲିଥିଲା ମହାତ୍ମାଗାନ୍ଧୀ ତଥା ଲର୍ଡ଼ ଇରୱିନ୍ ପରସ୍ପର ମଧ୍ୟରେ ରାଜିନାମା ଚାଲିଥିଲା, ସେତେବେଳେ ସମୟେ ସମୟେ ହର୍ବେଟ ଇମରସନଙ୍କୁ ବି କୋଠାକୁ ଡକା ଯାଇଥିଲା। ଇମରସନଙ୍କ କଥାନୁସାରେ-

"ଭଗତ ସିଂହ ଆଦିଙ୍କ ଫାଶୀ ସଜା ବଦଳାଇବା ପାଇଁ ଗାନ୍ଧିଜୀ କୌଣସି ବିଶେଷ ଚେଷ୍ଟା କରିନଥିଲେ। ଏ ବିଷୟରେ ଗାନ୍ଧୀଜୀ ବିଶେଷ ଚିନ୍ତିତ ଥିବା ପରି ଜଣା ପଡୁନଥିଲେ। ମୁଁ ତାଙ୍କୁ କହିଲି, ଯଦି ସବୁକିଛି ବିନା ବାଧାରେ ହୋଇଯାଉଛି ତେବେ ଆମେ ସୌଭାଗ୍ୟଶାଳୀ ହେବା। ମୁଁ ତାଙ୍କୁ ଏହା ବି କହିଲି ଯେ ଆଗାମୀ କିଛି ଦିନ ପାଇଁ ଦିଲ୍ଲୀରେ ହେଉଥିବା ସଭା ଏବଂ ହିଂସାକୁ ଶାନ୍ତ କରିବା ପାଇଁ କିଛି କରନ୍ତୁ। ସେ ଯଥାସମ୍ଭବ ସମସ୍ତ ଚେଷ୍ଟା କରିବାର ପ୍ରତିଶ୍ରୁତି ଦେଲେ।"

ଏଲନ କେମ୍ପବେଲ ଜନସନ ଲର୍ଡ଼ ଇରୱିନ୍‌ଙ୍କ ଜୀବନୀ ଲେଖିଛନ୍ତି। ସେଥିରେ ସେ ଇମରସନଙ୍କ ସଂସ୍କରଣ ବି ଉଲ୍ଲେଖ କରିଛନ୍ତି। ଏଥିରେ ଗୋଟିଏ ସ୍ଥାନରେ ହର୍ବେଟ ଇମରସନ ଭଗତ ସିଂହଙ୍କ ଫାଶୀ ବିଷୟରେ ଗାନ୍ଧିଜୀ ତଥା ଇମରସନଙ୍କ ମଧ୍ୟରେ ହୋଇଥିବା କଥାବାର୍ତ୍ତାର ଏକ ସଂସ୍କରଣ ଏଠାରେ ଦିଆଯାଉଛି-

"ସାର ହର୍ବେଟ ଇମରସନ ଗୃହ ସଦସ୍ୟ, ଯାହାଙ୍କୁ ଦିଲ୍ଲୀ ବାର୍ତ୍ତାରେ ମହତ୍ତ୍ୱପୂର୍ଣ୍ଣ ଭୂମିକା ନିର୍ବାହ କରିବାର ଉତ୍ତରଦାୟିତ୍ୱ ଦିଆଯାଇଥିଲା। କୁହାଯାଏ ଯେତେବେଳେ ଭଗତ ସିଂହଙ୍କୁ ଫାଶୀ ଦିଆଯିବା ସମ୍ବନ୍ଧରେ ଗାନ୍ଧୀ ଏବଂ ଇରୱିନ୍ ଚୁକ୍ତି ହୋଇଗଲା ପରେ ସେମାନେ ଏ ଦୁହିଁଙ୍କ କଥାବାର୍ତ୍ତାକୁ ଆଶ୍ଚର୍ଯ୍ୟଚକିତ ହୋଇ ଶୁଣିଲେ। ଏହି କଥାବାର୍ତ୍ତା ଦୁଇ ରାଜନୀତିଜ୍ଞ ମଧ୍ୟରେ ଏହି ଘଟଣାକୁ ନେଇ ହୋଇନଥିଲା। ଜୀବନର ପବିତ୍ରତା ଉପରେ ଦୁଇ ସନ୍ଥଙ୍କ ମଧ୍ୟରେ କଥାବାର୍ତ୍ତା ହୋଇଥିଲା। ଆତଙ୍କବାଦ ରାଜନୈତିକ ପରିଣାମ କ'ଣ ହୋଇପାରେ।

ଭଗତ ସିଂହ ତଥା ସାଥୀମାନଙ୍କର ଫାଶୀ ସନ୍ଦର୍ଭରେ ମହାତ୍ମା ଗାନ୍ଧୀଙ୍କ ଭୂମିକା ଉପରେ ପରେ ଭାରତୀୟ ଚିନ୍ତାଶୀଳ ବ୍ୟକ୍ତି ତୀବ୍ର ଆପତ୍ତି କଲେ। ଉପର ବର୍ଣ୍ଣିତ ସମସ୍ତ ବିବରଣୀରୁ ଏହି କଥା ସାମନାକୁ ଆସେ ଯେ ଏହି ସଜାକୁ କମ୍ କରାଇବା ପାଇଁ ମହାତ୍ମା ଗାନ୍ଧୀଙ୍କ ତରଫରୁ କୌଣସି ଦୃଢ଼ ପଦକ୍ଷେପ ଉଠା ଯାଇ ନଥିଲା। ଏହି କଥାକୁ ସେ ନିଜେ ବି ସ୍ୱୀକାର କରିଛନ୍ତି। ତାଙ୍କ ପୁସ୍ତକ 'ୟଙ୍ଗ ଇଣ୍ଡିଆ'ରେ ସେ ଲେଖିଛନ୍ତି-

"ସେ (ଗାନ୍ଧିଜୀ) ଭଗତ ସିଂହଙ୍କୁ ଫାଶୀରେ ଚଢ଼ିବାରୁ ବଞ୍ଚାଇ ପାରିଥାନ୍ତେ। ଯଦି ସେ ଏହି ରାଷ୍ଟ୍ରୀୟ ବୀରଙ୍କ ମୁକ୍ତିକୁ ଏକ ରାଷ୍ଟ୍ରୀୟ ପ୍ରଶ୍ନ କରିପାରି ଥାନ୍ତେ, ତେବେ ସାରା ରାଷ୍ଟ୍ର ସମର୍ପଣ ପାଇଁ ପ୍ରସ୍ତୁତ ଥିଲା। ଦ୍ୱିତୀୟତଃ ସେ ଭଗତ ସିଂହ ଏବଂ ତାଙ୍କ ସାଥୀମାନଙ୍କୁ ବଞ୍ଚାଇ ପାରିଥାନ୍ତେ। ମାତ୍ର ସେ ନିଜର ଅହିଂସାବାଦୀ ବିଚାରଧାରାରେ ମିଥ୍ୟା ପ୍ରଶଂସା ତ୍ୟାଗ କରିପାରିଲେ ନାହିଁ। କାରଣ ଭଗତ ସିଂହ ମୁକ୍ତ ହୋଇଥିଲେ କ୍ରାନ୍ତିକାରୀ ନେତାମାନଙ୍କ ମଧ୍ୟରେ ଦୃଢ଼ତା ଆସିଥାନ୍ତା। ଯାହା ମହାତ୍ମାଗାନ୍ଧୀ ସହିପାରୁ ନଥିଲେ।"

ମହାତ୍ମାଗାନ୍ଧୀଙ୍କ ଏହି ରାଜିନାମାକୁ କଂଗ୍ରେସ ବ୍ୟତୀତ ସମସ୍ତ ରାଷ୍ଟ୍ରୀୟ ଚିନ୍ତାଧାରାର ରାଜନୀତିଜ୍ଞମାନେ ଏକ ବିଶ୍ୱାସ ଘାତକତା ବୋଲି କହିଥିଲେ। ଏପରି କହିବା ଲୋକଙ୍କ ମଧ୍ୟରେ କଂଗ୍ରେସର ୱାର୍କର ୟୁଥ ଲିଗ୍ ବାଲା ଥିଲେ। ବମ୍ବେର 'ଫ୍ରି ପ୍ରେସ ଜେନେରାଲ' ଏହି ରାଜିନାମାକୁ ଜନତାଙ୍କ  ସହିତ ଧୋକ୍‌କା ବୋଲି ସଞ୍ଜ୍ଞା ଦେଇ ଲେଖିଥିଲେ- "କଂଗ୍ରେସ କାର୍ଯ୍ୟକାରିଣୀ ଉପରେ ବିଶ୍ୱାସଘାତ ତଥା ହାର ମାନିବା ଅପରାଧର ଆରୋପ ଲଗା ଯାଇପାରେ।"

ଏହିପରି ଦେଖିଲେ ଏହି ରାଜିନାମା ବା ଚୁକ୍ତିରେ ମହାତ୍ମା ଗାନ୍ଧୀଙ୍କ ଭୂମିକା ବିବାଦାସ୍ପଦ ରୂପେ ସାମନାକୁ ଆସେ। ସମଗ୍ର ଦେଶ ଏହି ବୀରମାନଙ୍କ ଜୀବନ ରକ୍ଷା କରିବାକୁ ଚାହୁଁଥିଲେ। ଦେଶବାସୀ ସେମାନଙ୍କ ଜୀବନ ରକ୍ଷା ପାଇଁ ଯେତେଦୂର ସମ୍ଭବ ଚେଷ୍ଟାକଲେ। ଗାନ୍ଧିଜୀ ହିଁ ତାଙ୍କର ଜୀବନ ରକ୍ଷା କରି ପାରିଥାନ୍ତେ। ମାତ୍ର ସେ ସେମାନଙ୍କ ପାଇଁ ଯେଉଁ ଚେଷ୍ଟା କଲେ, ତାହା ନାସ୍ତିସୂଚକ ଥିଲା। ଗାନ୍ଧିଜୀଙ୍କ ଦୃଷ୍ଟିରେ ସେହିମାନେ ରାଜନୈତିକ ବନ୍ଦୀ ଥିଲେ, ଯେଉଁମାନେ କଂଗ୍ରେସର ସତ୍ୟାଗ୍ରହୀ ଥିଲେ। ଚତୁର ରାଜନୀତିଜ୍ଞଙ୍କ ପରି ପତ୍ରକାରମାନଙ୍କ ଉତ୍ତର ଦେବାକୁ ଯାଇ ସେ କହିଥିଲେ- "ବ୍ୟକ୍ତିଗତ ରୂପେ କାହାରିକୁ ବନ୍ଦୀ କରିବାରେ ମୁଁ ବିଶ୍ୱାସ  କରେ ନାହିଁ।"

ଯେପରି ଗଛ ଛାଇରେ ବସିଥିବା ଜଣେ ବ୍ୟକ୍ତି ଖରାରେ ସିଝୁଥିବା ଜଣେ ବ୍ୟକ୍ତିଙ୍କୁ କୁହେ ଯେ ତୁମ ପ୍ରତି ମୋର ପୂର୍ଣ୍ଣ ସହାନୁଭୂତି  ଅଛି। ତୁମେ ଛାୟାର ଆନନ୍ଦ ନିଅ ମାତ୍ର କ'ଣ କରିବି, ମୁଁ ଏଠାରୁ ଉଠି ପାରୁନି କି ତୁମକୁ ବସାଇ ପାରୁନି। ଏପରି ଚିକ୍‌କଣ  କଥା କହିବାରେ ଖରାରେ ସିଝୁଥିବା ବ୍ୟକ୍ତିକୁ କ'ଣ ମିଳିବ, ଏହା ସହଜରେ ଅନୁମେୟ। ଯଦି ବାସ୍ତବରେ ଆମର କାହାପ୍ରତି  ସହାନୁଭୂତି ଥାଏ, ତେବେ ତାର ଦୁଃଖ ଦୂର କରିବା ପାଇଁ ଆମକୁ କିଛି  ତ୍ୟାଗ ତ କରିବାକୁ ପଡ଼ିବ।

ଗାନ୍ଧୀଙ୍କୁ  ନିଜର ସିଦ୍ଧାନ୍ତ ଅତ୍ୟଧିକ ପ୍ରିୟ ଥିଲା। ଏ ସିଦ୍ଧାନ୍ତର ମୂଲ୍ୟ କ'ଣ ଯାହା ଜଣେ ମହାନ ଦେଶଭକ୍ତର ଜୀବନ ରକ୍ଷା କରି ପାରିବ ନାହିଁ। ବସ୍ତୁତଃ ଏହି ରାଜିନାମା ଦ୍ୱାରା ସେ କଂଗ୍ରେସର ଭବିଷ୍ୟତକୁ ସୁନ୍ଦର କରି ଗଢ଼ି ତୋଳିବାକୁ ଚାହୁଁଥିଲେ। ଏହି ପ୍ରସଙ୍ଗରେ

ପତ୍ରକାରମାନଙ୍କୁ ସେ କହିଥିଲେ- "ସେମାନଙ୍କୁ (କ୍ରାନ୍ତିକାରୀମାନଙ୍କୁ) ନିଜ ଜୀବନକୁ ମାତୃଭୂମିର ସେବା ପାଇଁ ସୁରକ୍ଷିତ ରଖିବା ଦରକାର। ସେଥିପାଇଁ ସମସ୍ତଙ୍କର ଆବଶ୍ୟକତା ପଡ଼ିବ ଏବଂ ସେମାନେ କଂଗ୍ରେସକୁ ଏକ ଅବସର ଦେବା ଆବଶ୍ୟକ ଯେ ସେ ଅନ୍ୟ ସମସ୍ତ ରାଜନୈତିକ ବନ୍ଦୀମାନଙ୍କୁ ମୁକ୍ତ କରିପାରିବେ ଯେଉଁମାନଙ୍କୁ ହତ୍ୟା ଆରୋପରେ ଦୋଷୀ କରାଯାଇ ସଜା ଦିଆ ଯାଇଛି।"

ଏଥିରେ ଭଲା କ'ଣ କୁହାଯାଇ ପାରିବ ? ଯେତେବେଳେ ତାଙ୍କୁ ଫାଶୀରୁ ବଞ୍ଚାଯାଇ ପାରିଥାନ୍ତା, ସେ ସମୟରେ ତ ଏ ମାମଲାକୁ ଦବାଇ ଦିଆଗଲା। ଏବେ ସେହିମାନଙ୍କ କାନ୍ଧରେ ବନ୍ଧୁକ ରଖି କଂଗ୍ରେସ ଜିତାପଟ ପାଇଁ ନିଶାଣ ସଳଖୁଛି।

ଅଧିକତର ଭାରତୀୟ ଗାନ୍ଧିଜୀଙ୍କର ଏହି କାର୍ଯ୍ୟକୁ ସମାଲୋଚନା କଲେ। କେବଳ ପଟ୍ଟାଭି ସୀତାରମୈୟା ଆଦି ଇତିହାସ ଲେଖକମାନେ ତାଙ୍କର ଏହି କାର୍ଯ୍ୟକୁ ପ୍ରଶଂସା କଲେ। ଉପର୍ଯ୍ୟୁକ୍ତ ବିବରଣୀରୁ ଏହା ସ୍ପଷ୍ଟ ହୁଏ ଯେ ରାଜିନାମାର ସମସ୍ତ କଥାକୁ ଭାଇସରାୟ ଲର୍ଡ଼ ଇରୱିନ୍ ଫାଇଲରେ ଲିପିବଦ୍ଧ କରିଥିଲେ। ଏଥିରେ ମହାତ୍ମାଗାନ୍ଧୀଙ୍କ ପରାମର୍ଶ ବି ସାମିଲ ଥିଲା। ଏହା ଅନୁସାରେ ମହାତ୍ମାଗାନ୍ଧୀ ଏହି ଫାଶୀ ମାମଲା କେବଳ ଥରେ ଉତ୍‌ଥାପନ କରିଥିଲେ। ମହାତ୍ମାଗାନ୍ଧୀଙ୍କ କଥନରୁ ବି ଏହି କଥା ସିଦ୍ଧ ହେଉଛି। କିନ୍ତୁ ଡା. ପଟ୍ଟାଭି ସୀତାରମୈୟା ଲେଖଛନ୍ତି-

"କଥାବାର୍ତ୍ତା ସମୟରେ ଗାନ୍ଧୀ ଏବଂ ଇରୱିନ୍‌ଙ୍କ ମଧ୍ୟରେ ଭଗତ ସିଂହ ଏବଂ ତାଙ୍କର ସାଥୀ ରାଜଗୁରୁ ଏବଂ ସୁଖଦେବଙ୍କ ଫାଶୀ ସଜାକୁ ବଦଳାଇବା ବିଷୟରେ ଅନେକ ଥର ଦୀର୍ଘ ବାର୍ତ୍ତାଳାପ ହୋଇଥିଲା।"

ପଟ୍ଟାଭି ସୀତା ରମୈୟା ଜଣେ ପ୍ରସିଦ୍ଧ ଗାନ୍ଧୀବାଦୀ କଂଗ୍ରେସ ନେତା ଥିଲେ। ଗାନ୍ଧୀଜୀଙ୍କର ତାଙ୍କ ପ୍ରତି ବିଶେଷ କୃପା ଥିଲା। ଏ କଥାର ପ୍ରମାଣ ସୁଭାଷ ଚନ୍ଦ୍ର ବୋଷ କଂଗ୍ରେସ ଅଧ୍ୟକ୍ଷ ଭାବେ ନିର୍ବାଚିତ ପରେ ଜଣା ପଡ଼ିଥିଲା। ଏହି ନିର୍ବାଚନରେ ଦୁଇଜଣ ବ୍ୟକ୍ତି ଠିଆ ହୋଇଥିଲେ- ନେତାଜୀ ସୁଭାଷ ଚନ୍ଦ୍ର ବୋଷ ତଥା ଡା. ସୀତାରମୈୟା, ଯେଉଁଥିରେ ସୁଭାଷ ଚନ୍ଦ୍ର ବୋଷ ଜିତିଥିଲେ। ନେତାଜୀଙ୍କ ଜିତିବାରେ ଗାନ୍ଧିଜୀ ଏହି ଘଟଣାରେ ଅଡ଼ି ବସିଥିଲେ ଯେ କଂଗ୍ରେସ କାର୍ଯ୍ୟକାରିଣୀରେ ତାଙ୍କ (ଗାନ୍ଧିଜୀଙ୍କ) ପସନ୍ଦର ବ୍ୟକ୍ତି ରଖାଯାଉ। କେବଳ ଏତିକି ନୁହେଁ ସେ କହୁକହୁ କହି ଦେଇଥିଲେ- "ପଟ୍ଟାଭି ରମୈୟାଙ୍କ ହାର ମୋର ହାର ସହିତ ସମାନ।" ଗାନ୍ଧିଜୀଙ୍କର ଏ ପ୍ରକାର ବ୍ୟବହାରରେ ଦୁଃଖୀତ ହୋଇ ନେତାଜୀ ସୁଭାଷ ଚନ୍ଦ୍ର ବୋଷଙ୍କୁ ଅଧ୍ୟକ୍ଷ ପଦରୁ ତ୍ୟାଗପତ୍ର ଦେବାକୁ ପଡ଼ିଥିଲା। ସେ କଂଗ୍ରେସ ମଧ୍ୟ ଛାଡ଼ି ଦେଇଥିଲେ। ଅତଃ ଡା. ପଟ୍ଟାଭି ସୀତାରମୈୟା ଗାନ୍ଧିଜୀଙ୍କର ଅନ୍ଧଭକ୍ତ ଥିଲେ। ବାସ୍ତବରେ ଗାନ୍ଧିଜୀ କଂଗ୍ରେସ ତଥା ନିଜ ଯଶର ଲୋଭ ସମ୍ବରଣ କରିପାରିଲେ ନାହିଁ। ଆଜାଦ ହିନ୍ଦ୍

ଫୌଜର ଜେନେରାଲ ମୋହନ ସିଂହଙ୍କ ଏହି କଥା ସତ୍ୟ ଜଣାଯାଏ ଯେ, ଯଦି ଗାନ୍ଧିଜୀ ଭଗତ ସିଂହ ତଥା ଅନ୍ୟ ସାଥୀମାନଙ୍କୁ ବଞ୍ଚାଇ ଦେଇଥାନ୍ତେ ତେବେ କ୍ରାନ୍ତିକାରୀ ଅଧିକ ଶକ୍ତିଶାଳୀ ହୋଇ ଯାଇଥାନ୍ତେ, ଯାହା କଂଗ୍ରେସ ପାଇଁ ହିତକର ହୋଇ ନଥାନ୍ତା। ଗାନ୍ଧୀଜୀ ଏହାକୁ କେବେ ବି ସହ୍ୟ କରିପାରି ନଥାନ୍ତେ। ଗାନ୍ଧିଜୀ ଇରଓ୍ୱିନ୍‌ଙ୍କୁ ନିଜେ କହିଥିଲେ ଯେ "ଯଦି ଏହି ନୌଜବାନଙ୍କୁ ଫାଶୀରେ ଚଢ଼ାଇବାକୁ ହୁଏ ତେବେ କଂଗ୍ରେସ ଅଧିବେଶନ ପୂର୍ବରୁ ଚଢ଼ାଇ ଦେବା ଭଲ ହେବ।" ଏହାର ଉଲ୍ଲେଖ ଡା. ପଟ୍ଟାଭି ସୀତାରମୈୟାଙ୍କ ପୁସ୍ତକ ଭାରତୀୟ ରାଷ୍ଟ୍ରୀୟ କଂଗ୍ରେସର ଇତିହାସ ପ୍ରଥମ ଭାଗରେ ହୋଇଛି। ମହାତ୍ମା ଗାନ୍ଧୀଙ୍କ ପରି ରାଷ୍ଟ୍ରୀୟ ନେତାଙ୍କୁ ଏ ପ୍ରକାର ଶବ୍ଦ ପ୍ରୟୋଗ କରିବା କ'ଣ ଶୋଭାପାଏ ?

ଗାନ୍ଧିଜୀଙ୍କର କ୍ରାନ୍ତିକାରୀଙ୍କ ସହିତ କ'ଣ କୌଣସି ସହାନୁଭୂତି ନଥିଲା ? ସେ କ'ଣ ଏମାନଙ୍କୁ ନିଜର ପ୍ରତିଦ୍ୱନ୍ଦ୍ୱୀ ଭାବୁଥିଲେ ଅଥବା ଦେଶପ୍ରେମୀଙ୍କ ତୁଳନାରେ ମହାତ୍ମା ଗାନ୍ଧୀଙ୍କ ସିଦ୍ଧାନ୍ତ ହିଁ ସବୁକିଛି ଥିଲା ? ଏ ପ୍ରଶ୍ନ ବିବାଦାସ୍ପଦ ହୋଇପାରେ, ମାତ୍ର ଏହା ସତ୍ୟ ଯେ ଯେତେବେଳେ ଅଖିଳ ଭାରତୀୟ ସ୍ତରରେ ଭଗତ ସିଂହ, ରାଜଗୁରୁ ତଥା ସୁଖଦେବଙ୍କ ସ୍ମାରକ ନିର୍ମାଣ କରାଯାଉଥିଲା ସେତେବେଳେ ଗାନ୍ଧିଜୀଙ୍କ ସହଯୋଗ ମଗାଗଲା। କିନ୍ତୁ ସହଯୋଗ ଦେବା ତ ଦୂରର କଥା ଗାନ୍ଧିଜୀ ଏ ପ୍ରକାର ଆୟୋଜନ ସହିତ ସମ୍ବନ୍ଧ ରଖିବାକୁ ମନା କରିଦେଲେ। ଏହି କମିଟିର ମହାମନ୍ତ୍ରୀଙ୍କୁ ଉତ୍ତରରେ ସେ ନିମ୍ନଲିଖିତ ପତ୍ର ଲେଖିଥିଲେ-

"ପ୍ରିୟ ମିତ୍ର,

ଆପଣଙ୍କ ୩୧ ଜୁନ୍‌ର ପତ୍ର ମିଳିଲା। ମୁଁ ଆପଣଙ୍କ ତର୍କ ସହିତ କେବେ ବି ସହମତ ନୁହେଁ। ଯଦି କାହାରି ସମ୍ମାନ ପାଇଁ ସ୍ମାରକ ତିଆରି ହେବ, ତେବେ ନିଃସନ୍ଦେହ ଏହା ଅଭିପ୍ରାୟ ହୁଏ ଯେ ତାଙ୍କ ସ୍ମରଣ କର୍ତ୍ତା ସେହି ପଦଚିହ୍ନ ଉପରେ ଚାଲିବେ, ଯାହାର ସ୍ମୃତିରେ ସ୍ମାରକ ନିର୍ମାଣ କରାଯିବ। ଏପରି କାର୍ଯ୍ୟକୁ ଆପଣାଇବା ଆଗାମୀ ପୀଢ଼ି ପାଇଁ ଏକ ନିମନ୍ତ୍ରଣ ଅଟେ। ଏଥିପାଇଁ ମୁଁ ଏହି ସ୍ମାରକରେ ନିଜକୁ ସମ୍ବନ୍ଧିତ କରିବାରେ ଅସମର୍ଥ ଅଟେ।"

ଭଗତ ସିଂହ ଆଦିଙ୍କ ସହିତ ଜେଲରେ ସାକ୍ଷାତ ପାଇଁ ଅନେକ ରାଷ୍ଟ୍ରୀୟ ସ୍ତରର ନେତା ଯାଇଥିଲେ। ଯେଉଁମାନଙ୍କ ମଧ୍ୟରେ ପ. ମୋତିଲାଲ ନେହେରୁ, ଡା. କିଚଲୁ, ପ. ଜବାହାରଲାଲ ନେହେରୁ, ରାଜର୍ଷି ପୁରୁଷୋତ୍ତମ ଦାସ ଟଣ୍ଡନ, ଡା. ଗୋପୀଚନ୍ଦ ଭାର୍ଗବ ଆଦିଙ୍କ ନାମ ବିଶେଷ ରୂପେ ଉଲ୍ଲେଖଯୋଗ୍ୟ। ମହମ୍ମଦ ଅଲ୍ଲୀ ଜିନା ମଧ୍ୟ ଏହି କ୍ରାନ୍ତକାରୀଙ୍କ ସହିତ ସହାନୁଭୂତି ରଖିଥିଲେ। ମହାମନା ମଦନ ମୋହନ ମାଲବ୍ୟଙ୍କର ଭଗତ ସିଂହ ତଥା ତାଙ୍କର ସାଥୀମାନଙ୍କ ପ୍ରତି ଯଥେଷ୍ଟ ସହୃଦୟତା ଥିଲା। ଗାନ୍ଧୀ-ଇରଓ୍ୱିନ୍-ଚୁକ୍ତିର ରିପୋର୍ଟ ଭାରତ ସରକାରଙ୍କ ବଜେଟ ଗେଜେଟରେ ପ୍ରକାଶିତ ହେବାର ପରଦିନ ୭ ମାର୍ଚ୍ଚ, ୧୯୩୦ରେ ଦିଲ୍ଲୀରେ ଏକ ସଭା ଡକା ଯାଇଥିଲା, ଯେଉଁଥିରେ ଗାନ୍ଧିଜୀଙ୍କର ଏହି ପ୍ରକାର ବ୍ୟବହାରର

ଆଲୋଚନା ନିମ୍ନପ୍ରକାରେ କରାଯାଇଥିଲା-

"ଆଜି ଶାନ୍ତି କାହିଁ ? ସେହି ମାଆମାନଙ୍କର ହୃଦୟର ଅବସ୍ଥାକୁ ଅନୁଭବ କରନ୍ତୁ, ଯାହାର ପିଲାମାନେ ଗୁଳିର ଶିକାର ହୋଇ ସାରିଛନ୍ତି ବା ଫାଶୀ ଅପେକ୍ଷାରେ କାଳ କୋଠରୀରେ ବନ୍ଦୀ ଅଛନ୍ତି। ସେହି ପତ୍ନୀମାନଙ୍କୁ ପଚାରନ୍ତୁ ଯାହାର ପତି ସେମାନଙ୍କୁ ବିଧବା କରି ଛାଡ଼ି ଯାଇଛନ୍ତି କିମ୍ବା ବିଦେଶୀ ଶୋଷଣକାରୀଙ୍କ କାରାଗାରରେ ଆଜୀବନ କାରାଦଣ୍ଡ ଭୋଗୁଛନ୍ତି। ଆପଣମାନେ କ'ଣ ଶହୀଦମାନଙ୍କ ପ୍ରତି ଆପଣଙ୍କ ଉତ୍ତର ଦାୟିତ୍ୱକୁ ଭୁଲିଗଲେ ?"

ଏହା ଏକ କଟୁ ସତ୍ୟ ଯେ ଆମେ ଭାରତୀୟମାନେ ସଦାବେଳେ ବ୍ୟକ୍ତି-ପୂଜକ ହୋଇ ରହିଛୁ। ଏଥିପାଇଁ ଆମେ ମହାତ୍ମା ଗାନ୍ଧୀଙ୍କୁ ବି ପୂଜ୍ୟ କରିଦେଲେ। ଆମ୍ଭମାନଙ୍କ ମଧ୍ୟରୁ ଅଧିକତର ଲୋକ ତାଙ୍କର ଅନ୍ଧ ଭକ୍ତ। ତାଙ୍କ ବିଷୟରେ ଆଲୋଚନା କରିବାକୁ ଆମେ ଅପରାଧ ଭାବୁଛୁ। ମାତ୍ର ସତ୍ୟ ସବୁବେଳେ ସତ୍ୟ ହୋଇଥାଏ। ସାରା ଦୁନିଆ ଗୋଟିଏ ପଟେ ହୋଇପାରେ ମାତ୍ର ସତ୍ୟ ସର୍ବଦା ସତ୍ୟ ହୋଇରହେ। ଯେତେବେଳେ ମନୁଷ୍ୟ ସ୍ୱାର୍ଥ ଅଥବା ପୂର୍ବଗ୍ରହରୁ ମୁକ୍ତ ହୋଇପାରେ ନାହିଁ, ତେବେ ତାକୁ ସତ୍ୟ ଦେଖାଯାଏ ନାହିଁ। ସତ୍ୟ ଉପରେ ପର୍ଦ୍ଦା ପଡ଼ିଯାଏ। ସତ୍ୟ ଦର୍ଶନ ସେତିକିବେଳେ ହୋଇପାରେ ଯେତେବେଳେ ମନୁଷ୍ୟ ଜଣେ ନ୍ୟାୟାଧୀଶଙ୍କ ପରି ପର-ଆପଣା, ମତ-ମତାନ୍ତରର ଆଦି ଭାବନାରୁ ମୁକ୍ତ ହୋଇ ତାକୁ ଦେଖେ। ଏହି ପ୍ରକାର ସେ ସ୍ୱାର୍ଥ ଅଥବା ପୂର୍ବଗ୍ରହରୁ ମୁକ୍ତ ହୋଇଯାଏ।

ନିଃସନ୍ଦେହରେ ଗାନ୍ଧିଜୀ ଜଣେ ଯୁଗ ପୁରୁଷ ଥିଲେ। ଭାରତୀୟ ଇତିହାସରେ ତାଙ୍କର ଏକ ଅଦ୍ୱିତୀୟ ସ୍ଥାନ ରହିଛି। ତାଙ୍କର ସତ୍ୟ ଓ ଅହିଂସାର ମାର୍ଗ, ମାନବତା ପାଇଁ ଏକ ଉଦାତ୍ତ ଭାବନା ଥିଲା, ତଥାପି ଇତିହାସର ଉପର୍ଯ୍ୟୁକ୍ତ ଦୁଇଟି ଘଟଣା ପାଇଁ ସ୍ୱତନ୍ତ୍ର ବିଚାର ରଖୁଥିବା ଭାରତୀୟ ତାଙ୍କୁ କେବେ କ୍ଷମା କରିପାରିବେ ନାହିଁ, ପ୍ରଥମ ଘଟଣା ଗାନ୍ଧୀ-ଇରୱିନ୍ ଚୁକ୍ତିରେ ଭଗତ ସିଂହ, ରାଜଗୁରୁ ତଥା ସୁଖଦେବ ସହିତ ନ୍ୟାୟ ନ କରିବା, ତଥା ଦ୍ୱିତୀୟ ଘଟଣା ହେଉଛି ନେତାଜୀ ସୁଭାଷ ଚନ୍ଦ୍ର ବୋଷଙ୍କୁ କଂଗ୍ରେସର ଅଧକ୍ଷ ପଦ ଛାଡ଼ିବାକୁ ବାଧ୍ୟ କରିବା। ଏହି ପ୍ରଥମ ଘଟଣା ପାଇଁ ସେତେବେଳେ କରାଚୀ ଯିବା ସମୟରେ ଷ୍ଟେସନରେ ହିଁ ନୌଜବାନ ସଭାର ସଦସ୍ୟମାନେ ତାଙ୍କ ବିରୁଦ୍ଧରେ ସ୍ଲୋଗାନ ଦେଇଥିଲେ- "ଗାନ୍ଧୀ ୱାପସ ଯାଅ", "ଗାନ୍ଧୀବାଦ ମୁର୍ଦ୍ଦାବାଦ", "ଗାନ୍ଧୀଜୀଙ୍କ ରାଜୀନାମା ଭଗତ ସିଂହକୁ ଫାଶୀ ଦେଲା", "ଭଗତ ସିଂହ ଜିନ୍ଦାବାଦ।"

# ୭

# ସୂର୍ଯ୍ୟାସ୍ତ

ପୂର୍ବ ଅଧ୍ୟାୟର ବର୍ଣ୍ଣନାରେ ସ୍ପଷ୍ଟ ହୁଏ ଯେ ଭଗତ ସିଂହଙ୍କ ଜୀବନ ରକ୍ଷା ପାଇଁ ଭାରତୀୟଙ୍କ ପ୍ରତ୍ୟେକ ଚେଷ୍ଟା ଅସଫଳ ହେଲା। ତଥା ଗାନ୍ଧୀ-ଇରୱିନ୍ ଚୁକ୍ତି ତାଙ୍କ ଫାଶୀକୁ ପୂର୍ଣ୍ଣତୟା ସ୍ପଷ୍ଟ କରିଦେଲା। ଅତଃ ଏବେ ସେ ମୃତ୍ୟୁକୁ ଗଳାରେ ଲଗାଇବା ପାଇଁ ଜଣେ ବାହାଦୂର ଦେଶଭକ୍ତ ପରି ଫାଶୀର ଫନ୍ଦାକୁ ଅପେକ୍ଷା କରିବାକୁ ଲାଗିଲେ।

## ପରିବାର ସହିତ ଶେଷ ସାକ୍ଷାତ:

ଯେତେବେଳେ ଭଗତ ସିଂହ ଜେଲରେ ଥିଲେ, ତାଙ୍କ ପରିବାର ଲୋକ ତାଙ୍କୁ ସାକ୍ଷାତ କରିବାକୁ ଆସିଥିଲେ। ମାତ୍ର ସେ ସାକ୍ଷାତ ୩ ମାର୍ଚ୍ଚ ୧୯୩୧ ସାକ୍ଷାତ ଠାରୁ ଖୁବ୍ ଭିନ୍ନ ଥିଲା। ପୂର୍ବ ସାକ୍ଷାତ ବେଳେ ପରିବାର ଲୋକଙ୍କ ହୃଦୟରେ ଏକ କ୍ଷୀଣ ଆଶା ଥିଲା ଯେ ହୁଏତ ଭଗତ ସିଂହଙ୍କ ଫାଶୀର ସଜା ବଦଳି ଯାଇପାରେ। ମାତ୍ର ଆଜିର ଏହି ସାକ୍ଷାତ ଶେଷ ସାକ୍ଷାତ ଥିଲା। ସେଦିନ ପରିବାରର ସମସ୍ତ ଲୋକ ଯଥା ମାତା-ପିତା, ଦାଦା-ଦାଦୀ, ଚଚ୍ଚା-ଚଚୀ, ମାମା-ମାମୀ ତଥା ଛୋଟ ଭାଇ-ଭଉଣୀ ଆସିଥିଲେ। ଦାଦାଜୀ ସର୍ଦ୍ଦାର ଅର୍ଜ୍ଜୁନ ସିଂହ ସବୁଠାରୁ ଅଧିକ ବ୍ୟାକୁଳ ଥିଲେ। ସେ ଭଗତ ସିଂହଙ୍କ ପାଖକୁ ଗଲେ। ସେ ନାତିର ମୁହଁରେ ସ୍ନେହଭରା ହାତ ବୁଲାଇଲେ, କିଛି କହିବାକୁ ଚାହିଁଲେ, ମାତ୍ର ମନର କଥା ଓଠ ଉପରକୁ ଆସୁ ଆସୁ ଅଟକିଗଲା। ଓଠ କେବଳ ଥରି ଥରି ରହିଗଲା। ଗଳା ରୁଦ୍ଧି ହୋଇ ଆସିଲା। ତାଙ୍କ ପକ୍ଷେ ନାତି ପାଖରେ ରହିବା କଠିନ ହୋଇ ପଡ଼ିଲା। ସେ ସେଠାରୁ ଚାଲିଗଲେ। ତାଙ୍କ ହୃଦୟର ବ୍ୟାକୁଳତା ଚକ୍ଷୁ ଦେଇ ବାହାରି ଆସିଲା। ସେ ଦୁଃଖକୁ କେବଳ ଅନୁମାନ କରି ହେବ, କାରଣ କୁହାଯାଏ- "ପୁଅର ପୁଅ (ନାତି) ଏବଂ ଟଙ୍କାର ସୁଧ" ଅଧିକ ପ୍ରିୟ ହୋଇଥାଏ।

ଛୋଟ ଭାଇ ଭଉଣୀ ତାଙ୍କୁ ହସି ହସି ସାକ୍ଷାତ କଲେ। ମା' ବିଦ୍ୟାବତୀଙ୍କ ସହିତ ତାଙ୍କର କଥାବାର୍ତ୍ତା ହେଲା। ଭଗତ ସିଂହ ମାଆଙ୍କୁ କହିଲେ- "ମାଆ ! ଦାଦାଜୀ ଏବେ ଅଧିକ ଦିନ ବଞ୍ଚିବେ ନାହିଁ। ତୁମେ ବଙ୍ଗା ଯାଇ ତାଙ୍କରି ପାଖରେ ରହିବ, ତାଙ୍କର ସେବା କରିବ।"

ମା' ଜଣେ ବୀରାଙ୍ଗନା ପରି ପୁତ୍ରକୁ ତା' କର୍ତ୍ତବ୍ୟ ବିଷୟରେ ଶିକ୍ଷା ଦେଲେ। କାରଣ ସେ ଚାହୁଁଥିଲେ ଯେ ତାଙ୍କ ପୁଅ ଶେଷ ମୁହୂର୍ତ୍ତରେ ମୃତ୍ୟୁ ପ୍ରତି ଭୟଭୀତ ନ ହେଉ। ଅତଃ ସେ କହିଲେ, "ପୁଅ ! ନିଜ କଥା ଉପରେ ସ୍ଥିର ରହିବୁ। ଦିନେ ନା ଦିନେ ସମସ୍ତଙ୍କୁ ମରିବାକୁ ହେବ। କିନ୍ତୁ ତାହାକୁ ମୃତ୍ୟୁ କୁହାଯାଏ, ଯାହାକୁ ଦେଖି ସାରା ଦୁନିଆ କାନ୍ଦି ଉଠିବ। ତାହାରି ମରଣ ସାର୍ଥକ ହୁଏ। ମୁଁ ଗର୍ବିତା ମୋ ପୁଅ ଶ୍ରେଷ୍ଠ ଆଦର୍ଶ ଏବଂ କାର୍ଯ୍ୟ ପାଇଁ ନିଜ ଜୀବନକୁ ତ୍ୟାଗ କରୁଛି। ମୁଁ ହୃଦୟର ସହିତ ଚାହୁଁଛି ତୁମେ ଫାଶୀ ଖୁଣ୍ଟରେ ଠିଆହୋଇ 'ଇନ୍‌କିଲାବ ଜିନ୍ଦାବାଦ' ସ୍ଲୋଗାନ ଦିଅ। ତୁମର କାର୍ଯ୍ୟ ଛୋଟ ନୁହେଁ, ବରଂ ମହାନ।"

ପ୍ରକୃତରେ ମା' ବିଦ୍ୟାବତୀ ଏକ ବୀର ଭାରତୀୟ ମହିଳା ଥିଲେ। ଏହି ବୀର ପୁତ୍ରର ମାଆ, ଭଗତ ସିଂହଙ୍କ ପରି ହୋଇ ନଥାନ୍ତେ କିପରି ? ତାଙ୍କର ଏହି ଦେଶପ୍ରେମ, ଏପରି ସ୍ୱାଭିମାନ ଖୁବ୍ କମ ମହିଳାଙ୍କ ପାଖରେ ହିଁ ଦେଖାଯାଏ। କୌଣସି ସାଧାରଣ ସ୍ତ୍ରୀ କ'ଣ କେବେ ନିଜ ପୁତ୍ରକୁ ଏପରି ଉପଦେଶ ଦେଇପାରେ ?

ଏହାପରେ ଭଗତ ସିଂହ ନିଜ ପିତାଙ୍କ ସହିତ କିଛି କଥାବାର୍ତ୍ତା ହେଲେ। ଏହି କଥାବାର୍ତ୍ତାରୁ ଆମେ ପିତାଙ୍କ ପୁତ୍ର ସ୍ନେହ ତଥା ଭଗତ ସିଂହଙ୍କ ମୃତ୍ୟୁ ପ୍ରତି ନିର୍ଭୀକତା ଦେଖାଯାଏ-

ପିତା- ପୁଅ ! ବୋଧହୁଏ ପୁଣିଥରେ ସାକ୍ଷାତ ହେବ।

ଭଗତ ସିଂହ- ଆପଣ କ'ଣ କିଛି ଶୁଣିଛନ୍ତି ?

ପିତା- ହଁ।

ଭଗତ ସିଂହ- କ'ଣ ?

ପିତା- ତୁମର, ରାଜଗୁରୁ ତଥା ସୁଖଦେବଙ୍କ ସଜା ବଦଳି ନାହିଁ। ଗାନ୍ଧୀ-ଇରୱିନ୍ ଅନୁସାରେ କେବଳ କଂଗ୍ରେସ ବନ୍ଦୀ ହିଁ ମୁକ୍ତ ହେବେ। କୌଣସି କ୍ରାନ୍ତିକାରୀ ବନ୍ଦୀ ଛଡ଼ା ହିବେ ନାହିଁ। ଭାଇସରାୟ ଚାହିଁବେ ତ ନିଜର ଅଧିକାର ପ୍ରୟୋଗ କରି ଫାଶୀଦଣ୍ଡକୁ ବଦଳାଇ ପାରିବେ। କିନ୍ତୁ ବଦଳାଇବାକୁ ସେ ରାଜି ନୁହନ୍ତି।

ଭଗତ ସିଂହ- ମୁଁ ପ୍ରଥମରୁ ହିଁ କହୁଛି ଆମ ସଜାକୁ କେହି ବଦଳାଇବେ ନାହିଁ। ଫାଶୀର ଫନ୍ଦା ଆମ ଗଳାରେ ନିଶ୍ଚୟ ପକାଯିବ। ଏଥିରେ କୌଣସି ନୂଆ କଥାନାହିଁ।

ପିତା- ମୁଁ ଆଉ କିଛି ଶୁଣୁଛି।

ଭଗତ ସିଂହ- କ'ଣ ?

ପିତା- ମହାତ୍ମାଗାନ୍ଧୀ କହି ଦେଇଛନ୍ତି ଯଦି ଏହି ତିନି ନୌଜବାନ୍‌ଙ୍କୁ ଫାଶୀରେ ଚଢ଼ାଇବାର ଅଛି, ତେବେ ଏହି କାମ କଂଗ୍ରେସର କରାଚୀ ଅଧିବେଶନ ପୂର୍ବରୁ ହୋଇଯିବା ଉଚିତ।

ଭଗତ ସିଂହ- ଏ ଅଧିବେଶନ କେବେ ହେଉଛି ?

ପିତା- ଏହି ମାସ ଶେଷରେ ।

ଭଗତ ସିଂହ- ଏହା ତ ଖୁସିର କଥା । ଖରା ଆସୁଛି । ମୁଁ ନିଜକୁ କାଳ କୋଠରୀର ନିଆଁରେ ଜଳାଇବା ଅପେକ୍ଷା ମରିଯିବା ଅପେକ୍ଷାକୃତ ଭଲ ଭାବୁଛି । ମୁଁ ପୁନର୍ବାର ଭାରତରେ ଜନ୍ମନେବି, ହୋଇପାରେ ପୁଣିଥରେ ଇଂରେଜମାନଙ୍କ ସହିତ ମୁକାବିଲା ନେବାକୁ ପଡ଼ିପାରେ । ମୋ ଦେଶ ଭାରତ ଅବଶ୍ୟ ସ୍ୱତନ୍ତ୍ର ହେବ ।"

ଏହାପରେ ପିତା ବି ପୁତ୍ରକୁ ସାହସ ନ ହାରିବାକୁ ଶିକ୍ଷାଦେଲେ । ଭଗତ ସିଂହ ତା'ପରେ ନିଜର ଛୋଟ ଭାଇ-ଭଉଣୀଙ୍କୁ କହିଲେ- "ସାହସ ହାରିବନି, ମୋ ମୃତ୍ୟୁ ପରେ ଦେଶ ଏବଂ ଜନତାଙ୍କ ସେବାରୁ ମୁହଁ ଫେରାଇ ନେବନି । ଆବଶ୍ୟକ ପଡ଼ିଲେ ଦେଶପାଇଁ ବଳିଦାନ ହେବା ପାଇଁ ପଛେଇବ ନାହିଁ ।"

ଶେଷରେ ପୁଣି ମା'ଙ୍କୁ ପାଖକୁ ଡାକି କହିଲେ, "ଶବ ନେବାକୁ ତୁମେ ଆସିବନି । କୁଲବୀରକୁ ପଠାଇଦେବ । ଯଦି ତୁମେ କାନ୍ଦି ପକାଇବ ତେବେ ଲୋକେ କହିବେ ଭଗତ ସିଂହ ମା' କାନ୍ଦୁଛି ।"

ଏହା କହି ସେ ଠୋ ଠୋ ହସି ଉଠିଲେ । ଜେଲର ଲୋକମାନେ ତାଙ୍କର ଏହି ବେପରୁଆ ଗାଉଁଲି ଢଙ୍ଗ ଦେଖି ତଟସ୍ଥ ହୋଇ ରହିଗଲେ । ଏକଦମ ପାଖରେ ମୃତ୍ୟୁକୁ ଦେଖି ମଧ ତାଙ୍କର ଟିକିଏ ବି ଡର ନାହିଁ । ଏପରି ସାହସ ଭଲା ସାଧାରଣ ଲୋକଙ୍କଠାରେ କେଉଁଠୁ ମିଳିବ ? ତାପରେ ପରିବାରର ସମସ୍ତ ଲୋକଙ୍କଠାରୁ ସେ ବିଦାୟ ନେଲେ । ଶେଷ ବିଦାୟ, ଆଉଥରେ ଦେଖି ନପାରିବାର ବିଦାୟ । ତାଙ୍କର ତାଙ୍କ ପରିବାରର ସମସ୍ତ ଲୋକଙ୍କ ସହିତ ଶେଷ ବିଦାୟ । ପରିବାର ଲୋକେ ତାଙ୍କୁ ଫାଶୀ ପରେ ବି ଦେଖି ପାରିନଥିଲେ । ଯଦିଓ ସମସ୍ତଙ୍କ ମନରେ ଆଶା ଥିଲା ଏବେ ସେ ଭଗତ ସିଂହଙ୍କ ମୃତଶରୀରକୁ ହିଁ ଦେଖିବେ । ଭଗତ ସିଂହ ମଧ ଏଇଆ ଭାବିଥିଲେ । ଏଥିପାଇଁ ସେ ନିଜର ସାନଭାଇକୁ ଶବ ନେବା ପାଇଁ ଆସିବାକୁ କହିଥିଲେ । ମାତ୍ର ସେ କ'ଣ ଜାଣିଥିଲେ ଅତ୍ୟାଚାରୀ ଇଂରେଜ ସରକାର ଏହା ବି ହେବାକୁ ଦେବେ ନାହିଁ ।

## ଫାଶୀ ପୂର୍ବରୁ:

ଶେଷରେ ୨୩ ମାର୍ଚ୍ଚ, ୧୯୩୧ର ସେହି ଅଶୁଭ ଦିନ ବି ଆସିଲା, ଯେଉଁଦିନ ଏହି ବୀରମାନଙ୍କୁ ଫାଶୀ ସଜା ଦିଆଯିବାର ଥିଲା । ଭଗତ ସିଂହ ଜେଲରେ ନିଜ ଓକିଲଙ୍କ ଠାରୁ ଲେନିନଙ୍କ ଜୀବନୀ ମାଗି ନେଇଥିଲେ । ଖାଲି ସମୟରେ ପୁସ୍ତକ ହିଁ ତାଙ୍କର ବନ୍ଧୁ ଥିଲା । ସେ

ଲେନିନ୍‌ଙ୍କ ଜୀବନୀ ପଢ଼ିବାରେ ବୁଡ଼ି ରହିଥିଲେ । ଏକଦମ ନିଶ୍ଚିନ୍ତ । ଭୟ ବା ବ୍ୟାକୁଳତାର କୌଣସି ଚିହ୍ନ ତାଙ୍କ ଚେହେରାରେ ନଥିଲା । କିନ୍ତୁ ଜେଲର ଖାନ ବାହାଦୂର ମହମ୍ମଦ ଅକବରଙ୍କ ମନ ଏବଂ ମସ୍ତିଷ୍କରେ ବିଚାରର ଘୂର୍ଣ୍ଣିବାତ୍ୟା ଉଠିଥିଲା । ବୋଧହୁଏ ସେ ଭାବୁଥିଲେ, ଯଦି ସେ ଭଗତ ସିଂହ ଜୀବନ ବଞ୍ଚାଇ ପାରନ୍ତେ । ଚାକିରୀରେ ତାଙ୍କ ହାତବନ୍ଧା ହୋଇ ନଥାନ୍ତା କି ! ତାଙ୍କ ସାମନାକୁ ବାରମ୍ବାର ଏହି ବୀରମାନଙ୍କ ଚେହେରା ଆସି ଯାଉଥିଲା । ସତେ ଯେପରି ଏକ ଭୟଙ୍କର ତୋଫାନ ତାଙ୍କ ହୃଦୟକୁ ଦଳି ଚକଟି ଦେଉଥିଲା । ଲାଭା ପରି ଏହା ଟକମକ ହୋଇ ଫୁଟୁଥିଲା, ଯାହାକୁ କେହି ଦେଖି ପାରୁନଥିଲେ, ସେ ନିଜେ ବି । ମାତ୍ର ତାହାର ଅନୁଭବ କରି ପାରୁଥିଲେ । ଏପରି ଏକ ଅନୁଭବ ଯାହା ବର୍ଣ୍ଣନା କରିହେବ ନାହିଁ । ଦ୍ୱିପହର ସମୟ, ସୂର୍ଯ୍ୟ ଆକାଶର ମଝିରେ ପହଞ୍ଚି ସାରିଥିଲେ । କିଛି ସମୟ ପୂର୍ବରୁ ଭଗତ ସିଂହ ରସଗୋଲା ମଗାଇ ଖାଇଥିଲେ । ଜେଲର ସହାୟକ ଜେଲର କଏଦୀମାନଙ୍କୁ ନିଜ ନିଜ କୋଠରୀ ଭିତରକୁ ଯିବାକୁ କହିଲେ । କଏଦୀମାନେ ଜାଣି ପାରିଲେନି ଏ କ'ଣ ହେଉଛି, ଏବେ ତ ପୂରା ଦ୍ୱିପହର ।

ସଂଧ୍ୟାରେ ସେମାନଙ୍କୁ କୋଠରୀରେ ବନ୍ଦ କରାଯାଉଥିଲା । ଏହାର କ'ଣ ଅର୍ଥ ହୋଇପାରେ । ସମସ୍ତେ ନିଜ ନିଜର ବୁଦ୍ଧି ଖଟାଇଥିଲେ । ଜେଲର ମହମ୍ମଦ ସେଠାରେ ପହଞ୍ଚିଥିଲେ । ସମସ୍ତ କଏଦୀ ୧୪ ନମ୍ବର ବ୍ୟାରେକ ସାମନାରେ ଯାଇ ଠିଆ ହୋଇଗଲେ । ସମସ୍ତ କଏଦୀ ତାଙ୍କ ଚେହେରା ଆଡ଼କୁ ଦେଖିବାକୁ ଲାଗିଲେ, ଯେପରି ପଚାରିବାକୁ ଚାହୁଁଥିଲେ ଘଟଣା କ'ଣ ? ମାତ୍ର ତାଙ୍କ ଚେହେରା ଦେଖି କାହାର ପଚାରିବାକୁ ସାହସ ହେଲା ନାହିଁ । ତାଙ୍କ ଚେହେରା ଦେଖି ଜଣା  ପଡୁଥିଲା, ଯେପରି ସେ ଅତ୍ୟଧିକ ଚିନ୍ତାଗ୍ରସ୍ତ ଥିଲେ । କୌଣସି କଥା ଥିଲା ଯାହା ତାଙ୍କ ଅନ୍ତରରେ ହଇଚଇ ସୃଷ୍ଟି କରୁଥିଲା । କଏଦୀମାନେ ମଧ୍ଯ ଘଟଣା କିଛି କିଛି ଅନୁମାନ କରିନେଲେ । ସେମାନେ ସମସ୍ତେ କୋଠରୀ ଭିତରକୁ ଚାଲିଗଲେ । ପ୍ରକୃତରେ ଆଜି ପୂର୍ଣ୍ଣ ଦ୍ୱିପହରରେ ସୂର୍ଯ୍ୟ ଅସ୍ତ ହେବାକୁ ଯାଉଥିଲା ।

ସଂଧ୍ୟା ୫ଟା, ସମସ୍ତ କଏଦୀ ନିଜ ନିଜ କୋଠରୀରେ ବନ୍ଦ ହୋଇଗଲେ । ସମସ୍ତଙ୍କ ହାଜିରା ନିଆ ଯାଇ ସାରିଥିଲା । ଏହି ତିନି ବୀରଙ୍କୁ କୋଠରୀ ଭିତରେ ହିଁ ସ୍ନାନ କରାଗଲା । ସେମାନଙ୍କୁ ଦିନ ୩ଟା ବେଳେ ଫାଶୀ ସୂଚନା ଦିଆଯାଇ ସାରିଥିଲା । ସେହି ଜେଲରେ ଜଣେ ଓ୍ୱାର୍ଡ଼ନ ଥିଲେ- ଚଉରା ସିଂହ ଯିଏ ସେନାର ଭୂତପୂର୍ବ ହାବିଲଦାର ଥିଲେ । ସେ ଜଣେ ଧାର୍ମିକ ସ୍ୱଭାବ ତଥା ମଧୁରଭାଷୀ ଶିଖ୍ ଥିଲେ । ସେ ଯାଇ ଭଗତ ସିଂହଙ୍କ ପାଖରେ ପହଞ୍ଚିଲେ ଏବଂ କହିଲେ, "ପୁଅ ! ଏବେ ତ ଶେଷ ସମୟ ପହଞ୍ଚିଗଲା । ମୁଁ ତୁମର ବାପ ସମାନ । ମୋର ଗୋଟିଏ କଥା ମାନିନିଅ... ।"

"କୁହନ୍ତୁ, କ'ଣ ହୁକୁମ ?" ମସ୍ତୀର ସହିତ ହସି ହସି ଭଗତ ସିଂହ ପଚାରି ଥିଲେ ।

"ମୋର କେବଳ ଗୋଟିଏ ଅନୁରୋଧ ଯେ ତୁମେ ଏହି ଶେଷ ସମୟରେ ୱାହେ ଗୁରୁଙ୍କ ନାମ ନିଅ ଏବଂ ଗୁରୁବାଣୀ ପାଠ କର । ଏଇ ନିଅ ନାମାବଳୀ, ତୁମ ପାଇଁ ଆଣିଛି ।" ଚଉରା ସିଂହ କହିଲେ ।

ଭଗତ ସିଂହ ଜୋରରେ ହସି ଉଠିଲେ ଏବଂ କହିଲେ- "ଆପଣଙ୍କ ଇଚ୍ଛା ପୂର୍ଣ୍ଣ କରିବାରେ ମୋର କୌଣସି ଆପତ୍ତି ନଥାନ୍ତା ଯଦି ଆପଣ କିଛି ସମୟ ଆଗରୁ କହିଥାନ୍ତେ । ଏବେ ଯେତେବେଳେ ଶେଷ ସମୟ ଆସି ଗଲାଣି ମୁଁ ଯଦି ପରମାତ୍ମାଙ୍କୁ ମନେ ପକାଏ, ତେବେ ସେ କହିବେ ଏ (ଭଗତ ସିଂହ) ଭୟାଳୁ ଅଟେ । ସାରା ଜୀବନ ତ ସେ ମୋତେ ମନେ ପକାଇ ନାହିଁ । ଯେତେବେଳେ ମୃତ୍ୟୁ ସନ୍ନିକଟ ସେତେବେଳେ ମୋତେ ମନେ ପକାଉଛି । ଏଥିଯୋଗୁଁ ଭଲ ହେବ ଯେଉଁ ପ୍ରକାର ମୁଁ ପୂର୍ବ ଜୀବନ କଟାଉଛି, ସେହିପରି ମୋତେ ଏ ଦୁନିଆରୁ ଯିବାକୁ ଦିଅନ୍ତୁ । ମୋ ଉପରେ ହୁଏତ କେହି ଦୋଷାରୋପ କରିପାରନ୍ତି ଯେ ମୁଁ ନାସ୍ତିକ ଥିଲି ଏବଂ ମୁଁ ପରମାତ୍ମାଙ୍କୁ ବିଶ୍ୱାସ କରୁ ନଥିଲି । ମାତ୍ର ଏକଥା ତ କେହି କହିବେ ନାହିଁ ଯେ ଭଗତ ସିଂହ ଦୁର୍ବଳ ହୃଦୟ ଏବଂ ବେଇମାନ ଥିଲା । ଶେଷ ସମୟରେ ମୃତ୍ୟୁକୁ ସାମନାରେ ଦେଖି ତାର ପାଦ ଟଳମଳ ହେଉଥିଲା ।"

ଏହାପରେ ସେ ଲେଲିନଙ୍କ ଜୀବନୀ ପଢ଼ିବାରେ ତଲ୍ଲୀନ ହୋଇଗଲେ । ସେତିକିବେଳେ ଜେଲର ଜଣେ ଅଧିକାରୀ ଆସିଲେ ଏବଂ କହିଲେ, "ସର୍ଦ୍ଦାରଜୀ, ଫାଶୀର ଆଦେଶ ଆସିଗଲା । ଆପଣ ପ୍ରସ୍ତୁତ ହୋଇ ଯାଆନ୍ତୁ ।"

ତାଙ୍କର ଦୃଷ୍ଟି ପୁସ୍ତକ ଉପରୁ ହଟିଲା ନାହିଁ । ପଢୁ ପଢୁ ସେ କହିଲେ, "ରୁହନ୍ତୁ, ଏକ କ୍ରାନ୍ତିକାରୀ ଆଉ ଜଣେ କ୍ରାନ୍ତିକାରୀ ସହିତ ଭେଟୁଛନ୍ତି ।" କିଛି ସମୟ ପୁସ୍ତକର ସେହି ଭାଗକୁ ପଢ଼ିବା ପରେ ସେ ପୁସ୍ତକକୁ ରଖିଦେଲେ ଏବଂ କହିଲେ "ଚାଲନ୍ତୁ" । ଏହାପରେ ସେ କୋଠରୀରୁ ବାହାରକୁ ଆସିଗଲେ ।

ଫାଶୀ ମଞ୍ଚକୁ ଯିବା ପୂର୍ବରୁ ଜେଲର ଅଧିକାରୀମାନେ ଏହି ତିନିବୀର ଭଗତ ସିଂହ, ରାଜଗୁରୁ ତଥା ସୁଖଦେବଙ୍କୁ ଜେଲର ନିୟମ ଅନୁସାରେ କଳା କପଡ଼ା ପିନ୍ଧିବାକୁ କହିଲେ । କିନ୍ତୁ ଭଗତ ସିଂହ ଏଥିପାଇଁ ରାଜି ହେଲେ ନାହିଁ । ସେ କହିଲେ, "ମୁଁ ଚୋର, ଲୁଟେରା, ଡାକୁ, ଖୁନୀ ବା କୌଣସି ସାଧାରଣ ଅପରାଧୀ ନୁହେଁ । ମୁଁ ଜଣେ ରାଜନୈତିକ କଏଦୀ, ଜଣେ କ୍ରାନ୍ତିକାରୀ ।" ଏହା ଉପରେ ଚିଫ୍ ୱାର୍ଡ଼ନ ତଥା ଜେଲ ଅଧୀକ୍ଷକ ଆଉ କିଛି କହିବାକୁ ସାହସ କଲେ ନାହିଁ ।

ତିନି କ୍ରାନ୍ତିକାରୀ କୋଠରୀରୁ ବାହାରକୁ ଆସି ସାରିଥିଲେ । ଜଣେ ଅନ୍ୟ ଜଣଙ୍କୁ ଦେଖିଲେ, ପରସ୍ପରକୁ ଆଲିଙ୍ଗନ କଲେ । ତିନି ଜଣ ଯାକ ହସୁଥାନ୍ତି । ଏହା କି ପ୍ରକାର ବିଡ଼ମ୍ବନା ଯେ ଯାହାଙ୍କୁ ଫାଶୀ ଦିଆଯାଉଥିଲା, ସେମାନେ ହସୁଥିଲେ, ସେମାନଙ୍କ ଚେହେରା

ହସ ହସ ଥିଲା, ଦୁଃଖର କୌଣସି ଚିହ୍ନ ତାଙ୍କ ଚେହେରାରେ ନଥିଲା। ସେମାନେ ଛାତି ଫୁଲାଇ ଗର୍ବର ସହିତ ମସ୍ତୀରେ ଝୁମି ଝୁମି ଚାଲୁଥିଲେ। ମାତ୍ର ଜେଲ ଅଧିକାରୀଙ୍କ ଚେହେରାରେ ମୃତ୍ୟୁ ପୂର୍ବର ନୀରବତା ଛାଇ ହୋଇଥିଲା। ଦୁଃଖ ଏବଂ ଅବସାଦର ରେଖା ପରିଷ୍କାର ଦେଖା ଯାଉଥାଏ। ଭଗତ ସିଂହ ମଝିରେ, ରାଜଗୁରୁ ଡ଼ାହାଣ ପଟେ ଏବଂ ସୁଖଦେବ ବାମ ପଟେ ଚାଲୁଥିଲେ। ଭଗତ ସିଂହଙ୍କ ଦୁଇ ବାହୁରେ ଅନ୍ୟ ଦୁଇ ସାଥୀଙ୍କର ବାହୁ ଥିଲା। ତିନି ଜଣ ଯାକ ମୃତ୍ୟୁ ପାଇଁ ଏକଦମ ଅଜଣା ଲାଗୁଥିଲେ ଏବଂ ଝୁମି ଝୁମି ଗାଉଥିଲେ-

ଦିଲ୍ ସେ ନିକଲେଗୀ ନ ମରକର ଓ୍ବତନ ଉଲଫତ।

ମେରୀ ମିଟ୍ଟୀସେ ଭୀ ଖୁଶବୁ-ଏ-ଓ୍ବତନ ଆଏଗୀ।

ସମସ୍ତ ପରିବେଶ ଉଦାସ ଥିଲା, ମାତ୍ର ଏହି ଦେଶଭକ୍ତଙ୍କ ଚେହେରାରେ ଏକ ବିଚିତ୍ର ତେଜ ଚମକି ଉଠୁଥିଲା। ସେତେବେଳେ ଭାରତମାତାଙ୍କ ଏହି ଗେହ୍ଲା ସୁପୁତ୍ରମାନେ ଜେଲର ଅଧିକାରୀମାନଙ୍କ ଦ୍ୱାରା ଘେରାଇ ହୋଇ ଫାଶୀର ଫନ୍ଦାକୁ ଗଳାରେ ଲଗାଇ ମହାପ୍ରୟାଣ ଆଡ଼କୁ ବଢ଼ି ଚାଲିଥିଲେ।

## ମହାପ୍ରୟାଣ ତଥା ଅନ୍ତିମ କ୍ରିୟା:

ସନ୍ଧ୍ୟା ୭ଟା ୪୫ ମିନିଟରେ ତିନିହେଁ ଫାଶୀ ଦିଆଯିବା ସ୍ଥାନରେ ପହଞ୍ଚି ଗଲେ। ସେ ସମୟରେ ଜେଲ ଅଧୀକ୍ଷକ, ଆଇ.ଜି ପୋଲିସ, ଡେପୁଟି କମିଶନର ଲାହୋର, ଆଇ.ଜି ଜେଲର ମଧ୍ୟ ସେଠାରେ ଉପସ୍ଥିତ ଥିଲେ। ତିନି ବୀର ଉଚ୍ଚ ସ୍ୱରରେ ସ୍ଲୋଗାନ ଦେଲେ- 'ଇନ୍‌କିଲାବ ଜିନ୍ଦାବାଦ', 'ଇଂରେଜ ସାମ୍ରାଜ୍ୟବାଦ ନାଶ ହେଉ', 'ରାଷ୍ଟ୍ରୀୟ ଝଣ୍ଡା ଉଚ୍ଚା ରହେ', 'ଡାଉନ ଡାଉନ ଇଉନିୟନ ଜାକ' - ଏହି ସ୍ଲୋଗାନକୁ ଜେଲର ଅନ୍ୟ କଏଦୀମାନେ ମଧ୍ୟ ଶୁଣିଲେ। ସେମାନେ ଅନୁମାନ କଲେ ଯେ, ଏହି ମହାନ କ୍ରାନ୍ତିକାରୀମାନଙ୍କ ମହାପ୍ରୟାଣ ସମୟ ଆସିଗଲା। ଅତଃ ସେମାନେ ନିଜ ନିଜ କୋଠରୀରୁ ଉଚ୍ଚ ସ୍ୱରରେ ସେହି ସ୍ଲୋଗାନକୁ ଦୋହରାଇ ଶ୍ରଦ୍ଧାଞ୍ଜଳି ଦେଲେ।

ଯେତେବେଳେ ତିନିଜଣ ଯାକ ମଞ୍ଚ ପାଖରେ ପହଞ୍ଚିଲେ ସେଠି ନିୟମ ଅନୁସାରେ ଡେ଼ପୁଟି କମିଶନର ଠିଆ ହୋଇଥିଲେ। ଭଗତ ସିଂହ ତଥା ତାଙ୍କ ସାଥୀମାନଙ୍କୁ ହାତକଡ଼ି ଲଗାଯାଇ ନଥିଲା। କାରଣ ଜେଲରଙ୍କୁ ସେ ପ୍ରଥମରୁ କହି ଦେଇଥିଲେ ଯେ ସେମାନଙ୍କୁ ହାତକଡ଼ି ଲଗାଯିବ ନାହିଁ ତଥା ମୁହଁରେ କଳା କନା ପିନ୍ଧା ଯିବନାହିଁ। ଜେଲର ସେମାନଙ୍କର ଏହି ଅନ୍ତିମ ଇଚ୍ଛା ମାନି ନେଇଥିଲେ। କିନ୍ତୁ ସେ ସମୟରେ ସେମାନଙ୍କୁ ଏ ପ୍ରକାର ଦେଖି ଡେପୁଟି କମିଶନର ହଠାତ୍ ଭୟ କରିଗଲେ। ଜେଲର ମହମ୍ମଦ ଆକବର ତାଙ୍କୁ ସମସ୍ତ କଥା

କହିଲେ ଏବଂ ବିଶ୍ୱାସ ଦେଲେ ଯେ ସେ କିଛି କରିବ ନାହିଁ। ଫାଶୀ ମଞ୍ଚ ଉପରକୁ ଚଢ଼ିବା ପୂର୍ବରୁ ଭଗତ ସିଂହ ଇଂରେଜ ଡେପୁଟି କମିଶନରଙ୍କୁ ସମ୍ବୋଧିତ କରି କହିଲେ, "ମାଜିଷ୍ଟ୍ରେଟ୍ ! ତୁମେ ଭାଗ୍ୟଶାଳୀ। ତୁମକୁ ଆଜି ଦେଖିବାକୁ ମିଳିଲା ଯେ ଭାରତୀୟ କ୍ରାନ୍ତିକାରୀ କିପରି ପ୍ରସନ୍ନତାର ସହିତ ନିଜର ସର୍ବୋଚ୍ଚ ଆଦର୍ଶ ପାଇଁ ମୃତ୍ୟୁକୁ ବି ଗଳାରେ ଲଗାଇ ପାରେ।"

ନିଃସନ୍ଦେହ, ଜୀବନର ଅନ୍ତିମ କ୍ଷଣରେ ବି ଏ ପ୍ରକାର ଆଦର୍ଶରେ ଅଟଳ ରହିଥିବା ଭଗତ ସିଂହଙ୍କ କଥା ଶୁଣି ମାଜିଷ୍ଟ୍ରେଟ୍ ପ୍ରଭାବିତ ନହୋଇ ରହି ପାରିଲେ ନାହିଁ। ମାଜିଷ୍ଟ୍ରେଟଙ୍କୁ ଏତିକି କହିବା ପରେ ସେ ଫାଶୀର କାଠପଟା ଉପରକୁ ଚଢ଼ିଗଲେ। କ୍ରମରେ ମଝିରେ ଭଗତ ସିଂହ, ଡାହାଣ ପଟେ ରାଜଗୁରୁ ଓ ବାମ ପଟେ ସୁଖଦେବ ଠିଆ ହୋଇଗଲେ। ତିନିହେଁ ପୁଣି ଉଚ୍ଚ ସ୍ୱରରେ ସ୍ଲୋଗାନ ଦେଲେ-

'ଇନ୍‌କିଲାବ ଜିନ୍ଦାବାଦ'

'ସାମ୍ରାଜ୍ୟବାଦ ମୁର୍ଦ୍ଦାବାଦ'

ତିନିହେଁ ଫନ୍ଦାକୁ ଦେଖିଲେ, ହସିଲେ, ତାକୁ ଚୁମ୍ବନ ଦେଲେ ଏବଂ ବେକରେ ଗଳାଇ ଦେଲେ। ଯେପରି ରଣଭୂମିକୁ ଯିବା ପାଇଁ ଫୁଲମାଳ ପିନ୍ଧୁଛନ୍ତି। ଭଗତ ସିଂହ ଜଲ୍ଲାଦକୁ ଫନ୍ଦା ଠିକ୍ କରି ନେବାକୁ କହିଲେ। ବୋଧହୁଏ ଜଲ୍ଲାଦ ତା ଜୀବନରେ ଏ ଶବ୍ଦ ପ୍ରଥମ ଥର ଶୁଣିଲେ। ସାଧାରଣ ଅପରାଧୀଙ୍କର ତ କାଠପଟା ଉପରକୁ ଚଢୁ ଚଢୁ ପାଦ ଥରିବାକୁ ଲାଗେ, କିନ୍ତୁ ଭଗତ ସିଂହ ଫାଶ ଠିକ୍ କରିବାକୁ କହୁଥିଲେ। ଜଲ୍ଲାଦ ଫାଶ ଠିକ୍ କଲେ। ଚର୍ଖା ଘୂରାଇଲେ। କାଠ ପଟା ଉଠାଇଲେ ଏବଂ ତିନିଜଣ ବୀର ମାତୃଭୂମିର ବଳିବେଦୀ ଉପରେ ଶହୀଦ ହୋଇଗଲେ। ଭାରତଭୂମିର ସ୍ୱତନ୍ତ୍ରତା ପାଇଁ ଟିକ୍ ଟିକ୍ କରୁଥିବା ସୂର୍ଯ୍ୟ ସବୁଦିନ ପାଇଁ ଅସ୍ତ ହୋଇଗଲା।

ସରକାରୀ ରିପୋର୍ଟ ଅନୁସାରେ ଏହି ଫାଶୀ ୭ଟାରେ ଦେବାର ଥିଲା। ଶ୍ରୀ ମନ୍ମଥ ନାଥ ଗୁପ୍ତ ଲେଖିଛନ୍ତି ଏହି ଫାଶୀ ୭ଟା ୧୫ରେ ଦିଆଯାଇଥିଲା। କେତେକ ଅନ୍ୟ ପୁସ୍ତକରେ ଏହି ସମୟ ସାଢ଼େ ୭ଟାରେ ଅଥବା ୭ଟା ୩୩ ମିନିଟ୍‌ରେ ଲେଖା ଯାଇଛି। ଏଠାରେ ବିଶେଷ ଧ୍ୟାନ ଦେବା କଥା ଯେ ସାମାନ୍ୟ ସ୍ତରରେ ଏହି ନୀତିକୁ ପାଳନ କରାଗଲା ନାହିଁ। ତାଙ୍କୁ ରାତିରେ ଫାଶୀ ଦିଆଗଲା। ଫାଶୀ ପରେ ବ୍ୟକ୍ତିର ମୃତ ଶରୀର ସେମାନଙ୍କ ଘର ଲୋକଙ୍କୁ ସମର୍ପି ଦିଆଯାଏ। କିନ୍ତୁ ଏହି ମହାନ୍ କ୍ରାନ୍ତିକାରୀଙ୍କ ଘରେ ଏହାର ସୂଚନା ବି ଦିଆଗଲା ନାହିଁ ଯେ ତାଙ୍କୁ ଫାଶୀ ଦିଆଯାଉଛି। ଏହାଠାରୁ ଅଧିକ ଅତ୍ୟାଚାରୀ ବ୍ୟବହାର ଆଉ କ'ଣ ହୋଇପାରେ ?

କୁହାଯାଏ ଯେ ଏହି ବୀରମାନଙ୍କର ଶରୀରକୁ କାଟି ଛୋଟ ଛୋଟ ଖଣ୍ଡରେ ପରିଣତ

କରି ଦିଆଯାଇଥିଲା। ଏହି ଛୋଟ ଛୋଟ ଖଣ୍ଡକୁ ବସ୍ତାରେ ପୂରାଇ ଦିଆଗଲା। ଏହି ବୀରଙ୍କ ମୃତ ଶରୀର ରଖାଯାଇଥିବା ବସ୍ତାକୁ ଜେଲ ମୁଖ୍ୟ ଦ୍ୱାର ଦେଇ ବାହାରକୁ ଆଣିବାର ସାହସ ଇଂରେଜଙ୍କର ନଥିଲା। ନିଜର ଏହି ନୀଚ କର୍ମ ଯୋଗୁଁ ଇଂରେଜ ସରକାର କେତେ ଭୟଭୀତ ଥିଲା ତାହାର ଅନୁମାନ ଏହି କଥାରୁ କରା ଯାଇପାରେ। ଏହି ବୀରମାନେ କୌଣସି ଅପରାଧ କରି ନଥିଲେ। ନିଜ ମାତୃଭୂମି ପାଇଁ, ତାର ସ୍ୱତନ୍ତ୍ରତା ପାଇଁ ସଂଘର୍ଷ କରିବା କ'ଣ ଅପରାଧ ଥିଲା ? ଏମାନେ ବିଦେଶୀ ଇଂରେଜମାନଙ୍କୁ ଦେଶରୁ ବିତାଡ଼ିତ କରିବାପାଇଁ ଚାହୁଁଥିଲେ। ଏହି କାର୍ଯ୍ୟ ପାଇଁ ତାଙ୍କୁ ଫାଶୀ ହୋଇଥିଲା। ସମ୍ଭବତଃ ଜେଲର କୌଣସି ପଛ ଦ୍ୱାର ଦେଇ ଏହି ବସ୍ତାଗୁଡ଼ିକୁ ବାହାରକୁ ବାହାର କରାଯାଇଥିଲା। ପ୍ରସିଦ୍ଧ କ୍ରାନ୍ତିକାରୀ ଶ୍ରୀ ମନ୍ମଥ ନାଥ ଗୁପ୍ତ ଲେଖିଛନ୍ତି ଯେ, "ଯଦି ଶବକୁ ବାହାରକୁ ନିଆଯିବ କ୍ରାନ୍ତିକାରୀଙ୍କ ଲୁଚିରହିଥିବା କୌଣସି ସାଥୀ ଦେଖିଦେବେ। ତେଣୁ ଜେଲର ପଛ ଦ୍ୱାର ତାଡ଼ି ଶବକୁ ତୁରନ୍ତ ଜଳାଇ ଦେବା ନିମନ୍ତେ ଫିରୋଜପୁର ନିଆଯାଇଥିଲା।"

ଏସବୁ କାମ ରାତାରାତି ଲୁଚଛପାରେ କରାଗଲା। ଲାହୋର ସେଣ୍ଟ୍ରାଲ ଜେଲରେ ଏସବୁ ହେଉଥିଲା। ତେଣେ ଭଗତ ସିଂହଙ୍କ ପିତା ସର୍ଦ୍ଦାର କିଶନ ସିଂହ ଲାହୋରର ମୋରୀ ନରଓ୍ୱା ମୈଦାନରେ ଭାଷଣ ଶୁଣୁଥିଲେ। ସେହିଠାରେ କେହି ଜଣେ ତାଙ୍କୁ ଏହି ଫାଶୀର ସୂଚନା ଦେଲେ। ଲୋକେ ରାଗରେ ପାଗଳ ହୋଇ ଉଠିଲେ। ସେ ଲୋକମାନଙ୍କୁ କୌଣସି ପ୍ରକାର ବୁଝାସୁଝା କରାଇ ଶାନ୍ତ କଲେ ଏବଂ ନିଜେ ଅତିଶୀଘ୍ର ଜେଲ ଆଡ଼କୁ ପାଦ ବଢ଼ାଇଲେ। ଏଥିରେ କିଛି ଲୋକ ମଧ୍ୟ ତାଙ୍କ ସହିତ ଯାଇଥିଲେ। କିନ୍ତୁ ସେମାନଙ୍କର ସେଠି ପହଞ୍ଚିବା ବେକାର ହୋଇଗଲା। ଜେଲର ଟ୍ରକ୍ ଆଗରୁ ବାହାରି ଯାଇଥିଲା। ଏହି ଟ୍ରକ ପ୍ରଥମେ କସୁରରେ ପହଞ୍ଚିଲା। ସମସ୍ତ କାର୍ଯ୍ୟ ପୂର୍ବ ପ୍ରସ୍ତୁତି ମୁତାବକ ହେଉଥିଲା। ସେଠାରୁ ସେ ଏକ ଶିଖ୍ ଗ୍ରନ୍ଥୀ ତଥା ଜଣେ ହିନ୍ଦୁ ପଣ୍ଡିତଙ୍କୁ ସାଙ୍ଗରେ ନେଇଥିଲେ। ଏମାନେ ସମସ୍ତେ ଫିରୋଜପୁର ପାଖରେ ସତଲୁଜ ନଦୀ କୂଳରେ ପହଞ୍ଚିଥିଲେ। ଟ୍ରକରୁ ଲାଶ ଅଖା କଢ଼ାଗଲା। ଅର୍ଦ୍ଧ ରାତ୍ରି ସମୟରେ ଏହି ଅଖାକୁ କିରୋସିନ ପକାଇ ନିଆଁ ଲଗାଇ ଦିଆଗଲା ଯଦ୍ଦ୍ୱାରା ଶବ ଶୀଘ୍ର ପୋଡ଼ିଯିବ।

ଲାଶ ଜଳିବାକୁ ଲାଗିଲା। ପ୍ରଚଣ୍ଡ ଅଗ୍ନିରେ ସାରା ବାତାବରଣ ଆଲୋକିତ ହୋଇଉଠିଲା। ସାଙ୍ଗରେ ଆସିଥିବା ଇଂରେଜ ଅଧିକାରୀ କହିଲେ, "ଏବେ ମୁଁ ଯାଉଛି । ଯେତେବେଳେ ଏହା ଜଳିଯିବ ପାଉଁଶକୁ ନଦୀରେ ଭସାଇ ଦେବ।" ଅଧିକାରୀ ଚାଲିଯିବା ପରେ ଅବଶିଷ୍ଟ ଲୋକେ ବୋଧହୁଏ ଡରି ଯାଇଥିଲେ। ସେମାନେ ଅଧା ଜଳିଥିବା ଟୁକୁଡ଼ାକୁ ଶୀଘ୍ର ଶୀଘ୍ର ନଦୀରେ ପକାଇଦେଲେ। ପୁଲିସ ବାଲାଙ୍କର ବା ଏଥିରେ କ'ଣ ଫରକ ପଡୁଥିଲା ? ସେମାନେ ସେଇ ଅଧାପୋଡ଼ା ପାଉଁଶକୁ ପାଣିରେ ଭସାଇ ଦେଲେ। ଯେଉଁଠି ଚିତା ଜଳୁଥିଲା, ସେ ସ୍ଥାନକୁ ବାଲି ଓ ମାଟିରେ ଢାଙ୍କି ଦେଲେ।

ସେ ପର୍ଯ୍ୟନ୍ତ ବୋଧହୁଏ ପାଖ ଗାଁର ଲୋକମାନେ ଏହା ଜାଣିପାରିଥିଲେ । ସେମାନେ ହାତରେ ମଶାଲ ନେଇ ସତଲୁଜ କୂଳ ଆଡ଼କୁ ଆସିଲେ । ମଶାଲ ନିଜ ଆଡ଼କୁ ଆସୁଥିବାର ଦେଖି ଶବ ଜଳାଇବାକୁ ଆସିଥିବା ଜେଲ କର୍ମଚାରୀ ଆଦି ଟ୍ରକରେ ବସି ପଳାଇଗଲେ । ଗାଁ ଲୋକେ ସେଠାରେ ପହଞ୍ଚିଲେ । ବୋଧହୁଏ ସେମାନଙ୍କର ବିଶ୍ୱାସ ହୋଇଯାଇଥିଲା ଯେ ଶବକୁ ଠିକ୍ ଢଙ୍ଗରେ ପୋଡ଼ାଯାଇ ନାହିଁ । ଶ୍ରୀ ମନ୍ମଥନାଥ ଗୁପ୍ତଙ୍କ ଅନୁସାରେ ଗାଁ ଲୋକେ ଶବକୁ ନଦୀରୁ ବାହାର କଲେ, ପୁଣି ନୀତି ନିୟମ ଅନୁସାରେ ଦାହ ସଂସ୍କାର କଲେ ।

ପରଦିନ ପ୍ରାତଃ କାଳରୁ ହିଁ ସେଠାରେ ଲୋକଙ୍କ ଭିଡ଼ ଜମି ଉଠିଲା । ସେହି ସ୍ଥାନ ଭାରତୀୟଙ୍କ ପାଇଁ ତୀର୍ଥସ୍ଥାନ ହୋଇ ସାରିଥିଲା । ଅତଃ ଯାହା ହାତରେ ମାଟି, ଧୂଳି, ରକ୍ତ ଲଗା ପଥର ବା ହାଡର ଟୁକୁଡ଼ା ପଡ଼ିଲା ନେଇଗଲେ ।

ଇଂରେଜ ସରକାର ନିଜ ତରଫରୁ କେବଳ ଏକ ଔପଚାରିକତା ପୂରଣ କରିବା ପାଇଁ ଜନତାଙ୍କୁ ଏହି ସୂଚନା ଦେଲେ । ଲାହୋରର ଜିଲ୍ଲାଧୀଶଙ୍କ ତରଫରୁ କାନ୍ଥରେ ୨୪ ମାର୍ଚ୍ଚକୁ ନିମ୍ନଲିଖିତ ପୋଷ୍ଟର ଲଗାଗଲା-

"ଜନତାଙ୍କୁ ସୂଚନା ଦିଆଯାଉଛି ଯେ, ଭଗତ ସିଂହ, ରାଜଗୁରୁ ତଥା ସୁଖଦେବଙ୍କ ଶବ, ଯାହାକୁ ୨୩ ମାର୍ଚ୍ଚ ସନ୍ଧ୍ୟାରେ ଫାଶୀ ଦିଆଯାଇଥିଲା, ଜେଲ ବାହାରେ ସତଲୁଜ ନଦୀକୂଳରେ ଶିଖ୍ ତଥା ହିନ୍ଦୁମାନଙ୍କ ରୀତି-ନୀତିରେ ସଂସ୍କାର କରି ଦିଆଗଲା ଏବଂ ତାଙ୍କର ଅସ୍ଥିକୁ ନଦୀରେ ବିସର୍ଜନ କରି ଦିଆଗଲା ।"

ପରଦିନ ଏହି ସମାଚାର ସାରା ଦେଶରେ ବ୍ୟାପିଗଲା ।

## ଫାଶୀ ପରେ ଦେଶର ପ୍ରତିକ୍ରିୟା:

ଏହି ସମାଚାରରେ ସାରା ଦେଶରେ ଏକ ତୋଫାନ ଉଠିଲା । ସାରା ଦେଶ ଶୋକ ସାଗରରେ ବୁଡି ଗଲା । ସାରା ଦେଶରେ ୨୪ ମାର୍ଚ୍ଚକୁ ଶୋକ ଦିବସ ଘୋଷଣା କରାଗଲା । ଲାହୋରରେ ପ୍ରଶାସନ ୟୁରୋପୀୟ ସ୍ତ୍ରୀମାନଙ୍କୁ ଦଶଦିନ ପର୍ଯ୍ୟନ୍ତ ବାହାରକୁ ନ ବାହାରିବାକୁ ପରାମର୍ଶ ଦେଲେ । ବମ୍ବେ, ମାଡ୍ରାସ ତଥା କଲିକତା ଆଦି ମହାନଗରୀର ପରିବେଶ ଚିନ୍ତନୀୟ ହୋଇ ଉଠିଲା । କଲିକତାରେ ସଶସ୍ତ୍ର ପୋଲିସ ସଡ଼କ ଉପରେ ପଇଁତରା ଦେଉଥିଲେ । ତଥାପି ସେମାନେ ପରିସ୍ଥିତିକୁ ଆୟତ୍ତ କରିପାରିଲେ ନାହିଁ । ସ୍ଥାନେ ସ୍ଥାନେ ପୁଲିସଙ୍କ ସହିତ ସେମାନଙ୍କର ସାମ୍ନାସାମ୍ନି ହେଲା । କେତେକ ଲୋକ ମଲେ । ଅଧିକ ଲୋକ କ୍ଷତବିକ୍ଷତ ହେଲେ ଏବଂ ଗିରଫ କରାଗଲେ ।

କ୍ରାନ୍ତିକାରୀମାନଙ୍କ ଚିତାଭସ୍ମ ଏବଂ ଅବଶେଷକୁ ଜୟଦେବ ଗୁପ୍ତା ତଥା ବିବି ଅମର

କୌର ଲାହୋର ନେଇ ଆସିଲେ। ଏହାର ପଟୁଆର ବାହାର କରାଗଲା। ହଜାର ହଜାର ଲୋକ ଏହାଙ୍କୁ ଦର୍ଶନ କଲେ। ସାରା ଦେଶରେ ସମାଚାର ପତ୍ରଗୁଡ଼ିକ ଏହି ମହାନ୍ ଆତ୍ମାଙ୍କୁ ଶ୍ରଦ୍ଧାଞ୍ଜଳି ଦେଇ ଲେଖା ବାହାର କଲେ। ସ୍ଥାନେ ସ୍ଥାନେ ଶୋକ ସଭା ହେଲା। ସରକାରଙ୍କ କ୍ରୂରତା ତଥା ଗାନ୍ଧୀ-ଇରୱିନ୍ ଚୁକ୍ତିକୁ କଟୁ ସମାଲୋଚନା କରାଗଲା। ଏହି ଶୋକପୂର୍ଣ୍ଣ ବାତାବରଣରେ ଲାହୋରର 'ଟ୍ରିବ୍ୟୁନ' ଲେଖିଲା-

"ଭାରତରେ ଇଂରେଜ ସରକାର ଯେଉଁ ଭୁଲ୍ କଲେ, ତାହା ମହତ୍ତ୍ୱ ଓ ଗମ୍ଭୀରତା ଦୃଷ୍ଟିରେ ସେହି ଭୁଲ୍ ସହିତ ସମାନ, ଯାହା ସେମାନେ ଭଗତ ସିଂହ, ରାଜଗୁରୁ ଓ ସୁଖଦେବଙ୍କ ମୃତ୍ୟୁଦଣ୍ଡକୁ ନ ବଦଳାଇ କଲେ।"

ଲାହୋରର ଉର୍ଦ୍ଦୁ ସମ୍ବାଦପତ୍ର 'ପୟାମ' ୩ ଅପ୍ରେଲ ୧୯୩୧ରେ ଲେଖିଲା-

"ଭଗତ ସିଂହ, ରାଜଗୁରୁ ଏବଂ ସୁଖଦେବଙ୍କ ଫାଶୀ ଦିଆଯାଇଛି। କେବଳ ତିନୋଟି ଜୀବନ ଯାଇଛି। ମାତ୍ର ତାଙ୍କୁ ୨୩ କୋଟି ହିନ୍ଦୁସ୍ଥାନୀ ଭଲ ପାଆନ୍ତି। ତାଙ୍କୁ ଖୁନ୍ କରି ସାରା ହିନ୍ଦୁସ୍ଥାନ ପୌରୁଷତାକୁ ଆହ୍ୱାନ ଦେଇଛି। ଯଦି ହିନ୍ଦୁସ୍ଥାନ ଏହି ଆହ୍ୱାନକୁ ସ୍ୱୀକାର କରେ ତେବେ ଇଂଲଣ୍ଡର ଭବିଷ୍ୟତ ଅନ୍ଧକାରରେ ଭରିଯିବ ଏବଂ ସେ ଯଦି ଏହାକୁ ମଞ୍ଜୁର ନକରେ ତେବେ ତାକୁ ଭବିଷ୍ୟତରେ ମନସ୍ତାପ କରିବାକୁ ପଡ଼ିବ। ଶହୀଦମାନେ ଆମକୁ ଆନ୍ଦୋଳନର ଅପୂର୍ବ ରାସ୍ତା ଦେଖାଇଛନ୍ତି। ଏବଂ ଆମ୍ଭେମାନେ ତାଙ୍କ ଦେଖାଇଥିବା ରାସ୍ତାରେ ଚାଲିବା ଉଚିତ୍। ଇଂଲଣ୍ଡ ସାରା ହିନ୍ଦୁସ୍ଥାନର ପୂଜାକୁ ତିରସ୍କାର କରିଛି। ଏହାର ଜବାବ ନୀରବତାରେ ଦିଆଯାଇ ପାରିବ ନାହିଁ। କାରଣ ଏହା ନିର୍ବଳତାର ହତିଆର ଅଟେ। ନୀତିହୀନ ହୁକୁମତରେ ବିଶ୍ୱାସ, ମନୁଷ୍ୟତା ଏବଂ ଉଦାରତା ନାହିଁ। ଏ ହେଉଛି ସଇତାନମାନଙ୍କର ଶାସନ। କେବଳ ଯୋର ଯା'ର ମୂଲକ ତା'ର। ତୁମର ବଳ ଅଛି ତ ତା'ର ବ୍ୟବହାର କର। ବ୍ରିଟିଶ ହୁକୁମତ, ବ୍ରିଟିଶ ଶାସନ ବ୍ୟବସ୍ଥା ଏହି ଦେଶରୁ ବହିଷ୍କାର କର। ବ୍ରିଟିଶ୍ ବେଇଜ୍ଜତ ହୋଇ ତୁମ ପାଦ ତଳେ ପଡ଼ିବ, ଏବଂ ତାଙ୍କୁ ଶହୀଦଙ୍କ ମୂଲ୍ୟ ପରିଶୋଧ କରିବାକୁ ହେବ। ଯଦି ଜଣେ ସାଧାରଣ ଇଂରେଜର ଜୀବନ ଏତେ ମୂଲ୍ୟବାନ୍, ତେବେ ହିନ୍ଦୁସ୍ଥାନର ଭଗତ ସିଂହ, ରାଜଗୁରୁ ଏବଂ ସୁଖଦେବଙ୍କ ଜୀବନ କ'ଣ ଏତେ ମୂଲ୍ୟହୀନ, ଯାହାର ଶିରା ପ୍ରଶିରାରେ ଦେଶଭକ୍ତିର ରକ୍ତ ପ୍ରବାହିତ ? ସେମାନଙ୍କ ଦ୍ୱାରା ବେଇଜତ ହେବା ଅପେକ୍ଷା, ସେମାନଙ୍କ ପାଦତଳେ ପଡ଼ି ରହିବା ଅପେକ୍ଷା, ସେମାନଙ୍କ ବନ୍ଧୁକ ମୂନରେ ଶହୀଦ ହୋଇଯିବା ବରଂ ଭଲ। ଭଗତ ସିଂହଙ୍କ ରକ୍ତର ମୂଲ୍ୟ ହିନ୍ଦୁସ୍ଥାନ ସ୍ୱତନ୍ତ୍ର ହେବାପାଇଁ ଯଥେଷ୍ଟ।

ହେ! ଭଗତ ସିଂହ, ରାଜଗୁରୁ ଏବଂ ସୁଖଦେବ! ଇଂରେଜ ଏବେ ଖୁସି। ସେ ତୁମମାନଙ୍କ ଖୁନ୍ କରିଦେଇଛି। ମାତ୍ର ତାହା ଭୁଲ। ସେ ନିଜର ଭବିଷ୍ୟତ ଉପରେ ଛୁରୀ ମାରିଛି। ତୁମେ ବଞ୍ଚିଛ ଏବଂ ସବୁବେଳେ ଜୀବିତ ରହିବ।"

କେବଳ ଭାରତ ନୁହେଁ, ବିଦେଶୀ ସମାଚାର ପତ୍ର ବି ଇଂରେଜ ସରକାରଙ୍କ ଏହି କାର୍ଯ୍ୟପାଇଁ ସମାଲୋଚନା କରିଥିଲା । ନ୍ୟୁୟର୍କର ସମାଚାର ପତ୍ର 'ଡ଼େଲି ଓ୍ୱର୍କର' ଲେଖିଥିଲା-

"ଲାହୋରର ତିନି କଏଦୀ ଭଗତ ସିଂହ, ରାଜଗୁରୁ ତଥା ସୁଖଦେବ ଯେଉଁମାନେ ଭାରତର ସ୍ୱତନ୍ତ୍ରତା ପାଇଁ ଲଢୁଥିଲେ, ଇଂରେଜ ସାମ୍ରାଜ୍ୟବାଦର ହିତ ପାଇଁ ଇଂରେଜ ଶ୍ରମିକ ସରକାର ଦ୍ୱାରା ତାଙ୍କୁ ଶେଷ କରି ଦିଆଗଲା । ମେକଡ଼ୋନାଲ୍ଡଙ୍କ ନେତୃତ୍ୱରେ ଇଂରେଜ ଶ୍ରମିକ ସରକାର ଦ୍ୱାରା ଏହା ସର୍ବ ପ୍ରଧାନ ଖୁନୀ କାର୍ଯ୍ୟ ଅଟେ । ତିନିଜଣ ଭାରତୀୟ କ୍ରାନ୍ତିକାରୀଙ୍କ ମୃତ୍ୟୁ ପୂର୍ବ ନିଶ୍ଚିତ ରାଜନୈତିକ ଯୋଜନା ଅନୁସାରେ ଶ୍ରମିକ ସରକାରଙ୍କ ଆଜ୍ଞା ଉପରେ ହୋଇଛି । ଏହା ସ୍ପଷ୍ଟ କରୁଛି ଯେ ଇଂରେଜୀ ସାମ୍ରାଜ୍ୟବାଦକୁ ବଞ୍ଚାଇବା ପାଇଁ ମେକ୍‌ଡ଼ୋନାଲ୍‌ଡ଼ ସରକାର କେତେଦୂର ଯାଇପାରେ !"

ସେତେବେଳେ ଇଂଲଣ୍ଡରେ ଶ୍ରମିକ ଦଳର ସରକାର ଥିଲା ଏବଂ ରେମଜେ ମେକଡ଼ୋନାଲ୍‌ଡ଼ ତାର ପ୍ରଧାନମନ୍ତ୍ରୀ ଥିଲେ । ଇଂଲଣ୍ଡର ଶ୍ରମିକ ପାର୍ଟି ନିଜକୁ ଶ୍ରମିକ ବର୍ଗର ଶୁଭଚିନ୍ତକ ମଣୁଥିଲେ । ସେମାନେ ମଧ୍ୟ ସରକାରଙ୍କ ଏହି କାର୍ଯ୍ୟକୁ ନିନ୍ଦା କରିଥିଲେ । ଏଥିରୁ ସହଜରେ ଅନୁମାନ କରାଯାଇପାରେ ଯେ କେବଳ ଭାରତ ନୁହେଁ ବିଦେଶରେ ବି ଏହି ଶହିଦମାନଙ୍କ କାର୍ଯ୍ୟକୁ ପ୍ରଶଂସା କରିବା ଲୋକ ଥିଲେ ।

ବସ୍ତୁତଃ ଭଗତ ସିଂହ ଜଣେ ମହାନ ବୀର ଥିଲେ । ତାଙ୍କ ମୃତ୍ୟୁ ପରେ ବଙ୍ଗଳାରେ ଭଗତ ସିଂହଙ୍କ ବୀରତା ନାମକ ଏକ କ୍ଷୁଦ୍ର ପୁସ୍ତକ ମଧ୍ୟ ଛପା ଯାଇଥିଲା । କିନ୍ତୁ ବଙ୍ଗଳାର ଇଂରେଜ ସରକାର ଏହାକୁ କିପରି ବରଦାସ୍ତ କରିପାରିଥାନ୍ତେ ? ଅତଃ ଏ ପୁସ୍ତକକୁ ଜବତ କରିନିଆଗଲା । ଏହି ପ୍ରକାର ଏକ ଛୋଟ ବହି ପଞ୍ଜାବରେ ମଧ୍ୟ ପ୍ରକାଶିତ ହେଲା । ସେଥିରେ ଭଗତ ସିଂହଙ୍କ ବୀରତାପୂର୍ଣ୍ଣ କାର୍ଯ୍ୟ ଏବଂ ତାଙ୍କର ବଳିଦାନର ବର୍ଣ୍ଣନା କରାଯାଇଥିଲା । ତାକୁ ମଧ୍ୟ ପଞ୍ଜାବ ସରକାରଙ୍କ ଦ୍ୱାରା ଜବତ କରି ଦିଆ ଯାଇଥିଲା ।

ଏହି କାର୍ଯ୍ୟରେ ସରକାରଙ୍କ ବିରୋଧରେ ବଙ୍ଗଳାରେ ରାଷ୍ଟ୍ରବାଦୀଦଳ ବିଧାନ ସଭା ତ୍ୟାଗ କଲେ । ସେ ସମୟରେ ସଦନରେ ବିତ୍ତ ବିଧେୟକ ଉପରେ ଯୁକ୍ତି ତର୍କ ହେଉଥିଲା । କଂଗ୍ରେସକୁ ଛାଡ଼ି ଅନ୍ୟ ସବୁ ଦଳ ସରକାରଙ୍କ ଏହି କାର୍ଯ୍ୟରେ ନିଜର ଆପତ୍ତି ପ୍ରକାଶ କରିଥିଲେ ।

ଶହୀଦ ଭଗତ ସିଂହଙ୍କ ଗାଁ ବଙ୍ଗାରେ ଲୋକେ ନିଜର ରକ୍ତରେ ଲେଖି ଶପଥ ନେଇଥିଲେ ଯେ ସେମାନେ ଭଗତ ସିଂହଙ୍କ ଫାଶୀର ପ୍ରତିଶୋଧ ନେବେ । ପଞ୍ଜାବର କେତେକ ସ୍ଥାନରେ ଲୋକମାନେ ଭୂମିକର ଦେବାକୁ ମନା କରିଦେଲେ । ଏହାର କାରଣ ପଚରା ଯିବାରୁ ସେମାନେ କହିଲେ, ସେମାନଙ୍କୁ ଭଗତ ସିଂହଙ୍କ ଆତ୍ମା ଦର୍ଶନ ଦେଲେ ଏବଂ ଟାକ୍ସ ନଦେବାକୁ କହିଲେ ।

୧୩ ଅପ୍ରେଲ, ୧୯୩୧ରେ ଅମୃତସରର ଜାଲିଆନାବାଗ୍‌ରେ ଏକ ସଭା ହେଲା, ଯାହାକୁ ସମ୍ବୋଧିତ କରି ଡା. ସୈଫୁଦ୍ଦୀନ କିଚଲୁ କହିଲେ ଯେ ଲୋକଙ୍କୁ ସଂଘର୍ଷ ପାଇଁ ପ୍ରସ୍ତୁତ ରହିବା ଆବଶ୍ୟକ। ସେ ପୁଲିସବାଲାଙ୍କୁ ବି ପ୍ରାର୍ଥନା କଲେ ଯେ ଯଦି ସେମାନଙ୍କୁ ଅତ୍ୟଧିକ ଦୁର୍ବ୍ୟବହାର କରିବାକୁ ଆଦେଶ ମିଳେ, ତେବେ ସେମାନେ ଚାକିରି ଛାଡ଼ି ଦିଅନ୍ତୁ। ଏହି ସଭାର ଅଧକ୍ଷ ଶ୍ରୀ ଇମାମୁଦ୍ଦୀନ୍ ବିଦେଶୀ କପଡ଼ା ବହିଷ୍କାର କରିବାକୁ କହିଲେ। ଦେଖୁ ଦେଖୁ ବିଦେଶୀ ବସ୍ତୁର ହୋଲି ଜଳିବାକୁ ଲାଗିଲା। ଯିବା ଆସିବା ଲୋକେ ବି ଏଥିରେ କିଛି ନା କିଛି ବିଦେଶୀ ଜିନିଷ ପକାଇ ଭାଗ ନେଲେ।

ପୂରା ପଞ୍ଜାବରେ 'ବେଇମାନ ସରକାରଙ୍କୁ ବିନାଶ କର', 'ଆମେ ଟାକ୍‌ସ ଦେବୁ ନାହିଁ' ଆଦି ସ୍ଲୋଗାନ ଶୁଭିଲା। ସ୍ୱାମୀ ଯୋଗାନନ୍ଦ ଘୋଷଣା କଲେ- 'ଆମେ କର ଦେବୁ ନାହିଁ। ଦେଶବାସୀଗଣ! ଶପଥ କର ରାତିକୁ ପୁଲିସଥାନା ଲୁଟ୍ କରି ଜଳାଇ ଦିଆଯିବ।' ବାହାଦୂର ଗଡ଼ରେ ଶିବ କୁମାର ନାମକ ଜଣେ ବ୍ୟକ୍ତି ୬ ଅପ୍ରେଲରେ ଏହି କଥା କହି ଏକ ଉଦବେଗ ଜନକ ପରିସ୍ଥିତି ସୃଷ୍ଟି କରିଦେଲେ। 'ସେ ଜଣେ ନିର୍ଦ୍ଦିଷ୍ଟ ବ୍ୟକ୍ତିଙ୍କ ଅପେକ୍ଷାରେ ଅଛନ୍ତି। ତାଙ୍କ ସଙ୍କେତ ମିଳିବା ସଙ୍ଗେ ସଙ୍ଗେ ରକ୍ତର ନଦୀ ବୁହାଇ ଦିଆଯିବ।' ଏହି ପ୍ରକାର ୧୯ ଅପ୍ରେଲକୁ ଅମୃତସରରେ ଭିକରେନ୍ ସିଂହ କହିଥିଲେ, 'ଅତିଶୀଘ୍ର ସମୟ ଆସୁଛି। ଏହି ଦମନକାରୀ ସରକାରଙ୍କୁ ଧ୍ୱଂସକରି ଦିଆଯିବ। ଏହି କାମ ପାଇଁ ଲାଲା ହରଦୟାଲ ଜର୍ମାନରୁ ହତିଆର ଆଣୁଛନ୍ତି। ରାଜା ମହେନ୍ଦ୍ର ପ୍ରତାପ ସିଂହ ସେନା ସହିତ ଲାଲ ଝଣ୍ଡା ନେଇ ଖାଇବର ଦେଇ ଆସୁଛନ୍ତି। ରାସବିହାରୀ ବୋଷ ଜାପାନରୁ ଆସୁଛନ୍ତି ତଥା ମେରଠ କାଣ୍ଡର କଏଦୀ ଜେଲ ଭାଙ୍ଗି ଆସୁଛନ୍ତି।' ଏହି ପ୍ରକାର ଆବେଗପୂର୍ଣ୍ଣ ସମାଚାରରେ ଇଂରେଜଙ୍କ ନିଦ ହଜିଗଲା।

ମୋଟ ଉପରେ ଭଗତ ସିଂହଙ୍କ ଫାଶୀ ସାରା ଦେଶକୁ ତୀବ୍ର ପ୍ରତିକ୍ରିୟାଶୀଳ କରାଇଲା। ଏଥିରେ ଲୋକଙ୍କୁ ଦୁଃଖ ଅବଶ୍ୟ ହେଲା, ମାତ୍ର ସେମାନଙ୍କର ଉତ୍ସାହ ବଢ଼ିଗଲା। ବରଂ ସେମାନେ ଅଧିକ ଉନ୍ମତ୍ତ ହୋଇ ଇଂରେଜମାନଙ୍କୁ ଦେଶରୁ ବାହାର କରି ଦେବାକୁ ପ୍ରସ୍ତୁତ ହୋଇଗଲେ। ଭଗତ ସିଂହ ଭାରତବାସୀଙ୍କ ମନ ଏବଂ ମସ୍ତିଷ୍କରେ ଛାଇ ହୋଇ ସାରିଥିଲେ। ଭାରତବର୍ଷର ପ୍ରତ୍ୟେକ ଗାଁ ଏବଂ ସହରରେ ତାଙ୍କର ସ୍ୱର ଶୁଣାଯାଉଥିଲା। ସମାଚାର ପତ୍ରର ପ୍ରଥମ ପୃଷ୍ଠାରେ ଯଦି ତାଙ୍କର ଚିତ୍ର ଦେଖାଇ ଦିଆଯାଉଥିଲା, ତେବେ ସେହି ସମାଚାର ପତ୍ର ସାଙ୍ଗେସାଙ୍ଗେ ବିକ୍ରି ହୋଇ ଯାଉଥିଲା। ସେ ଭାରତୀୟ ଜନତାଙ୍କ ଆରାଧ୍ୟ ଦେବତାରେ ପରିଣତ ହୋଇ ସାରିଥିଲେ। ଇଂରେଜ ସରକାର ତାଙ୍କ ଶରୀରକୁ ଶେଷ କରିଦେଲେ ମାତ୍ର ସେ ଭାରତୀୟଙ୍କ ହୃଦୟରୁ ବାହାର କରିବାକୁ ଅସମର୍ଥ ଥିଲେ। ଶେଷରେ ଇଂରେଜ ସରକାର ତାଙ୍କର ଚିତ୍ରକୁ ବି ଜବତ କରିବାକୁ ପଛାଇଲେ ନାହିଁ। ଇଂରେଜମାନେ ତାଙ୍କର ହୀନ କର୍ମ ପାଇଁ କେତେ ଭୟଭୀତ ଥିଲେ, ତା'ର ଅନୁମାନ ଏହି ଘଟଣାରୁ କରାଯାଇପାରେ। ଘଟଣାଟି

ଏହିପରି-

ହୋଶିୟାରପୁର ପୋଲିସ ଅଧୀକ୍ଷକ ଘୋଡ଼ାରେ ବସି କେଉଁଠିକୁ ଯାଉଥିଲେ। ଏହି ସମୟରେ ଏକ ପାନ ଦୋକାନ ଉପରେ ତାଙ୍କର ନଜର ପଡ଼ିଲା। ଦୋକାନରେ ଭଗତ ସିଂହଙ୍କ ଚିତ୍ର ଟଙ୍ଗା ଯାଇଥିଲା। ସେଇ ଚିତ୍ର ତାଙ୍କୁ ବ୍ରିଟିଶ ସରକାରଙ୍କ କାଳପରି ଦେଖାଗଲା। ସେ ଘୋଡ଼ାରୁ ଓହ୍ଲାଇଲେ। ଡେଇଁ ପଡ଼ି ପାନ ଦୋକାନୀର ସାର୍ଟ କଲର ଧରି ତାଙ୍କୁ ତଳେ ପକାଇ ଦେଲେ ଏବଂ ଚିତ୍ରକୁ ପାଦ ତଳେ ଚକଟି ଦେଲେ।

ଏ ପ୍ରକାର କାର୍ଯ୍ୟକୁ କ'ଣ କୁହାଯାଇପାରେ ? ଜୁଲୁମର ପରିଣାମ, ଏକ ନୀଚତା, ପାଗଳାମୀ ବା ଅନ୍ୟକିଛି। କୌଣସି ବ୍ୟକ୍ତିର ଶରୀର ବା ଚିତ୍ରକୁ ନଷ୍ଟ କରି ଦିଆ ଯାଇପାରେ, କିନ୍ତୁ ତା'ର ନାଁକୁ, ତାର ସ୍ମୃତିକୁ, ତାର କାର୍ଯ୍ୟକୁ, ତା ଦେଖାଇଥିବା ରାସ୍ତାକୁ କ'ଣ ନଷ୍ଟ କରାଯାଇପାରେ ? ସତ ଏହା ଯେ ଏପରି କେବେ ହୋଇ ପାରେନାହିଁ। ଇଂରେଜମାନଙ୍କର ଏହି ବ୍ୟବହାର ଭାରତୀୟମାନଙ୍କୁ ଭଗତ ସିଂହଙ୍କ ଆଡ଼କୁ ଅଧିକ ଉନ୍ମତ୍ତ କରାଇଦେଲା।

## କଂଗ୍ରେସ କରାଚୀ ଅଧିବେଶନ:

ମାର୍ଚ୍ଚ, ୧୯୩୧ର ଶେଷ ସପ୍ତାହରେ ଭଗତ ସିଂହଙ୍କ ମୃତ୍ୟୁ ପରେ କଂଗ୍ରେସର କରାଚୀରେ ୪୬ ତମ ଅଧିବେଶନ ହେଲା। ଲୌହ ପୁରୁଷ ସର୍ଦ୍ଦାର ବଲ୍ଲଭ ଭାଇ ପଟେଲ ଏହି ଅଧିବେଶନର ସଭାପତି ଥିଲେ। ଏହି ଅଧିବେଶନରେ ଭଗତ୍ ସିଂହଙ୍କ ପିତା ସର୍ଦ୍ଦାର କିଶନ ସିଂହ ମଧ୍ୟ ଉପସ୍ଥିତ ଥିଲେ। ଲୋକଙ୍କ ହୃଦୟରେ ଭଗତ ସିଂହଙ୍କ ବଳିଦାନର ସ୍ମୃତି ଏକଦମ ସତେଜ ଥିଲା। ଅତଃ ଏହି ଅଧିବେଶନର ଆରମ୍ଭ ଏକ ନୀରବତାପୂର୍ଣ୍ଣ ପରିବେଶରେ ହେଲା।

ଅଧିବେଶନ ଆରମ୍ଭରେ ଭଗତ ସିଂହ ସମ୍ବନ୍ଧୀୟ ପ୍ରସ୍ତାବ ରଖାଗଲା। ପ୍ରସ୍ତାବର ଭାଷା ଉପରେ କିଛି ବାଦ-ବିବାଦ ରହିଲା। କଂଗ୍ରେସର ନରମ ଦଳ ଭଗତ ସିଂହଙ୍କ ବଳିଦାନକୁ ପ୍ରଶଂସା କରିବାକୁ ଚାହୁଁଥିଲେ। ମାତ୍ର ତାଙ୍କର ହିଂସାମାର୍ଗକୁ ଅସ୍ୱୀକାର କରୁଥିଲେ। ଶେଷରେ ନରମ ଦଳଙ୍କ ପ୍ରସ୍ତାବ ହିଁ ସ୍ୱୀକାର କରାଗଲା। ଏହି ପ୍ରସ୍ତାବରେ ଭାଷା ଏହି ପ୍ରକାର ଥିଲା-

"କଂଗ୍ରେସ, ଯେତେବେଳେ ଯେ କୌଣସି ପ୍ରକାର ରାଜନୈତିକ ହିଂସାକୁ ଅସ୍ୱୀକାର କରୁଛି, ଏବଂ ନିଜେ ନିଜକୁ ଏଥିରୁ ଅଲଗା ରଖୁଛି, ଭଗତ ସିଂହ, ରାଜଗୁରୁ ତଥା ସୁଖଦେବଙ୍କ ବୀରତା ତଥା ବଳିଦାନକୁ ପ୍ରଶଂସା କରୁଛି ତଥା ଦୁଃଖୀ ପରିବାରଙ୍କ ପ୍ରତି ସହାନୁଭୂତି ପ୍ରକାଶ କରୁଛି। କଂଗ୍ରେସର ମତ ଯେ ଏହି ତିନିଜଣଙ୍କ ଫାଶୀ ଏକ ଅସଙ୍ଗତ ପ୍ରତିଶୋଧ ଭାବନାର କାର୍ଯ୍ୟ ଏବଂ ରାଷ୍ଟ୍ର ତରଫରୁ ସର୍ବସମ୍ମତି ପୂର୍ବକ କ୍ଷମା ଯାଚନାର ଏକ ବୁଝାସୁଝା ଅପମାନ ଅଟେ ଏବଂ କଂଗ୍ରେସ ଏହି ବିଚାରର ସହିତ ସହମତ ଯେ ସରକାର ଦୁଇ ରାଷ୍ଟ୍ର ମଧ୍ୟରେ

ସଦ୍‌ଭାବନା ବଢ଼ାଇବା ତଥା ଦଳକୁ ଶାନ୍ତି ମାର୍ଗକୁ ଆଣିବା, ଯାହା ନିରାଶା ସ୍ଥିତିରେ ରାଜନୈତିକ ହିଂସାକୁ ଆପଣାଇଛି। ଏକ ସ୍ୱର୍ଣ୍ଣିମ ଅବସରକୁ ଧ୍ୱଂସ କରି ଦିଆଯାଇଛି, ଯାହାର ଏହି ଗମ୍ଭୀର ପରିସ୍ଥିତିରେ ଆବଶ୍ୟକତା ଥିଲା।"

ଏହି ବୀରମାନଙ୍କୁ ରକ୍ଷା ନ କରି ପାରିଥିବାରୁ ମହାତ୍ମା ଗାନ୍ଧୀଙ୍କୁ ବି ଅଧିବେଶନରେ ବିରୋଧର ସାମନା କରିବାକୁ ପଡ଼ିଲା। ଯୁବାବର୍ଗ ଯେତେବେଳେ ଏହି ବିଷୟରେ ଗାନ୍ଧୀଙ୍କୁ ପ୍ରଶ୍ନ ପଚାରିଲେ, ସେ କେବଳ ଏତିକି କହିଲେ–

"ଭଗତ ସିଂହଙ୍କ ଜୀବନ ବଞ୍ଚାଇବା ପାଇଁ ଭାଇସରାୟଙ୍କ ସହିତ କରିଥିବା ଯୋଜନାର କୌଣସି ଲାଭ ନାହିଁ। ମୁଁ ଆଉ ଏକ କାମ କରିପାରିଥାନ୍ତି, ସଜା ବଦଳାଇବାକୁ ରାଜିନାମାରେ ସର୍ତ୍ତ ରଖାଯାଇ ପାରିଥାନ୍ତା; ଯେପରି ଆପଣମାନଙ୍କ କହିବା କଥା, କିନ୍ତୁ ଏହା କରାଯାଇ ପାରିଲା ନାହିଁ ଏବଂ ରାଜିନାମା ତ୍ୟାଗ କରିବାର ଧମକ ଏକ ବିଶ୍ୱାସଘାତ ହୋଇଥାନ୍ତା। ସଜା ବଦଳାଇବାକୁ ରାଜିନାମାର ସର୍ତ୍ତ ନ ବଦଳାଇବାକୁ କଂଗ୍ରେସ କାର୍ଯ୍ୟକାରିଣୀ ମୋ ସହିତ ସହମତ ଥିଲେ। ଏଥିପାଇଁ ମୁଁ ରାଜିନାମାରେ କେବଳ ଏହାର ଆଲୋଚନା ହିଁ କରିପାରିଲି। ମୁଁ ଉଦାରତା ଆଶା କରିଥିଲି, ମୋର ସେ ଆଶା ପୂରଣ ହେଲା ନାହିଁ। ମାତ୍ର ଏହା ରାଜିନାମାକୁ ଭାଙ୍ଗିବାର ଆଧାର ହୋଇ ପାରିବ ନାହିଁ।"

ଯେତେବେଳେ ସମ୍ମିଳନୀରେ ଭଗତ ସିଂହଙ୍କ ସମ୍ବନ୍ଧରେ ପ୍ରସ୍ତାବ ଚାଲୁ ରହିଥିଲା, ତଥା ଅଧିବେଶନର କାର୍ଯ୍ୟ ଚାଲିଥିଲା, ସେତେବେଳେ ପେଣ୍ଡାଲ ବାହାରେ 'ନୌଜବାନ୍ ସଂଘ'ର ସଦସ୍ୟମାନେ ଜୋରରେ ପାଟିକରି ରାଗ ପ୍ରଦର୍ଶନ କରୁଥିଲେ। ଏହାର ଦିନକ ପୂର୍ବରୁ ଏହି ଏମାନେ ଗାନ୍ଧିଜୀଙ୍କୁ କଳାପତାକା ଦେଖାଇଥିଲେ।

ଏହି ପ୍ରସ୍ତାବ ବିଷୟରେ ନିଜର ବିଚାର ବ୍ୟକ୍ତ କରିବାକୁ ଯାଇ ନେତାଜୀ ସୁଭାଷ ଚନ୍ଦ୍ର ବୋଷଙ୍କୁ କହିବାକୁ ପଡ଼ିଥିଲା– କରାଚୀର ପରିସ୍ଥିତି ଏପରି ଥିଲା ଯେ ଲୋକଙ୍କ ପ୍ରସ୍ତାବର କଡ଼ା ଜବାବ ଶୁଣିବାକୁ ପଡ଼ିଲା। ଯାହା ସାମାନ୍ୟ ପରିସ୍ଥିତିରେ ବି ଏହାଠାରୁ ହଜାର ମାଇଲ ଦୂରତାରେ ରହିଥାନ୍ତି। ଯେହେତୁ ମହାତ୍ମାଗାନ୍ଧୀଙ୍କ ସମ୍ବନ୍ଧ ଥିଲା, ତାଙ୍କୁ ମନର କଥା ପ୍ରସ୍ତାବର କାର୍ଯ୍ୟବାହୀରେ ପକାଇବାକୁ ପଡ଼ିଲା। ଯଦ୍ୟପି ଏହି ପ୍ରସ୍ତାବର କାର୍ଯ୍ୟବାହୀରେ ସଂଶୋଧନ କରିଦିଆଗଲା। ମାତ୍ର ଏଥିରେ ବିବାଦର ଅନ୍ତ ହେଲା ନାହିଁ। କଂଗ୍ରେସର ରାଜ୍ୟ ସମ୍ମେଳନ ମାନଙ୍କରେ ମଧ୍ୟ ଏହା ଉପରେ ବିବାଦ ହୋଇଥିଲା।

ଭଗତ ସିଂହ, ସୁଖଦେବ ତଥା ରାଜଗୁରୁଙ୍କ ମୃତ ଶରୀରକୁ ଇଂରେଜମାନେ ଯେଉଁ ଅପମାନ କରିଥିଲେ, ସେ ବିଷୟରେ ଏହି ସମ୍ମିଳନୀରେ ଉତ୍ତେଜନା ଦେଖିବାକୁ ମିଳିଥିଲା। ଅତଃ ଏଥିପାଇଁ କଂଗ୍ରେସର କାର୍ଯ୍ୟକାରିଣୀ ଏକ ଜାଞ୍ଚ ସମିତି ବି ତିଆରି କରିଥିଲେ। ଏ

ବିଷୟରେ ଡା. ପଟ୍ଟାଭି ସୀତାରମୈୟା 'ଭାରତୀୟ ରାଷ୍ଟ୍ରୀୟ କଂଗ୍ରେସର ଇତିହାସ'ରେ ଲେଖିଛନ୍ତି-

"କରାଚୀରେ କଂଗ୍ରେସୀଲୋକଙ୍କୁ ଆଉ ଏକ କଥା ଉତ୍ତେଜିତ କରିଥିଲା। ତାହା ଥିଲା- ସର୍ଦ୍ଦାର ଭଗତ ସିଂହ ଏବଂ ସୁଖଦେବ ତଥା ରାଜଗୁରୁଙ୍କ ଶବ ସହିତ ଅପମାନଜନକ ବ୍ୟବହାର। ଏହି ଖବର ଚରିଆଡ଼େ ପ୍ରଚରିତ ହୋଇଯାଇଥିଲା। ଏଥିପାଇଁ କାର୍ଯ୍ୟକାରିଣୀ ଏହି ଆରୋପର ଜାଞ୍ଚ ପାଇଁ ଏକ ସମିତି ଗଠନ କଲା, ଯାହା ୩୦ ଅପ୍ରେଲ ମଧ୍ୟରେ କାର୍ଯ୍ୟକାରିଣୀକୁ ନିଜର ରିପୋର୍ଟ ଦେବାକୁ ଥିଲା। ଏହା ସହିତ ମୁଁ ଏହା ବି କହିଦିଏ ଯେ ଭଗତ ସିଂହଙ୍କ ପିତା ଯିଏ ଏହି କାର୍ଯ୍ୟରେ ଅଧିକ ଚେଷ୍ଟାରେ ଥିଲେ, ଏ ବିଷୟରେ କୌଣସି ପ୍ରମାଣ ପ୍ରସ୍ତୁତ କରିପାରିଲେ ନାହିଁ ଏବଂ ସେ ମଧ ସମିତିକୁ କୌଣସି ପ୍ରକାର ସହାୟତା କରି ନଥିଲେ। ଅତଃ ତାର ପରିଣାମ କିଛି ଆସିଲା ନାହିଁ। ଯେତେବେଳେ ଶବ ଜଳାଇ ଦିଆଯାଇଛି ତେବେ ତା'ପରେ କ'ଣ ପ୍ରମାଣ ମିଳି ପାରିଥାନ୍ତା ?"

ଏହି ପ୍ରକାର ଆମେ ଦେଖୁ ଯେ ଇଂରେଜମାନେ ଭାବିଥିଲେ ଯେ ଭଗତ ସିଂହଙ୍କୁ ଫାଶୀ ଦିଆଯିବା ପରେ ଭାରତୀୟମାନେ ଏ ଘଟଣାକୁ ଭୁଲି ଯିବେ। କିନ୍ତୁ ଏହାପରର ଘଟଣାଚକ୍ର ଏହା ସିଦ୍ଧ କରେ ଯେ, ତାଙ୍କର ଏପରି ଭାବିବା ଭୁଲ ଥିଲା।

# 10

# ଭଗତ ସିଂହଙ୍କ ଜୀବନ ଦର୍ଶନ

ପ୍ରତ୍ୟେକ ମନୁଷ୍ୟ ଜୀବନରେ ନିଜ ନିଜର କିଛି ମାନ୍ୟତା ଥାଏ। ଜୀବନର ପ୍ରତ୍ୟେକ ପାର୍ଶ୍ୱରୁ ପ୍ରତ୍ୟେକ ମନୁଷ୍ୟ ଅଲଗା ଅଲଗା ଢଙ୍ଗରେ ଭାବେ ଏବଂ ବିଚାର କରେ। ଦେଶ, ଧର୍ମ, ରାଜନୀତି ଆଦି ବିଷୟରେ ପ୍ରତ୍ୟେକ ମନୁଷ୍ୟର ଅଲଗା ଅଲଗା ବିଚାର ଦେଖିବାକୁ ମିଳେ। ଜୀବନକୁ ଅଲଗା ଅଲଗା ଢଙ୍ଗରେ ଦେଖିବାକୁ ତାର ଜୀବନ ଦର୍ଶନ କୁହାଯାଏ। ଭଗତ ସିଂହଙ୍କ ଜୀବନକାଳ ଅଧିକ ଦୀର୍ଘ ନୁହେଁ। ତାଙ୍କର ଜନ୍ମ ୨୭ ସେପ୍ଟେମ୍ବର, ୧୯୦୭ରେ ହୋଇଥିଲା। ୨୩ ମାର୍ଚ୍ଚ, ୧୯୩୧ରେ ତାଙ୍କୁ ଫାଶୀ ଦିଆଗଲା। ଏହି ପ୍ରକାର ତାଙ୍କର ମୋଟ ଜୀବନକାଳ କେବଳ ୨୩ ବର୍ଷ ୫ ମାସ ୨୬ ଦିନ ଥିଲା। ଏତେ ଅଳ୍ପ ଜୀବନକାଳ ମଧ୍ୟରେ ସେ ଯାହା କରି ଦେଖାଇଲେ ତାର ମହତ୍ତ୍ୱ ଅପୂର୍ବ। ତାଙ୍କର ଜୀବନ ଦର୍ଶନ ଅର୍ଥାତ ତାଙ୍କର ବିଚାରକୁ ସଂକ୍ଷେପରେ ଏଠାରେ ପ୍ରସ୍ତୁତ କରାଯାଉଛି।

## ଧର୍ମ ନିରପେକ୍ଷତା:

ଭଗତ ସିଂହ ଧର୍ମକୁ ଦେଶ ଏବଂ ରାଜନୀତି ଠାରୁ ଅଲଗା ରଖିବାକୁ ଚାହୁଁଥିଲେ। ସେ ଧର୍ମକୁ ରାଜନୀତିରେ ମିଶାଇବାର ଦୁଷ୍ପରିଣାମକୁ ଜାଣିଥିଲେ। ତାଙ୍କ ଦୃଷ୍ଟିରେ ଦେଶସେବା ସବୁଠାରୁ ବଡ଼ ଧର୍ମ ଥିଲା ଏବଂ ଦେଶ ହିଁ ତାଙ୍କର ଈଶ୍ୱର ଥିଲା। ମାର୍ଚ୍ଚ ୧୯୨୬ ରେ ସେ ଲାହୋରରେ 'ନୌଜବାନ ଭାରତ ସଭା' ଗଠନ କରିଥିଲେ। ଏହାର ସଦସ୍ୟ ହେବା ପୂର୍ବରୁ ପ୍ରତ୍ୟେକ ଯୁବକଙ୍କୁ ଶପଥ ନେବାକୁ ପଡୁଥିଲା। ସେମାନେ ଦେଶର ହିତକୁ ନିଜର ଜାତି ତଥା ନିଜର ଧର୍ମ ଠାରୁ ଉଚ୍ଚ ବୋଲି ଭାବିବାକୁ ଶପଥ ନେଉଥିଲେ। ବାସ୍ତବରେ ଆଜି ଭାରତବର୍ଷରେ ଭଗତ ସିଂହଙ୍କର ଏହି ବିଚାରର ସବୁଠାରୁ ଅଧିକ ଆବଶ୍ୟକତା ରହିଛି। ଦେଶରେ ଧର୍ମ ନାମରେ ହିଂସାର ନଗ୍ନ ତାଣ୍ଡବ ଦେଖିବାକୁ ମିଳୁଛି। ଆମ ସମ୍ବିଧାନରେ ଘୋଷଣା କରାଯାଇଛି ଯେ ରାଜନୀତିରେ ଧର୍ମର କୌଣସି ସ୍ଥାନ ନାହିଁ। ମାତ୍ର ଆଜି ଲୋକେ ଏହାକୁ ଭୁଲି ଗଲେଣି। ଲୋକଙ୍କ ଦୃଷ୍ଟିରେ ଧାର୍ମିକ ଅନ୍ଧବିଶ୍ୱାସ ଆଗରେ ଦେଶହିତର କୌଣସି ମୂଲ୍ୟ ନାହିଁ।

ଭଗତ ସିଂହଙ୍କ ଜନ୍ମ ଏକ ଶିଖ୍ ପରିବାରରେ ହୋଇଥିଲେ ମଧ୍ୟ ତାଙ୍କ ଜୀବନୀକୁ ଦେଖିଲେ ଜଣାଯାଏ ଯେ ସେ ନିଜକୁ କେବେ ବି ଶିଖ୍ ରୂପେ ଦେଖି ନଥିଲେ । ସେ ଜଣେ ଭାରତୀୟ ଥିଲେ । ଭାରତୀୟତା ହିଁ ତାଙ୍କର ଧର୍ମ ଥିଲା । ଭାରତଭୂମି ତାଙ୍କର ଆରାଧ୍ୟା ଦେବୀ ଥିଲେ । ସେ ସମଗ୍ର ଭାରତର ଥିଲେ ଏବଂ ସମସ୍ତ ଭାରତ ତାଙ୍କ ନିଜର ଥିଲା । 'ନୌଜବାନ ଭାରତ ସଭା'ର ଏକ ମହତ୍ତ୍ୱପୂର୍ଣ୍ଣ ଉଦ୍ଦେଶ୍ୟ ସାଂପ୍ରଦାୟିକତାରହିତ ହୋଇ ସମସ୍ତ ପ୍ରକାର ସାମାଜିକ, ଆର୍ଥିକ ତଥା ଉଦ୍ୟୋଗିକ ସଂଗଠନ ସହିତ ସହାନୁଭୂତି ରଖିବା ଥିଲା । ବସ୍ତୁତଃ ଯଦି ଭାରତକୁ ନିଜର ଅସ୍ତିତ୍ୱ ରକ୍ଷା କରିବାକୁ ହୁଏ, ତେବେ ଆଜି ଆମର ରାଷ୍ଟ୍ରୀୟ ନେତାମାନଙ୍କୁ ଏହି କଥା ଉପରେ ଧ୍ୟାନ ଦେବାକୁ ହେବ ଯେ ସାଂପ୍ରଦାୟିକତା ଆଧାରରେ ନିର୍ମିତ ସମସ୍ତ ସଂଗଠନ ଉପରେ ଅବରୋଧ ଲଗାଯାଉ । ଅନ୍ୟଥା ଏହାର ଦୁଷ୍ପରିଣାମକୁ କଳ୍ପନା କରିହେବ ନାହିଁ । ରାଷ୍ଟ୍ରର ଭବିଷ୍ୟତକୁ ସୁନିଶ୍ଚିତ ରଖିବା ପାଇଁ ଭଗତସିଂହଙ୍କ ଏହି ବିଚାରରୁ ଆମକୁ ପ୍ରେରଣା ନେବାକୁ ହେବ ।

## ରାଷ୍ଟ୍ରୀୟ ଭାବନାର ବିକାଶ:

ଭଗତ ସିଂହଙ୍କର ଏହା ନିଶ୍ଚିତ ବିଚାର ଥିଲା ଯେ ଦେଶ ସେତିକି ବେଳେ ମଜଭୂତ ହେବ ଯେତେବେଳେ ଏହାର ନବ ଯୁବକମାନଙ୍କ ମଧ୍ୟରେ ଦେଶଭକ୍ତିର ଭାବନା ସଠିକ୍ ରୂପେ ବିକଶିତ ହେବ । ଏ କଥା କହିବାକୁ ଆମକୁ ସଂକୋଚ ଲାଗୁନାହିଁ ଯେ ସ୍ୱାଧୀନତାର ଏତେ ବର୍ଷ ପରେ ମଧ୍ୟ ଭାରତୀୟମାନଙ୍କ ମଧ୍ୟରେ ଏହି ଭାବନାର ବିକାଶ ହୋଇ ପାରିନାହିଁ । ମାତ୍ର ରାଷ୍ଟ୍ରୀୟ ଆନ୍ଦୋଳନ ସମୟରେ ଏହି ଭାବନା ଶୀର୍ଷ ସ୍ଥାନରେ ଥିଲା । ଭଗତ ସିଂହ ଏହି ତଥ୍ୟକୁ ଜାଣିଥିଲେ । ଯେତେବେଳେ ଭାରତୀୟ ନବଯୁବକମାନଙ୍କର ଦେଶ ଭକ୍ତିର ଭାବନା ଉଚ୍ଚ ସ୍ତରରେ ପହଂଚିବ, ସେତେବେଳେ ଯାଇ ଭାରତୀୟମାନେ ଏକ ହୋଇ ପାରିବେ ଓ ଦେଶର ଉନ୍ନତି ସମ୍ଭବ ହେବ । ଏଥିପାଇଁ 'ନୌଜବାନ ଭାରତ ସଭା'ର ପ୍ରଥମ ଉଦ୍ଦେଶ୍ୟ ଥିଲା 'ଏକ ସଂଯୁକ୍ତ ଭାରତୀୟ ଗଣରାଜ୍ୟ ପାଇଁ ଭାରତୀୟ ଯୁବକମାନଙ୍କ ମଧ୍ୟରେ ଦେଶଭକ୍ତିକୁ ଜାଗ୍ରତ କରିବା ।'

ଏହି ଭାବନା ନ ରହିଲେ ବାହ୍ୟ ରୂପରେ ହୁଏତ ଦେଶର ଏକତା ବଜାୟ ରହିବ, ମାତ୍ର ବାସ୍ତବିକ ରୂପେରେ ଏହି ଏକତା କେବଳ ଲୋକ ଦେଖାଣିଆ ହେବ । ଏହା ଦେଶ ପାଇଁ ଘାତକ ହୋଇପାରେ ।

## ସାମାଜିକ ଦୃଷ୍ଟିକୋଣ:

ଭଗତ ସିଂହଙ୍କ ରାଜନୈତିକ ବିଚାର ସମାଜବାଦୀ ସିଦ୍ଧାନ୍ତ ଉପରେ ଆଧାରିତ ଥିଲା ।

'ନୌଜବାନ ଭାରତ ସଭା'ର ନିମ୍ନଲିଖିତ ଦୁଇ ଉଦ୍ଦେଶ୍ୟରୁ ତାଙ୍କର ଏହି ବିଚାରଧାରାର ପ୍ରଥମ ପରିଚୟ ମିଳିଥିଲା।

'କୃଷକ ଏବଂ ଶ୍ରମିକ ତଥା ସଂପୂର୍ଣ୍ଣ ସ୍ୱତନ୍ତ୍ର ଗଣରାଜ୍ୟ ପ୍ରାପ୍ତି ପାଖକୁ ନେଇ ଯାଉଥିବା ଆନ୍ଦୋଳନକୁ ସମର୍ଥନ ଦେବା। ଶ୍ରମିକ ତଥା କୃଷକଙ୍କୁ ସଂଗଠିତ କରିବା।'

ଏହା ଏଠାରେ ଉଲ୍ଲେଖ କରିବା ଅନୁଚିତ ହେବନାହିଁ ଯେ 'ନୌଜବାନ ଭାରତ ସଭା'ର ସ୍ଥାପନା ମାର୍ଚ୍ଚ, ୧୯୨୬ରେ ହୋଇଥିଲା। ସେ ପର୍ଯ୍ୟନ୍ତ ରାଷ୍ଟ୍ରୀୟ କଂଗ୍ରେସ ସଂପୂର୍ଣ୍ଣ ସ୍ୱତନ୍ତ୍ର ଗଣରାଜ୍ୟ କଥା ଭାବି ବି ନଥିଲା। ସେ ପର୍ଯ୍ୟନ୍ତ କଂଗ୍ରେସର ଉଦ୍ଦେଶ୍ୟ ଥିଲା ବ୍ରିଟେନ୍‌ର ଏକ ଅଙ୍ଗ ରୂପେ ସ୍ୱତନ୍ତ୍ର ଭାରତ ନିର୍ମାଣ। ସଂପୂର୍ଣ୍ଣ ପ୍ରଭୁତା ସଂପନ୍ନ ରାଷ୍ଟ୍ରର ନିର୍ମାଣ ପ୍ରସ୍ତାବ ପ୍ରଥମ ଥର ପାଇଁ କଂଗ୍ରେସ ଲାହୋର ଅଧିବେଶନରେ ସନ ୧୯୨୯ ରେ ଉପସ୍ଥାପନ କରିଥିଲା। ବାସ୍ତବରେ ଭଗତ ସିଂହ କମ୍ୟୁନିଷ୍ଟ ବିଚାରର ଜନ୍ମଦାତା କାର୍ଲମାର୍କ୍ସ ତଥା ୧୯୧୭ ଋଷ କ୍ରାନ୍ତି ଦ୍ୱାରା ଅତ୍ୟଧିକ ପ୍ରଭାବିତ ଥିଲେ। ଏହି କଥାର ପ୍ରମାଣ ତାଙ୍କ ଜୀବନର ଅନେକ ଘଟଣାରୁ ମିଳେ।

ଆସେମ୍ବ୍ଲି ବମ୍ କାଣ୍ଡରେ ଦିଲ୍ଲୀ ଜେଲରେ ଲାଗିଥିବା ସେଶନ ଜଜ୍ ମିଡ଼୍‌ଲଟନଙ୍କ ଅଦାଲତରେ ଦିଆ ଯାଇଥିବା ତାଙ୍କ ଭାଷଣରୁ ସ୍ପଷ୍ଟ ପ୍ରମାଣିତ ହୁଏ, ଭଗତ ସିଂହ ଜଣେ ସମାଜବାଦୀ ଥିଲେ। ସେ ଏହି ଭାଷଣ ୬ ଜୁନ୍, ୧୯୨୭ରେ ଦେଇଥିଲେ। ଏହି ଭାଷଣର ନିମ୍ନଲିଖିତ ଅଂଶ ଦେଖନ୍ତୁ-

"ଆମର ଉଦ୍ଦେଶ୍ୟ ଅନ୍ୟାୟ ଉପରେ ଆଧାରିତ ବର୍ତ୍ତମାନ ନ୍ୟାୟ ବ୍ୟବସ୍ଥାରେ ପରିବର୍ତ୍ତନ ଆଣିବା ଦରକାର। ଉତ୍ପାଦକ ଏବଂ ଶ୍ରମିକ ସମାଜର ଅତ୍ୟନ୍ତ ଆବଶ୍ୟକ ତତ୍ତ୍ୱ ଅଟେ। ତଥାପି ଶୋଷକ ଲୋକ ଏହାକୁ ସେମାନଙ୍କ ଶ୍ରମର ଫଳ ଏବଂ ମୌଳିକ ଅଧିକାରରୁ ବଂଚିତ କରୁଛନ୍ତି। ଗୋଟିଏ ଦିଗରେ ଖାଦ୍ୟ ଉତ୍ପନ୍ନ କରୁଥିବା ବ୍ୟକ୍ତିଙ୍କୁ ମୌଳିକ ଅଧିକାରରୁ ବଂଚିତ କରୁଛନ୍ତି। ଖାଦ୍ୟ ଉତ୍ପାଦନକାରୀ ଭୋକରେ ମରୁଛନ୍ତି। ସମଗ୍ର ଦେଶର ବଜାରରେ କପଡ଼ା ପୂର୍ତ୍ତି କରୁଥିବା ବୁଣାକାର ନିଜର ଏବଂ ନିଜ ପିଲାମାନଙ୍କର ଶରୀର ଢାଙ୍କିବା ପାଇଁ କପଡ଼ା ପାଇ ପାରୁ ନାହାଁନ୍ତି। ଭବନ ନିର୍ମାଣକାରୀ କମାର ଏବଂ ବଢ଼େଇ, ବିଳାସପୂର୍ଣ୍ଣ କୋଠା ନିର୍ମାଣ କରି ଅପରିଷ୍କାର ପୂର୍ଣ୍ଣ ବସ୍ତିରେ ରହୁଛନ୍ତି ଏବଂ ମରୁଛନ୍ତି। ଅନ୍ୟ ଦିଗରେ ପୁଞ୍ଜିପତି, ଶୋଷିତ ଏବଂ ସମାଜ ଉପରେ ମଉଜ ମସ୍ତୀରେ ଜୀଇଁଥିବା ଲୋକ ନିଜର ପାଗଳାମୀ ପୂରଣ ପାଇଁ କୋଟି କୋଟି ଟଙ୍କା ପାଣିପରି ଖର୍ଚ୍ଚ କରୁଛନ୍ତି। କ୍ରାନ୍ତି ଦ୍ୱାରା ଆମର ପ୍ରୟୋଜନ ଅନ୍ତତଃ ଏପରି ଏକ ସାମାଜିକ ବ୍ୟବସ୍ଥା ସ୍ଥାପନା କରିବା, ଯାହାଦ୍ୱାରା ଘାତକ ବିପଦକୁ ସାମନା କରିବାକୁ ପଡ଼ିବ। ଯେଉଁଥିରେ ସର୍ବହରା ବର୍ଗଙ୍କ ପ୍ରଭୁତାକୁ ମାନ୍ୟତା ଦିଆଯିବ। ଏହାର ପରିଣାମ ବିଶ୍ୱସଂଘ ମାନବଜାତିକୁ ପୁଞ୍ଜିବାଦର ବନ୍ଧକ ତଥା ଯୁଦ୍ଧରୁ ସୃଷ୍ଟି ହେଉଥିବା କ୍ଷତି ଏବଂ ଅସୁବିଧାରୁ ବଂଚାଇ ପାରିବ।"

ଏହି ପ୍ରକାର ବିଷମତାକୁ ଦୂର କରିବାର ବ୍ୟବସ୍ଥା ସମାଜବାଦରେ ହିଁ ନିହିତ। ଭଗତ ସିଂହ ସମାଜବାଦୀ ଆଦର୍ଶ ଦ୍ୱାରା କେତେଦୂର ପର୍ଯ୍ୟନ୍ତ ପ୍ରଭାବିତ ଥିଲେ, ତାର ଅନୁମାନ ଏହି କଥାରୁ କରାଯାଇ ପାରେ। ଲାହୋର ସେଣ୍ଟ୍ରାଲ୍ ଜେଲରେ ସେ ମାର୍କ୍ସ ତଥା ଋଷ କ୍ରାନ୍ତି ପୁସ୍ତକ ମଗାଇଥିଲେ। ଫାଶୀରେ ଚଢ଼ିବାର କିଛି ସମୟ ପୂର୍ବ ପର୍ଯ୍ୟନ୍ତ ସେ ଲେଲିନଙ୍କ ପୁସ୍ତକ ପଢ଼ିବାରେ ମଗ୍ନ ଥିଲେ।

## ଦେଶକୁ ନେତା ନୁହେଁ ସ୍ୱୟଂସେବକ ଆବଶ୍ୟକ:

ଭଗତ ସିଂହ କାର୍ଯ୍ୟରେ ବିଶ୍ୱାସ କରୁଥିଲେ, ନେତାଗିରୀରେ ନୁହେଁ। ଭାରତରେ ରାଜନୈତିକ ବ୍ୟକ୍ତି ନିଜକୁ ନେତା ନ ଭାବି, ଜନତାର ସେବକ, ଏକ କାର୍ଯ୍ୟକର୍ତ୍ତା ଅଥବା ଜନସେବକ ଭାବନ୍ତୁ। ଭାରତରେ ସମାଜବାଦ ସ୍ଥାପନ ଉଦ୍ଦେଶ୍ୟରେ କ୍ରାନ୍ତିକାରୀମାନେ 'ଭାରତ ସମାଜବାଦୀ ଗଣତନ୍ତ୍ର ସଂଘ' ସ୍ଥାପନା କରିଥିଲେ। ଏ ବିଷୟରେ ଭଗତ ସିଂହ ଲେଖିଥିଲେ-

"ମୁଁ ଯୁବକମାନଙ୍କୁ କହିବାକୁ ଚାହେଁ ଯେ ସେମାନେ ଏହି କାର୍ଯ୍ୟରେ କାର୍ଯ୍ୟକର୍ତ୍ତା ରୂପେ ଭାଗ ନିଅନ୍ତୁ। ଯେତେବେଳେ ନେତାଙ୍କ ପ୍ରଶ୍ନ ଉଠେ ସେମାନେ ପୂର୍ବାପେକ୍ଷା ଅଧିକ ଅଛନ୍ତି। ଆମ ପାର୍ଟିକୁ ନେତାର ଆବଶ୍ୟକତା ନାହିଁ। ଯଦି ଆପଣ ସାଂସାରିକ ପ୍ରାଣୀ, ପାରିବାରିକ ପ୍ରାଣୀ, ତେବେ ଆମ ପାଖକୁ ଆସନ୍ତୁ ନାହିଁ। ଯଦି ଆପଣ ଆମର ଉଦ୍ଦେଶ୍ୟ ସହିତ ସହାନୁଭୂତି ରଖୁଛନ୍ତି, ଅନ୍ୟ ଉପାୟରେ ଆମକୁ ସହାୟତା କରନ୍ତୁ। କେବଳ କଡ଼ା ଅନୁଶାସନରେ ରହିବା ଲୋକ ହିଁ ଆନ୍ଦୋଳନକୁ ଆଗକୁ ବଢ଼ାଇ ପାରିବେ।"

କିନ୍ତୁ ଆଜି ଆମର ରାଜନୈତିକ ଦଳର ସ୍ଥିତି ଏହାର ସଂପୂର୍ଣ୍ଣ ବିପରୀତ। ସେମାନଙ୍କ ମଧ୍ୟରେ ଅନୁଶାସନର ଚିହ୍ନ ବି ନାହିଁ। ଚାଟୁକାରିତା, ବ୍ୟକ୍ତିପୂଜାକୁ ତ ଅନୁଶାସନ କୁହାଯାଇ ପାରିବ ନାହିଁ। ଆଜି ଦଳର କୌଣସି ସଦସ୍ୟ କାର୍ଯ୍ୟକର୍ତ୍ତା ହୋଇ ରହି ନାହାଁନ୍ତି। ସମସ୍ତଙ୍କ ନଜର ଚୌକି ଉପରେ ରହିଛି। ସମସ୍ତେ ଆଜି ନେତା ହେବାକୁ ଚାହୁଁଛନ୍ତି।

## ମାନବତା / ହିଂସା:

ଉପରେ ଲେଖା ଯାଇଛି ଯେ ଭଗତ ସିଂହଙ୍କ ଉପରେ ସମାଜବାଦୀ ବିଚାରର ପ୍ରଭାବ ପଡ଼ିଥିଲା। ଅତଃ ସେ ମାନବତାର ପ୍ରବଳ ସମର୍ଥକ ଥିଲେ। ତାଙ୍କ ଦୃଷ୍ଟିରେ ମନୁଷ୍ୟର ଜୀବନ ସବୁଠାରୁ ଅଧିକ ପବିତ୍ର ବସ୍ତୁ ଥିଲା। ତାଙ୍କର ଇଂରେଜମାନଙ୍କ ସହିତ କୌଣସି ବ୍ୟକ୍ତିଗତ ଶତ୍ରୁତା ନଥିଲା। ନିଜର ଏହି ଚିନ୍ତାଧାରାର ପରିଚୟ ଦେବାକୁ ଯାଇ ସେ ଦିଲ୍ଲୀ ଜେଲରେ କରାଯାଇଥିବା ଅଦାଲତରେ କହିଥିଲେ-

"ପ୍ରତି ମାନବ ମାତ୍ରକେ ଆମର ପ୍ରେମ କୌଣସିଠାରୁ କମ୍ ନୁହେଁ। ଅତଃ କାହାରି

ପ୍ରତି ବିଦ୍ୱେଷ ମନୋଭାବ ରଖିବାର ପ୍ରଶ୍ନ ଉଠୁ ନାହିଁ। ଆମ ଦୃଷ୍ଟିରେ ମାନବ ଜୀବନ ଏତେ ପବିତ୍ର ଯାହାକୁ ଭାଷାରେ ପ୍ରକାଶ କରିବା ସମ୍ଭବ ନୁହେଁ। କାହାରିକୁ ଆଘାତ ଦେବା ପରିବର୍ତ୍ତେ ମାନବଜାତିର ସେବା ପାଇଁ ଆମେ ନିଜର ଜୀବନ ଦେବା ପାଇଁ ତତ୍ପର ଅଟୁ। ଆମେ ସମାଜବାଦୀ ସେନାର ବେଇମାନ ସୈନିକଙ୍କ ପରି ନୋହୁଁ, ଯେଉଁମାନେ ହତ୍ୟା କରିବାରେ ଆନନ୍ଦ ପାଆନ୍ତି। ଆମେ ମାନବ ଜୀବନ ରକ୍ଷା ପାଇଁ ଚେଷ୍ଟିତ।"

ଭଗତ ସିଂହ ବ୍ୟର୍ଥ ରକ୍ତପାତର ପକ୍ଷପାତୀ ନଥିଲେ ଏହା ସ୍ପଷ୍ଟ। ମାତ୍ର ଭାରତର ସ୍ୱତନ୍ତ୍ରତା ପାଇଁ ସେତେବେଳେ ତାଙ୍କୁ ହିଂସାର ଆଶ୍ରୟ ନେବାକୁ ପଡ଼ିଥିଲା। ସେ କାହିଁକି ଏପରି କଲେ? ଏହାର ଉତ୍ତର ସେ ତାଙ୍କର ଏହି ଭାଷଣରେ ଦେଇଥିଲେ-

"ଆମେ ପୂର୍ବରୁ କାଳ୍ପନିକ ହିଂସା ଶବ୍ଦର ପ୍ରୟୋଗ କରିଛୁ। ଆମେ ତାର ବ୍ୟାଖ୍ୟା କରିବାକୁ ଚାହୁଁଛୁ। ଆମ ଦୃଷ୍ଟିରେ ବଳ ପ୍ରୟୋଗ ସେହି ସମୟରେ ଅନ୍ୟାୟପୂର୍ଣ୍ଣ ହୋଇଥାଏ ଯେତେବେଳେ ତାହା ଆକ୍ରମଣ ବିଧିରେ କରାଯାଏ। କିନ୍ତୁ ଯଦି ବଳ ପ୍ରୟୋଗ କୌଣସି ବିଶେଷ ପ୍ରୟୋଗ ପୂର୍ତ୍ତି ପାଇଁ କରାଯାଏ ତେବେ ଏହା ନୈତିକ ଦୃଷ୍ଟିରେ ନ୍ୟାୟ ସଙ୍ଗତ ହୋଇଯାଏ। ବଳ ପ୍ରୟୋଗର ସଂପୂର୍ଣ୍ଣ ବହିଷ୍କାର ମୂର୍ଖତାପୂର୍ଣ୍ଣ କାଳ୍ପନିକ ଭୁଲ ବୁଝାମଣା।"

ଭଗତ ସିଂହଙ୍କ ଏହି ଶବ୍ଦରେ କେତେ ସତ୍ୟତା ଅଛି ତାର ଫଏସଲା ପାଠକ ନିଜେ କରିପାରିବେ। ଯଦି କୌଣସି ଶତ୍ରୁ ଆମ ଦେଶ ଉପରେ ଆକ୍ରମଣ କରେ, ବ୍ୟକ୍ତିଗତ ଜୀବନରେ କେହି ଆମ ଉପରେ କ୍ଷତି ପହଁଚାଏ, ଆମ ବଂଚିବା ଦୁଃସାଧ କରିଦିଏ ତେବେ ଆମେ ତାକୁ ସହିନେବା କେତେଦୂର ଉଚିତ ଅଟେ? ଜଣେ ତାହାକୁ କେଉଁ ପର୍ଯ୍ୟନ୍ତ ସହି ପାରିବ? ଯଦି ଅହିଂସା ଦ୍ୱାରା ବିଶ୍ୱଶାନ୍ତି ସମ୍ଭବ ହୁଏ ତେବେ କୌଣସି ଦେଶକୁ ସୈନ୍ୟ ଅଥବା ଗୁପ୍ତ ସୁରକ୍ଷା ପାଇଁ ପୁଲିସ୍ ଆଦି ବ୍ୟବସ୍ଥା କରିବା ଆବଶ୍ୟକ ପଡ଼ନ୍ତା ନାହିଁ। ତେଣୁ ଉଚ୍ଚ ଆଦର୍ଶ ପାଇଁ ବଳ ପ୍ରୟୋଗ, ଅର୍ଥାତ୍ ହିଂସାର ପ୍ରୟୋଗକୁ ଭଗତ ସିଂହ ଅନୁଚିତ ମାନୁ ନଥିଲେ। ସମ୍ପୂର୍ଣ୍ଣ ରାଷ୍ଟ୍ରର ହିତକୁ ଧ୍ୟାନରେ ରଖି ସେ ଇଂରେଜମାନଙ୍କ ବିରୁଦ୍ଧରେ ହିଂସାର ମାର୍ଗ ଆପଣାଇ ଥିଲେ। କିନ୍ତୁ ତାଙ୍କର ଏହି ହିଂସା ସଂକୀର୍ଣ୍ଣ ଭାବନାରୁ ଉର୍ଦ୍ଧ୍ୱରେ ଥିଲା। ତାଙ୍କର ଉଦ୍ଦେଶ୍ୟ ସଂପୂର୍ଣ୍ଣ ଭାରତଭୂମିର ସ୍ୱତନ୍ତ୍ରତା ଥିଲା। ଇଂରେଜ ଜାତିଙ୍କ ପ୍ରତି ଶତ୍ରୁତା ଭାବନା ନୁହେଁ।

## ନିଜର ସଭ୍ୟତା ଏବଂ ସଂସ୍କୃତି ପାଇଁ ଗର୍ବ:

ଯେ କୌଣସି ସଚ୍ଚା ରାଷ୍ଟ୍ରପ୍ରେମୀର ହୃଦୟରେ ନିଜ ଦେଶର ସଂସ୍କୃତି ତଥା ସଭ୍ୟତା ପାଇଁ ଅନୁରାଗ ରହିବା ସ୍ୱାଭାବିକ ଅଟେ। ଅତଃ ଭଗତ ସିଂହ ତାହାର ବ୍ୟତିକ୍ରମ ନଥିଲେ।

ସେ ସମାଜବାଦୀ ବିଚାରର ପ୍ରବଳ ସମର୍ଥକ ଥିଲେ। ଧର୍ମରେ ତାଙ୍କର କୌଣସି ବିଶେଷ ଆସ୍ଥା ନଥିଲା। ଋଷ୍ କ୍ରାନ୍ତିର ଜନକ ଲେନିନ୍ ତାଙ୍କର ଆଦର୍ଶ ଥିଲେ। ତଥାପି ତାଙ୍କର ଭାରତ, ଭାରତୀୟ ସଂସ୍କୃତି ଏବଂ ସଭ୍ୟତା ପ୍ରତି ଅପାର ପ୍ରେମ ଭାବ ଥିଲା। ଏହି ପ୍ରେମ ଭାବ କାରଣରୁ ସେ ନିଜ ଜୀବନର ସମସ୍ତ ସୁଖ-ସୁବିଧାକୁ ଜଳାଞ୍ଜଳି ଦେଇ କ୍ରାନ୍ତିର କଠୋର ମାର୍ଗକୁ ଆପଣାର କରିଥିଲେ। ତାଙ୍କ ସଂସ୍କୃତି ପ୍ରେମର ପରିଚୟ ବି 'ନୌଜବାନ ଭାରତ ସଭା'ଗଠନରେ ସ୍ପଷ୍ଟ ରୂପେ ପ୍ରାପ୍ତ ହୁଏ। ଅନ୍ୟ କାର୍ଯ୍ୟ ସହିତ ଭାରତୀୟ ସଂସ୍କୃତି ତଥା ଭାରତୀୟ ଭାଷା ପ୍ରଚାର କରିବା ଏହି ସଭାର ଏକ ମହାନ ଉଦ୍ଦେଶ୍ୟ ଥିଲା।

ଭାରତୀୟ ଇତିହାସର ଦୁଇ ମହାପୁରୁଷ ଗୁରୁ ଗୋବିନ୍ଦ ସିଂହ ତଥା ଛତ୍ରପତି ଶିବାଜୀଙ୍କ ପାଇଁ ତାଙ୍କ ହୃଦୟରେ ଅପାର ଶ୍ରଦ୍ଧା ଥିଲା। ତାଙ୍କ ବିଚାର ଅନୁସାରେ ଏହି ଦୁଇ ମହାପୁରୁଷ ଭାରତ ଇତିହାସର ମହାନ କ୍ରାନ୍ତିକାରୀ ଥିଲେ। ସେ ଦୁହିଁଙ୍କୁ ସେ କ୍ରାନ୍ତିର ପ୍ରେରଣା ସ୍ରୋତ ରୂପେ ମାନୁଥିଲେ।

"ଏହି ଦେଶରେ ଏକ ନୂତନ ଆନ୍ଦୋଳନ ଦଣ୍ଡାୟମାନ ହୋଇଛି, ଯାହାର ପୂର୍ବ ସୂଚନା ଆମେ ଦେଇ ସାରିଛୁ। ଏହି ଆନ୍ଦୋଳନ ଗୁରୁ ଗୋବିନ୍ଦ ସିଂହ ଏବଂ ଶିବାଜୀ, କମାଲ ପାଶା ଏବଂ ରିଜା ଖାଁ, ୱାସିଙ୍ଗଟନ୍ ଏବଂ ଗେରିବାଲଡ଼ି ତଥା ଲାଫରେତେ ଏବଂ ଲେନିନ୍‌ଙ୍କ କାର୍ଯ୍ୟରୁ ପ୍ରେରଣା ଗ୍ରହଣ କରେ।"

ଗୀତା ଭାରତୀୟ ସଂସ୍କୃତିର ଏକ ମହତ୍ତ୍ୱପୂର୍ଣ୍ଣ ଗ୍ରନ୍ଥ। ଭଗତ ସିଂହଙ୍କୁ ଗୀତା ବି ପ୍ରଭାବିତ କରିଥିଲା। ନିଜର ଜେଲ ଜୀବନରେ ବୋଧହୁଏ ସେ କମ୍ୟୁନିଷ୍ଟ ସାହିତ୍ୟ ସହିତ ଗୀତା ଅଧ୍ୟୟନ କରୁଥିଲେ। ସମ୍ଭବତଃ ଗୀତାର ନିଷ୍କାମ କର୍ମଯୋଗ ଦ୍ୱାରା ପ୍ରଭାବିତ ହୋଇ ସେ ସୁଖ-ଶାନ୍ତିର ଜୀବନ ଛାଡ଼ି ମାତୃଭୂମିର ସେବା ମାର୍ଗକୁ ଆପଣାଇ ନେଇଥିଲେ। ଗୀତାପ୍ରେମର ପରିଚୟ ତାଙ୍କର ଏକ ପତ୍ରରୁ ମିଳେ। ଏହି ପତ୍ର ସେ ଦିଲ୍ଲୀ ଜେଲରୁ ନିଜ ପିତା ସର୍ଦ୍ଦାର କିଶନ ସିଂହଙ୍କୁ ଲେଖିଥିଲେ। ଯେତେବେଳେ ସେ ଆସେମ୍ବ୍ଲି ବମ୍ କାଣ୍ଡରେ ପ୍ରଥମ ଥର ଗିରଫ ହୋଇଥିଲେ।

"ହଁ, ଯଦି ସମ୍ଭବ ହୁଏ, ତେବେ 'ଗୀତା ରହସ୍ୟ', ନେପୋଲିୟନଙ୍କ 'ଭୋଟି ସୁଆନେ ଭମରୀ', ଯାହା ଆପଣଙ୍କୁ କୁତୁବରେ ମିଳିଯିବ ଏବଂ ଇଂରାଜୀର କିଛି ନଭେଲ ଆଣିବେ।"

ଏହିପରି ବିନା ଆଶାରେ ସତ୍ୟ ପାଇଁ ଲଢ଼ିବା, ମୃତ୍ୟୁକୁ ଭୟ ନ କରିବା ଇତ୍ୟାଦି ଗୁଣ ସ୍ପଷ୍ଟ ସିଦ୍ଧ କରେ ଯେ ସେ ଗୀତା ଅଧ୍ୟୟନ ଅତ୍ୟନ୍ତ ଗମ୍ଭୀରତାର ସହିତ କରିଥିଲେ। ଯାହାଦ୍ୱାରା ସେ ପ୍ରଭାବିତ ନ ହୋଇ ରହି ପାରିନଥିଲେ। ଲାହୋରର ଡି.ଏ.ଭି. ସ୍କୁଲର ବିଦ୍ୟାର୍ଥୀ ଜୀବନରେ ସଂସ୍କୃତ ତାଙ୍କର ପ୍ରିୟ ବିଷୟ ଥିଲା।

## ବଳିଦାନ ଆବଶ୍ୟକ :

ଶହୀଦ ଭଗତ ସିଂହଙ୍କର ଏହା ନିଶ୍ଚିତ ଅବଧାରଣା ଥିଲା ଯେ ଲକ୍ଷ୍ୟ ପ୍ରାପ୍ତି ନିମନ୍ତେ ବଳିଦାନ ଆବଶ୍ୟକ। ତାଙ୍କ ଜୀବନରେ ମୁଖ୍ୟ ଲକ୍ଷ୍ୟ ଥିଲା ଭାରତର ସ୍ୱତନ୍ତ୍ରତା। ଏଥିପାଇଁ ସେ କଠିନରୁ କଠିନ ପରୀକ୍ଷା ଦେବାକୁ ପ୍ରସ୍ତୁତ ଥିଲେ ଏବଂ ତାହା ସେ ଦେଇଥିଲେ, ନିଜ ଜୀବନକୁ ବଳିଦାନ ଦେଇ। ତାଙ୍କ ଅନୁସାରେ ଲକ୍ଷ୍ୟ ପ୍ରାପ୍ତି ସହଜରେ ହୁଏ ନାହିଁ। ଏଥିପାଇଁ ନିରନ୍ତର ଚେଷ୍ଟା କରିବାକୁ ପଡ଼େ। ଏହା ତାଙ୍କର ନିମ୍ନ କଥାରୁ ଜଣାପଡ଼େ-

"ମୁଁ ଯୁବକମାନଙ୍କୁ ଅପିଲ କରିବାକୁ ଚାହେଁ ଯେ ସମାଜବାଦୀ ପ୍ରଜାତନ୍ତ୍ରର ସ୍ଥାପନା ପାଇଁ ଉତ୍ସାହପୂର୍ବକ କାର୍ଯ୍ୟ କରନ୍ତୁ। ଯଦି ସେମାନେ ଏହି ସଂଘର୍ଷକୁ ବିନା କ୍ଳାନ୍ତିରେ କରି ଚାଲିଥିବେ ତେବେ ଲକ୍ଷ୍ୟ ପ୍ରାପ୍ତି ନିଶ୍ଚୟ କରିବେ। ମାତ୍ର ଗୋଟିଏ ବର୍ଷରେ ନୁହେଁ, ବଳିଦାନ ଏବଂ କଠିନ ପରିଶ୍ରମ ପରେ।"

କିଛି ପାଇବାକୁ ହେଲେ ବହୁତ କିଛି ତ୍ୟାଗ କରିବାକୁ ପଡ଼େ। ଏହି ଭାବନାରେ କାର୍ଯ୍ୟ କରିବା ବ୍ୟକ୍ତି ହିଁ ଲକ୍ଷ୍ୟ ପ୍ରାପ୍ତ କରିଥାଏ। ଉପରୋକ୍ତ ପଂକ୍ତିରୁ ଏହି ଶିକ୍ଷାପ୍ରାପ୍ତ ହୁଏ। ଭଗତ ସିଂହଙ୍କୁ ଯେତେବେଳେ ଲାହୋର ଜେଲର କାଳ କୋଠରୀକୁ ପଠାଗଲା, ସେ ସମୟରେ ନିଜର ସାଥୀମାନଙ୍କୁ ବିଦାୟ ଦେବାକୁ ଯାଇ ସେ କହିଥିଲେ-

"ସାଥୀଗଣ ! ମିଳନ ତଥା ବିଚ୍ଛେଦ ଲାଗି ରହିଥାଏ। ହୋଇପାରେ ଆମେ ପୁଣି ମିଳିତ ହେବା। ଯେତେବେଳେ ଆପଣମାନଙ୍କ ସଜା ପୂର୍ଣ୍ଣ ହୋଇଯିବ, ଘରେ ପହଂଚି ସାଂସାରିକ କାର୍ଯ୍ୟରେ ହଜି ଯିବେ ନାହିଁ। ଯେ ପର୍ଯ୍ୟନ୍ତ ଆପଣମାନେ ଭାରତରୁ ଇଂରେଜମାନଙ୍କୁ ବିତାଡ଼ିତ କରି ସମାଜବାଦୀ ଗଣତନ୍ତ୍ର ସ୍ଥାପିତ କରି ନାହାଁନ୍ତି, ଆରାମରେ ବସିବେ ନାହିଁ। ଏହା ମୋର ଆପଣମାନଙ୍କ ପାଇଁ ଅନ୍ତିମ ସନ୍ଦେଶ।"

ଅର୍ଥାତ୍ ଆଗେଇ ଚାଲ, ଅଟକି ଯାଅ ନାହିଁ, ଯେପର୍ଯ୍ୟନ୍ତ ଆପଣ ଲକ୍ଷ୍ୟସ୍ଥଳରେ ନ ପହଞ୍ଚିଛନ୍ତି। ଏହା ଥିଲା ଭଗତ ସିଂହଙ୍କ ସିଦ୍ଧାନ୍ତ, ଏକ ମହତ୍ତର ଭାବନା।

## ଏକତାର ସମର୍ଥକ:

ଭାରତ ବିଭିନ୍ନ ଧର୍ମ ଏବଂ ସଂପ୍ରଦାୟର ଦେଶ। ଏଠାରେ ବିଭିନ୍ନ ଧର୍ମକୁ ମାନୁଥିବା ଲୋକ ଶହଶହ ବର୍ଷ ଧରି ଏକତ୍ର ରହି ଆସିଛନ୍ତି। ବିଭିନ୍ନ ଧର୍ମକୁ ମାନୁଥିବା ଲୋକମାନଙ୍କ ମଧ୍ୟରୁ ଅଧିକତର ଗୋଟିଏ ପୂର୍ବଜଙ୍କ ସନ୍ତାନ ବା ବଂଶଧର। ଏ ପ୍ରକାର ଧାର୍ମିକ ବିଶ୍ୱାସ ଅଲଗା ହେଲେ ମଧ୍ୟ ସମସ୍ତେ ଭାଇ-ଭାଇ ଅଟନ୍ତି। କିନ୍ତୁ ବେଳେବେଳେ କେତେକ ଚକ୍ରାନ୍ତକାରୀ ଲୋକଙ୍କ ମଧ୍ୟରେ ସାଂପ୍ରଦାୟିକତାର ବିଷ ଭରି ଦିଅନ୍ତି ଏବଂ ସାଧାରଣ

ଲୋକେ ସେମାନଙ୍କ କଥାରେ ଭାସିଯାଇ ଜଣେ ଅନ୍ୟ ଜଣଙ୍କର ରକ୍ତରେ ହୋରି ଖେଳନ୍ତି। କିନ୍ତୁ ଯିଏ ପ୍ରକୃତ ମଣିଷ, ଯିଏ ସଚ୍ଚା ଅର୍ଥରେ ଧର୍ମକୁ ପାଳନ କରେ, ଏ ପ୍ରକାର କାର୍ଯ୍ୟ ଓ ବିଚାରକୁ କେବେ ବି ଉଚିତ କହି ପାରେ ନାହିଁ। ଶହୀଦ ଭଗତ ସିଂହ ବି ଜଣେ ସଚ୍ଚା ମନୁଷ୍ୟ ଥିଲେ। ତାଙ୍କ ଦୃଷ୍ଟିରେ ମାନବତା ହିଁ ସବୁଠାରୁ ବଡ଼ ଧର୍ମ ଥିଲା। ସେ ସମସ୍ତ ଭାରତୀୟଙ୍କୁ ପରସ୍ପରର ଭାଇ ବୋଲି ମାନୁଥିଲେ। ଅତଃ ସେମାନଙ୍କୁ ପରସ୍ପର ମଧ୍ୟରେ ଲଢୁଥିବା ଦେଖି ତାଙ୍କର ଆତ୍ମା କାନ୍ଦି ଉଠୁଥିଲା। ଏହି ବିଷୟରେ ଶ୍ରୀ ଦୀନନାଥ ସିଦ୍ଧାନ୍ତାଳଙ୍କାର ଏକ ଘଟଣାର ଉଲ୍ଲେଖ କରିଛନ୍ତି-

"ସେ (ଭଗତସିଂହ) ରାତିରେ ଚୌତରାର ଛାତ ଉପରେ ଏକୁଟିଆ ବସି କାନ୍ଦୁଥିଲେ। ବହୁତ ଦିନ ପର୍ଯ୍ୟନ୍ତ ମୁଁ ଏହାକୁ ତାଙ୍କର ଘରୋଇ ପରିସ୍ଥିତିର ଫଳ ବୋଲି ଭାବୁଥିଲି। ଦିନେ ରାତି ବାରଟାରେ ମୋ ଆଖି ଖୋଲି ଗଲା। ମୁଁ ଦେଖିଲି କାନ୍ଦି କାନ୍ଦି ତାଙ୍କର କୋହ ଉଠୁଛି। ମୁଁ ତାଙ୍କୁ ଧୈର୍ଯ୍ୟ ଦେଲି, କାନ୍ଦିବାର କାରଣ ପଚାରିଲି। ବହୁ ସମୟ ଚୁପ୍ ରହିବା ପରେ ସେ କହିଲେ, 'ମାତୃଭୂମିର ଦୁର୍ଦ୍ଦଶା ଦେଖି ମୋ ହୃଦୟ ଫାଟି ଯାଉଛି। ଗୋଟିଏ ଦିଗରେ ବିଦେଶୀମାନଙ୍କ ଅତ୍ୟାଚାର, ଅନ୍ୟ ଦିଗରେ ଭାଇ-ଭାଇର ଗଳା କାଟିବାକୁ ପ୍ରସ୍ତୁତ। ଏପରି ଅବସ୍ଥାରେ ଏ ବନ୍ଧନ କିପରି କଟିବ ?' ଭଗତ ସିଂହଙ୍କ ଠାରୁ ମୁଁ ଏପରି କଥା ଶୁଣି ଅବାକ ହେଲି।"

୧୯୨୫ ରେ ଯେତେବେଳେ ଭଗତସିଂହ ଦିଲ୍ଲୀର 'ବୀର ଅର୍ଜୁନ'ରେ କାମ କରୁଥିଲେ, ସେ ସମୟରେ ଦେଶ ସାଂପ୍ରଦାୟିକ ଦଙ୍ଗାରେ ଜଳୁଥିଲା। ଦିଲ୍ଲୀ ବି ଏଥିରୁ ବାଦ ପଡ଼ିନଥିଲା। ଅତଃ ଭଗତ ସିଂହଙ୍କ ପରି ସଚ୍ଚା ରାଷ୍ଟ୍ରଭକ୍ତ ଏ ପ୍ରକାର ଅବସ୍ଥା ଦେଖି ଦୁଃଖୀ ହେବା ସ୍ୱାଭାବିକ ହିଁ ଥିଲା।

ସମସ୍ତ ଭାରତବାସୀ ପରସ୍ପର ମଧ୍ୟରେ ଏକ ହୋଇ ରୁହନ୍ତୁ ଏହା ତାଙ୍କର ହାର୍ଦ୍ଦିକ ଇଚ୍ଛା ଥିଲା। ଏହି ଉଦ୍ଦେଶ୍ୟ ପାଇଁ ସେ ଜୁନ୍ ୧୯୨୮ରେ ଲାହୋରରେ 'ବିଦ୍ୟାର୍ଥୀ ଇଉନିୟନ' ଗଠନ କରିଥିଲେ। କାରଣ ବିଦ୍ୟାର୍ଥୀ ହିଁ ଭାବି ରାଷ୍ଟ୍ରର ନିର୍ମାତା ଅଟନ୍ତି। ଦେଶର ଏକତା ପାଇଁ ସାମାଜିକ ନୀଚତାକୁ ଦୂର କରିବା ଏହି ୟୁନିୟନର ମୁଖ୍ୟ କାର୍ଯ୍ୟ ଥିଲା। ଏହି ୟୁନିୟନ ହିନ୍ଦୁ ଏବଂ ମୁସଲମାନ ମାନଙ୍କ ଜାତି-ପତି, ଛୁଆଁ-ଛୁତି ଆଦି ସଂକୀର୍ଣ୍ଣ ବିଚାରକୁ ଦୂର କରିବା ପାଇଁ ମିଳିତ ଭୋଜନର ଆୟୋଜନ କରୁଥିଲେ। ଯାହାଦ୍ୱାରା ସବୁ ଜାତି ଏବଂ ଧର୍ମର ଲୋକେ ଏକ ସଙ୍ଗରେ ବସି ଭୋଜନ କରୁଥିଲେ। ଏହି ସଭାର ଅନେକ ସଦସ୍ୟ ନିଜ ନିଜ ଧର୍ମର କୁପ୍ରଥା ଉପରେ ଲେଖା ଲେଖୁଥିଲେ ତଥା ଜାତିବାଦର କଡ଼ା ବିରୋଧ କରୁଥିଲେ।

ଏହି ପ୍ରକାର ଶହୀଦ ଭଗତ ସିଂହ ରାଷ୍ଟ୍ରୀୟ ଭାବନାର ପ୍ରବଳ ସମର୍ଥକ, ଧର୍ମ

ନିରପେକ୍ଷ ରାଜନୀତିର ବିଘଟକ ତଥା ଏକ ଉଚ୍ଚ ଆଦର୍ଶର ସମାଜବାଦୀ ଥିଲେ। ସେ ମାନବତାର ସଚ୍ଚା ପ୍ରେମୀ, ନୀଚ ଆଦର୍ଶବାଦର ବିରୋଧୀ, ନିଜ ସଂସ୍କୃତି ଓ ସଭ୍ୟତା ଉପରେ ଅଭିମାନ କରୁଥିବା ଏବଂ ରାଷ୍ଟ୍ରୀୟ ଏକତାର ପକ୍ଷପାତୀ ଥିଲେ। ସେ ଭାରତର ସୁନେଲୀ ଭବିଷ୍ୟତର ସ୍ୱପ୍ନ ଦେଖୁଥିଲେ। ସେ ଜଣେ ସଚ୍ଚୋଟ ମଣିଷ ଏବଂ ସଚ୍ଚୋଟ ଭାରତୀୟ ଥିଲେ ଯିଏ ଭାରତକୁ ସ୍ୱାଧୀନ କରିବା ପାଇଁ ନିଜର ଅମୂଲ୍ୟ ଜୀବନକୁ ବି ବଳିଦାନ କରି ଦେଲେ।

# 11

# ଶହୀଦ ଭଗତ ସିଂହଙ୍କ ମୂଲ୍ୟାଙ୍କନ

ଶହୀଦ ଭଗତ ସିଂହଙ୍କ ନାମ ନେଲାମାତ୍ରେ ହିଁ ଟୋପି ପିନ୍ଧିଥିବା, ଅଳ୍ପ ଦାଢ଼ି ଥିବା, ତୀକ୍ଷ୍ଣ ଚକ୍ଷୁ ତଥା ସୁସ୍ଥ ଶରୀର ଦୀର୍ଘ ଚେହେରାର ଏକ ଯୁବକର ଛବି ସହଜରେ ଆମ ଆଖି ସାମନାରେ ଆସିଯାଏ । କୌଣସି ବ୍ୟକ୍ତିଙ୍କ ମୂଲ୍ୟାଙ୍କନ କରିବା ସହଜ କାର୍ଯ୍ୟ ନୁହେଁ, ଯଦି ସେପରି କେହି କରେ ତେବେ ଅନ୍ୟ ଲୋକମାନେ ସେଥିରେ ଏକମତ ହେବାପାଇଁ ବାଧ ନୁହନ୍ତି । ଯାହା ବି ହେଉ ଶହୀଦ ଭଗତ ସିଂହଙ୍କର ଭାରତୀୟ ଇତିହାସରେ ଏକ ବିଶେଷ ସ୍ଥାନ ଅଛି ।

ଭଗତ ସିଂହ କେବଳ ୨୩ ବର୍ଷ ୫ ମାସର ଅଳ୍ପାୟୁରେ ମାତୃଭୂମିର ସେବା କରି ଶହୀଦ ହୋଇଗଲେ । ଏହି ଅଳ୍ପ ବୟସରେ ସେ ନିଜ ଜୀବନର ଶେଷ ଦୁଇବର୍ଷରୁ ଅଧିକ ସମୟ ହାଜତ ଅଥବା ଜେଲରେ ବିତାଇଥିଲେ । ତଥାପି ନିଜ ଜନ୍ମଭୂମିର ପରାଧୀନତାର ବେଡ଼ି କାଟିବା ପାଇଁ ସେ ଯେଉଁ ବଳିଦାନ ଦେଲେ ସାରା ବିଶ୍ୱ ଇତିହାସରେ ଏପରି ଉଦାହରଣ ଖୁବ୍ କମ୍ ମିଳିଥାଏ । କ'ଣ କାରଣ ଥିଲା ଯେ ଏତେ କମ୍ ବୟସରେ ଏହି ଯୁବକ ଶହୀଦ ହେବା ପରେ ବି ଇଂରେଜ ସରକାରଙ୍କ ନିଦ ହଜାଇ ଦେଇଥିଲେ । କେଉଁ କଥାଥିଲା ଯେ ସେ ସମୟର ପ୍ରସିଦ୍ଧ ନେତା, ରାଜନୀତିର ମହା ମହା ରଥୀମାନଙ୍କୁ ବି ଏହି ନବ ଯୁବକଙ୍କ ବିଷୟରେ ଭାବିବାକୁ ବାଧ କରିଥିଲା ? କାହିଁକି ? କେଉଁ କାରଣ ଥିଲା ଯେ ସେ ସମୟରେ ଭାରତୀୟ ରାଜନୀତିରେ ଶୀର୍ଷରେ ଥିବା ମହାତ୍ମା ଗାନ୍ଧୀଙ୍କୁ ବି ଏହି ବୀରଙ୍କ ବିଷୟରେ ସମାଲୋଚନାର ଶରବ୍ୟ ହେବାକୁ ପଡ଼ିଥିଲା ? ଯେ କୌଣସି କାର୍ଯ୍ୟ ପଛରେ କାରଣ ଅବଶ୍ୟ ରହିଥାଏ । ଶହୀଦ ଭଗତ ସିଂହଙ୍କ ଲୋକପ୍ରିୟତାର ବି ଏହି କାରଣ ଥିଲା । ଇଂରେଜମାନଙ୍କ ଦୃଷ୍ଟିରେ ସେ କେବଳ ଜଣେ ଆତଙ୍କବାଦୀ ଥିଲେ । ମାତ୍ର ଭାରତୀୟଙ୍କ ଦୃଷ୍ଟିରେ ଜଣେ ଶ୍ରେଷ୍ଠ ଦେଶଭକ୍ତ । କେତେକ ବିଦ୍ୱାନ ମହାତ୍ମା ଗାନ୍ଧୀ ଏବଂ ଭଗତ ସିଂହ ଉଭୟଙ୍କର ତୁଳନା କରିବାକୁ ଚେଷ୍ଟା କରିଛନ୍ତି । କେତେକ ତାଙ୍କୁ ବୀରତାର ପ୍ରତୀକ ରୂପେ ମାନିଛନ୍ତି । ମାତ୍ର ସ୍ୱୟଂ ଭଗତ ସିଂହ ନିଜେ ନିଜକୁ ସ୍ୱତନ୍ତ୍ରତା ସଂଗ୍ରାମର ଜଣେ ଯୋଦ୍ଧା ତଥା ଯୁଦ୍ଧ ବନ୍ଦୀ ବୋଲି

କହିଥିଲେ। ଏହା ସହିତ ତାଙ୍କୁ ଅନ୍ୟ ବିଦ୍ୱାନ ତଥା ରାଜନୀତିଜ୍ଞମାନେ ନିଜ ନିଜ ଦୃଷ୍ଟିକୋଣରୁ ମୂଲ୍ୟାଙ୍କନ କରିଛନ୍ତି। ଏଠାରେ ସେହି ଦୃଷ୍ଟିକୋଣ ବିଷୟରେ ଏକ କ୍ଷୁଦ୍ର ପ୍ରଚେଷ୍ଟା କରାଯାଇଛି।

## ମହାତ୍ମାଗାନ୍ଧୀ ଏବଂ ଭଗତ ସିଂହ:

ବିଚାର ଦୃଷ୍ଟିରୁ ମହାତ୍ମାଗାନ୍ଧୀ ଏବଂ ଭଗତ ସିଂହଙ୍କ ମଧ୍ୟରେ କେଉଁଠାରେ କୌଣସି ସମାନତା ନାହିଁ। ଯେଉଁଠି ମହାତ୍ମାଗାନ୍ଧୀ ପରମ ଅହିଂସାବାଦୀ ଥିଲେ ସେଠି ଭଗତ ସିଂହ ଜଣେ କ୍ରାନ୍ତିକାରୀ, ଯିଏ ଲକ୍ଷ୍ୟ ପ୍ରାପ୍ତି ନିମନ୍ତେ ହିଂସାକୁ ଭୁଲ ବୋଲି ମାନନ୍ତି ନାହିଁ। ଦୁହିଁଙ୍କ ବିଚାରଧାରାରେ ଜଣକ ଠାରୁ ଜଣେ ସଂପୂର୍ଣ୍ଣ ବିପରୀତ। ଜଣେ ଉତ୍ତର ଦିଗର ଧ୍ରୁବତାରା ହେଲେ ଅନ୍ୟ ଜଣେ ଦକ୍ଷିଣ ଦିଗର ଧ୍ରୁବତାରା। ମାତ୍ର ଦୁହିଁଙ୍କର ଲକ୍ଷ୍ୟ ଏକ ଥିଲା ଏବଂ ତାହା ଥିଲା-ଭାରତର ସ୍ୱତନ୍ତ୍ରତା। ଦୁହେଁ ଅତିବାଦୀ ଥିଲେ। ଜଣେ ଅହିଂସାର ଅତିବାଦୀ ତ ଅନ୍ୟଜଣେ କ୍ରାନ୍ତୀର ଅତିବାଦୀ। କିନ୍ତୁ ଭାରତୀୟ ଜନତାଙ୍କ ପାଇଁ ଦୁହେଁ ସମାନ ପ୍ରିୟ ଏବଂ ପୂଜ୍ୟ ଥିଲେ। ଦୁହେଁ ମାତୃଭୂମିର ସ୍ୱତନ୍ତ୍ରତା ପାଇଁ ସଂଘର୍ଷ କରିଥିଲେ। ଭଗତ ସିଂହ ସଂଘର୍ଷ କରି ଶହୀଦ ହୋଇ ଗଲେ ଏବଂ ଗାନ୍ଧିଜୀ ସଂଘର୍ଷରେ ସଫଳତା ପାଇ ଦେଶକୁ ସ୍ୱାଧୀନ କରାଇଲେ। ଏ ବିଷୟରେ ଶ୍ରୀ କେ.କେ.ଖୁଲ୍ଲର ନିଜର ପୁସ୍ତକ 'ଶହୀଦ ଭଗତ ସିଂହ'ରେ ଉଲ୍ଲେଖ କରିଛନ୍ତି-

"ରାଜନୈତିକ ଦୃଷ୍ଟିକୋଣରୁ ଭଗତ ସିଂହ ଓ ଗାନ୍ଧୀଜୀ ଦୁହେଁ ଏପରି ଚିନ୍ତାନାୟକ ଥିଲେ ଯେଉଁ ଦୁଇ ଜଣଙ୍କୁ ଗୋଟିଏ ନଦୀର ଦୁଇଟି କୂଳ ସହ ତୁଳନା କରାଯାଇପାରେ, ଯାହା ପରସ୍ପର ସହ ମିଳିତ ନହୋଇ ସମାନ୍ତରାଳ ଭାବେ ଗତି କରୁଥାଏ। ଦୁହେଁ ମାତୃଭୂମି ପାଇଁ ନିଜ ପ୍ରାଣ ବିସର୍ଜନ କଲେ ଏବଂ ଅମର ହୋଇଗଲେ। ଭଗତ ସିଂହ ଫାଶୀ ପାଇ ଶହୀଦ ହେଲେ ଏବଂ ଗାନ୍ଧିଜୀ ଏକ ହତ୍ୟାକାରୀର ଗୁଳିର ଶିକାର ହୋଇ ଅମର ପାଲଟିଗଲେ। ଭଗତ ସିଂହଙ୍କର ଅନ୍ତିମ ଅନୁରୋଧ ଥିଲା ଯେ ଯୁଦ୍ଧବନ୍ଦୀ ହୋଇଥିବା ଯୋଗୁଁ ତାଙ୍କୁ ସାଧାରଣ ଅପରାଧୀ ପରି ଫାଶୀରେ ଟାଙ୍ଗି ଦେବା ପରିବର୍ତ୍ତେ ସାଧାରଣ ଅପରାଧୀଙ୍କ ପରି ଗୁଳିରେ ଉଡ଼ାଇ ଦିଆଯାଉ। ଚାରିତ୍ରିକ ସାହସ ଏବଂ ନିର୍ଭୟତା ଦୃଷ୍ଟିରୁ ଦୁହେଁ ଏପରି ସ୍ତର ନିର୍ମାଣ କଲେ ଯାହା ସାଧାରଣ ମନୁଷ୍ୟ ପାଇଁ ତାଠାରୁ ଆଗକୁ ଯାଇପାରିବା ସୁଗମ ନୁହେଁ। ସେ ଦୁହେଁ ବ୍ୟକ୍ତି ନଥିଲେ, ଥିଲେ ଆନ୍ଦୋଳନ। ଯେଉଁଠି ଗାନ୍ଧିଜୀ ବସୁଥିଲେ, ସେ ସ୍ଥାନ ମନ୍ଦିର ହୋଇଯାଉଥିଲା। ଯେଉଁ ବାଟ ଦେଇ ଗାନ୍ଧୀଜୀ ଚାଲି ଯାଉଥିଲେ ସେ ଜମି ପବିତ୍ର ହୋଇଯାଉଥିଲା। ଯେଉଁଠି ଭଗତ ସିଂହଙ୍କୁ ଫାଶୀ ଦିଆଗଲା ଏବଂ ଯେଉଁଠି ତାଙ୍କର ଅନ୍ତିମ ସଂସ୍କାର କରାଯାଇଥିଲା ସେ ସ୍ଥାନ ତୀର୍ଥ ହୋଇ ସାରିଛି। ଭଗତ ସିଂହଙ୍କ ବିଷୟରେ ଆଖି ନ ଭିଜାଇ କିମ୍ୱା ଭାବୁକ ନ ହୋଇ ଲେଖା ହୋଇ ପାରିବ ନାହିଁ। ଫାଶୀ ଖୁଣ୍ଟରେ ଝୁଲି ଭଗତ ସିଂହ

ଅଧିକ ଜୀବନ୍ତ ହୋଇ ଉଠିଥିଲେ। ବିନା କୋହଭରା ହୃଦୟରେ ଗାନ୍ଧୀଜୀଙ୍କ ହତ୍ୟା ବର୍ଣ୍ଣନା କରିବା ମଧ୍ୟ ସେତିକି କଠିନ। ଦୁହେଁ ନିଜ ପଛରେ ଏପରି ସ୍ମୃତି ଛାଡ଼ି ଯାଇଛନ୍ତି, ଯାହାକୁ ଭୁଲି ହେବ ନାହିଁ। ଦୁହିଁଙ୍କ ମୃତ୍ୟୁ ଲୋକଙ୍କ ହୃଦୟରେ ଗଭୀର ବ୍ୟଥା ଉତ୍ପନ୍ନ କରିଛି।"

ଏହିପରି ଦୁହିଁଙ୍କ ଲକ୍ଷ୍ୟ ଏକ ହିଁ ଥିଲା- ମାତୃଭୂମିକୁ ସ୍ୱତନ୍ତ୍ର କରିବା, ଯଦିଓ ଦୁହିଁଙ୍କ ଚିନ୍ତାଧାରାରେ ଆକାଶ ପାତାଳ ଅନ୍ତର ଥିଲା। ଦୁହେଁ ନିଜ ନିଜ କ୍ଷେତ୍ରରେ ପରମ ଯୋଦ୍ଧା ଥିଲେ। ଗାନ୍ଧିଜୀଙ୍କ ବୀରତା, ଶାନ୍ତି ଏବଂ ସତ୍ୟ ଉପରେ ଆଧାରିତ ଥିଲା ଏବଂ ଭଗତ ସିଂହ ଜଣେ ଅଦ୍ୱିତୀୟ ଯୁଦ୍ଧବୀର ଥିଲେ। ଏହି ଦୁହିଁଙ୍କ ମଧ୍ୟରୁ କୌଣସି ଜଣଙ୍କୁ ଅନ୍ୟ ଜଣଙ୍କଠାରୁ ମହାନ କହିବା ଅନ୍ୟ ଜଣକ ସହିତ ଅନ୍ୟାୟ ହେବ।

## ଆତଙ୍କବାଦୀ ନୁହେଁ ଯୋଦ୍ଧା:

ଭାରତମାତାର ଯୋଗ୍ୟ ସୁପୁତ୍ର ଭଗତ ସିଂହ ଇଂରେଜ ସରକାରଙ୍କ ସୁଖଶାନ୍ତି ଛଡ଼ାଇ ନେଇଥିଲେ। ଭଗତ ସିଂହ ଥିଲେ ବ୍ରିଟିଶ ରାଜ୍ୟ ଉପରେ ଟଙ୍ଗା ହୋଇଥିବା ଏକ ଧାରୁଆ ତଲୱାର। ଭଗତ ସିଂହଙ୍କ ନାମ ଇଂରେଜ ସରକାରଙ୍କ ପାଇଁ ଆତଙ୍କ ହୋଇ ଯାଇଥିଲା। ଭାରତ ଭାରତୀୟମାନଙ୍କର ହୋଇ ମଧ୍ୟ ଇଂରେଜମାନେ ଏହାର ପ୍ରଭୁ ଥିଲେ। ଭାରତୀୟଙ୍କ ଦଶା ଦୟନୀୟ ଥିଲା। ସେମାନଙ୍କୁ ଏହି ଦୟନୀୟ ଅବସ୍ଥାରେ ପହଞ୍ଚାଇ ଥିଲେ ଇଂରେଜ ସରକାର। ଏଥିପାଇଁ ଇଂରେଜ ସରକାର ଅନ୍ୟାୟ ଓ ଅତ୍ୟାଚାର ପନ୍ଥା ଆପଣେଇ ଥିଲେ। ଭଗତ ସିଂହ ଏହି ଅତ୍ୟାଚାରକୁ ସମାପ୍ତ କରିବା ପାଇଁ ଶପଥ ନେଲେ। ଇଂରେଜମାନଙ୍କୁ ବିପଦ ଘନେଇ ଆସିଲା। ଅତଃ ସେମାନେ ଏହି ପରମ ଦେଶଭକ୍ତଙ୍କୁ ଆତଙ୍କବାଦୀ, ଅପରାଧୀ, ଅବାଂଛନୀୟ ବ୍ୟକ୍ତି ଆଦିରେ ଭୂଷିତ କଲେ। ସେମାନଙ୍କର ଏପରି କହିବା ସ୍ୱାଭାବିକ ଥିଲା। ଜଣେ ଅତ୍ୟାଚାରୀଙ୍କ ଠାରୁ ସଚ୍ଚା ନ୍ୟାୟ ଆଶା କିପରି କରାଯାଇ ପାରନ୍ତା ? ଫ୍ରେଙ୍କ ମୋରିସ ବି ତାଙ୍କୁ ଜଣେ ସ୍ପଷ୍ଟ ଆତଙ୍କବାଦୀ ତଥା ନିର୍ଭୀକ ଯୋଦ୍ଧା କହିଛନ୍ତି- "ଭଗତ ସିଂହ ଏକ ମହତ୍ତ୍ୱପୂର୍ଣ୍ଣ ବ୍ୟକ୍ତିତ୍ୱ, ଏକ ସ୍ପଷ୍ଟ ଆତଙ୍କବାଦୀ ଥିଲେ ଯାହାଙ୍କ ବୁଦ୍ଧିଯୁକ୍ତ ସ୍ପଷ୍ଟ ଚେହେରାରୁ ବିଦ୍ରୋହୀର ଝଲକ ମିଳୁଥିଲା।"

ନିଜ ଦେଶକୁ ପ୍ରେମ କରିବା କୌଣସି ଅପରାଧ ନୁହେଁ। ଯଦି କେହି ନିଜ ମାତୃଭୂମିର ସୁରକ୍ଷା ଅଥବା ସ୍ୱତନ୍ତ୍ରତା ପାଇଁ ମାତୃଭୂମୀର ଶତ୍ରୁମାନଙ୍କୁ ଭୟଭୀତ କରିଦିଏ, ତାଙ୍କୁ ଆତଙ୍କିତ କରିଦିଏ ତାହାକୁ ସେଇ ବ୍ୟକ୍ତିର ଦୁର୍ଗୁଣ କୁହାଯିବ ନାହିଁ। ଏହା ଏକ ଶ୍ରେଷ୍ଠ କାର୍ଯ୍ୟ। ତେବେ ଏହାକୁ କେଉଁ ଆଧାରରେ ଆତଙ୍କବାଦ କୁହାଯାଇ ପାରିବ ? ଭଗତ ସିଂହ ଜଣେ ଯୋଦ୍ଧା ଥିଲେ। ନିଜର ୨ ଫେବୃୟାରୀ ୧୯୩୧ରେ ଦେଶର ଯୁବକମାନଙ୍କୁ ଦିଆଯାଇଥିବା ସନ୍ଦେଶରେ ସେ ଏହି କଥା କହିଥିଲେ-

"ଏକଥା ପ୍ରସିଦ୍ଧି ଲାଭ କରିଛି ଯେ ମୁଁ ଆତଙ୍କବାଦୀ । ମାତ୍ର ମୁଁ ଆତଙ୍କବାଦୀ ନୁହେଁ । ମୁଁ ଜଣେ କ୍ରାନ୍ତିକାରୀ, ଯାହାର କିଛି ନିଶ୍ଚିତ ବିଚାର, ନିଶ୍ଚିତ ଆଦର୍ଶ ତଥା ଦୀର୍ଘ କାର୍ଯ୍ୟକ୍ରମ ଅଛି ।"

ଯଦି ନିଜ ଦେଶକୁ ରକ୍ଷା କରିବା ପାଇଁ କେହି ଶତ୍ରୁକୁ ହତ୍ୟା କରେ ତାକୁ ଅପରାଧୀ କୁହାଯାଇ ପାରିବ ନାହିଁ । ଯଦି ଏପରି ହୁଏ, ତେବେ ଦେଶର ରକ୍ଷା ପାଇଁ ଲଢୁଥିବା ଯୋଦ୍ଧା ବି ଅପରାଧୀ । ଆସେମ୍ବ୍ଲି ବମ୍ କାଣ୍ଡର ବିଚାର କରୁଥିବା ଉଚ୍ଚ ନ୍ୟାୟାଳୟରେ ଭଗତ ସିଂହ ନିଜେ ଏହାର ବ୍ୟାଖ୍ୟା କରି କହିଥିଲେ-

"ପ୍ରଥମ କଥା ଆମେ ଆସେମ୍ବ୍ଲିରେ ଯେଉଁ ବମ୍ ପକାଇ ଥିଲୁ, ତା ଦ୍ୱାରା କୌଣସି ବ୍ୟକ୍ତିର ଶାରୀରିକ ବା ମାନସିକ କ୍ଷତି ହୋଇନାହିଁ । ଏ ଦୃଷ୍ଟିରୁ ଯେଉଁ ସଜା ଆମକୁ ଦିଆ ଯାଇଛି, ଏହା କେବଳ କଠୋରତମ ନୁହେଁ, ପ୍ରତିଶୋଧ ନେବା ଭାବନାଯୁକ୍ତ । ଅନ୍ୟ ଦୃଷ୍ଟିରେ ଦେଖାଗଲେ ଯେ ପର୍ଯ୍ୟନ୍ତ ଅଭିଯୁକ୍ତର ମନୋଭାବକୁ ବିଚାର କରାଯାଏ ନାହିଁ, ସେ ପର୍ଯ୍ୟନ୍ତ ତାହାର ଅସଲ ଉଦ୍ଦେଶ୍ୟ ଜାଣି ହେବ ନାହିଁ । ଯଦି ଉଦ୍ଦେଶ୍ୟକୁ ସଂପୂର୍ଣ୍ଣ ଅଲଗା ରଖାଯାଏ, ତେବେ କୌଣସି ବ୍ୟକ୍ତିଙ୍କ ସହିତ ନ୍ୟାୟ ହୋଇ ପାରିବ ନାହିଁ । କାରଣ ଉଦ୍ଦେଶ୍ୟ ପ୍ରତି ଦୃଷ୍ଟି ନରଖିଲେ ସଂସାରର ବଡ଼ବଡ଼ ସେନାପତି ସାଧାରଣ ହତ୍ୟାକାରୀ ପ୍ରମାଣିତ ହେବେ । ସରକାରୀ ଟାକ୍ସ ଅସୁଲକାରୀ ଅଧିକତର ଚୋର-ଧୋକ୍କାବାଦୀ ଦେଖାଯିବେ ଏବଂ ନ୍ୟାୟାଧୀଶଙ୍କ ଉପରେ ହତ୍ୟାର ଆରୋପ ଲାଗିବ । ଏହିପରି ସମାଜ ବ୍ୟବସ୍ଥା ଏବଂ ସଭ୍ୟତା, ଖୁନ୍-ଖରାପ, ଚୋରୀ ଏବଂ ଧୋକ୍କାବାଜୀ ହୋଇ ରହିଯିବେ । ଯଦି ଉଦ୍ଦେଶ୍ୟକୁ ଉପେକ୍ଷା କରାଯିବ ତେବେ ଶାସନର କି ଅଧିକାର ଅଛି ଯେ ସମାଜର ବ୍ୟକ୍ତିମାନଙ୍କ ପାଇଁ ନ୍ୟାୟ କରିବାକୁ କୁହାଯିବ ? ଉଦ୍ଦେଶ୍ୟକୁ ଉପେକ୍ଷା କଲେ ଧର୍ମ ପ୍ରଚାର ମିଛ ପ୍ରଚାର ରୂପେ ଦେଖାଯିବ ଏବଂ ପ୍ରତ୍ୟେକ ଧର୍ମ ପ୍ରଚାରକଙ୍କ ଉପରେ ଅଭିଯୋଗ ଲାଗିବ ଯେ ସେମାନେ କୋଟି କୋଟି ସରଳ ଏବଂ ଅଜ୍ଞ ଲୋକଙ୍କୁ କୁପଥଗାମୀ କରୁଛନ୍ତି । ଯଦି ଉଦ୍ଦେଶ୍ୟକୁ ଉପେକ୍ଷା କରାଯିବ ତେବେ ହଜରତ ଇଶା ମସୀହ, ଅବ୍ୟବସ୍ଥିତ କରିବା ଲୋକ, ଶାନ୍ତି ଭଙ୍ଗ କରିବା ଲୋକ ଏବଂ ବିଦ୍ରୋହ ପ୍ରଚାର କରିବା ଲୋକ ରୂପେ ଦେଖାଯିବେ ଏବଂ କାନୁନ ଶବ୍ଦରେ ବିପଜ୍ଜନକ ବ୍ୟକ୍ତି ଭାବରେ ଗଣାହେବେ ।"

ବାସ୍ତବରେ ଭଗତ ସିଂହ ଜଣେ ଯୁଦ୍ଧବନ୍ଦୀ ଥିଲେ । ସେ ନିଜ ମାତୃଭୂମିର ରକ୍ଷା ପାଇଁ ତାର ଗୋଲାମୀ ସମାପ୍ତ କରିବା ପାଇଁ, ଇଂରେଜ ସରକାରଙ୍କ ବିରୁଦ୍ଧରେ ଯୁଦ୍ଧ କରିଥିଲେ । ଅତଃ ଯଦି ଇଂରେଜ ତାଙ୍କୁ ଆତଙ୍କବାଦୀ କହୁଛନ୍ତି ତେବେ ତାର ଅର୍ଥ ନୁହେଁ ଯେ ସେ ବାସ୍ତବରେ ସତ୍ୟ କହୁଥିଲେ । କାରଣ ରାଜନୀତିରେ ନିଜର ଶତ୍ରୁକୁ ଲୋକଙ୍କ ଦୃଷ୍ଟିରେ ନୀଚ ଦେଖାଇବା ପାଇଁ ଏପରି କୁହାଯିବାର ଅନେକ ନଜିର ଅଛି ।

## ବିଭିନ୍ନ ବିଦ୍ୱାନ ରାଜନୀତିଜ୍ଞମାନଙ୍କ ଦୃଷ୍ଟିରେ:

ଏତିକି ସ୍ପଷ୍ଟ ହୁଏ ଯେ ଭଗତ ସିଂହ ଭାରତମାତାର ସୁପୁତ୍ର ଏବଂ ସେବକ ଥିଲେ। ଇଂରେଜ ସରକାର ତାଙ୍କୁ ଯାହା କହିଲେ ବି ଏହି ଅଦ୍ୱିତୀୟ ବୀରଙ୍କ ବ୍ୟକ୍ତିତ୍ୱରେ ଏପରି ବିଶେଷତା ଥିଲା ଯେ କେବଳ ଭାରତରେ ନୁହେଁ ବିଦେଶୀ ବିଦ୍ୱାନ ତଥା ରାଜନୀତିଜ୍ଞମାନେ ତାଙ୍କ ମହତ୍ତ୍ୱ ସ୍ୱୀକାର କରିଛନ୍ତି।

ଭଗତ ସିଂହ ଭାରତବର୍ଷର ସୁନ୍ଦର ଭବିଷ୍ୟତର କଳ୍ପନା କରିଥିଲେ। ଲାହୋର ଅଧିବେଶନରେ କଂଗ୍ରେସ ଭାରତ ପାଇଁ ସ୍ୱତନ୍ତ୍ରତା ଭିକ୍ଷା କରିଥିଲା। ଭଗତ ସିଂହ ତା ପୂର୍ବରୁ ସ୍ୱତନ୍ତ୍ରତାକୁ ନିଜ କାର୍ଯ୍ୟକ୍ରମର ଲକ୍ଷ୍ୟ ଭାବରେ ନିରୂପିତ କରି ସାରିଥିଲେ। ଏହି ପ୍ରକାର ଭଗତ ସିଂହ ଜଣେ ଭବିଷ୍ୟଦ୍ରଷ୍ଟା ଥିଲେ ବୋଲି କୁହାଯାଇପାରେ। ତାଙ୍କର ଏହି ଗୁଣ ବିଷୟରେ ଡା. ରାମ ମନୋହର ଲୋହିୟା କହିଥିଲେ-

"ବ୍ୟକ୍ତିଗତ ରୂପେ ଭୟାଳୁ କୌଣସି ଦେଶର ସ୍ୱତନ୍ତ୍ରତା ପାଇଁ ସେତେ ବିପଜ୍ଜନକ ହୁଏ ନାହିଁ, ଯେତେ ସାମାଜିକ ଏବଂ ଆର୍ଥିକ ବିଷମତାର ଅର୍ଥ ବୁଝିପାରୁ ନଥିବା ବୀର ଯୋଦ୍ଧା ଏବଂ ବଢେଇ-ଚଢ଼େଇ କହୁଥିବା ରାଜନୀତିଜ୍ଞମାନେ ହୋଇଥାନ୍ତି। ନିଜର ସମକାଳୀନ ମାନଙ୍କଠାରୁ ଭଗତ ସିଂହ ଉଚ୍ଚରେ ଥିଲେ। ସେ ଭାରତର ଭବିଷ୍ୟତ ପରିକଳ୍ପନା ଅର୍ଦ୍ଧଶତାବ୍ଦୀ ପୂର୍ବରୁ ହିଁ କରି ନେଇଥିଲେ।"

ଭଗତ ସିଂହଙ୍କ ବ୍ୟକ୍ତିତ୍ୱ ସର୍ବଗୁଣ ସଂପନ୍ନ ଥିଲା। ତାଙ୍କ ପାଖରେ ଏକ ଯାଦୁକରୀ ଶକ୍ତି ଥିଲା ଯାହା ତାଙ୍କ ସଂପର୍କରେ ଆସୁଥିବା ପ୍ରତ୍ୟେକ ବ୍ୟକ୍ତି ଉପରେ ଅଲିଭା ଛାପ ଛାଡୁଥିଲା। ତାଙ୍କର ଏହି ଗୁଣର ଚର୍ଚ୍ଚା କରିବାକୁ ଯାଇ ଡା. ସତପାଲ ଲେଖିଛନ୍ତି-

"ମୋତେ କଂଗ୍ରେସ ତଥା 'ନୌଜବାନ ଭାରତ ସଭା'ରେ ଭଗତ ସିଂହଙ୍କ ସହିତ କାମ କରିବାର ଅବସର ମିଳିଥିଲା। ନିଜର ଦୀର୍ଘ ସାର୍ବଜନିକ ଜୀବନରେ ମୋତେ ତାଙ୍କପରି ଉପଯୋଗୀ, ଆବେଗପୂର୍ଣ୍ଣ, ଚତୁର, ସାହସୀ ତଥା ବୁଦ୍ଧିମାନ ଯୁବକ ବୋଧହୁଏ ମିଳିନାହାନ୍ତି। ଇସ୍ତାହାର ମାରିବାକୁ ସେ ପ୍ରସ୍ତୁତ, ଜରି ବିଛାଇବାକୁ ହେବ ତ ସେ ପ୍ରସ୍ତୁତ, ଭାଷଣ ଦେବାକୁ ହେବ ତ ନିଆଁ ବର୍ଷା କରିଦେବେ। ଅର୍ଥାତ୍ ପ୍ରତ୍ୟେକ କାର୍ଯ୍ୟ ସେ ନିଷ୍ଠାର ସହିତ କରୁଥିଲେ। ଜନତାଙ୍କ ଉପରେ ତାଙ୍କର ଅସୀମ ପ୍ରଭାବର କାରଣ ସେ ସ୍ୱାର୍ଥ, ଈର୍ଷା, ଲୋଭଠାରୁ ସଦାବେଳେ ଦୂରେଇ ରହୁଥିଲେ। ତାଙ୍କ ଚରିତ୍ରରେ ଏତେ ଗୁଣ ଥିଲା ଯେ, ସେ ଏକାଧାରରେ ଜଣେ ଶାଳୀନ ପୁତ୍ର, ପ୍ରିୟ ସାଥୀ ତଥା ଆଦରଣୀୟ ନେତା ହୋଇପାରିଥିଲେ।"

ପଣ୍ଡିତ ମୋତିଲାଲ ନେହେରୁ ଭଗତ ସିଂହଙ୍କ ଦ୍ୱାରା କେତେଦୂର ପ୍ରଭାବିତ ହୋଇଥିଲେ ତାର ପ୍ରମାଣ ସେ ଅନେକ ଥର ତାଙ୍କୁ ଦେଖା କରିବା ତଥା ବଞ୍ଚାଇବାର ଚେଷ୍ଟାରୁ ମିଳେ।

ସେ କେନ୍ଦ୍ରୀୟ ବିଧାନ ସଭାରେ ଥରେ କହିଥିଲେ-

"ଏ ଯୁବକ ଉପାସନା କରିବା ଯୋଗ୍ୟ ତଥା ଜଣେ ବୀର ପୁରୁଷ ଓ ମହାନ୍ ଆତ୍ମା।"

ପଣ୍ଡିତ ମୋତିଲାଲ ନେହେରୁଙ୍କ ପରି ମହାମନା ମଦନ ମୋହନ ମାଲବ୍ୟଙ୍କ ହୃଦୟରେ ବି ଭଗତ ସିଂହଙ୍କ ପାଇଁ ଅପାର ଆଦର ଭାବନା ଥିଲା। ସେ ଭଗତ ସିଂହ, ରାଜଗୁରୁ ତଥା ସୁଖଦେବଙ୍କ ଫାଶୀ ସଜା ବଦଳାଇବା ପାଇଁ ଭାଇସରାୟଙ୍କୁ ଅପିଲ ମଧ୍ୟ କରିଥିଲେ। ଏହି ବୀରମାନଙ୍କୁ ପ୍ରଶଂସା କରି ସେ କହିଥିଲେ-

"ଭଗତ ସିଂହ ତଥା ତାଙ୍କର ସାଥୀ ସାଧାରଣ ଅପରାଧୀ ନୁହନ୍ତି। ସେମାନେ ସେହି ବ୍ୟକ୍ତିତ୍ୱ, ଯାହାଙ୍କ ହିଂସକ କାର୍ଯ୍ୟର, ଯାହା ପାଇଁ ସେ ଦୋଷୀ ପ୍ରମାଣିତ ହୋଇଛନ୍ତି, ସେ ବିଷୟରେ ଯେତେ ଆଲୋଚନା କଲେ ବି କମ ହେବ। ସେ ଏପରି ବ୍ୟକ୍ତିତ୍ୱ ଯେ ସ୍ୱାର୍ଥପର ଭାବନାରେ ପ୍ରେରିତ ନୁହନ୍ତି। ସେମାନେ ସବୁ ଏପରି ବ୍ୟକ୍ତିତ୍ୱ, ଯେଉଁମାନେ ଦେଶଭକ୍ତିର ଉଚ୍ଚଭାବନା ତଥା ସ୍ୱଦେଶର ସ୍ୱତନ୍ତ୍ରତାର ଭାବନାରେ ପ୍ରେରିତ ହୋଇଛନ୍ତି।"

ମହାନ୍ ସମାଜବାଦୀ ନେତା ଆଚାର୍ଯ୍ୟ ନରେନ୍ଦ୍ର ଦେବ ଭଗତ ସିଂହଙ୍କୁ ପ୍ରଶଂସା କରିବାକୁ ଯାଇ କହିଥିଲେ-

"ଭଗତ ସିଂହ ତଥା ଅନ୍ୟ କ୍ରାନ୍ତିକାରୀଙ୍କ ମଧ୍ୟରେ ଏକ ବଡ଼ ଅନ୍ତର ପରିଦୃଷ୍ଟ ହୁଏ ଯେ ସେମାନେ ଅସାଧାରଣ ରୂପେ ଭାରତର ଦାସତା ବିରୁଦ୍ଧରେ ବିଦ୍ରୋହ କରିବାର ଅଧିକାର ପ୍ରାପ୍ତ ହୋଇଥିଲେ। ତାଙ୍କର ଶୌର୍ଯ୍ୟ ଏକ ବିଶେଷ ବସ୍ତୁ ଅଟେ। ଯାହା ଆମ ପାଇଁ ସର୍ବଦା ପ୍ରେରକ ଉଦାହରଣ ହୋଇ ରହିବ। ଯେଉଁ ରାଷ୍ଟ୍ର ଦୀର୍ଘକାଳ ପର୍ଯ୍ୟନ୍ତ ପରାଧୀନ ଥିଲା, ଯାହାର ରାଷ୍ଟ୍ରୀୟ ତତ୍ତ୍ୱ ଶେଷ ହୋଇ ଯାଇଥିଲା, ଯେଉଁମାନେ ଭାବୁଥିଲେ ଯେ ବିଦେଶୀ ଶକ୍ତିର ସାମନା କରିବାର ସାହସ ଆମଠାରେ ନାହିଁ ଏବଂ ଯେଉଁମାନେ ଇଂରେଜଙ୍କ ଚେହେରା ଦେଖି ଭୟଭୀତ ହୋଇ ଯାଉଥିଲେ, ସେହି ରାଷ୍ଟ୍ର ପାଇଁ ବୀରତାର ଏପରି ଉଦାହରଣ ପ୍ରିୟ କାହିଁକି ନ ହେବ? ଭଗତ ସିଂହ ନାମ ଧରିଲେ ହୃଦୟରେ ବିଜୁଳିର ଚମକ ଖେଳିଯାଏ। କିଛି ସମୟ ପାଇଁ ମାନବୀୟ ଦୁର୍ବଳତା ଦୂର ହୋଇଯାଏ ଏବଂ ପ୍ରତ୍ୟେକ ବ୍ୟକ୍ତି ନିଜେ ନିଜକୁ ଭାବୁକତାର ନୂତନ ସଂସାରରେ ଆବିଷ୍କାର କରେ।"

ବାସ୍ତବରେ ପରାଧୀନ ଭାରତକୁ ସ୍ୱାଧୀନତାର ମହତ୍ତ୍ୱ ବୁଝାଇବା ପାଇଁ ତଥା ରାସ୍ତା ଦେଖାଇବା ପାଇଁ ଭଗତ ସିଂହ ଏକ ପ୍ରକାର ସ୍ତମ୍ଭର କାର୍ଯ୍ୟ କରିଥିଲେ। ସେ ଗୋଲାମ ଭାରତୀୟଙ୍କୁ ସନ୍ଦେଶ ଦେଇଥିଲେ ଯେ ପରାଧୀନ ମାତୃଭୂମିରେ ଅପମାନପୂର୍ଣ୍ଣ ଜୀବନ ବଞ୍ଚିବା ଅପେକ୍ଷା ସମ୍ମାନର ସହିତ ମାତୃଭୂମିର ସେବା କରି ମୃତ୍ୟୁକୁ ଆଲିଙ୍ଗନ କରିବା ଶ୍ରେୟସ୍କର

ଅଟେ। ତାଙ୍କ ପାଇଁ ମାତୃଭୂମିର ସ୍ୱତନ୍ତ୍ରତା ହିଁ ଜୀବନର ଲକ୍ଷ୍ୟ ଥିଲା। ତାଙ୍କର କ୍ରାନ୍ତିକାରୀ ସାଥୀ ବିଜୟ କୁମାର ସିହ୍ନାଙ୍କ ଭାଷାରେ-

"ତାଙ୍କ ପାଖରେ ଆତ୍ମତ୍ୟାଗର ଭାବନା ପର୍ଯ୍ୟାପ୍ତ ମାତ୍ରାରେ ଥିଲା। ସେ କ୍ରାନ୍ତିକାରୀ ଆନ୍ଦୋଳନ ପାଇଁ ପ୍ରାଣ ପର୍ଯ୍ୟନ୍ତ ଦେବାପାଇଁ ସବୁବେଳେ ପ୍ରସ୍ତୁତ ଥିଲେ। ଯେତେବେଳେ ସେ ଆସେମ୍ଲିରେ ବମ୍ ପକାଇବାକୁ ଯାଉଥିଲେ, ସେତେବେଳେ କେହି ଜଣେ ପରାମର୍ଶ ଦେଲେ ଯେ ବମ୍ ପକାଇବା ପରେ ଫେରାର ହୋଇଯିବା ଉଚିତ୍। ମାତ୍ର ସେ ଏହି କଥାର କଡ଼ା ବିରୋଧ କରିଥିଲେ। ସେ ନିଜେ ନିଜକୁ ଗିରଫ କରାଇ ଦୋଷୀ ସିଦ୍ଧ କରିବାକୁ ଋହୁଁଥିଲେ। ଯାହାଦ୍ୱାରା ସେ ନିଜର ସମାଜବାଦୀ ସିଦ୍ଧାନ୍ତକୁ ଆହୁରି ଅଧିକ ପ୍ରଭାବଶାଳୀ ଢଙ୍ଗରେ ପ୍ରଋରିତ କରିପାରିବେ। ସାଣ୍ଡର୍ସ ହତ୍ୟାରେ ପାର୍ଟି ତାଙ୍କୁ ଭାଗ ନେବାକୁ ମନା କରିଥିଲେ। ମାତ୍ର ଭଗତ ସିଂହ ବିପଦକୁ ସ୍ୱାଗତ କରିବା ପାଇଁ ଏତେ ତୀବ୍ର ଇଛା ପୋଷଣ କରିଥିଲେ ଯେ ଶେଷ ପର୍ଯ୍ୟନ୍ତ ତାଙ୍କୁ ଅଟକା ଯାଇ ପାରି ନଥିଲା।"

ଭଗତ ସିଂହ ଜଣେ କ୍ରାନ୍ତିକାରୀ ଥିଲେ। କିନ୍ତୁ ମହାତ୍ମାଗାନ୍ଧୀ ପରମ ଅହିଂସାବାଦୀ ଥିଲେ। ତଥାପି ତାଙ୍କର ଲୋକପ୍ରିୟତା ତଥା ମହତ୍ତ୍ୱ ଗାନ୍ଧୀଜୀଙ୍କ ଠାରୁ କୌଣସି ପ୍ରକାର କମ୍ ନଥିଲା। ଏଥିପାଇଁ ଡା. ପଟ୍ଟାଭି ସୀତାରମେୟା ଲେଖିଛନ୍ତି-

"ଏହା କହିବା ଅତିଶୟୋକ୍ତି ହେବ ନାହିଁ ଯେ ଭଗତ ସିଂହଙ୍କ ନାମ ସେତିକି ଲୋକପ୍ରିୟ ଥିଲା ଯେତିକି ଗାନ୍ଧିଜୀଙ୍କର ଥିଲା।"

ଭଗତ ସିଂହଙ୍କ ଉଦାର ଦେଶଭକ୍ତି ପ୍ରତି ନିଜ ଶ୍ରଦ୍ଧାଞ୍ଜଳି ପ୍ରକଟ କରିବାକୁ ଯାଇ ପଞ୍ଜାବୀ ବିଶ୍ୱବିଦ୍ୟାଳୟ, ପଟିୟାଲାର ଭୂତପୂର୍ବ କୁଳପତି କୃପାଳ ସିଂହ ନାରଙ୍ଗ ଲେଖିଛନ୍ତି-

"ଭଗତ୍ ସିଂହଙ୍କ କ୍ରାନ୍ତିକାରୀ ଜୀବନ ଭାରତର ପ୍ରତ୍ୟେକ ନାଗରିକଙ୍କ ପାଇଁ ଏକ 'ପ୍ରକାଶ ଦୀପ'ର ପ୍ରତୀକ ଥିଲା। ସେ ଏକ ଅସାଧାରଣ ଦୃଷ୍ଟି ଏବଂ ଶକ୍ତିମାନ ନବଯୁବକ ଥିଲେ। ସେ ଭାରତର ଆତ୍ମାକୁ ଦୋହଲାଇ ଦେଇଥିଲେ ଏବଂ ବିଶ୍ୱର ଏକ ଶକ୍ତିଶାଳୀ ସାମ୍ରାଜ୍ୟବାଦୀ ରାଷ୍ଟ୍ରକୁ ଚେତାବନୀ ଦେଇ ପାରିଥିଲେ। ସେ ଜଣେ ସଚ୍ଚା ଏବଂ ଉଦାତ୍ତ ଦେଶଭକ୍ତ ଥିଲେ। ସେ ଭାରତମାତାଙ୍କୁ ସ୍ୱତନ୍ତ୍ର କରାଇବା ପାଇଁ ଯେଉଁ ନିର୍ଭୀକ ବଳିଦାନ ଦେଲେ ତାର ପରିଣାମ ସ୍ୱରୂପ ତତ୍କାଳୀନ ନବଯୁବକମାନଙ୍କ ମଧ୍ୟରେ ଏକ ନବୀନ ଚେତନା ଏବଂ ଉତ୍ସାହ ଦେଖାଗଲା। ସ୍ୱତନ୍ତ୍ର ଭାରତ ଏଥିପାଇଁ ତାଙ୍କ ପାଖରେ ଅଧିକ ଋଣୀ ଅଟେ ଏବଂ ତାଙ୍କର ପରାକ୍ରମଯୁକ୍ତ କାର୍ଯ୍ୟକୁ କେବେ ବି ଭୁଲି ପାରିବ ନାହିଁ। ନିଜର ଅଦ୍ୱିତୀୟ ରାଷ୍ଟ୍ରପ୍ରେମ ଏବଂ ବଳିଦାନ ଦ୍ୱାରା ସେ ନିଜର ସମକାଳୀନ ଭାରତୀୟ ନବଯୁବକଙ୍କ ସମକ୍ଷରେ ନିରାଶାକୁ ଦୂର କରାଇ ରାଷ୍ଟ୍ର ନିର୍ମାଣର ମାର୍ଗ ଦେଖାଇଥିଲେ।"

ଶହୀଦ ଭଗତ ସିଂହ ଭାରତୀୟ ଜନମାନସରେ ବୀରତା ଏବଂ ବଳିଦାନର ପ୍ରତୀକ ହୋଇଗଲେ। ଏହି ଦିଗକୁ ସଂକେତ କରି ପୂର୍ବତନ କେନ୍ଦ୍ରୀୟ ମନ୍ତ୍ରୀ ଡା. କର୍ଣ୍ଣ ସିଂହ ଲେଖିଛନ୍ତି-

"ଭାରତକୁ ସ୍ୱତନ୍ତ୍ର କରାଇବା ପାଇଁ ଯେଉଁମାନେ ନିଜ ଜୀବନକୁ ବଳିଦାନ ଦେଲେ, ସେମାନଙ୍କ ମଧ୍ୟରେ ସର୍ଦ୍ଦାର ଭଗତ ସିଂହ ଏକ ବୀର ଯୋଦ୍ଧା ଏବଂ ମହାନ ବ୍ୟକ୍ତିତ୍ୱ ଥିଲେ। ମନୁଷ୍ୟତ୍ୱ ଏବଂ ସାହସର ପରମ୍ପରା ସହିତ ଭଗତ ସିଂହ 'ବଳିଦାନ' ତୁଲ୍ୟ ମହାନ୍ କାର୍ଯ୍ୟ କରି ସେହି ବିଦ୍ରୋହର ବିଚାରଧାରାର ପ୍ରତୀକ ହୋଇଗଲେ, ଯାହାକୁ ତତ୍‌କାଳୀନ ଭାରତୀୟ ଯୁବପୀଢ଼ି ଆପଣାର କରିନେଲେ। ତାଙ୍କ କାହାଣୀ ଏକ ପୌରାଣିକ ଗାଥା ହୋଇଗଲା ଏବଂ ତାଙ୍କର ନାମ ସ୍ୱତନ୍ତ୍ରତା ସମ୍ବନ୍ଧରେ ଦେଶଭକ୍ତି ଏବଂ ବଳିଦାନର ପର୍ଯ୍ୟାୟବାଚୀ ପାଲଟି ଗଲା।"

ନିଜର ଏହି ମହାନ୍ କାର୍ଯ୍ୟ ପାଇଁ ଭଗତ ସିଂହ ଭାରତୀୟଙ୍କ ହୃଦୟରେ ବଞ୍ଚି ରହିବେ। ଭଗତ ସିଂହ ତଥା ତାଙ୍କର ଅନ୍ୟ ଦୁଇଜଣ ସାଥୀଙ୍କୁ ଫାଶୀ ଦିଆଯିବା ପରେ ଲାହୋରରେ ଉର୍ଦ୍ଦୁ ଦୈନିକ ସମାଚାର ପତ୍ର 'ପୟାମ' ଲେଖିଥିଲେ-

"ହିନ୍ଦୁସ୍ତାନ ଏହି ତିନି ଶହୀଦଙ୍କୁ ସର୍ବୋଚ୍ଚ ସ୍ଥାନ ଦେଇଛନ୍ତି। ଯଦି ଆମେ ହଜାର ହଜାର ଇଂରେଜଙ୍କୁ ମାରି ପକାଇବା, ତେବେ ବି ଆମେ ପୂର୍ଣ୍ଣ ପ୍ରତିଶୋଧ ନେଇପାରିବା ନାହିଁ। ଏହି ପ୍ରତିଶୋଧ ସେତେବେଳେ ପୂର୍ଣ୍ଣ ହେବ ଯେତେବେଳେ ତୁମେ ହିନ୍ଦୁସ୍ତାନକୁ ସ୍ୱାଧୀନ କରିଦେବ। ସେତେବେଳେ ବ୍ରିଟିଶ ମର୍ଯ୍ୟାଦା ଭୂଲୁଣ୍ଠିତ ହେବ। ଭଗତ ସିଂହ! ରାଜଗୁରୁ! ଏବଂ ସୁଖଦେବ! ଇଂରେଜ ଆଜି ଖୁସି, କାରଣ ସେ ତୁମକୁ ଖୁନ୍ କରିଦେଇଛି। ମାତ୍ର ସେ ଭୁଲ ରାସ୍ତାରେ ଅଛି। ସେ ତୁମର ଖୁନ୍ କରି ନାହିଁ, ସେ ନିଜର ଭବିଷ୍ୟତ ଉପରେ ଛୁରୀ ମାରିଛି। ତୁମେ ବଞ୍ଚିଛ ଏବଂ ସବୁଦିନ ବଞ୍ଚି ରହିବ।"

ଭଗତ ସିଂହଙ୍କ ପରି ବିଭୂତି କେବେ କେମିତି ଜନ୍ମ ନିଅନ୍ତି। ଏହି ବିଷୟରେ ଶ୍ରୀ କେ.କେ. ଖୁଲ୍ଲର ଲେଖିଛନ୍ତି-

"ଭଗତ ସିଂହଙ୍କ ଜୀବନ ଓ ମୃତ୍ୟୁର ନିଷ୍କର୍ଷ ଏହା ଯେ କାହାର ମୃତ୍ୟୁରେ ତାଙ୍କର ବିଚାରର ମୃତ୍ୟୁ ହୁଏ ନାହିଁ। ଭଗତ ସିଂହଙ୍କ ପରି ବ୍ୟକ୍ତିତ୍ୱ ଅନେକ ଶତାବ୍ଦୀ ପରେ ଥରେ ଜନ୍ମ ନିଅନ୍ତି। ସେ ସବୁଦିନେ ଜୀବିତ ରହିବା ପାଇଁ ମୃତ୍ୟୁକୁ ବରଣ କଲେ।"

ଭଗତ ସିଂହଙ୍କ ସୁଗୁଣ ଦ୍ୱାରା ପଣ୍ଡିତ ଜବାହାରଲାଲ ନେହେରୁ ମଧ୍ୟ ଅଭିଭୂତ ଥିଲେ। ଭଗତ ସିଂହଙ୍କ ଜେଲ ଜୀବନରେ ବି ସେ ତାଙ୍କୁ ସାକ୍ଷାତ କରୁଥିଲେ। ଭଗତ ସିଂହଙ୍କୁ ସେ ପ୍ରଶଂସା କରୁଥିଲେ ଏବଂ ତାଙ୍କର ମହତ୍ତ୍ୱକୁ ସ୍ୱୀକାର ବି କରିଥିଲେ।

ନେତାଜୀ ସୁଭାଷ ଚନ୍ଦ୍ର ବୋଷ ଶହୀଦ ଭଗତ ସିଂହଙ୍କୁ ଏକ ପ୍ରତୀକ ରୂପେ ମାନି କହିଥିଲେ-

"ଭଗତ ସିଂହ ଆଜି ଜଣେ ବ୍ୟକ୍ତି ନୁହନ୍ତି ଏକ ପ୍ରତୀକ ଅଟନ୍ତି। ସେ ବିଦ୍ରୋହ ଚେତନାକୁ ପ୍ରକଟ କରିଛନ୍ତି।"

ଭଗତ ସିଂହଙ୍କ ଜୀବନୀ ଲେଖକ ମେଜର ଗୁରଦେବ ସିଂହ ଦୟୋଲ ତାଙ୍କୁ ଜଣେ ସଚ୍ଚା କ୍ରାନ୍ତିକାରୀ ଦର୍ଶାଇବାକୁ ଯାଇ ଲେଖିଛନ୍ତି-

"ଭଗତ ସିଂହ ବାସ୍ତବିକ ଅର୍ଥରେ ଜଣେ କ୍ରାନ୍ତିକାରୀ ଥିଲେ। ତାଙ୍କର ବିଶ୍ୱାସ ଥିଲା ଯେ ଉଚିତ ଲକ୍ଷ୍ୟ ପ୍ରାପ୍ତି ନିମନ୍ତେ ସମସ୍ତ ପ୍ରକାର ସାଧନର ପ୍ରୟୋଗ ଉଚିତ। ନିଜର ସଂକ୍ଷିପ୍ତ ରାଜନୈତିକ ଜୀବନରେ ସେ କେବେ ବି ନିଜ ବିଷୟରେ ଚିନ୍ତାକରି ନାହାନ୍ତି କିମ୍ବା ଏପରି ପରିସ୍ଥିତିରୁ ନିଜକୁ ବଞ୍ଚାଇବା ପାଇଁ କେବେ ବି ଚେଷ୍ଟା କରି ନାହାନ୍ତି।"

ଭଗତ ସିଂହଙ୍କ କାର୍ଯ୍ୟକୁ ଅବଲୋକନ କଲେ ଏତିକି କୁହା ଯାଇପାରେ ଯେ ଏତେ କମ୍ ବୟସରେ ବି ଭଗତ ସିଂହ ଉଚ୍ଚ ଆଦର୍ଶର ଉନ୍ନତ ଶିଖରରେ ପହଞ୍ଚି ପାରିଥିଲେ। ସେ ଏହି ଅଦ୍ଭୁତ କାର୍ଯ୍ୟ କରି ଦେଖାଇଦେଲେ ଯାହା ସାଧାରଣ ମଣିଷ ନିଜ ଜୀବନରେ କେବେ କଳ୍ପନା ବି କରିପାରିବ ନାହିଁ। ଭାରତ ରାଷ୍ଟ୍ର ନିର୍ମାଣରେ ଭଗତ ସିଂହଙ୍କ ଯୋଗଦାନ ଅତୁଳନୀୟ। ସେଥିପାଇଁ ଏହି ଦେଶ ସେ ପର୍ଯ୍ୟନ୍ତ ତାଙ୍କ ପାଖରେ ଋଣୀ ରହିବ ଯେ ପର୍ଯ୍ୟନ୍ତ ଦେଶର ଅସ୍ତିତ୍ୱ ଥିବ। ଭଗତ ସିଂହ ଭାରତ ରାଷ୍ଟ୍ରନିର୍ମାଣରେ ନିଜ ଜୀବନକୁ ଭେଟି ଦେଇଦେଲେ ଏବଂ ତ୍ୟାଗ, ଦେଶଭକ୍ତି ତଥା ବଳିଦାନର ପ୍ରତୀକ ହୋଇଗଲେ। କୌଣସି ସଦଗୁଣର ପ୍ରତୀକ ହେବା ନିଜକୁ ନିଜେ ଅଦ୍ୱିତୀୟ। ଏହାକୁ ମଣିଷ ଜୀବନର ସାର୍ଥକତା କୁହାଯାଇପାରେ। ଏହା ସର୍ବୋଚ୍ଚ ଉପଲବ୍ଧି ଅଟେ। ଅତଃ ଭଗତ ସିଂହଙ୍କ ମୂଲ୍ୟାୟନ ଅଥବା ତାଙ୍କର ସ୍ଥାନ ନିର୍ଦ୍ଧାରଣ କରି ପାରିବା ସମ୍ଭବ ନୁହେଁ। ତାଙ୍କୁ କାହାରି ସହିତ ତୁଳନା କରାଯାଇ ପାରିବ ନାହିଁ। ସେ ନିଜେ ହିଁ ନିଜର ଉପମା। ତେଣୁ ଭଗତ ସିଂହ ହିଁ ଭଗତ ସିଂହଙ୍କ ସହିତ ସମାନ। ଅର୍ଥାତ ସେ ଅଦ୍ୱିତୀୟ, ଅନନ୍ୟ ଓ ମହାନ।

ORIYA BOOKS
ଆପଣ ଓ ଆପଣଙ୍କ ବ୍ୟବହାର
ମନକୁ ଜିତିଲେ ବିଜୟ
କମ୍ପ୍ଲିଟ୍ ପର୍ସନାଲିଟି ଡେଭଲପମେଣ୍ଟ କୋର୍ସ
କ'ଣ ଅଟେ ନେଟୱର୍କ ମାର୍କେଟିଙ୍ଗ ଜାଣନ୍ତୁ
ନେଟୱାର୍କ ମାର୍କେଟିଙ୍ଗ
No. 1
କାହାଣୀ କଥା କୁହେ
ନେଟୱର୍କ ମାର୍କେଟିଙ୍ଗ ମିଶ ମିଶାଅ ଜିଣ
ପାୱାର ଥିଙ୍କିଙ୍ଗ
ଧୀରୁଭାଇଜିମ୍
କୃତୀ ବକ୍ତା କୃତୀ ବ୍ୟକ୍ତି
ନେଟୱାର୍କ ମାର୍କେଟିଙ୍ଗ କେତେ ସତ କେତେ ମିଛ
ଜୟ ବା ପରାଜୟ ପ୍ରସ୍ତୁତ ରୁହ
କମ୍ପ୍ୟୁଟର କୋର୍ସ
ଡାଇନାମିକ୍ ମେମୋରୀ ଇଂଗଲିଶ ସ୍ପିକିଙ୍ଗ କୋର୍ସ
ସଫଳତାର ବୈଜ୍ଞାନିକ କୌଶଳ
ଡାଇନାମିକ୍ ମେମୋରୀ ମେଥଡସ
DIAMOND BOOKS
X 30, Okhla Industrial Area, Phase II New Delhi 110020
Tel : 91+11-40712100, 40716600 Fax : 011-41611866